Viefhues/Mleczko • Das neue Unterhaltsrecht 2008

D1671344

Das neue Unterhaltsrecht 2008

von

Dr. Wolfram Viefhues
weiterer aufsichtführender Richter am AG, Oberhausen

und

Klaus Mleczko
Rechtsanwalt/Fachanwalt für Familien- und Sozialrecht
und Notar, Oberhausen

2., überarbeitete und wesentlich erweiterte Auflage
des Werkes „Vorsorge treffen für das neue Unterhaltsrecht"

ISBN: 978-3-89655-253-2

© ZAP Verlag
LexisNexis Deutschland GmbH, Münster 2008
Ein Unternehmen der Reed Elsevier Gruppe

Druck: Bercker, Kevelaer

Vorwort

Nach den Vorstellungen des Bundesjustizministeriums sollte das neue Unterhaltsrecht zum 01.04.2007 in Kraft treten und der Praxis lange vorher in amtlich verkündeter Form zur Verfügung stehen, damit sich alle Betroffenen mit ausreichendem zeitlichen Vorlauf auf die neue Rechtslage einrichten können.

Daraus ist nun aufgrund der bekannten politischen Gegebenheit nichts geworden. Der renommierte Familienrechtler Born bemängelt im Beck-Fachdienst Ausgabe 6/2007, das derzeitige Parteiengezänk sei schlichtweg unwürdig. Der Außenstehende werde kaum Verständnis dafür aufbringen, dass bestimmte Kreise während der ausführlichen Vorbereitung und Beratungen rund zwei Jahre offenbar „geschlafen" haben und ihnen jetzt erst der höhere Stellenwert der Ehefrau einfalle. Fast schäme man sich, Familienrechtler zu sein; gleichzeitig steige die Hochachtung vor den Vätern des BGB. Dieser Kritik ist eigentlich nichts hinzuzufügen. Denn das Gesetz ist von der Gesetzgebung sorgfältig und langfristig vorbereitet worden, wurde in einer Reihe von Expertenanhörungen intensiv erörtert und ist auch bereits seit langer Zeit Gegenstand zahlreicher Veröffentlichungen in der Fachpresse – wie ein Blick in das Literaturverzeichnis dieses Buches und die einschlägigen Veröffentlichungsdaten deutlich machen.

Nun ist es endlich soweit – das Gesetz ist im November im Rechtsausschuss des Bundestages beraten und wenige Tage später vom Bundestag beschlossen worden. Jetzt tritt es zum 01.01.2008 in Kraft und die Praxis muss sich schnellstmöglich in die doch recht komplexe Materie einarbeiten.

In der ersten Auflage dieses Buches haben wir auf der Basis des damaligen Entwurfstextes, der Begründung und der seinerzeit ergangenen Veröffentlichungen einen ersten Überblick über das neue Recht gegeben. Eingeflossen in die zweite Auflage ist die Erfahrung aus verschiedenen Fortbildungsveranstaltungen und Seminaren für Richter und Anwälte, in denen eine Reihe von bislang noch nicht behandelten Fragen aufgekommnen ist, die es in der Praxis zu lösen gilt. Dies wird schon beim Umfang der einzelnen Kapitel deutlich: während die Frage der Erwerbsobliegenheit des geschiedenen Ehegatten in Kapitel I der ersten Auflage gerade einmal 4 Seiten umfasste, füllen die einschlägigen Fragen jetzt 58 Seiten. Entsprechendes gilt für die Begrenzungs- und Befristungsregelungen, die in Kapitel J jetzt auf 83 Seiten erörtert werden – anstelle von 30 Seiten in der ersten Auflage.

Die Fragen der Erwerbsobliegenheit des kindesbetreuenden Ehegatten und der Befristung von Unterhaltsansprüchen werden in der Gesetzesbegründung recht knapp behandelt. Diese Problemkreise haben jedoch eine immense praktische Bedeutung und bieten – gerade auch in der anwaltlichen Beratungspraxis – eine Fülle von Schwierigkeiten und Fallstricken bis hin zu haftungsrechtlichen Gefahren. Diese praktisch relevanten Problembereiche sind daher – veranschaulicht durch eine Vielzahl von Fallbeispielen und Berechnungsbeispielen – besonders intensiv erörtert worden, um ganz konkret für die alltägliche Arbeit mit dem neuen Recht die vielfach nur theoretisch diskutierten Auswirkungen der Reform zu veranschaulichen. Die Neuauflage legt auch besonderen Wert darauf, speziell die verfahrensrechtlichen Zusammenhänge, die ja gerade im Familienrecht eine besondere Brisanz haben, intensiv herauszuarbeiten und leicht und verständlich darzustellen.

Dabei werden von uns im Buch ganz bewusst keine „absoluten Wahrheiten" vertreten. Wir versuchen, Denkanstöße und Argumentationshilfen für die praktische alltägliche Arbeit zu geben. Denn gerade der Anwalt muss ja – je nach der Parteirolle, die er zu vertreten hat – auch in der Lage sein, durchaus gegensätzlich zu argumentieren. Demzufolge wird ausdrücklich an vielen Stellen die Möglichkeit von unterschiedlichen Lösungsansätzen und kontroversen juristischen Begründungen herausgestellt.

Gelsenkirchen/Oberhausen, im November 2007

Dr. Wolfram Viefhues   Klaus Mleczko

Inhaltsverzeichnis

Rn.

Rn.

Literaturverzeichnis

Bäumel/Büte/Poppen, Unterhaltsrecht, München 2006;

Berghahn/Wersick, Wer zahlt den Preis für die Überwindung der „Hausfrauenehe"?, FPR 2005, 508;

Bergschneider, Vereinbarungen im Vorfeld der Unterhaltsrechtsreform, FamRZ 2006, 153;

Borth, Der Gesetzesentwurf der Bundesregierung zur Reform des Unterhaltsrechts, FamRZ 2006, 813;

Braeuer, Gleichberechtigte Teilhabe als Grundlage für den nachehelichen Unterhalt, FamRZ 2006, 1495;

Brudermüller, Lebenslange Unterhaltslast? – Zur Anwendung der §§ 1573 Abs. 5, 1578 Abs. 1 S. 2 BGB, FF 2004, 101;

ders., Zeitliche Begrenzung des Unterhaltsanspruchs, FamRZ 1998, 649;

Büte, Begrenzung und Herabsetzung des nachehelichen Unterhalts, FPR 2005, 316;

Büttner, Die Härteklauseln (§§ 1578b, 1579 BGB) im geplanten Unterhaltsrecht, FamRZ 2007, 773;

ders., Kinderbetreuung und Abzugsmethode, FamRZ 1999, 893;

Büttner/Niepmann, Die Entwicklung des Unterhaltsrechts seit Mitte 2005, NJW 2006, 2373;

dies., Entwicklung des Unterhaltsrechtes seit Mitte 2001, NJW 2002, 2283;

Dose, Ausgewählte Fragen der Unterhaltsrechtsreform – Kindergeldanrechnung, Erwerbsobliegenheit und Beschränkungsmöglichkeiten, FamRZ 2007, 1289;

Ehinger, Antragsfassung auf Zahlung von dynamisiertem Kindesunterhalt nach neuem Recht, FamRB 2007, 182;

dies., Der Kindesunterhalt nach dem Regierungsentwurf zum Unterhaltsrechtsänderungsgesetz, FamRB 2006, 338;

Ehinger/Rasch, Die Übergangsvorschrift des § 35 EGZPO-E für den Ehegattenunterhalt und den Unterhalt nach § 1615l BGB nach dem Regierungsentwurf zum Unterhaltsrechtsänderungsgesetz, FamRB 2007, 78;

dies., Nachehelicher Unterhalt und Betreuungsunterhalt der nichtehelichen Mutter nach dem Regierungsentwurf zum Unterhaltsrechtsänderungsgesetz, FamRB 2007, 46;

Erdrich, Die Unterhaltsbestimmung durch die Eltern nach neuem Recht, FPR 2005, 490;

Eschenbruch/Klinkhammer, Der Unterhaltsprozess, 4. Aufl., München 2006;

Finke, Die Wiederkehr des gesetzlich definierten Mindestbedarfs und die Abschaffung der Regelbetrag- VO – Ein Fortschritt ?, FPR 2005, 477;

Gerhardt, Das Unterhaltsrechtsabänderungsgesetz, FuR 2005, 529;

ders., Eheliche Lebensverhältnisse bei Kinderbetreuung und Haushaltsführung, FamRZ 2000, 134;

Gerhardt/Gutdeutsch, Die Unterhaltsberechnung bei gleichrangigen Ehepartnern nach dem geplanten Recht, FamRZ 2007, 778;

Grandel, BGH und Unterhaltsbefristung – Bleibt alles beim Alten?, FF 2005, 303;

ders., Die ewige Unterhaltslast, FF 2004, 237;

ders., Warum werden die Herabsetzungsmöglichkeiten aus dem Unterhaltsrechtsänderungsgesetz von 1986 so wenig angewandt? – Brauchen wir eine Gesetzesänderung?, FPR 2005, 320;

Grundmann, Die Reform des Unterhaltsrechts kommt, FF 2005, 213;

Gutdeutsch, Additionsmethode bei Gleichrang von zwei Ehegatten, FamRZ 2006, 1072;

Hahne, Die Annäherung des Unterhaltsanspruchs einer nichtverheirateten Mutter nach § 1615l BGB an den Unterhaltsanspruch einer verheirateten Mutter nach § 1570 BGB, FF 2006, 24;

Hauß, Neues Unterhaltsrecht – Worauf heute schon zu achten ist, FamRB 2006, 180;

Helmke, Der Unterhaltsbedarf minderjähriger Kinder, die Zahlungsmoral unterhaltspflichtiger Eltern und der Begriff des Staates bei nicht zahlungsbereiten Eltern, FPR 2005, 483;

Herberger/Martinek/Rüßmann/Weth, PraxisKommentar BGB, 3. Aufl., Saarbrücken 2007;

Herr, Die Erstreckung der Surrogatrechtsprechung auf „echte" Altfälle (Scheidungsrechtskraft vor dem 1.7.1977), NJW 2006, 1182;

Heumann, Beschränkung des Aufstockungsunterhalts nach langer Kindesbetreuung, Vorwirkungen der Reform – und Präklusion?, FamRZ 2007, 178;

Hohloch, Beschränkung des nachehelichen Unterhalts im Entwurf eines Unterhaltsrechtsänderungsgesetzes, FF 2005, 217;

ders., Der unterhaltsrechtliche Rang minderjähriger und ihnen gleichstehender Kinder, FPR 2005, 486;

Hohmann-Dennhardt, Familienrechtliche Antworten auf veränderte Familienwelten, FF 2007, 174;

Huber, Unterhaltsverpflichtung des nichtehelichen Vaters gegenüber Kind und Mutter, FPR 2005, 184;

Hütter, Vergleichende Unterhaltsberechnung nach bisherigem Recht und nach dem geplanten Unterhaltsrechtsänderungsgesetz, FamRZ 2006, 1577;

Johannsen/Henrich, Eherecht, Trennung, Scheidung, Folgen, Kommentar, 4. Aufl., München 2003;

jurisPK, PraxisKommentar BGB, 3. Aufl., Saarbrücken 2006;

Kaiser-Plessow, Bedeutung und Ermittlung des steuerlichen Existenzminimums, FPR 2005, 479;

Kalthoener/Büttner/Niepmann, Die Rechtsprechung zur Höhe des Unterhalts, 9. Aufl., München 2004;

Katzenstein/Schmidt, Weiteres Ringen um Balancen in der Reform des Unterhaltsrechts, JAmt 2007, 333;

Kemper, Die Auswirkungen des kommenden Unterhaltsänderungsgesetzes auf den Kindesunterhalt – Teil 1, FuR 2006, 481;

ders., Rangverhältnisse im kommenden Unterhaltsrecht, FuR 2007, 49;

Kirchhof, Förderpflicht und Staatsferne – Die aktuellen Reformvorschläge zum Ehegattensplitting, Unterhaltsrecht und Scheidungsverfahren und der grundrechtliche Schutz von Ehe und Familie, FamRZ 2007, 241;

Kleffmann, Die Entwicklung des Unterhaltsprozeßrechts im Jahre 2001, FuR 2002, 203;

ders., Die Entwicklung des Unterhaltsrechtsrechts im Jahre 2006 – Teil 1, FuR 2007, 1;

ders., Die Entwicklung des Unterhaltsrechtsrechts im Jahre 2006 – Teil 2, FuR 2007, 54;

ders., Die Entwicklung des Unterhaltsrechtsrechts im Jahre 2006 – Teil 3, FuR 2007, 100;

Klein/Schlechta, Will die Unterhaltsrechtsreform den Wert der Frau auf ihre Gebährtüchtigkeit reduzieren?, FPR 2005, 496;

Klinkhammer, Berechnungen zur Unterhaltsreform 2007, FF 2007, 13;

ders., Die Rangfolge der Unterhaltsansprüche in der gesetzlichen Entwicklung, FamRZ 2007, 1205;

ders., Existenzminimum, Erwerbsanreiz und Düsseldorfer Tabelle, FamRZ 2007, 85;

Luthin, Der Regierungsentwurf eines Gesetzes zur Änderung des Unterhaltsrechts, FamRB 2006, Beilage zu Nr. 5, 1;

ders., Handbuch des Unterhaltsrechts, 10. Aufl., München 2004;

Luthin/Kamm, Handbuch des Unterhaltsrechts, 9. Aufl., München 2004;

Maier, Möglichkeiten einer Begrenzung des Unterhalts bei bedarfserhöhenden Surrogatseinkünften, NJW 2003, 1631;

Menne, Der Betreuungsunterhalt nach § 1615l BGB im Regierungsentwurf zum Unterhaltsrechtsänderungsgesetz, FamRZ 2007, 173;

ders., Der Regierungsentwurf zum Unterhaltsrechtsänderungsgesetz – Sachstand und Ausblick auf die geplanten Änderungen beim nachehelichen Unterhalt und beim Verwandtenunterhalt (1. Teil), FF 2006, 175;

ders., Der Regierungsentwurf zum Unterhaltsrechtsänderungsgesetz – Sachstand und Ausblick auf die geplanten Änderungen beim nachehelichen Unterhalt und beim Verwandtenunterhalt (2. Teil), FF 2006, 220;

ders., Die Stärkung der Eigenverantwortung im Regierungsentwurf zum Unterhaltsrechtsänderungsgesetz: Eine Erläuterung der Grundzüge anhand von Beispielen, ZFE 2006, 449;

ders., Eckpunkte der Unterhaltsrechtsreform, ZFE 2006, 244;

Meyer-Götz, Editorial: Das neue Unterhaltsrecht in der gesellschaftspolitischen Diskussion, ZFE 2007, 121;

dies., Editorial: Das Unterhaltsrecht im Spannungsbogen zwischen Grundgesetz und Parteipolitik, ZFE 2007, 321;

Münch, Ehebezogene Rechtsgeschäfte, 2. Aufl., Münster 2007;

ders., Inhaltskontrolle von Eheverträgen – BGH zum Ausgleich ehebedingter Nachteile, FamRZ 2005, 570;

ders., Neues Unterhaltsrecht auch ohne Reform, ZFE 2007, 364;

Palandt, Bürgerliches Gesetzbuch: BGB, 66. Aufl., München 2007;

Peschel-Gutzeit, Kritische Überlegungen zur geplanten Reform des Unterhaltsrechts, ZRP 2005, 177;

dies., Stärkt die geplante Reform des Unterhaltsrechts das Kindeswohl?, FF 2005, 296;

Prütting/Wegen/Weinreich, BGB Kommentar, 2. Aufl., Köln 2007;

Reinecke, Begrenzung des Geschiedenenunterhalts nach Zeit und Höhe – Berechnungsbeispiele, ZFE 2006, 289;

ders., Der Mangelfall im Unterhaltsrecht, ZAP Fach 11, S. 795;

Reinken, Die Änderung der Zumutbarkeitsanforderungen an die Aufnahme einer Erwerbstätigkeit im Reformgesetz, FPR 2005, 502;

Schilling, § 1615l BGB-E – Ein Fortschritt?, FPR 2005, 513;

ders., § 1615l BGB im Spiegel der höchstrichterlichen Rechtsprechung, FamRZ 2006, 1;

Schnitzler, Die verfestigte Lebensgemeinschaft in der Rechtsprechung der Familiengerichte – zugleich ein Beitrag zu § 1579 Nr. 2 BGB n.F. nach dem Referentenentwurf zur Änderung des Unterhaltsrechts, FamRZ 2006, 239;

ders., Neues zum Unterhaltsrechtsänderungsgesetz, FF 2006, 170;

Scholz, Von der Anrechnungs- zur Differenzmethode – Wirft das Urteil des BGH v. 13.06.2001 neue Gerechtigkeitsprobleme auf?, FamRZ 2003, 265;

Scholz/Stein, Praxishandbuch Familienrecht, 12. Aufl., München 2006;

Schubert/Moebius, Das Unterhaltsrechtsänderungsgesetz: Kindesunterhalt hat künftig absoluten Vorrang!, NJ 2006, 289;

Schürmann, Der Abschied vom Stichtagsprinzip – was bleibt von den ehelichen Lebensverhältnissen?, NJW 2006, 2301;

ders., Der Rang im Unterhaltsrecht, FamRB 2007, 276;

ders., Generelle Befristung des nachehelichen Unterhalts – Eine überfällige Reform?, FPR 2005, 492;

Schwab, Familiäre Solidarität, FamRZ 1997, 521;

ders., Handbuch des Scheidungsrechts, 5. Aufl., München 2004;

ders., Zur Reform des Unterhaltsrechts, FamRZ 2005, 1417;

Siegmann, Reform des Ehegattenunterhalts – Wo ist der Handlungsbedarf?, FF 2006, 135;

Soyka, Die Abänderungsklage im Unterhaltsrecht, 2. Aufl., Berlin 2005;

Viefhues, Befristung von Unterhaltstiteln, ZFE 2004, 262;

ders., Das neue Unterhaltsrecht, ZNotP 2007, 11;

ders., Entwurf eines Gesetzes zur Änderung des Unterhaltsrechts, ZFE 2005, 220;

ders., Fallstricke bei freiwilligen Unterhaltszahlungen, FuR 2005, 389;

ders., Fehlerquellen im familiengerichtlichen Verfahren, 2. Aufl., Münster 2007;

ders., Vorsorge treffen für das neue Unterhaltsrecht, ZFE 2006, 204;

Weber, Eingriffsmöglichkeiten in langfristige Lebensplanung – Die Überleitungsvorschrift des Art. 229, § 17 EGBGB-E, FPR 2005, 511;

Weinreich/Klein, Familienrecht, Kompaktkommentar, 2. Aufl., München 2004;

Wellenhofer, Die Unterhaltsrechtsreform nach dem Urteil des Bundesverfassungsgerichts zum Betreuungsunterhalt, FamRZ 2007, 1282;

Wendl/Staudigl, Das Unterhaltsrecht in der familiengerichtlichen Praxis, 6. Aufl., München 2004;

Wever, Zur unterschiedlichen Ausgestaltung des Betreuungsunterhalts nach § 1615l BGB und § 1570 BGB, FF 2005, 174;

Wiegmann, Reform des Ehegattenunterhalts – Wo ist der Handlungsbedarf?, FF 2006, 135;

Willutzki, Die geplanten Änderungen im Unterhaltsrecht, ZKJ 2006, 334;

ders., Die neue Rangfolge im Unterhaltsrecht – Ein Beitrag pro Reform, FPR 2005, 505;

ders., Neuordnung des Unterhaltsrechts – Das Konzept und seine neuralgischen Punkte, ZRP 2007, 5;

ders., Unterhaltsrechtsreform – quo vadis?, ZKJ 2007, 260.

Abkürzungsverzeichnis

A

a.A.	anderer Ansicht
abl.	ablehnend/e
Abs.	Absatz
abzgl.	abzüglich
a.E.	am Ende
AG	Amtsgericht/Aktiengesellschaft
Alt.	Alternative
Anm.	Anmerkung
Art.	Artikel
Aufl.	Auflage

B

Beschl.	Beschluss
BGB	Bürgerliches Gesetzbuch
BGBl.	Bundesgesetzblatt
BGH	Bundesgerichtshof
BR-Drucks.	Bundesrats-Drucksache
bspw.	beispielsweise
BT-Drucks.	Bundestags-Drucksache
BVerfG	Bundesverfassungsgericht
BVerfGE	Entscheidungen des BVerfG
BVerwG	Bundesverwaltungsgericht
bzgl.	bezüglich
bzw.	beziehungsweise

D

ders.	derselbe
d.h.	das heißt
dies.	dieselbe/n
Drucks.	Drucksache

E

EGZPO	Gesetz betreffend die Einführung der Zivilprozessordnung

EheG	Ehegesetz
EStG	Einkommensteuergesetz

F

f.	folgende
FamRB	Der Familienrechtsberater (Zs.)
FamRZ	Zeitschrift für das gesamte Familienrecht
FF	Forum Familienrecht (Zs.)
ff.	fortfolgende
FGG	Gesetz über die Angelegenheiten der freiwilligen Gerichtsbarkeit
Fn.	Fußnote
FPR	Familie, Partnerschaft und Recht (Zs.)
FuR	Familie und Recht (Zs.)

G

gem.	gemäß
GG	Grundgesetz
ggf.	gegebenenfalls
GKG	Gerichtskostengesetz
grds.	grundsätzlich

H

Halbs.	Halbsatz
h.M.	herrschende Meinung
Hrsg.	Herausgeber

I

i.a.R.	in aller Regel
i.H.d.	in Höhe des
i.H.v.	in Höhe von
i.S.d.	im Sinne der/des
i.Ü.	im Übrigen
i.V.m.	in Verbindung mit
insbes.	insbesondere

J

JurBüro	Das Juristische Büro (Zs.)
jurisPK/BGB	Juris PraxisKommentar BGB
jurisPR/FamR	Juris PraxisReport Familienrecht

K

KG	Kammergericht
KKFamR	Kompakt-Kommentar Familienrecht
KostO	Kostenordnung
krit.	kritisch/e/r

L

LG	Landgericht
Lit.	Literatur
LPartG	Lebenspartnerschaftsgesetz

M

m.w.N.	mit weiteren Nachweisen
MDR	Monatsschrift für deutsches Recht (Zs.)
MünchKomm-BGB	Münchener Kommentar zum Bürgerlichen Gesetzbuch

N

Nds.Rpfl.	Niedersächsischer Rechtspfleger (Zs.)
NJW	Neue Juristische Wochenschrift (Zs.)
NJWE-FER	NJW-Entscheidungsdienst Familien- und Erbrecht (Zs.)
NJW-RR	Neue Juristische Wochenschrift – Rechtsprechungsreport (Zs.)
Nr.	Nummer

O

OLG	Oberlandesgericht

P

PKH	Prozesskostenhilfe

R

RefE	Referentenentwurf

RegE	Regierungsentwurf
Rhld.	Rheinland
Rn.	Randnummer
Rspr.	Rechtsprechung
S	
s.	siehe
S.	Seite
SGB	Sozialgesetzbuch
s.o.	siehe oben
sog.	sogenannte/r
s.u.	siehe unten
U	
Urt.	Urteil
UVG	Unterhaltsvorschussgesetz
V	
v.	von/vom
vgl.	vergleiche
VO	Verordnung
Z	
z.B.	zum Beispiel
ZFE	Zeitschrift für Familien- und Erbrecht
Ziff.	Ziffer
ZPO	Zivilprozessordnung
Zs.	Zeitschrift
zzgl.	zuzüglich
z.Zt.	zur Zeit

A. Einleitung

Nach einem ungewöhnlich langen politischen Vorlauf tritt nunmehr die lang vorberei-
te Unterhaltsreform in Kraft. Es hat sich gezeigt, dass gerade im Familienrecht noch
immer weltanschauliche Gegensätze aufeinanderprallen, die die Alltagsarbeit des Fa-
milienrechtlers nachhaltig beeinflussen. Auch sind die sozialen Gegebenheiten in der
Praxis sehr unterschiedlich, sodass viele Dinge aus einem sehr verschiedenen Blickwinkel betrachtet werden können.

Die in der letzten Zeit in der öffentlichen Diskussion lebhaft ausgetragene Frage, ob
die persönliche Betreuung des Kindes durch die Mutter oder die außerhäusliche Betreuung durch öffentliche Institutionen vorzuziehen ist, macht deutlich, wie stark weltanschaulich geprägte Perspektiven ins Unterhaltsrecht durchschlagen.

In dieser stark ideologisch gefärbten Debatte wird jedoch vielfach nur ein sehr einseitiges Bild vertreten und die – sehr vielschichtige – Lebenswirklichkeit verkannt, die
sich dem praktisch tätigen Familienrechtler regelmäßig darbietet.

Da gibt es einmal das Kind, das in einem gut situierten Elternhaus wohlbehütet aufwächst und dort die optimale Förderung genießt. Aus diesem Blickwinkel ist das An-
sinnen, das Kind in einer öffentlichen Einrichtung „fremdbetreuen" zu lassen, gerade-
zu eine Zumutung, die den Interessen des Kindes offensichtlich zuwiderläuft.

Da gibt es aber auch das Kind, das in einer zerrütteten Familie des sog. „Prekariats"
in einem sozialen Brennpunkt aufwächst, sich weitgehend selbst überlassen bleibt und
dem im Elternhaus keine ausreichende Betreuung und Förderung zukommt. Hier stellt
sich das Angebot einer kindgerechten Betreuung und Förderung in einer von pädagogisch geschulten Fachkräften geführten öffentlichen Betreuungseinrichtung als Segen
für das Kind dar. Hier ist die außerhäusliche Betreuung kein Nachteil für die Kinder,
sondern vielfach die einzige Möglichkeit, Entwicklungsdefizite abzubauen oder zu
vermeiden, somit Zukunftschancen zu wahren und zu verhindern, das dem Kind nur
die Zukunftsperspektive „Sozialhilfeempfänger" bleibt.

Eine rein ideologisch geprägte und meist nur polemisch geführte Grundsatzdebatte
ist aber für die entscheidenden unterhaltsrechtlichen Bewertungen in keiner Weise
hilfreich und sollte daher gar nicht erst in Gerichtsverfahren hineingetragen werden.
Denn im **Unterhaltsrecht** entscheiden nicht ideologisch eingefärbte und idealisierte
abstrakte Weltbilder, sondern **konkrete Lebenssituationen in der Realität**. Maßgeblich ist letztlich die „nacheheliche Haftungsverteilung" zwischen den geschiedenen
Ehegatten im ganz konkret zu entscheidenden Einzelfall. Für die Familien geht es um
die **Bewältigung des Alltags**.

1

2   Mit der Reform soll das Unterhaltsrecht an die geänderten gesellschaftlichen Verhältnisse und den eingetretenen Wertewandel angepasst werden: Die heutigen gesellschaftlichen Verhältnisse sind gekennzeichnet durch **steigende Scheidungszahlen,** die **vermehrte Gründung von „Zweitfamilien" mit Kindern** nach Scheidung einer ersten
Ehe und eine zunehmende Zahl von **Kindern, deren Eltern in einer nichtehelichen
Lebensgemeinschaft** leben oder die **alleinerziehend** sind. Statistische Daten zeigen,
dass sog. „Patchwork-Familien" als moderne Lebensformen im Kommen sind.

Auch die **geänderte Rollenverteilung innerhalb der Ehe,** bei der immer häufiger
beide Partner – auch mit Kindern – berufstätig bleiben oder nach einer erziehungsbedingten Unterbrechung ihre Erwerbstätigkeit wieder aufnehmen, erfordert Anpassungen im Unterhaltsrecht.

3   Allerdings handelt es sich um ein explosives Thema mit Sprengstoff auf allen Seiten.
Für viele Frauen steckt hinter der Debatte das klassische Drama von Männern, die
sich nach langer Ehe „was Jüngeres suchen" und die Mütter ihrer Kinder zurücklassen
– ohne eigenes Einkommen, weil sie sich um die Erziehung der Kinder gekümmert
hatten. Und für viele Männer die Geschichte von der habgierigen Ex-Frau, die es sich
zu Hause bequem macht und sich vom geschiedenen Ehemann subventionieren lässt.

4   Zur aktuellen Situation in Deutschland einige statistische Informationen:[1]

- Die Zahl der Ehescheidungen ist in der Zeit von 1990 bis 2005 von 154.786 auf
  201.693 angestiegen.
- Die Zahl der Eheschließungen ist im gleichen Zeitraum von 516.388 auf 388.451
  gesunken.
- Die Scheidungsquote liegt bei rund 40 %.
- Dabei werden immer mehr Ehen nach relativ kurzer Zeit geschieden. So sind im
  Jahre 2005
  – 12,5 % der Ehen bereits nach bis zu 4 Jahren,
  – weitere 28,2 % nach 5 bis 9 Jahren und
  – weitere 19,5 % nach 10 bis 14 Jahren Ehedauer geschieden.
  – Bei 16,5 % erfolgt die Scheidung nach einer Ehedauer von 15 bis 19 Jahren,
  – bei 12,7 % nach 20 bis 25 Jahren und
  – bei 10,5 % nach 26 Jahren und länger.

5   Die Größe der Haushalte ist stark gesunken. Fanden sich vor gut 100 Jahren noch
4,5 Personen in einem Haushalt, so ist jetzt die Zahl auf durchschnittlich 2,1 Personen
gesunken. In den Großstädten sind Single-Haushalte auf 49 % angestiegen. Die Anzahl der nichtehelichen Lebensgemeinschaften nimmt ebenso stark zu wie die Zahl

---

1   Focus 2007/Heft 13.

der alleinerziehenden Elternteile. In 25 % der nichtehelichen Lebensgemeinschaften leben Kinder.[2] Sog. „Patchwork-Familien" mit Kindern jeweils eines Partners nehmen deutlich zu. 29 % der Personen, die eine Ehe schließen, waren zuvor schon einmal verheiratet.

Die familiären Konstellationen sind also deutlich „bunter" geworden und wechseln   6
auch häufiger. Das Familienrecht wird dadurch herausgefordert und muss mit neuen Lösungen antworten. Auch die eheliche Solidarität kann sich immer häufiger hintereinander reihen. Dies wirft die Frage auf, wie lange sie jeweils zu wirken hat.[3]

Das neue Unterhaltsrecht verfolgt nach den Vorstellungen des Gesetzgebers **drei**   7
Ziele:

- die Förderung des Kindeswohls,
- die Stärkung der nachehelichen Eigenverantwortung und
- die Vereinfachung des Unterhaltsrechts.

Die **Förderung des Kindeswohls** soll erreicht werden durch   8

- die Änderung der Rangfolge im Unterhaltsrecht, § 1609 BGB, und § 1582 BGB (s. Rn. 42 ff.) und
- eine Besserstellung der nicht verheirateten Elternteile, die Kinder betreuen, § 1615l BGB (Rn. 83 ff.).

Dem Ziel der **Stärkung der nachehelichen Eigenverantwortung** dienen   9

- die Verschärfung der Erwerbsobliegenheiten auch bei Betreuung von Kindern, §§ 1569, 1570, 1574 BGB (s. Rn. 91 ff.),
- die Möglichkeiten zur Begrenzung und Befristung des nachehelichen Unterhalts, § 1578b BGB (s. Rn. 248 ff.),
- der Verzicht auf die Garantie des ehelichen Lebensstandards, § 1578b BGB (Rn. 268) und
- das Formerfordernis für vertragliche Unterhaltsvereinbarungen vor der Scheidung, § 1585c BGB (Rn. 523 ff.).

Die **Vereinfachung des Unterhaltsrechts** wird angestrebt durch   10

- eine gesetzliche Definition des Mindestunterhalts, § 1612a BGB (Rn. 13 ff.),
- die Neuregelung der Kindergeldverrechnung, § 1612b BGB (Rn. 27 ff.),

---

2   Hohmann-Dennhardt, Arbeitsmaterialien zur 10. Jahrestagung Familienrecht des DAI, S. 6
3   Hohmann-Dennhardt, Arbeitsmaterialien zur 10. Jahrestagung Familienrecht des DAI, S. 7.

- die Änderung der Rangfolge im Unterhaltsrecht, § 1609 BGB und § 1582 BGB (Rn. 42 ff.) und
- die Vereinheitlichung der Verzugsregelungen, § 1585b BGB (Rn. 519 ff.).

11   Die Änderungen gelten weitgehend auch für das **Lebenspartnerschaftsgesetz** (Rn. 568 ff.).

12   Das Buch bietet daneben auch

- Checklisten und Hinweise für die Vorgehensweise nach Inkrafttreten des neuen Gesetzes im Zusammenhang mit den Übergangsvorschriften (s. dazu Rn. 570 ff.) und
- verfahrensrechtliche und taktische Hinweise für die praktische Anwendung der neuen Gesetzesvorschriften.

B. Mindestunterhalt minderjähriger Kinder, § 1612a BGB

I. Gegenüberstellung der einschlägigen Normen

Altes Recht	Neues Recht	13
§ 1612a *Art der Unterhaltsgewährung bei minderjährigen Kindern*	**§ 1612a Mindestunterhalt minderjähriger Kinder**	
(1) Ein minderjähriges Kind kann von einem Elternteil, mit dem es nicht in einem Haushalt lebt, den Unterhalt als Vomhundertsatz des jeweiligen Regelbetrags nach der Regelbetrag-Verordnung verlangen.	**(1) Ein minderjähriges Kind kann von einem Elternteil, mit dem es nicht in einem Haushalt lebt, den Unterhalt als Prozentsatz des jeweiligen Mindestunterhalts verlangen. Der Mindestunterhalt richtet sich nach dem doppelten Freibetrag für das sächliche Existenzminimum eines Kindes (Kinderfreibetrag) nach § 32 Abs. 6 Satz 1 des Einkommensteuergesetzes. Er beträgt monatlich entsprechend dem Alter des Kindes**	
	1. für die Zeit bis zur Vollendung des sechsten Lebensjahrs (erste Altersstufe) 87 Prozent,	
	2. für die Zeit vom siebten bis zur Vollendung des zwölften Lebensjahrs (zweite Altersstufe) 100 Prozent, und	
	3. für die Zeit vom 13. Lebensjahr an (dritte Altersstufe) 117 Prozent eines Zwölftels des doppelten Kinderfreibetrags.	
(2) Der *Vomhundertsatz* ist auf eine Dezimalstelle zu begrenzen; jede weitere sich ergebende Dezimalstelle wird nicht berücksichtigt. Der sich bei der Berechnung des Unterhalts ergebende Betrag ist auf volle Euro aufzurunden.	(2) Der **Prozentsatz** ist auf eine Dezimalstelle zu begrenzen; jede weitere sich ergebende Dezimalstelle wird nicht berücksichtigt. Der sich bei der Berechnung des Unterhalts ergebende Betrag ist auf volle Euro aufzurunden.	

(3) *Die Regelbeträge werden in der Regelbetrag-Verordnung nach dem Alter des Kindes für die Zeit bis zur Vollendung des sechsten Lebensjahrs (erste Altersstufe), die Zeit vom siebten bis zur Vollendung des zwölften Lebensjahrs (zweite Altersstufe) und für die Zeit vom 13. Lebensjahr an (dritte Altersstufe) festgesetzt. Der Regelbetrag einer höheren Altersstufe ist ab dem Beginn des Monats maßgebend, in dem das Kind das betreffende Lebensjahr vollendet.*	(3) **Der Unterhalt einer höheren Altersstufe ist ab dem Beginn des Monats maßgebend, in dem das Kind das betreffende Lebensjahr vollendet.**
(4) *Die Regelbeträge ändern sich entsprechend der Entwicklung des durchschnittlich verfügbaren Arbeitsentgelts erstmals zum 1. Juli 1999 und danach zum 1. Juli jeden zweiten Jahres. Die neuen Regelbeträge ergeben sich, indem die zuletzt geltenden Regelbeträge mit den Faktoren aus den jeweils zwei der Veränderung vorausgegangenen Kalenderjahren für die Entwicklung* 1. *der Bruttolohn- und -gehaltssumme je durchschnittlich beschäftigten Arbeitnehmer und* 2. *der Belastung bei Arbeitsentgelten vervielfältigt werden; das Ergebnis ist auf volle Euro aufzurunden. Das Bundesministerium der Justiz hat die Regelbetrag-Verordnung durch Rechtsverordnung, die nicht der Zustimmung des Bundesrates bedarf, rechtzeitig anzupassen.*	

(5) Die Faktoren im Sinne von Absatz 4 Satz 2 werden ermittelt, indem jeweils der für das Kalenderjahr, für das die Entwicklung festzustellen ist, maßgebende Wert durch den entsprechenden Wert für das diesem vorausgegangene Kalenderjahr geteilt wird. Der Berechnung sind

1. *für das der Veränderung vorausgegangene Kalenderjahr die dem Statistischen Bundesamt zu Beginn des folgenden Kalenderjahrs vorliegenden Daten der Volkswirtschaftlichen Gesamtrechnung,*

2. *für das Kalenderjahr, in dem die jeweils letzte Veränderung vorgenommen wurde, die vom Statistischen Bundesamt endgültig festgestellten Daten der Volkswirtschaftlichen Gesamtrechnung, sowie*

3. *im Übrigen die der Bestimmung der bisherigen Regelbeträge zugrunde gelegten Daten der Volkswirtschaftlichen Gesamtrechnung zugrunde zu legen; sie ist auf zwei Dezimalstellen durchzuführen.*

II. Vorgeschichte

1. Bisher geltendes Recht gem. § 1612a BGB

Gemäß dem bisherigen § 1612a Abs. 1 BGB bemisst sich der Unterhalt für ein minderjähriges Kind nach dem Vomhundertsatz des jeweiligen Regelbetrags nach der Regelbetrag-VO. Gem. dem bisherigen § 1612a Abs. 3 BGB werden die Regelbeträge in der Regelbetrag-VO nach dem Alter des Kindes unterteilt in drei Altersstufen festgesetzt, wobei die Regelbeträge für die alten und neuen Bundesländer in unterschiedlicher Höhe festgelegt werden. Die Regelbeträge sind zurzeit wie folgt festgesetzt:[4]   14

- Erste Altersstufe (0 – 5 Jahre): 202,00 € (West)/186,00 € (Ost).
- Zweite Altersstufe (6 – 11 Jahre): 245,00 € (West)/226,00 € (Ost).
- Dritte Altersstufe (12 – 17 Jahre): 288,00 € (West)/267,00 € (Ost).

---

[4]   4. Verordnung zur Änderung der Regelbetrag-VO v. 08.04.2005, BGBl. 2005 I, S. 1055.

Die Regelbeträge dienen als **Basiswerte der Unterhaltstabellen** (Düsseldorfer Tabelle und Berliner Tabelle) und als Bezugsgrößen für die Unterhaltsanpassung.

15   Diese Bedeutung kommt den Regelbeträgen insbes. auch bei der Titulierung des Kindesunterhalts in dynamisierter Form zu, da die Titulierung in Form von Prozentsätzen des jeweiligen Regelbetrags erfolgt.

16   Gemäß § 1612a Abs. 4 BGB in der bisherigen Fassung sind die Regelbeträge entsprechend der Entwicklung des durchschnittlich verfügbaren Arbeitsentgelts jeweils zum 1.7. eines jeden zweiten Jahres, beginnend mit dem 01.07.1999, anzupassen. Diese Anpassung, die zuletzt zum 01.07.2007 erfolgt ist, bedingt dann jeweils die entsprechenden Änderungen in der Düsseldorfer Tabelle sowie in der Berliner Tabelle.

2.   Kritik am bisherigen Recht

17   Insbesondere nach der Novellierung des bisherigen § 1612b Abs. 5 BGB, der bestimmt, dass die Anrechnung des Kindergelds auf den Unterhalt unterbleibt, soweit der Unterhaltspflichtige außerstande ist, Unterhalt i.h.v. 135 % des jeweiligen Regelbetrags nach der Regelbetrag-VO zu leisten, ist in der Rechtsprechung und der Literatur immer wieder diskutiert worden, ob damit der Mindestbedarf eines minderjährigen Kindes gesetzlich auf 135 % des jeweiligen Regelbetrags definiert worden ist.[5]

18   Das hat der BGH[6] jedoch verneint. Danach ist ein Mindestbedarf durch den Gesetzgeber nicht festgeschrieben, vielmehr ist der Unterhaltsanspruch des minderjährigen Kindes individuell zu bemessen. Maßgeblich sind die Einkommensverhältnisse des unterhaltspflichtigen Elternteils, da sich die Lebensstellung des Kindes grds. von dessen Einkommens- und Vermögensverhältnissen ableitet. Auch aus der Vorschrift des bisherigen § 1612b Abs. 5 BGB ergibt sich nichts anderes. Diese Vorschrift regelt lediglich den Ausgleich des Kindergelds zwischen den Eltern, da Zweck des Kindergelds ausschließlich ist, die Unterhaltslast der Eltern gegenüber ihren Kindern zu erleichtern.

Jedoch hat der BGH klargestellt, dass die Regelbeträge für die Darlegungs- und Beweislast von Bedeutung sind. Auch wenn der Regelbetrag keinen gesetzlich definierten Mindestunterhaltsbedarf beinhaltet, kann das Kind ohne weitere Darlegung der Verhältnisse Unterhalt in dieser Höhe verlangen, wobei es an dem Pflichtigen ist, seine insoweit mangelnde Leistungsfähigkeit darzulegen und zu beweisen.

---

5   Finke, FPR 2005, 477 m.w.N.

6   BGH, Urt. v. 6.2.2002 – XII ZR 20/00, FamRZ 2002, 536 = NJW 2002, 1269 = FPR 2002, 195.

Das BVerfG[7] hat in seiner Entscheidung zum § 1612b Abs. 5 BGB in der bisherigen Fassung ausgeführt, es sei zweifelhaft, ob der Gesetzgeber mit dieser Vorschrift seinem **Schutzauftrag** nachkommt, das Existenzminimum eines Kindes sicherzustellen. Insoweit kommt nicht mit der genügenden Klarheit zum Ausdruck, welche in Bezug genommene Größe letztlich das Existenzminimum des Kindes ausmacht. Einerseits wird ausdrücklich darauf verzichtet, über die Regelbetrag-VO das Existenzminimum zu definieren, andererseits wird zur Anerkennung eines unterhaltsrechtlichen Existenzminimums als Maßstab 135 % des jeweiligen Regelbetrags herangezogen.

19

So hat auch bereits der 15. Deutsche Familiengerichtstag[8] in seinen Empfehlungen an die Gesetzgebung postuliert, das Existenzminimum für Kinder und Erwachsene gesetzlich festzulegen auf der Grundlage des Existenzminimumsberichts der Bundesregierung als einheitliche Bezugsgröße für das Steuer-, Sozial- und Zivilrecht.

20

III.   Inhalt der Neuregelung des § 1612a BGB

1.   Der Mindestunterhalt

In § 1612a BGB wird der Mindestunterhalt für ein minderjähriges Kind gesetzlich geregelt. Unabhängig von der Regelsatzverordnung richtet sich der Mindestunterhalt nach dem **Existenzminimum eines Kindes**, abgeleitet nach den steuerrechtlichen Vorschriften. Danach bemisst sich der Mindestunterhalt nach dem doppelten Freibetrag für das sächliche Existenzminimum eines Kindes (Kinderfreibetrag) gem. § 32 Abs. 6 Satz 1 EStG.[9] Der (Jahres-)Freibetrag beträgt zurzeit 1.824,00 €, sodass gem. § 1612a Abs. 1 BGB zur Bestimmung des Mindestunterhalts zugrunde zu legen sind 2 x 1.824,00 € = 3.648,00 €, was monatlich einen Mindestunterhalt i.H.v. 304,00 € ergibt.

21

Während das Steuerrecht bei der Bestimmung des sächlichen Existenzminimums des Kindes nicht nach dem Alter des Kindes differenziert, gliedert sich der Mindestunterhalt minderjähriger Kinder, wie bisher auch, nach drei Altersstufen:

22

- Erste Altersstufe (0 – 5 Jahre): 87 % von 304,00 €   = 265,00 €
- Zweite Altersstufe (6 – 11 Jahre): 100 % von 304,00 €   = 304,00 €
- Dritte Altersstufe (ab 12 Jahre): 117 % von 304,00 €   = 356,00 €

---

7   BVerfG, Beschl. v. 9.4.2003 – 1 BvL 1/01, 1 BvR 1749/01, FamRZ 2003, 1370 = NJW 2003, 2733 = FPR 2003, 597.

8   Empfehlungen des 15. Deutschen Familiengerichtstags, FamRZ 2003, 1906.

9   Dazu s. Rn. 24 ff.

Dabei ist gem. § 1612a Abs. 2 BGB der Prozentsatz auf eine Dezimalstelle zu begrenzen und der sich bei der Berechnung des Unterhalts ergebende Betrag auf volle Euro aufzurunden.

23   Der so gesetzlich festgelegte Mindestunterhalt ist der **Barunterhaltsbetrag**, auf den das minderjährige Kind grds. Anspruch hat und den der Unterhaltspflichtige grds. zu leisten verpflichtet ist. Gleichwohl ändert die Neuregelung nichts daran, dass sich der tatsächlich geschuldete Kindesunterhalt nach der individuellen Leistungsfähigkeit des Barunterhaltspflichtigen gem. § 1603 BGB bemisst. Über den notwendigen Selbstbehalt ist nach wie vor gewährleistet, dass die Unterhaltsverpflichtung immer durch das eigene Existenzminimum des Unterhaltspflichtigen begrenzt ist.

2.   Das sächliche Existenzminimum des § 32 Abs. 6 Satz 1 EStG

24   Nach der Rechtsprechung des BVerfG[10] muss der existenznotwendige Bedarf von Kindern von der Einkommsteuer verschont bleiben. Dazu gehört das sächliche Existenzminimum sowie der Betreuungs- und Erziehungs- oder Ausbildungsbedarf. Dieses Existenzminimum wird von der Bundesregierung alle zwei Jahre in einem **Existenzminimumbericht** auf der Grundlage der durchschnittlichen sozialhilferechtlichen Regelsätze der Bundesländer und statistischer Berechnungen der durchschnittlichen Aufwendungen für Wohn- und Heizkosten in den alten Bundesländern ermittelt und dient als Orientierungsgröße für die Höhe des einkommensteuerrechtlichen und sächlichen Existenzminimums.[11] Auf der Basis des 5. Existenzminimumberichts wird zur Bestimmung des Existenzminimums für Kinder zurzeit zugrunde gelegt ein Durchschnittsregelsatz von

- 224,00 € monatlich = 2.688,00 € jährlich.
- Die Wohnkosten bemessen sich mit 67,00 € monatlich = 804,00 € jährlich und
- die Heizkosten werden mit 13,00 € monatlich = 156,00 € jährlich angesetzt.

25   Daraus ergibt sich ein sächliches Existenzminimum für ein Kind i.H.v. jährlich 3.648,00 €.

26   Der Kinderfreibetrag gem. § 32 Abs. 6 Satz 1 EStG entspricht der Hälfte, somit 1.824,00 €. Dieser Kinderfreibetrag stellt sicher, dass einkommensteuerpflichtigen Eltern der zur Sicherung des sächlichen Existenzminimums eines Kindes erforderliche Teil ihres Einkommens steuerfrei verbleibt. Dabei wird der Betrag halbiert, da der Kinderfreibetrag steuerrechtlich jedem einzelnen einkommensteuerpflichtigen Elternteil zukommt.

---

10   BVerfG, Beschl. v. 10.11.1998 – 2 BvR 1057/91, 2 BvR 1226/91 und 2 BvR 980/91, BVerfGE 99, 216 = NJW 1999, 557.

11   Ausführlich Kaiser-Plessow, FPR 2005, 479.

C. Berücksichtigung des Kindergelds, § 1612b BGB

I. Gegenüberstellung der einschlägigen Normen

Altes Recht	Neues Recht	27
§ 1612b *Anrechnung von Kindergeld* *(1) Das auf das Kind entfallende Kindergeld ist zur Hälfte anzurechnen, wenn an den barunterhaltspflichtigen Elternteil Kindergeld nicht ausgezahlt wird, weil ein anderer vorrangig berechtigt ist.*	**§ 1612b Deckung des Barbedarfs durch Kindergeld** **(1) Das auf das Kind entfallende Kindergeld ist zur Deckung seines Barbedarfs zu verwenden:** **1. zur Hälfte, wenn ein Elternteil seine Unterhaltspflicht durch Betreuung des Kindes erfüllt (§ 1606 Abs. 3 Satz 2);** **2. in allen anderen Fällen in voller Höhe.** **In diesem Umfang mindert es den Barbedarf des Kindes.**	
(2) Sind beide Elternteile zum Barunterhalt verpflichtet, so erhöht sich der Unterhaltsanspruch gegen den das Kindergeld beziehenden Elternteil um die Hälfte des auf das Kind entfallenden Kindergelds.	**(2) Ist das Kindergeld wegen der Berücksichtigung eines nicht gemeinschaftlichen Kindes erhöht, ist es im Umfang der Erhöhung nicht bedarfsmindernd zu berücksichtigen.**	
(3) Hat nur der barunterhaltspflichtige Elternteil Anspruch auf Kindergeld, wird es aber nicht an ihn ausgezahlt, ist es in voller Höhe anzurechnen.		
(4) Ist das Kindergeld wegen Berücksichtigung eines nicht gemeinschaftlichen Kindes erhöht, ist es im Umfang der Erhöhung nicht anzurechnen.		

> (5) Eine Anrechnung des Kindergelds unterbleibt, soweit der Unterhaltspflichtige außerstande ist, Unterhalt in Höhe von 135 Prozent des Regelbetrags nach der Regelbetrag-Verordnung zu leisten.

II. Vorgeschichte

1. Bisher geltendes Recht gem. § 1612b BGB

28 Da das Kindergeld beide Elternteile entlasten soll, gem. § 64 EStG aber im Regelfall nur ein Elternteil bezugsberechtigt ist, wird im Rahmen des Unterhaltsrechts gem. § 1612b BGB in der bisherigen Fassung ein **interner Ausgleich** zwischen dem Bezugsberechtigten und dem anderen Elternteil vorgenommen. Wird das Kindergeld nicht an den barunterhaltspflichtigen Elternteil ausgezahlt, wird grds. gemäß dem bisherigen § 1612b Abs. 1 BGB das hälftige Kindergeld auf den Barunterhalt angerechnet. Gemäß dem bisherigen § 1612b Abs. 5 BGB unterbleibt die Anrechnung des Kindergelds jedoch, soweit der Unterhaltspflichtige außerstande ist, Unterhalt i.h.v. 135 % des Regelbetrags nach der Regelbetrag-VO zu leisten. Dieses teilweise Anrechnungsverbot des Kindergelds wurde durch das Gesetz zur Ächtung der Gewalt in der Erziehung und zur Änderung des Kindesunterhaltsrechts v. 02.11.2000 (BGBl. I, S. 1479) eingeführt, was zu der Kindergeldanrechnungstabelle als Anlage zu Teil A. Anm. 10 der Düsseldorfer Tabelle geführt hat.

2. Kritik am bisher geltenden Recht

29 Die komplizierte Modalität für die Anrechnung des Kindesgelds gem. § 1612b Abs. 5 BGB in der bisherigen Fassung lässt sich in der Praxis kaum vermitteln. Darüber hinaus macht in der Praxis die Diskrepanz zwischen unterhaltsrechtlicher und sozialrechtlicher Zuordnung des Kindergelds immer wieder Schwierigkeiten. Unterhaltsrechtlich gilt das Kindergeld nicht als Einkommen des Kindes, vielmehr entsprechend § 63 ff. EStG als Einkommen der Eltern, allerdings ohne Berücksichtigung der unterhaltsrechtlichen Leistungsfähigkeit aufseiten des Unterhaltspflichtigen.[12] Im Sozialrecht wird das Kindergeld dagegen gem. § 11 Abs. 1 Satz 3 SGB II und § 82 Abs. 1 Satz 2 SGB XII dem jeweiligen Kind zugerechnet, soweit das Kindergeld benötigt wird, um den notwendigen Lebensunterhalt des Kindes sicherzustellen, um so den entsprechenden Hilfebedarf des Kindes zu minimieren. Gleichwohl besteht Einigkeit, dass das Kindergeld wirtschaftlich letztendlich dem Kind zugutekommen muss, da es dazu bestimmt ist, das Existenzminimum des Kindes abzusichern.[13] Dementsprechend

---

12 Graba, in: Johannsen/Henrich, Eherecht, 2004, § 1612b Rn. 2.
13 BVerfGE 45, 104; BGH, Urt. v. 26.10.2005 – XII ZR 34/03, FamRZ 2006, 99.

Mleczko

kann gem. § 74 Abs. 1 Satz 1 EStG das Kindergeld auch unmittelbar an das Kind ausgezahlt werden, wenn der Kindergeldberechtigte dem Kind gegenüber seiner gesetzlichen Unterhaltspflicht nicht nachkommt.

Die Kompliziertheit der Kindergeldanrechnungsmodalität sowie das nicht durchschaubare Zusammenspiel von Normen des Kindergeld-, Unterhalts-, Steuer- und Sozialhilferechts sind für das BVerwG Anlass, darauf hinzuweisen, dass diese gesetzliche Regelung im Hinblick auf das rechtsstaatliche Gebot der Normenklarheit gem. Art. 20 Abs. 3 GG bedenklich ist.[14]   30

Große Schwierigkeiten bestehen bei der Kindergeldverrechnung bei volljährigen Kindern insbes. dann, wenn ein volljähriges Kind von einem Elternteil Barunterhalt verlangt, während der andere barunterhaltspflichtige Elternteil leistungsunfähig ist, aber das Kindergeld bezieht. Ein Teil der Rechtsprechung wollte das Kindergeld voll auf den Barunterhalt des pflichtigen Elternteils anrechnen,[15] während ein anderer Teil der Rechtsprechung lediglich das hälftige Kindergeld zahlungsmindernd berücksichtigt haben wollte.[16] Insoweit hat der BGH nunmehr eine generelle Abkehr von der bislang üblichen Anrechnung des Kindergelds bei volljährigen Kinder vollzogen,[17] indem er beim Volljährigenunterhalt – auch bei den privilegierten volljährigen Kindern gem. § 1603 Abs. 2 Satz 2 BGB – von der bisher üblichen Anrechnung des Kindergelds abrückt. So soll das hälftige Kindergeld nicht mehr mit dem Unterhalt verrechnet werden, vielmehr wird das Kindergeld bereits bei der Prüfung der Bedürftigkeit des volljährigen Kindes dergestalt berücksichtigt, dass das Kindergeld in vollem Umfang bedarfsdeckend angerechnet wird.   31

III.   Inhalt der Neuregelung des § 1612b BGB

Die gesetzliche Neuregelung knüpft an die Entscheidung des BGH zur Anrechnung des Kindergelds beim Volljährigenunterhalt an und überträgt diese Anrechnungsmodalität auch auf den Minderjährigenunterhalt. § 1612b Abs. 1 BGB ordnet zunächst an, dass das auf das jeweilige Kind entfallende Kindergeld generell zur Deckung seines Bedarfs zu verwenden ist. Daraus resultiert ein unterhaltsrechtlicher Anspruch des Kindes auf Auskehrung des Kindergelds, soweit der Kindergeldberechtigte nicht entsprechende   32

---

14   BVerfG, Beschl. v. 9.4.2003 – 1 Bvl 1/01, 1 BvR 1479/01, BVerfGE 108, 52 = FamRZ 2003, 1370.

15   OLG Düsseldorf, FamRZ 1999, 1452; OLG Schleswig, FamRZ 2000, 1245; OLG Braunschweig, FamRZ 2000, 1246;   OLG Brandenburg, FamRZ 2003, 533;   OLG Naumburg, FamRZ 2002, 289.

16   OLG Celle, FamRZ 2003, 1408;   OLG Köln,   FamRZ 2003, 1408;   OLG Brandenburg, FamRZ 2002, 1216.

17   BGH, FamRZ 2006, 99 m. Anm. Viefhues und Scholz.

Naturalleistungen erbringt. Diesen Anspruch konzediert der BGH in seinem Urt. v. 26.10.2005 dem volljährigen Kind bereits nach jetziger Rechtslage.

33   Ebenfalls ergibt sich aus der neuen Gesetzesvorschrift, dass das Kindergeld bindend zur Deckung des Bedarfs des Kindes zu verwenden ist. So wird Kongruenz mit der sozialrechtlichen Bedarfsbestimmung in § 11 Abs. 1 Satz 3 SGB II und § 82 Abs. 1 Satz 2 SGB XII hergestellt.

34   Des Weiteren bestimmt der § 1612b Abs. 1 BGB in Nr. 1 und Nr. 2 in welchem Umfang das Kindergeld den **Barbedarf des Kindes** mindert. Dabei wird unterschieden zwischen minderjährigen, unverheirateten Kindern gem. § 1606 Abs. 3 Satz 2 BGB, die noch einer Betreuung bedürfen, und volljährigen Kindern, die einer Betreuung nicht mehr bedürfen bzw. Kindern, die nicht von einem Elternteil betreut werden, sodass auch insoweit lediglich Barunterhalt zu leisten ist.

35   Bei minderjährigen unverheirateten Kindern erfüllt der Elternteil, in dessen **Obhut** sich das Kind befindet, seine Unterhaltspflicht durch die Pflege und die Erziehung des Kindes gem. § 1606 Abs. 3 Satz 2 BGB. Gem. § 64 Abs. 2 Satz 1 EStG steht dem betreuenden Elternteil auch regelmäßig das Kindergeld zu. Der andere Elternteil erfüllt seine Unterhaltspflicht durch Barzahlung. Da Betreuungs- und Barunterhalt grds. als gleichwertig anzusehen sind, muss jedem Elternteil die Hälfte des Kindergelds zugutekommen.[18] Daraus folgt, dass gem. § 1612b Abs. 1 Nr. 1 BGB das auf das Kind entfallende Kindergeld hälftig auf den Barbedarf des Kindes anzurechnen ist.

36   Wird die Betreuung eines minderjährigen Kindes durch **Fremdbetreuung** sichergestellt oder ist das Kind volljährig, dann wird gem. § 1612b Abs. 1 Nr. 2 BGB das Kindergeld in voller Höhe auf den Barbedarf des Kindes angerechnet.

37   § 1612b Abs. 2 BGB greift Abs. 4 des jetzt gültigen § 1612 BGB auf und stellt klar, dass nur der Kindergeldbetrag zu berücksichtigen ist, der für gemeinschaftliche Kinder anfallen würde, sodass der sog. „Zählkindervorteil" nach wie vor nicht zu berücksichtigen ist.

---

18   BGH, FamRZ 2006, 99, 101 m. Anm. Viefhues und Scholz.

D. Art der Unterhaltsgewährung beim Kindesunterhalt, § 1612 BGB

I. Gegenüberstellung der einschlägigen Normen

Altes Recht	Neues Recht
§ 1612 Art der Unterhaltsgewährung	**§ 1612 Art der Unterhaltsgewährung**
(1) Der Unterhalt ist durch Entrichtung einer Geldrente zu gewähren. Der Verpflichtete kann verlangen, dass ihm die Gewährung des Unterhalts in anderer Art gestattet wird, wenn besondere Gründe es rechtfertigen.	(1) Der Unterhalt ist durch Entrichtung einer Geldrente zu gewähren. Der Verpflichtete kann verlangen, dass ihm die Gewährung des Unterhalts in anderer Art gestattet wird, wenn besondere Gründe es rechtfertigen.
(2) *Haben Eltern einem unverheirateten Kind Unterhalt zu gewähren, so können sie bestimmen, in welcher Art und für welche Zeit im Voraus der Unterhalt gewährt werden soll, wobei auf die Belange des Kindes die gebotene Rücksicht zu nehmen ist. Aus besonderen Gründen kann das Familiengericht auf Antrag des Kindes die Bestimmung der Eltern ändern. Ist das Kind minderjährig, so kann ein Elternteil, dem die Sorge für die Person des Kindes nicht zusteht, eine Bestimmung nur für die Zeit treffen, in der das Kind in seinen Haushalt aufgenommen ist.*	(2) **Haben Eltern einem unverheirateten Kind Unterhalt zu gewähren, können sie bestimmen, in welcher Art und für welche Zeit im Voraus der Unterhalt gewährt werden soll, sofern auf die Belange des Kindes die gebotene Rücksicht genommen wird. Ist das Kind minderjährig, kann ein Elternteil, dem die Sorge für die Person des Kindes nicht zusteht, eine Bestimmung nur für die Zeit treffen, in der das Kind in seinen Haushalt aufgenommen ist.**
(3) Eine Geldrente ist monatlich im Voraus zu zahlen. Der Verpflichtete schuldet den vollen Monatsbetrag auch dann, wenn der Berechtigte im Laufe des Monats stirbt.	(3) Eine Geldrente ist monatlich im Voraus zu zahlen. Der Verpflichtete schuldet den vollen Monatsbetrag auch dann, wenn der Berechtigte im Laufe des Monats stirbt.

II. Vorgeschichte

1. Bisher geltendes Recht gem. § 1612 BGB

39 Gemäß § 1612 Abs. 2 Satz 1 BGB in der bisherigen Fassung haben Eltern, die einem unverheirateten Kind Unterhalt zu gewähren haben, das Recht, die Art der Unterhaltsgewährung zu bestimmen. So können die Eltern einem volljährigen Kind im elterlichen Haushalt eine Wohnung gewähren, Versorgung und Verpflegung sowie ein Taschengeld sicherstellen. Möchte das unterhaltsberechtigte Kind jedoch außerhalb des elterlichen Haushalts wohnen, kann aus besonderem Grund das Familiengericht auf Antrag des Kindes gem. § 1612 Abs. 2 Satz 2 BGB in der bisherigen Fassung die Unterhaltsbestimmungen der Eltern ändern.

2. Kritik am bisher geltenden Recht

40 Diese gesetzliche Vorschrift hat in der Praxis erhebliche Probleme hervorgebracht.[19]

Bei Streitigkeiten bzgl. der Unterhaltsbestimmung ist das Familiengericht zuständig. Fraglich ist jedoch, wer im Familiengericht funktionell für die Entscheidung zuständig ist, nämlich der Rechtspfleger oder aber der Richter. So die Ansicht vertreten wird, das Abänderungsverfahren sei ein gesondertes FGG-Verfahren, wäre der Rechtspfleger zuständig,[20] wobei noch unterschiedliche Gerichte zuständig sein können, wenn z.B. das unterhaltsberechtigte volljährige Kind seinen Wohnsitz in einem anderen Gerichtsbezirk als die unterhaltspflichtigen Eltern hat. Gem. §§ 36 Abs. 1 Satz 1, 43 Abs. 1, 64 FGG ist das Gericht am Wohnsitz des Kindes für das Verfahren wegen Änderung des Unterhaltsbestimmungsrechts zuständig, während das Unterhaltsverfahren selbst gem. § 13 ZPO am Wohnsitz des beklagten Elternteils durchzuführen ist.

So geht dann ein Teil der Rechtsprechung auch von der alleinigen Zuständigkeit des Familienrichters aus.[21]

III. Inhalt der Neuregelung des § 1612 BGB

41 Die Vorschrift des § 1612 Abs. 2 Satz 2 BGB wird mit der Änderung des Unterhaltsrechts gänzlich aufgehoben. Damit ist das Abänderungsverfahren als gesondertes Verfahren abgeschafft und eine einheitliche Entscheidung des Familiengerichts gewährleistet. Nunmehr ist im Rahmen der Klage auf Zahlung von Barunterhalt quasi als „Vorfrage" vom Prozessgericht zu entscheiden, ob eine dem Barunterhaltsanspruch

---

19   Erdrich, FPR 2005, 490.
20   KG, FamRZ 2000, 256; OLG Hamburg, FamRZ 2000, 246.
21   OLG Dresden, FamRZ 2004, 209; OLG Düsseldorf, FamRZ 2001, 1306; OLG Köln, FamRZ 2005, 116.

entgegenstehende Unterhaltsbestimmung der Eltern rechtens ist. Die Wirksamkeit der abweichenden Unterhaltsbestimmung hängt davon ab, ob gem. § 1612 Abs. 2 Satz 1 BGB auf die Belange des Kindes die gebotene Rücksicht genommen worden ist. Bei dieser Prüfung sind auch die „besonderen Gründe" mit einzubeziehen, die nach jetzt gültiger Rechtslage Voraussetzung dafür sind, dass das Familiengericht die von den Eltern vorgenommene Bestimmung ändern kann.

E. Rangfolgeregelung § 1609 BGB und § 1582 BGB

I. Gegenüberstellung der einschlägigen Normen 42

Altes Recht	Neues Recht
§ 1582 Rangverhältnisse mehrerer Unterhaltsbedürftiger *(1) Bei Ermittlung des Unterhalts des geschiedenen Ehegatten geht im Falle des § 1581 der geschiedene Ehegatte einem neuen Ehegatten vor, wenn dieser nicht bei entsprechender Anwendung der §§ 1569 bis 1574, § 1576 und des § 1577 Abs. 1 unterhaltsberechtigt wäre. Hätte der neue Ehegatte nach diesen Vorschriften einen Unterhaltsanspruch, geht ihm der geschiedene Ehegatte gleichwohl vor, wenn er nach § 1570 oder nach § 1576 unterhaltsberechtigt ist oder die Ehe mit dem geschiedenen Ehegatten von langer Dauer war. Der Ehedauer steht die Zeit gleich, in der ein Ehegatte wegen der Pflege oder Erziehung eines gemeinschaftlichen Kindes nach § 1570 unterhaltsberechtigt war.*	**§ 1582 Rang des geschiedenen Ehegatten bei mehreren Unterhaltsberechtigten** **Sind mehrere Unterhaltsberechtigte vorhanden, richtet sich der Rang des geschiedenen Ehegatten nach § 1609.**
(2) § 1609 bleibt im Übrigen unberührt.	

§ 1609 *Rangverhältnisse mehrerer Bedürftiger*	§ 1609 Rangfolge mehrerer Unterhaltsberechtigter
(1) Sind mehrere Bedürftige vorhanden und ist der Unterhaltspflichtige außerstande, allen Unterhalt zu gewähren, so gehen die Kinder im Sinne des § 1603 Abs. 2 den anderen Kindern, die Kinder den übrigen Abkömmlingen, die Abkömmlinge den Verwandten der aufsteigenden Linie und unter den Verwandten der aufsteigenden Linie die näheren den entfernteren vor.	Sind mehrere Unterhaltsberechtigte vorhanden und ist der Unterhaltspflichtige außerstande, allen Unterhalt zu gewähren, gilt folgende Rangfolge: 1. minderjährige unverheiratete Kinder und Kinder im Sinne des § 1603 Abs. 2 Satz 2, 2. Elternteile, die wegen der Betreuung eines Kindes unterhaltsberechtigt sind oder im Fall einer Scheidung wären, sowie Ehegatten und geschiedene Ehegatten bei einer Ehe von langer Dauer; bei der Feststellung einer Ehe von langer Dauer sind auch Nachteile im Sinne des § 1578b Abs. 1 Satz 2 und Satz 3 zu berücksichtigen, 3. Ehegatten und geschiedene Ehegatten, die nicht unter Nummer 2 fallen, 4. Kinder, die nicht unter Nummer 1 fallen, 5. Enkelkinder und weitere Abkömmlinge, 6. Eltern, 7. weitere Verwandte der aufsteigenden Linie; unter ihnen gehen die Näheren den Entfernteren vor.

> *(2) Der Ehegatte steht den Kindern im Sinne des § 1603 Abs. 2 gleich; er geht anderen Kindern und den übrigen Verwandten vor. Ist die Ehe geschieden oder aufgehoben, so geht der unterhaltsberechtigte Ehegatte den anderen Kindern im Sinne des Satzes 1 sowie den übrigen Verwandten des Unterhaltspflichtigen vor.*

II. Bisheriges Recht

Die Frage der Rangverhältnisse einzelner Unterhaltsansprüche stellt sich immer dann, wenn die Einkünfte des Unterhaltspflichtigen nicht ausreichen, unter Beachtung seines eigenen Selbstbehaltes die Ansprüche sämtlicher Unterhaltsberechtigter zu erfüllen. Dann ist zunächst der Unterhaltsanspruch des vorrangig Berechtigten voll zu erfüllen, bevor noch verbleibende weitere Einkünfte unter den nachrangig Unterhaltsberechtigten verteilt werden. Besteht dagegen zwischen den Unterhaltsberechtigten Ranggleichheit, sind bei nicht ausreichenden Einkünften des Pflichtigen die konkurrierenden Ansprüche entsprechend der gesetzlichen Regelungen zu kürzen.   43

Dabei kennt das bisherige Recht folgende **Rangstufen:**   44

- **Erste Rangstufe:**
  - minderjährige unverheiratete Kinder gem. § 1609 Abs. 1 BGB,
  - diesen gleichgestellte privilegierte volljährige Kinder gem. § 1603 Abs. 2 Satz 2 BGB,
  - verheiratete Ehegatten, die minderjährigen Kindern gleichgestellt sind, gem. § 1609 Abs. 2 Satz 1 BGB,
  - der geschiedene Ehegatte, soweit er gem. § 1582 BGB dem verheirateten Ehegatten im Rang vorgeht.
  - Gemäß § 1582 BGB ist der relative Vorrang des geschiedenen Ehegatten dann gegeben, wenn
    - dieser gem. § 1570 BGB (Betreuungsunterhalt) oder gem. § 1576 BGB (Unterhalt aus Billigkeitsgründen) unterhaltsberechtigt ist oder
    - die geschiedene Ehe von langer Dauer war oder
    - der neue Ehegatte bei entsprechender Anwendung der §§ 1569 ff. BGB nicht unterhaltsberechtigt wäre.
  - Dabei tritt bei Vorrang des geschiedenen Ehegatten der neue Ehegatte auch hinter den Kindern im Rang zurück, selbst dann, wenn der geschiedene Ehegatte seinen

bestehenden Unterhaltsanspruch nicht geltend macht.[22]
Ist der geschiedene Ehegatte nicht privilegiert, haben die Unterhaltsansprüche verschiedener Ehegatten Gleichrang.

- **Zweite Rangstufe:**
  Der neue Ehegatte, der gem. § 1582 BGB gegenüber dem geschiedenen Ehegatten nachrangig ist.

- **Dritte Rangstufe:**
  Unterhaltsanspruch von Mutter oder Vater eines nichtehelichen Kindes gem. § 1615l Abs. 3, Abs. 4 BGB.

- **Vierte Rangstufe:**
  Nicht privilegierte volljährige und minderjährige verheiratete Kinder gem. § 1609 Abs. 1, Abs. 2 Satz 2 BGB.

- **Fünfte Rangstufe:**
  Lebenspartner gem. § 16 Abs. 3 LPartG, wobei frühere Lebenspartner dem neuen Lebenspartner vorgehen.

- **Sechste Rangstufe:**
  Andere Abkömmlinge (Enkelkinder) gem. § 1609 Abs. 1 BGB.

- **Siebte Rangstufe:**
  Verwandte in aufsteigender Linie (Eltern und Großeltern) gem. § 1609 Abs. 1 BGB.

III. Kritik am bisher geltenden Recht

45 Die gültige Rangfolge im Unterhaltsrecht wurde in der Vergangenheit immer wieder in der unterhaltsrechtlichen Praxis und insbes. auch vom Deutschen Familiengerichtstag kritisiert,[23] zumal die unklare gesetzliche Regelung häufig zu Rechtsstreitigkeiten führte. Die Privilegierung des ersten Ehegatten durch das bestehende Rangverhältnis geriet immer heftiger in die Kritik, vornehmlich auch wegen der dadurch bedingten Benachteiligung der Kinder in der Zweitfamilie. Insoweit besteht schon lange die Forderung, den Unterhaltsanspruch des neuen Ehegatten, falls dieser Kinder betreut, dem Unterhaltsanspruch des geschiedenen Ehegatten im Rang gleichzustellen. Letztendlich wird im Hinblick auf die steigende Zahl sozialhilfebedürftiger Kinder der absolute Vorrang des Unterhaltsanspruchs minderjähriger unverheirateter Kinder postuliert.

IV. Neuregelung des § 1609 BGB

46 Mit der neuen gesetzlichen Regelung ist es gelungen, das Rangverhältnis mehrerer Unterhaltsberechtigter in einer gesetzlichen Norm zusammenzufassen, nämlich im

---

22   BGH, Urt. v. 13.4.2005 – XII ZR 273/02, FamRZ 2005, 1154.
23   S. zusammenfassend dazu Willutzki, FPR 2005, 505; Peschel-Gutzeit, FF 2005, 296.

§ 1609 BGB, wobei der § 1582 BGB für den Rang des geschiedenen Ehegatten bei mehreren Unterhaltsberechtigten lediglich auf die Vorschrift des § 1609 BGB verweist.

Die einzelnen **Rangstufen** des § 1609 BGB sind:

1. Erste Rangstufe gem. § 1609 Nr. 1 BGB

Minderjährige unverheiratete Kinder und Kinder i.S.d. § 1603 Abs. 2 Satz 2 BGB.

47

Der erste Rang ist ausschließlich minderjährigen unverheirateten Kindern und ihnen gleichgestellten privilegierten volljährigen Kindern vorbehalten. Das gilt sowohl für leibliche als auch für adoptierte Kinder und es macht keinen Unterschied, ob die Kinder inner- oder außerhalb der bestehenden Ehe geboren sind oder aus erster oder einer weiteren Ehe des Unterhaltspflichtigen stammen.

Die Einräumung des **absoluten Vorrangs** wird damit begründet, dass Kinder die wirtschaftlich schwächsten Mitglieder der Gesellschaft sind, da sie anders als Erwachsene keine Möglichkeit haben, für ihren Lebensunterhalt selbst zu sorgen. Gleichzeitig soll damit der Erfahrung in der Praxis Rechnung getragen werden, dass regelmäßig mit größerer Bereitwilligkeit Kindesunterhaltszahlungen geleistet werden, als dieses beim Ehegattenunterhalt der Fall ist.

2. Zweite Rangstufe gem. § 1609 Nr. 2 BGB

Elternteile, die wegen der Betreuung eines Kindes unterhaltsberechtigt sind oder im Fall einer Scheidung wären, sowie Ehegatten bei einer Ehe von langer Dauer; bei der Feststellung einer Ehe von langer Dauer sind auch Nachteile i.S.d. § 1578b Abs. 1 Satz 2 und Satz 3 BGB zu berücksichtigen.

48

Erfasst wird hiervon zunächst der **Betreuungsunterhalt**. Maßgebliches Kriterium für die Einordnung in der zweiten Rangstufe ist also ausschließlich der Umstand, dass wegen der Betreuung eines Kindes Unterhaltsbedürftigkeit besteht. Dabei ist gleichrangig der aus diesem Grund zu leistende Familienunterhalt in bestehender Ehe und der Unterhaltsanspruch während der Zeit des Getrenntlebens sowie nach Scheidung der Ehe. Weiterhin gleichrangig ist der Anspruch der nicht verheirateten Mutter und des nicht verheirateten Vaters gem. § 1615l Abs. 1, Abs. 2, Abs. 4 BGB. Des Weiteren gleichrangig sind Unterhaltsansprüche von Lebenspartnern, die ein adoptiertes Stiefkind (§ 9 Abs. 7 LPartG) betreuen.

Leitbild für die gesetzliche Neuregelung ist auch insoweit das Kindeswohl. Ausschließlich die Unterhaltsbedürftigkeit aufgrund der Betreuung minderjähriger Kinder ist maßgeblich für die Einstufung unmittelbar nach dem erstrangigen Kindesunter-

49

haltsanspruch. Für die Begründung der Rangposition ist damit nicht mehr der Personenstand oder die zeitliche Abfolge der Eheschließung maßgeblich.

Die unterhaltsrechtliche Gleichstellung verheirateter und geschiedener Eltern mit nicht verheirateten Eltern im Rahmen des Betreuungsunterhalts war lange Zeit politisch heftig umstritten. Nach der Entscheidung des BVerfG zur Verfassungswidrigkeit des § 1615l Abs. 2 Satz 3 BGB[24] wurde die Gesetzesänderung in der jetzt vorliegenden Form jedoch zwingend. Da der Unterhaltspflichtige Betreuungsunterhalt zu zahlen hat, um eine dem Kindeswohl dienliche Betreuung sicherzustellen, verbietet Art. 6 Abs. 5 GG eine Differenzierung nach der Art der elterlichen Beziehung, da ja gerade die Gleichstellung von ehelichen und nichtehelichen Kindern erreicht werden soll.

50   Im gleichen Maße schutzbedürftig sind Unterhaltsansprüche des Ehegatten, die daraus resultieren, dass die Ehe von langer Dauer war. Insoweit genießt der unterhaltsberechtigte Ehegatte Vertrauensschutz, der einen gleichrangigen Unterhaltsanspruch rechtfertigt. Eine zeitliche Vorgabe, wann von einer langen Ehedauer auszugehen ist, ergibt sich aus dem Gesetz nicht. Das entspricht aber auch der bisherigen Rechtsprechung des BGH.[25]

51   Maßgeblich sind letztendlich die ehebedingten Nachteile, die ein Ehegatte erleidet – insbes. in seinem beruflichen Fortkommen – und die umso schwerer wiegen, je länger diese bei fortbestehender Ehe andauern.[26]

3.   Dritte Rangstufe gem. § 1609 Nr. 3 BGB:

52   Ehegatten und geschiedene Ehegatten, die nicht unter Nr. 2 fallen.

Soweit die Unterhaltsansprüche der Ehegatten nicht von Nr. 2 erfasst werden, sind diese untereinander gleichrangig in der dritten Rangstufe einzuordnen.

4.   Vierte Rangstufe gem. § 1609 Nr. 4 BGB:

53   Kinder, die nicht unter Nr. 1 fallen.

Erfasst werden die Unterhaltsansprüche volljähriger Kinder, soweit diese nicht privilegiert und minderjährigen Kindern gleichgestellt sind, also regelmäßig dann, wenn sie sich in einer beruflichen Ausbildung befinden oder einem Studium nachgehen. Der insoweit gegenüber minderjährigen Kindern, privilegierten volljährigen Kindern sowie dem eines Ehegatten und eines unverheirateten Elternteils gem. § 1615l BGB nachran-

---

24   BVerfG, FamRZ 2007, 965.
25   BGH, Urt. v. 12.4.2006 – XII ZR 240/03, FamRZ 2006, 1006.
26   S. zu den einzelnen Kriterien Rn. 248 ff.

Mleczko

gige Unterhaltsanspruch des volljährigen Kindes entspricht der Rangfolge nach dem bisherigen Recht.

5. Fünfte Rangstufe gem. § 1609 Nr. 5 BGB:

Enkelkinder und weitere Abkömmlinge. Danach sind die Unterhaltsansprüche von En-   54
kelkindern gleichrangig mit denen weiterer Abkömmlinge.

6. Sechste Rangstufe gem. § 1609 Nr. 6 BGB:

Eltern. Entsprechend der inzwischen größeren praktischen Bedeutung des Elternunter-   55
halts werden diese Unterhaltsansprüche unter einer eigenen Nummer aufgeführt.

7. Siebte Rangstufe gem. § 1609 Nr. 7 BGB:

Weitere Verwandte der aufsteigenden Linie; unter ihnen gehen die Näheren den Entfernteren   56
vor. Diese Regelung entspricht der bisherigen Gesetzeslage im § 1609 Abs. 1 BGB.

V. Auswirkungen des neuen Unterhaltsrechts auf die künftige Unterhaltsberechnung

1. Mindestunterhalt minderjähriger Kinder

Der Mindestunterhalt minderjähriger Kinder ist nunmehr gem. § 1612a BGB definiert.   57
Die Anlehnung an das sächliche Existenzminimum im Steuerrecht würde in der Praxis dazu führen, dass der Unterhaltspflichtige, der zurzeit nach den ersten sechs Einkommensgruppen der Düsseldorfer Tabelle Kindesunterhalt zahlt, künftig einen geringeren Kindesunterhalt zu entrichten hätte.

Beispiel 1:

M erzielt ein unterhaltsrelevantes Einkommen i.H.v.   *2.000,00 €*

Unterhaltsberechtigt sind die Kinder im Alter von vier Jahren (K1) bzw. sieben Jahren (K2).

• *Bisher geltendes Recht*

Aufgrund seines Einkommens ist M zunächst in Einkommensgruppe 5 der Düsseldorfer Tabelle einzustufen. Da er jedoch lediglich zwei minderjährigen Kindern gegenüber zu Unterhaltszahlungen verpflichtet ist, ist hier eine Höherstufung in Gruppe 6 der Düsseldorfer Tabelle gerechtfertigt. Danach hat M folgende Unterhaltsleistungen zu erbringen:

K1 Tabellenunterhalt	*273,00 €*
abzgl. anrechenbares Kindergeld	*./. 77,00 €*
Zahlbetrag	***196,00 €***

K2 *Tabellenunterhalt*	*331,00 €*
abzgl. anrechenbares Kindergeld	*./. 77,00 €*
Zahlbetrag	**254,00 €**

Nach Abzug der Tabellenbeträge verbleibt M mehr als der Bedarfskontrollbetrag i.H.v. 1.150,00 €.

• **Neues Recht**

Danach ist der Mindestunterhalt wie folgt zu zahlen:

K1 *Mindestunterhalt*	*265,00 €*
abzgl. des durch die Hälfte des Kindergelds gedeckten Barbedarfs	*./. 77,00 €*
Zahlbetrag	**188,00 €**

K 2 *Mindestunterhalt*	*304,00 €*
abzgl. des durch die Hälfte des Kindergelds gedeckten Barbedarfs	*./. 77,00 €*
Zahlbetrag	**227,00 €**

Um eine Absenkung des Mindestunterhalts aufgrund der Systemänderung unter das nach heutigem Recht geltende Unterhaltsniveau zu vermeiden, wurde in die Übergangsvorschrift des § 35 EGZPO nachträglich eine zusätzliche Nr. 4 eingefügt (s. Rn. 565 f.).

• **Neues Recht mit Übergangsregelung**

Danach ist der Mindestunterhalt wie folgt zu zahlen:

K1 *Mindestunterhalt*	*279,00 €*
abzgl. des durch die Hälfte des Kindergelds gedeckten Barbedarfs	*./. 77,00 €*
Zahlbetrag	**202,00 €**

K 2 *Mindestunterhalt*	*322,00 €*
abzgl. des durch die Hälfte des Kindergelds gedeckten Barbedarfs	*./. 77,00 €*
Zahlbetrag	**245,00 €**

Nach Inkrafttreten des neuen Unterhaltsrechts ist die Düsseldorfer Tabelle bzgl. der Unterhaltsbeträge ab der 6. Einkommensgruppe neu zu gestalten. Die neuen Zahlbeträge entsprechen in etwa den Tabellenbeträgen der 6. Einkommensgruppe abzgl. der Hälfte des Kindergelds ohne Berücksichtigung der Anrechnungsanordnung des § 1612b Abs. 5 BGB.

In den folgenden Beispielsfällen wird für die Kinder jeweils der Mindestunterhaltsbetrag nach neuem Recht unter Berücksichtigung der Übergangsregelung in Ansatz gebracht.

2. Vorrangig Unterhaltsberechtigte

Insbesondere die neuen Regelungen zur 1. und 2. Rangstufe gem. § 1609 BGB bein-   58
halten eine gravierende Änderung für die künftige Unterhaltsberechnung.

Beispiel 2:

M erzielt ein unterhaltsrechtlich relevantes Einkommen i.H.v. 1.600,00 €. Unterhaltsberechtigt sind das siebenjährige Kind (K) und die das Kind betreuende geschiedene Ehefrau (F).

- **Bisher geltendes Recht**

a) Bedarf

Aufgrund des unterhaltsrelevanten Einkommens i.H.v.	*1.600,00 €*	*1.600,00 €*
ergibt sich nach der Düsseldorfer Tabelle zunächst ein Bedarf für K		
unter Berücksichtigung des Bedarfkontrollbetrags i.H.v.[a]	*./. 245,00 €.*	
ohne Berücksichtigung des Bedarfkontrollbetrags i.H.v.		*./. 280,00 €.*
Es verbleiben	*1.355,00 €*	*1.320,00 €*
Unterhaltsbedarf der F i.H.v. 3/7[b]	*./. 581,00 €*	*./. 566,00 €*
M verbleiben	*774,00 €*	*754,00 €*

Erläuterungen:

a)   Der Bedarfskontrollbetrag wird nicht einheitlich angewandt; vgl. die Übersicht bei Eschenbruch/ Klinkhammer, Unterhaltsprozess, Rn. 3037a.

b)   Gemäß 21.4 der unterhaltsrechtlichen Leitlinien, Stand: 01.07.2005 ist nach den Leitlinien des OLG Düsseldorf, FamRZ 2005, 1328 bei Einkünften aus Erwerbstätigkeit ein Bonus von 1/7 und nach den Süddeutschen Leitlinien, FamRZ 2005, 1376 ein solcher i.H.v. 10 % in Abzug zu bringen.

Demnach handelt es sich um einen Mangelfall, da dem M

gegenüber K ein Selbstbehalt i.H.v.	*900,00 €*
und gegenüber F ein solcher i.H.v.	*1.000,00 €*
verbleiben muss.[27]	

---

27   BGH, Urt. v. 15.03.2006 – XII ZR 30/04, FamRZ 2006, 683. Danach ist der eheangemessene Selbstbehalt für den Trennungs- und nachehelichen Unterhalt gleich hoch anzusetzen, und zwar höher als der notwendige Selbstbehalt gegenüber minderjährigen Kindern. Diese Rspr. trägt bereits der neuen gesetzlichen Rangfolge Rechnung und ist im Regelfall mit einem Betrag zwischen dem notwendigen Selbstbehalt gegenüber minderjährigen Kindern und dem angemessenen Selbstbehalt gegenüber Volljährigen anzusetzen. Nach der Düsseldorfer Tabelle Anm. B. IV (Stand: 01.07.2007) beträgt der monatliche Selbstbehalt gegenüber dem getrennt lebenden und dem geschiedenen Berechtigten unabhängig davon, ob erwerbstätig oder nicht erwerbstätig i.d.R. 1.000,00 €.

b) Leistungsfähigkeit des Pflichtigen

Die Unterhaltszahlungen sind nunmehr im Wege der Mangelfallberechnung wie folgt zu ermitteln:

Einsatzbetrag F	*770,00 €*
Einsatzbetrag K	*+ 331,00 €*
Notwendiger Gesamtbedarf	*1.101,00 €*

Verteilungsmasse gegenüber F:

1.600,00 € ./. 1.000,00 € =   *600,00 €*

Unterhalt F:

770,00 € x 600,00 €: 1.101,00 € =   *420,00 €*

Verteilungsmasse gegenüber K:

1.600,00 € ./. 900,00 € =   *700,00 €*

Unterhalt K

700,00 € ./. 420,00 € =   *280,00 €*

Vergleicht man den im Rahmen des Mangelfalls ermittelten Betrag mit dem sich aus der Bedarfsberechnung ergebenden Unterhalt i.h.v. 245,00 €, steht K durch die Mangelfallberechnung besser als ohne Mangelfallberechnung. Im Rahmen der Angemessenheitsprüfung ist daher der Unterhalt für K auf 245,00 € zu reduzieren, sodass M insgesamt zu zahlen hat:

Ehegattenunterhalt	*420,00 €*	*420,00 €*
Kindesunterhalt bei Berücksichtigung des Bedarfkontrollbetrags	*+ 245,00 €*	
Kindesunterhalt ohne Berücksichtigung des Bedarfkontrollbetrags	_____	*+ 280,00 €*
Gesamtzahlungen	*665,00 €*	*700,00 €*

- **Neues Recht mit Übergangsregelung**

Nach neuem Recht ist zunächst der Unterhaltsanspruch des vorrangig Berechtigten voll zu erfüllen, bevor die dann noch verbleibenden Einkünfte dem nachrangig Unterhaltsberechtigten zur Verfügung gestellt werden können. Vorrangig ist hier das minderjährige Kind K gegenüber F, die die zweite Rangstufe einnimmt.

Mindestunterhalt K	*279,00 €*
wobei gem. § 1612b Nr. 1 BGB die Hälfte des Kindergelds	
auf den Bedarf anzurechnen ist,	*77,00 €*
*somit **Unterhaltsanspruch K***	***202,00 €***

Bei der weiteren Berechnung sind zwei Alternativen denkbar.

– Alternative 1:

Nach bisherigem Recht ist vor Berechnung des Ehegattenunterhalts der Unterhaltsbedarf des Kindes i.H.d. Tabellenunterhalts in Abzug zu bringen. § 1612b BGB enthält nämlich lediglich eine Bestimmung zur Regelung des privatrechtlichen Ausgleichsanspruchs wegen des Kindergelds unter den Eltern durch Verrechnung des Kindergeldanteils auf den Unterhalt des Kindes. Somit wird im § 1612b BGB nicht der Unterhaltsanspruch des Kindes gegen seine Eltern geregelt.[28] Auch der BGH führt aus, dass es sich um einen Ausgleichsanspruch eines Ehegatten gegen den anderen im Rahmen des familienrechtlichen Ausgleichsanspruchs handelt, der im § 1612b BGB kodifiziert worden ist.[29]

Bringt man zur Berechnung des Quotenunterhalts der F vom Einkommen des
M i.H.v.   *1.600,00 €*

*dementsprechend in Abzug den **Mindestunterhalt ohne Berücksichtigung***
***des Kindergelds** i.H.v.*   *./. 279,00 €*

verbleiben noch   *1.321,00 €*

davon 3/7 ergibt einen Unterhaltsanspruch für F i.H.v.   *566,00 €.*

Der Anspruch auf Ehegattenunterhalt ist aber nicht nur durch den vorrangigen Kindesunterhalt, sondern

auch durch den Selbstbehalt des M i.H.v.   *1.000,00 €*

begrenzt, sodass für F lediglich noch zu zahlen sind (1.321,00 € ./. 1.000,00 €)   ***321,00 €.***

M hat demnach insgesamt zu zahlen 202,00 € + 321,00 € =   ***523,00 €***

– Alternative 2:

Aufgrund der neuen gesetzlichen Regelung des § 1612b BGB wird künftig noch zu klären sein, ob zur Berechnung des Ehegattenunterhalts vorab lediglich der für das Kind zu erbringende Zahlbetrag vom Einkommen des M in Abzug zu bringen ist, also nicht 279,00 €, sondern lediglich 202,00 €.[30]

Denn in § 1612b BGB wird jetzt ausdrücklich nicht mehr von einer „Anrechnung" des Kindergelds gesprochen, vielmehr ist das Kindergeld nunmehr ausdrücklich zur Bedarfsdeckung zu verwenden. Daraus resultiert ein Anspruch des Kindes auf Auskehrung des Kindergelds gegenüber dem Kindergeldberechtigten. Wenn das Kindergeld aber unmittelbar den Bedarf des Kindes mindert, ist es unterhaltsrechtlich wie andere Einkünfte des Kindes – z.B. eine Halbwaisenrente oder Ausbildungsvergütung – zu berücksichtigen. Bei der Berechnung des

---

28   Graba, in: Johannsen/Henrich, Eherecht-Kommentar, § 1612b Rn. 3.

29   BGH, Urt. v. 06.02.2002 – XII ZR 20/00, FamRZ 2002, 536.

30   So Klinkhammer, FF 2007, 14; Reinecke, ZAP Fach 11, S. 795, 808; Dose, FamRZ 2007, 1289; a.A.: Soyka, Arbeitsmaterialien zur 10. Jahresarbeitstagung Familienrecht des DAI April 2007, S. 16.

Ehegattenunterhalts wäre dann vorab der ungedeckte Bedarf des Kindes in Abzug zu bringen, somit der **Unterhaltszahlbetrag** *i.H.v. 202,00 €.*

Das ergibt dann folgende Unterhaltsberechnung für F:

Unterhaltsrelevantes Einkommen	*1.600,00 €*
abzgl. Zahlbetrag für K	*./. 202,00 €*
abzgl. Selbstbehalt gegenüber F	*./. 1.000,00 €*
Unterhalt F	*398,00 €*
Unterhalt für K und F insgesamt (202,00 € + 398,00 €)	***600,00 €***

3. Gleichrangig unterhaltsberechtigte Ehegatten

59 Zu beachten ist die Rechtsprechung des BGH,[31] die bereits die neue gesetzliche Regelung zur unterhaltsrechtlichen Rangfolge mit einbezieht. Nach bisheriger Rspr. wurden bei der Bedarfsbestimmung lediglich Unterhaltslasten und Verbindlichkeiten berücksichtigt, die bereits bei Trennung bzw. Scheidung der Ehe bestand hatten.

Neue gleichrangige Unterhaltsverpflichtungen und neu eingegangene unterhaltsrechtlich zu tolerierende Verbindlichkeiten wurden dagegen lediglich bei der Leistungsfähigkeit des Pflichtigen berücksichtigt. Nunmehr sind vorrangige und gleichrangige Unterhaltsverpflichtungen sowie Verbindlichkeiten bereits bedarfsprägend zu berücksichtigen, also bspw. auch die Unterhaltsverpflichtung gegenüber einem nachehelich geborenen Kind. Bei der Berechnung des Ehegattenunterhalts sind bereits bei der Ermittlung des eheprägenden Bedarfs die Unterhaltsverpflichtungen gegenüber sämtlichen minderjährigen Kinder vorab in Abzug zu bringen. Bedarfsprägend sind beim Ehegattenunterhalt aber auch die jeweils gleichrangigen Unterhaltspflichten gegenüber dem Ehegatten.[32] Gleichrangige Ehegatten sind mit derselben Unterhaltsquote zu bedenken.

Beispiel 3:

M bezieht eine Rente i.H.v. 3.000,00 €. Während F1 keine Einkünfte bezieht, erhält F2 ein bereinigtes Einkommen aus Erwerbstätigkeit i.H.v. 700,00 €.

Gesamtbedarf:

3.000,00 € + 6/7 x 700,00 €[b)] =	*3.600,00 €*

---

31 BGH, NJW 2006, 1654 = FamRZ 2006, 683 m. krit. Anm. Büttner, FamRZ 2006, 765 und krit. Anm. Borth, FamRZ 2006, 852; vgl. auch Schürmann, NJW 2006, 2301.

32 Gutdeutsch, FamRZ 2006, 1072.

Erläuterung:

a) Gem. 21.4 der unterhaltsrechtlichen Leitlinien, Stand: 1.7.2005, ist nach den Leitlinien des OLG Düsseldorf, FamRZ 2005, 1328 bei Einkünften aus Erwerbstätigkeit ein Bonus von 1/7 und nach den Süddeutschen Leitlinien, FamRZ 2005, 1376 ein solcher i.H.v.10 % in Abzug zu bringen.

Der einzelne Unterhaltsbedarf beträgt:

• **für M** *3.600,00 €: 3 =*	*1.200,00 €*
• **für F1** *3.600,00 €: 3 =*	*1.200,00 €*
• **für F2** *3.600,00 €: 3 =*	*1.200,00 €*

Das ergibt folgende Unterhaltsbeträge:

• **für F1:**	*1.200,00 €*
• **für F2:** *1.200,00 € ./. 600,00 € =*	*600,00 €*
• **für M** *verbleiben 3.000,00 € ./. 1.200,00 € ./. 600,00 € =*	*1.200,00 €*

Beispiel 4:

M erzielt ein Erwerbseinkommen i.H.v.	*4.200,00 €*

F1 und F2 verfügen über kein Einkommen.

Nach einem etwas anderen Ansatz[33] wird unter Berücksichtigung des Erwerbstätigenbonus das unterhaltsrelevante Einkommen unter den gleichrangigen Ehegatten im Verhältnis 4:3:3 aufgeteilt.

Das ergibt folgende Unterhaltsbeträge:

• *F1: 4.200,00 € x 3 : 10 =*	*1.260,00 €*
• *F2: 4.200,00 € x 3 : 10 =*	*1.260,00 €*
• *M verbleiben: 4.200,00 € x 4 : 10 =*	*1.680,00 €*

Durch diese Aufteilung wird erreicht, dass auf jede Ehefrau jeweils eine 3/7-Quote des verbleibenden Gesamteinkommens entfällt, nämlich

3/7 x (1.680,00 € + 1.260,00 €) =	*1.260,00 €*

Lebt der Unterhaltspflichtige mit einer Ehefrau zusammen, so ist die Ersparnis durch gemeinsame Haushaltsführung zu berücksichtigen. Entsprechend den Leitlinien des OLG Hamm kann dann das unterhaltsrechtlich relevante Einkommen im Verhältnis 4 : 3,3 : 2,7 aufgeteilt werden.

Dann entfallen vom Einkommen i.H.v. 4.200,00 € auf:

---

33 So Gutdeutsch, FamRZ 2006, 1072 in Anschluss an Ziff. 24.2.1 der unterhaltsrechtlichen Leitlinien des OLG Hamm, FamRZ 2005, 1345.

- *F1: 4.200,00 € x 3,3: 10 =*   *1.386,00 €*
- *F2: 4.200,00 € x 2,7: 10 =*   *1.134,00 €*
- *M verbleiben: 4.200,00 € x 4: 10 =*   *1.680,00 €*

4. Vorrangig Unterhaltsberechtigte und Mangelfall unter gleichrangig Berechtigten

60   *Beispiel 5:*

M hat ein unterhaltsrechtlich relevantes Einkommen i.h.v. 1.800,00 €. Die geschiedene Ehefrau F1 betreut das gemeinsame Kind K1 (7 Jahre). M lebt in zweiter Ehe zusammen mit F2, die die gemeinsamen Kinder K2 (1 Jahr) und K3 (4 Jahre) betreut.

- **Bisher geltendes Recht**

a) Bedarf

Gleichrangig unterhaltsberechtigt sind F1 und die Kinder K1, K2, K3.

Aufgrund des Einkommens von M i.H.v.   *1.800,00 €*

ergibt sich unter Berücksichtigung des Bedarfkontrollbetrags nach der Düsseldorfer Tabelle folgender Bedarf der Kinder:

K1	*245,00 €*
K2	*202,00 €*
K3	*202,00 €*
Es verbleiben	*1.151,00 €*
Unterhaltsbedarf der F1 i.h.v. 3/7	*493,00 €*
M verbleiben unter Berücksichtigung des anrechenbaren Kindergelds	
(1.800,00 € ./. 245,00 € ./. 196,00 € ./. 196,00 € ./. 493,00 €)	*670,00 €*
Notwendiger Selbstbehalt gegenüber K1, K2 und K3	*900,00 €*
und gegenüber F1 aber	*1.000,00 €*

b) Leistungsfähigkeit

Unter Berücksichtigung der notwendigen Selbstbehalte sind die Unterhaltszahlungen im Wege der Mangelfallberechnung wie folgt zu ermitteln:

Einsatzbetrag F1	*770,00 €*
Einsatzbetrag K1	*+ 331,00 €*
Einsatzbetrag K2	*+ 273,00 €*
Einsatzbetrag K3	*+ 273,00 €*
Notwendiger Gesamtbedarf	*1.647,00 €*

Verteilungsmasse gegenüber F1:

1.800,00 € ./. 1.000,00 € =   *800,00 €*

Unterhalt F1:

770,00 € x 800,00 €: 1.647,00 € =   *374,00 €*

Verteilungsmasse gegenüber K1, K2, K3:

1.800,00 € ./. 900,00 € ./. 374,00 € =   *526,00 €*

Unterhalt K1:

331,00 € x 526,00 €: (331,00 € + 273,00 € + 273,00 €) =   *199,00 €*

Unterhalt K2:

273,00 € x 526,00 €: (331,00 € + 273,00 € + 273,00 €) =   *164,00 €*

Unterhalt K3:

273,00 € x 526,00 €: (331,00 € + 273,00 € + 273,00 €) =   *164,00 €*

F2 als nachrangig berechtigte Ehefrau findet unterhaltsrechtlich keine Berücksichtigung.

Der neuen Familie (M, F2, K2 und K3) verbleiben

1.800,00 € ./. 374,00 € ./. 199,00 € =   *1.227,00 €*

- **Neues Recht mit Übergangsrecht**

Vorrangig zu berücksichtigen sind die Kinder K1, K2 und K3 (erste Rangstufe).

Auf der zweiten Rangstufe, untereinander gleichrangig zu berücksichtigen sind F1 und F2, die beide wegen Betreuung eines Kindes unterhaltsberechtigt sind (F1) bzw. im Fall einer Scheidung wären (F2).

Unterhaltsrelevantes Einkommen M	*1.800,00 €*
Mindestunterhalt K1 (322,00 € ./. 77,00 €) =	*./. 245,00 €*
Mindestunterhalt K2 (279,00 € ./. 77,00 €) =	*./. 202,00 €*
Mindestunterhalt K3 (279,00 € ./. 77,00 €) =	*./. 202,00 €*
M verbleiben	*1.151,00 €*
Selbstbehalt gegenüber F1 und F2	*1.000,00 €*
Verteilungsmasse für F1 und F2 (1.151,00 € ./. 1.000,00 €)	*151,00 €*
Einsatzbetrag F1	*770,00 €*
Einsatzbetrag F2 (gemeinsamer Haushalt mit M)	*560,00 €*
Notwendiger Gesamtbedarf	*1.330,00 €*

Unterhalt F1:

770,00 € x 151,00 €: 1.330,00 € =   *87,00 €*

Der neuen Familie (M, F2, K2 und K3) verbleiben damit:

1.800,00 € ./. 245,00 € ./. 87,00 €) =　　　　　　　　　　　　　　　*1.468,00 €*

Die erste Ehefrau und das Kind aus erster Ehe behalten 87,00 € + 245,00 € = 332,00 €.

F. Vereinfachtes Verfahren über den Unterhalt Minderjähriger

Das vereinfachte Verfahren gem. §§ 645 ff. ZPO ermöglicht die beschleunigte Festsetzung des Unterhalts eines minderjährigen Kindes durch den Rechtspfleger des gem. § 642 ZPO örtlich zuständigen Familiengerichts (allgemeiner Gerichtsstand des Kindes oder des Elternteils, der das Kind gesetzlich vertritt). Gem. § 645 Abs. 1 ZPO wird die Möglichkeit der Unterhaltsfestsetzung in diesem Verfahren jedoch beschränkt auf einen Unterhaltsanspruch i.H.v. 150 % des Regelbetrags des § 1 der Regelbetrag-VO vor Anrechnung des Kindergelds (§ 1612b BGB) und anderer kinderbezogener Leistungen (§ 1612c BGB).

61

Da mit der Unterhaltsrechtsnovelle aufgrund des nunmehr im § 1612a BGB gesetzlich festgelegten Mindestbedarfs die Regelbetrag-VO wegfällt, muss die Unterhaltsbegrenzung im vereinfachten Verfahren dem neuen System angepasst werden. Dementsprechend sieht § 645 ZPO nunmehr vor, dass höchstens das 1,2-fache des Mindestunterhalts gem. § 1612a Abs. 1 BGB i.V.m. § 35 Nr. 4 EGZPO festgesetzt werden kann. Dadurch wird in etwa die bisherige Größenordnung beibehalten:

62

Altersstufen	150 % des Regelbetrags	1,2-fache Mindestunterhalt
0 – 5 Jahre	303,00 €	335,00 €
6 – 11 Jahre	368,00 €	442,00 €
12 – 17 Jahre	432,00 €	518,00 €

Weitere Änderungen der Vorschriften bzgl. des vereinfachten Verfahrens sind durchgehend redaktioneller Art. So wird das Kindergeld jetzt nicht mehr „angerechnet", vielmehr heißt es statt dessen im Gesetzestext „berücksichtigt", da das Kindergeld nach der neuen gesetzlichen Regelung bedarfsmindernd in Abzug gebracht wird.

63

G. Auswirkungen auf den Kindesunterhalt/ Berechnungsbeispiele

I. Ziele der Unterhaltsrechtsnovelle

Ein Ziel der Reformbemühungen, das Unterhaltsrecht zu vereinfachen, wird sowohl durch die gesetzliche Definition des Mindestunterhalts minderjähriger Kinder als auch durch die Neuregelung der Kindergeldverrechnung eindeutig erreicht. Diesem Ziel dient auch die Änderung des § 1612 BGB, wonach es nunmehr möglich ist, die Rechtmäßigkeit der gewählten Art der Unterhaltsgewährung in einem einheitlichen Unterhaltsprozess vor Gericht überprüfen zu lassen. Das Kindeswohl wird gefördert, durch das nunmehr gesetzlich festgelegte Existenzminimum. Die Bezugnahme auf das rechtliche Existenzminimum im Steuerrecht beinhaltet einen nachvollziehbaren Parameter, der den Streit um das unterhaltsrechtliche Existenzminimum erledigt. Da diese steuerliche Größe auf dem alle zwei Jahre von der Bundesregierung erstellten Existenzminimumbericht basiert, ist gewährleistet, dass auch das Existenzminimum unterhaltsrechtlich jeweils den tatsächlichen Verhältnissen angepasst wird. Zugleich wird insoweit eine Harmonisierung des Unterhaltsrechts mit dem Steuer- und Sozialrecht erreicht, was mit zu der vom BVerwG geforderten Normenklarheit beiträgt. Unmittelbare Folge der steuerrechtlichen Anknüpfung ist der Wegfall der Regelbetrag-VO sowie der komplizierten Kindergeldanrechnungstabelle. Da das steuerrechtliche Existenzminimum eine Differenzierung nach alten und neuen Bundesländern nicht kennt, erfolgt durch die Gesetzesänderung auch eine Angleichung der Unterhaltsbeträge in West- und Ostdeutschland. Die Neuregelung im § 1612b BGB trägt nicht nur der jüngsten Rechtsprechung des BGH Rechnung, vielmehr auch der eigentlichen Funktion des Kindergelds, den Bedarf des Kindes zu decken, was das Sozialrecht in seinen jeweiligen Anrechnungsmodalitäten bereits längst nachvollzogen hat. Zwar wird das Kindergeld den Eltern ausgezahlt, unstreitig handelt es sich aber um eine zweckgebundene Leistung, die letztendlich dem Kind zugutekommen soll. Konsequenterweise ist das Kindergeld dann im Unterhaltsrecht unmittelbar bedarfsdeckend zu berücksichtigen.

64

II. Weitere Konsequenzen für die Rechtsprechung und den Gesetzgeber

Da § 1612a BGB nunmehr den Mindestbedarf festlegt, den der barunterhaltspflichtige Elternteil abzudecken hat, sind die Düsseldorfer Tabelle und die unterhaltsrechtlichen Leitlinien der OLG dieser neuen Bezugsgröße entsprechend anzupassen.[34] Der Mindestunterhalt minderjähriger Kinder gem. § 1612a BGB i.V.m. der Übergangsregelung in § 35 Nr. 4 EGZPO beträgt

65

---

34   Finke, FPR 2005, 477.

- In der ersten Altersstufe   279,00 €,
- In der zweiten Altersstufe   322,00 €,
- In der dritten Altersstufe   365,00 €.

Das entspricht in etwa 135 % des Regelbetrags, somit nach der gültigen Düsseldorfer Tabelle

- für die erste Altersstufe   273,00 €,
- für die zweite Altersstufe   331,00 €,
- für die dritte Altersstufe   389,00 €.

66   Daraus folgt, dass der Mindestunterhalt gem. § 1612a BGB den Unterhaltsbeträgen entspricht, die nach der Düsseldorfer Tabelle in der 6. Einkommensgruppe zu zahlen sind. Eine Bedarfserhöhung aufseiten des minderjährigen Unterhaltsberechtigten wird also erst dann in Betracht kommen, wenn der Unterhaltspflichtige über ein höheres Einkommen als 2.300,00 € monatlich verfügt. Demnach würden bei einer neuen Düsseldorfer Tabelle die ersten fünf Einkommensgruppen entfallen. Bei den von Hundertsätzen, die die Steigerung des Richtsatzes der jeweiligen Einkommensgruppe gegenüber dem Mindestunterhalt (= 1. Einkommensgruppe) ausdrücken, wird § 645 ZPO zu berücksichtigen sein. Danach kann im vereinfachten Verfahren höchstens das 1,2-fache des Mindestunterhalts gem. § 1612a Abs. 1 BGB i.V.m. § 35 Nr. 4 EGZPO festgesetzt werden. Demnach muss die Düsseldorfer Tabelle einer Einkommensgruppe 120 % des Mindestunterhalts (335,00 €, 442,00 € und 518,00 €) zuweisen. Ebenfalls einer Änderung bedarf das Unterhaltsvorschussgesetz (UVG). Die Sozialleistungen nach diesem Gesetz knüpfen bislang an die Regelbeträge nach der Regelbetrag-VO für den Unterhalt minderjähriger Kinder an. Gem. § 2 Abs. 1 UVG werden bei Vorliegen der gesetzlichen Voraussetzungen für ein Kind der ersten Altersstufe 202,00 € und für ein Kind der zweiten Altersstufe 245,00 € gezahlt.

Hat der Elternteil, bei dem das berechtigte Kind lebt, Anspruch auf volles Kindergeld, wird gem. § 2 Abs. 2 UVG die zu zahlende Unterhaltsleistung um die Hälfte des für ein erstes Kind zu zahlenden Kindergelds gemindert.

67   Dementsprechend betragen die Leistungen nach dem UVG zurzeit:

- Für ein Kind im Alter von 0 – 5 Jahren

  Regelbetrag   202,00 €

  abzgl. 1/2 Kindergeld für ein erstes Kind   ./. 77,00 €

  Zahlbetrag   125,00 €

- Für ein Kind im Alter von 6 – 11 Jahren

Regelbetrag	245,00 €
abzgl. 1/2 Kindergeld für ein erstes Kind	./. 77,00 €
Zahlbetrag	168,00 €

Da aufgrund des Unterhaltsrechtsreformgesetzes die **Regelbetrag-VO aufgehoben** 68
wird, müssen auch die Leistungen nach dem UVG dem gesetzlichen Mindestunterhalt
gem. § 1612a Abs. 1 BGB angepasst werden.

Ein bereits vorliegender Gesetzesentwurf v. 07.04.2006[35] sieht die Änderungen des § 2 69
Abs. 1 UVG dahin gehend vor, dass die Unterhaltsleistung monatlich i.H.d. Mindestunterhalts gem. § 1612a Abs. 1 Satz 3 Nr. 1 bzw. Nr. 2 BGB gezahlt wird.

§ 2 Abs. 2 UVG-Entwurf sieht vor, dass auf diese Unterhaltsleistung das für ein erstes
Kind zu zahlende Kindergeld in voller Höhe angerechnet wird.

Daraus würden folgende Leistungen nach dem UVG resultieren: 70

- Für ein Kind im Alter von 0 – 5 Jahren

Mindestunterhalt	279,00 €
abzgl. Kindergeld für ein erstes Kind	./. 154,00 €
Zahlbetrag	125,00 €

- Für ein Kind im Alter von 6 – 11 Jahren

Mindestunterhalt	322,00 €
abzgl. Kindergeld für ein erstes Kind	./. 154,00 €
Zahlbetrag	168,00 €

Begründet wird das damit, dass der nunmehr gesetzlich definierte Mindestunterhalt 71
das sächliche Existenzminimum aufgrund des Existenzminimumberichts der Bundesregierung umfasst, sodass das zur Verfügung stehende Kindergeld hierfür vorrangig
einzusetzen und deshalb in voller Höhe auf die Unterhaltsleistung nach § 2 Abs. 1
Satz 1 UVG-Entwurf anzurechnen ist.

Um die daraus resultierende Schlechterstellung zu vermeiden, sieht der Gesetzesent- 72
wurf vor, dass der Mindestbetrag von 279,00 € für ein Kind im Alter bis zu fünf Jahren
und von 322,00 € für ein Kind im Alter von sechs – elf Jahren nicht unterschritten
werden darf.

---

35   Im Internet zu finden über *www.google.de* BR-Drucks: Entwurf eines ersten Gesetzes zur
      Änderung des UVG.

73 Das ergibt dann folgende Berechnung der Unterhaltsleistung:

- Für ein Kind im Alter von 0 – 6 Jahren

Unterhaltsleistung	279,00 €
abzgl. Kindergeld für ein erstes Kind	./. 154,00 €
Zahlbetrag	125,00 €

- Für ein Kind im Alter von 6 – 11 Jahren

Unterhaltsleistung	322,00 €
abzgl. Kindergeld für ein erstes Kind	./. 154,00 €
Zahlbetrag	168,00 €

So wird gewährleistet, dass die Unterhaltsleistungen nach dem UVG auch nach Inkrafttreten des Unterhaltsrechtsänderungsgesetzes in gleicher Höhe fortgezahlt werden.

III. Auswirkungen in der Praxis

1. Höhe des Mindestunterhalts

74 Nach Aufhebung des Kindergeldanrechnungsverbots gem. § 1612b Abs. 5 BGB erreicht der nach Abzug des anteiligen Kindergelds zu zahlende Mindestunterhalt nach der neuen gesetzlichen Regelung in der zweiten und dritten Altersstufe nicht den zurzeit abzudeckenden Betrag i.H.v. 135 % des Regelbetrags nach der Regelbetrag-VO.

Es ergeben sich folgende Unterschiedsbeträge:

- Mindestunterhalt erste Altersstufe

135 % des Regelbetrags	273,00 €
abzgl. 1/2 Kindergeld	./. 77,00 €
Zahlbetrag	196,00 €

- Mindestunterhalt gem. § 1612 Abs. 1 Nr. 1 BGB i.V.m. § 35 Nr. 4 EGZPO

	279,00 €
abzgl. 1/2 Kindergeld	./. 77,00 €
Zahlbetrag	202,00 €

- Mindestunterhalt zweite Altersstufe

135 % des Regelbetrags	331,00 €
abzgl. 1/2 Kindergeld	./. 77,00 €
Zahlbetrag	254,00 €

- Mindestunterhalt gem. § 1612a Abs. 1 Nr. 2 BGB i.V.m. § 35

  Nr. 4 EGZPO   322,00 €

  abzgl. 1/2 Kindergeld   ./. 77,00 €

  Zahlbetrag   245,00 €

- Mindestunterhalt dritte Altersstufe

  135 % des Regelbetrags   389,00 €

  abzgl. 1/2 Kindergeld   ./. 77,00 €

  Zahlbetrag   312,00 €

- Mindestunterhalt gem. § 1612a Abs. 1 Nr. 3 BGB i.V.m. § 35

  Nr. 4 EGZPO   365,00 €

  abzgl. 1/2 Kindergeld   ./. 77,00 €

  Zahlbetrag   288,00 €

Während nach neuem Recht in der ersten Altersstufe 6,00 € mehr an Mindestunterhalt zu zahlen sind, ergibt dies in der zweiten Altersstufe einen um 9,00 € geminderten und in der dritten Altersstufe einen um 24,00 € geminderten Kindesunterhalt.

Den gem. § 1612a BGB gesetzlich definierten Mindestunterhalt kann das minderjährige Kind ohne weitere Darlegung der Verhältnisse in dieser Höhe geltend machen; den Unterhaltspflichtigen trifft die Darlegungs- und Beweislast, soweit er mangelnde Leistungsfähigkeit einwendet.   75

2. Kindergeldanrechnung bei minderjährigen Kindern

Aufgrund der Anrechnungsbestimmung des § 1612b BGB entfällt eine Kindergeldverrechnung auch dann, wenn der Unterhaltspflichtige aufgrund mangelnder Leistungsfähigkeit den Mindestunterhalt gem. § 1612a Abs. 1 BGB unterschreitet.   76

Der Mindestunterhalt nach der dritten Altersstufe beträgt gem. § 1612a Abs. 1 Nr. 3 BGB i.V.m. § 35 Nr. 4 EGZPO 365,00 €.   77

Ist der Unterhaltspflichtige nur i.H.v. 300,00 € leistungsfähig (unterhaltsrelevantes Einkommen 1.200,00 € ./. 900,00 € Selbstbehalt), erfolgt nunmehr keine Kürzung des anrechenbaren Kindergelds, da gem. § 1612b Abs. 1 Nr. 1 BGB die Hälfte des Kindergelds bereits auf den Unterhaltsbedarf bedarfsdeckend anzurechnen ist, sodass der Pflichtige lediglich einen Unterhalt i.H.v. (365,00 € ./. 77,00 €) = 288,00 € schuldet.   78

Beträgt das unterhaltsrelevante Einkommen des Pflichtigen lediglich 1.100,00 €, ist er i.H.v. (1.100,00 € ./. 900,00 € Selbstbehalt) 200,00 € leistungsfähig, sodass bei einem geschuldeten Unterhalt i.H.v. 288,00 € ebenfalls eine Kindergeldverrechnung entfällt,   79 da eine Bedarfsdeckung mittels Kindergeld gem. § 1612b BGB nur insoweit eintritt, als der Unterhaltpflichtige zumindest i.H.d. Mindestunterhalts gem. § 1612a BGB leistungsfähig ist.

3. Kindergeldanrechnung bei volljährigen Kindern

80 Gemäß § 1612b Abs. 1 Nr. 2 BGB wird bei einem volljährigen Kind das gesamte Kindergeld bedarfsdeckend angerechnet. Lediglich der dann noch verbleibende ungedeckte Unterhaltsbedarf ist gem. § 1606 Abs. 3 Satz 1 BGB auf beide Elternteile entsprechend des jeweils einzusetzenden Einkommens aufzuteilen. Dieses führt zu einem gerechteren Kindergeldausgleich zwischen den beiden barunterhaltpflichtigen Eltern, da nunmehr das Kindergeld zwischen den Eltern entsprechend dem Verhältnis ihrer Unterhaltsbeiträge ausgeglichen wird.[36]

81 Der Unterschied zwischen der bisherigen Berechnungsmethode und der Berechnungsmethode unter Berücksichtigung des neuen § 1612b Abs. 1 Nr. 2 BGB macht folgendes **Beispiel** deutlich.

Bereinigtes Nettoeinkommen des Vaters	*2.500,00 €*
Bereinigtes Nettoeinkommen der Mutter	*1.500,00 €*
Unterhaltsbedarf des volljährigen Kindes, das nicht bei seinen Eltern oder einem Elternteil wohnt, nach der Düsseldorfer Tabelle	*640,00 €*
Das Kindergeld i.H.v.	*154,00 €*

bezieht die Mutter.

Beide Eltern haften gem. § 1606 Abs. 3 Satz 1 BGB für den Bedarf als Teilschuldner entsprechend ihrem jeweiligen Einkommen, wobei zuvor der eigene Selbstbehalt gegenüber einem volljährigen Kind in Abzug zu bringen ist.

- *Berechnung der Haftungsanteile nach bisheriger Berechnungsmethode:*

Anzurechnendes Einkommen des Vaters (2.500,00 € ./. 1.100,00 €)	*1.400,00 €*
Anrechenbares Einkommen der Mutter (1.500,00 € ./. 1.100,00 €)	*+ 400,00 €*
Anrechenbares Einkommen insgesamt	*1.800,00 €*

Der Unterhaltsbedarf des Kindes i.H.v.	*640,00 €*

ist demnach von beiden Elternteilen wie folgt sicherzustellen:

---

36   BGH, Urt. v. 26.10.2005 – XII ZR 34/03, FamRZ 2006, 99 m. Anm. Viefhues; Viefhues, ZFE 2006, 84.

Unterhaltsverpflichtung des Vaters:

640,00 € x 1.400,00 €: 1.800,00 € =

davon in Abzug zu bringen ist das hälftige Kindergeld mit

sodass zu zahlen sind   *421,00 €.*

Unterhaltspflicht der Mutter:

640,00 € x 400,00 €: 1.800,00 € =   *142,00 €*

hinzuzurechnen ist das hälftige Kindergeld mit   *+ 77,00 €*

sodass zu zahlen sind   *219,00 €*

- *Berechnung der Haftungsanteile **unter Berücksichtigung des § 1612 Abs. 1 Nr. 2 BGB**:*

  Auf den Bedarf des Kindes i.H.v.   *640,00 €*

  ist bedarfsdeckend das gesamte Kindergeld i.H.v.   *./. 154,00 €*

  anzurechnen, sodass noch ein ungedeckter Bedarf verbleibt i.H.v.   *486,00 €*

  Dieser Unterhaltsbedarf ist nun von beiden Elternteilen anteilig wie folgt abzudecken:

  Unterhaltspflicht des Vaters:

  1.400,00 € x 486,00 €: 1.800,00 € =   *378,00 €*

  Unterhaltspflicht der Mutter:

  400,00 € x 486,00 €: 1.800,00 € =   *108,00 €*

  Das Kindergeld i.H.v. 154,00 € hat gem. § 1612b Abs. 1 BGB die Mutter an das volljährige Kind auszukehren.

Die neue gesetzliche Regelung führt zu einer **Entlastung desjenigen Elternteils**, der   82 **leistungsfähiger** ist. Auch ist das Problem der Kindergeldanrechnung für die Fälle gelöst, in denen ein Elternteil sich mit einer geringeren Quote als 77,00 € (hälftiges Kindergeld) an der Unterhaltszahlung zu beteiligen hat oder gar gänzlich leistungsunfähig ist.

H. Unterhalt des nichtehelichen Elternteils

I. Gegenüberstellung der einschlägigen Normen

Altes Recht	Neues Recht	83
§ 1615l Unterhaltsanspruch von Mutter und Vater aus Anlass der Geburt	**§ 1615l Unterhaltsanspruch von Mutter und Vater aus Anlass der Geburt**	
(1) Der Vater hat der Mutter für die Dauer von sechs Wochen vor und acht Wochen nach der Geburt des Kindes Unterhalt zu gewähren. Dies gilt auch hinsichtlich der Kosten, die infolge der Schwangerschaft oder der Entbindung außerhalb dieses Zeitraums entstehen.	(1) Der Vater hat der Mutter für die Dauer von sechs Wochen vor und acht Wochen nach der Geburt des Kindes Unterhalt zu gewähren. Dies gilt auch hinsichtlich der Kosten, die infolge der Schwangerschaft oder der Entbindung außerhalb dieses Zeitraums entstehen.	
(2) Soweit die Mutter einer Erwerbstätigkeit nicht nachgeht, weil sie infolge der Schwangerschaft oder einer durch die Schwangerschaft oder die Entbindung verursachten Krankheit dazu außerstande ist, ist der Vater verpflichtet, ihr über die in Absatz 1 Satz 1 bezeichnete Zeit hinaus Unterhalt zu gewähren. Das Gleiche gilt, soweit von der Mutter wegen der Pflege oder Erziehung des Kindes eine Erwerbstätigkeit nicht erwartet werden kann. *Die Unterhaltspflicht beginnt frühestens vier Monate vor der Geburt; sie endet drei Jahre nach der Geburt, sofern es nicht insbesondere unter Berücksichtigung der Belange des Kindes grob unbillig wäre, einen Unterhaltsanspruch nach Ablauf dieser Frist zu versagen.*	(2) Soweit die Mutter einer Erwerbstätigkeit nicht nachgeht, weil sie infolge der Schwangerschaft oder einer durch die Schwangerschaft oder die Entbindung verursachten Krankheit dazu außerstande ist, ist der Vater verpflichtet, ihr über die in Absatz 1 Satz 1 bezeichnete Zeit hinaus Unterhalt zu gewähren. Das Gleiche gilt, soweit von der Mutter wegen der Pflege oder Erziehung des Kindes eine Erwerbstätigkeit nicht erwartet werden kann. **Die Unterhaltspflicht beginnt frühestens vier Monate vor der Geburt und besteht für mindestens drei Jahre nach der Geburt. Sie verlängert sich, solange und soweit dies der Billigkeit entspricht. Dabei sind insbesondere die Belange des Kindes und die bestehenden Möglichkeiten der Kinderbetreuung zu berücksichtigen.**	

(3) Die Vorschriften über die Unterhaltspflicht zwischen Verwandten sind entsprechend anzuwenden. Die Verpflichtung des Vaters geht der Verpflichtung der Verwandten der Mutter vor. *Die Ehefrau und minderjährige unverheiratete Kinder des Vaters gehen bei Anwendung des § 1609 der Mutter vor; die Mutter geht den übrigen Verwandten des Vaters vor.* § 1613 Abs. 2 gilt entsprechend. Der Anspruch erlischt nicht mit dem Tod des Vaters.	(3) Die Vorschriften über die Unterhaltspflicht zwischen Verwandten sind entsprechend anzuwenden. Die Verpflichtung des Vaters geht der Verpflichtung der Verwandten der Mutter vor. § 1613 Abs. 2 gilt entsprechend. Der Anspruch erlischt nicht mit dem Tod des Vaters.
(4) Wenn der Vater das Kind betreut, steht ihm der Anspruch nach Absatz 2 Satz 2 gegen die Mutter zu. In diesem Falle gilt Absatz 3 entsprechend.	(4) Wenn der Vater das Kind betreut, steht ihm der Anspruch nach Absatz 2 Satz 2 gegen die Mutter zu. In diesem Falle gilt Absatz 3 entsprechend.

II. Überblick[37]

84   Die geänderte Gesetzesfassung trägt der Entscheidung des BVerfG[38] Rechnung. Die Dauer des Anspruchs wegen der Betreuung des Kindes richtet sich beim nichtehelichen Kind künftig nach denselben Grundsätzen wie beim ehelichen Kind und ist gleich lang ausgestaltet.

III. Inhalt der Neuregelung

1. Die Neufassung von § 1615l Abs. 2 Satz 3 BGB

85   Für die **ersten drei Lebensjahre** des Kindes wird klargestellt, dass der nicht verheiratete Elternteil – ebenso wie der geschiedene – im Fall der Bedürftigkeit stets einen Unterhaltsanspruch hat. Ausnahmslos wird in dieser Zeit unterhaltsrechtlich keinem Elternteil eine Erwerbstätigkeit zugemutet (§ 1615l Abs. 2 Satz 3).

86   Für die Zeit **nach Vollendung des dritten Lebensjahres** wird der Unterhaltsanspruch des nicht verheirateten Elternteils nach Billigkeit verlängert (§ 1615l Abs. 2 Satz 4). Bei der Billigkeitsentscheidung kommt den Belangen des Kindes – wie im Rahmen des nachehelichen Betreuungsunterhalts – entscheidende Bedeutung zu, in deren Licht auch die bestehenden **Möglichkeiten der Kinderbetreuung** zu berücksichtigen sind. Wesentlich ist, dem nichtehelichen Kind diejenigen Lebensverhältnisse zu sichern, die

---

37   Vgl. Hahne, FF 2006, 24 bis 29.
38   BVerfG, FamRZ 2007, 965 = NJW 2007, 1735.

seine Entwicklung fördern und dem verfassungsrechtlichen Gleichstellungsauftrag aus Art. 6 Abs. 5 GG Rechnung tragen.

Neben den kindbezogenen Gründen können im Einzelfall zusätzlich auch andere Gründe, namentlich **elternbezogene Gründe**, berücksichtigt werden. Das wird durch das Wort „insbesondere" klargestellt. Damit können neben kindbezogenen auch elternbezogene Umständen Berücksichtigung finden.[39] Gewichtige elternbezogene Gründe für einen längeren Unterhaltsanspruch liegen z.b. vor, wenn die Eltern in einer dauerhaften Lebensgemeinschaft mit einem gemeinsamen Kinderwunsch gelebt und sich hierauf eingestellt haben.[40] So ist es etwa von Bedeutung, wenn ein Elternteil zum Zweck der Kindesbetreuung einvernehmlich seine Erwerbstätigkeit aufgegeben hat oder wenn ein Elternteil mehrere gemeinsame Kinder betreut. Auch die Dauer der Lebensgemeinschaft kann ein Gradmesser für gegenseitiges Vertrauen und „füreinander Einstehen Wollen" sein.   87

Inhaltlich kann auf die Ausführungen zu § 1570 BGB verwiesen werden.   88

Praxistipp: 89

- Es kommt immer entscheidend auf die **Umstände des Einzelfalles** an.

- Zur **Darlegung** der tatbestandlichen Voraussetzungen ist umfassender und detaillierter anwaltlicher **Sachvortrag** ebenso erforderlich, wie zu den maßgeblichen Gesichtspunkten für die vom Gericht vorzunehmende Billigkeitsabwägung.

- In der anwaltlichen **Beratung im Vorfeld** muss der Mandant entsprechend **informiert** und die erforderlichen Sachverhaltsangaben **erfragt** werden.

- Aus haftungsrechtlichen Gründen ist man gut beraten, diese Aktivitäten ausreichend zu **dokumentieren**.[41]

- Dabei geht es um die folgenden **Gesichtspunkte:**

  – ob und ggf. in welchem Umfang eine **Betreuungsmöglichkeit** für das Kind besteht,

    - Kindergarten, Hort, Schule

    - angemessene Betreuung für das Kind

    - Zuverlässigkeit der Betreuungsmöglichkeiten speziell im Hinblick auf die beruflichen Anforderungen des betreuenden Elternteils

      - bisherige Betreuungsmöglichkeiten

---

39   Vgl. Schumann, FF 2007, 227, 228; Schürmann, FF 2007, 235, 236.

40   Vgl. BGH, FamRZ 2006, 1362.

41   Zur Bedeutung der Dokumentation bei der anwaltlichen Beratung vgl. Viefhues, Fehlerquellen im familiengerichtlichen Verfahren, Rn. 11, 22 f. m.w.N.

- Vorsorge für den Krankheitsfall des Kindes und für Ferienzeiten
- Beachtung des Kindeswohls (Entwicklungsstand, persönliches Betreuungsbedürfnis, Problemkind)
- welche konkreten **Bemühungen** sind unternommen worden, das **Kind dort unterzubringen** und
- welche **Bemühungen um eine Erwerbstätigkeit** sind unternommen worden
- Möglichkeiten der Erwerbstätigkeit unter Berücksichtigung des konkreten Betreuungsangebotes
- Zumutbarkeit der Erwerbstätigkeit und des konkreten Umfangs
  - Beachtung des Kindeswohls (Entwicklungsstand, persönliches Betreuungsbedürfnis, Problemkind)
  - Gesundheit und Belastbarkeit des Elternteils
  - Zeitaufwand für die Erwerbstätigkeit unter Einbeziehung der Anfahrtszeit zum Job und zur Kindesbetreuung.

2. Die Aufhebung von § 1615l Abs. 3 Satz 3 BGB

90 Die bisherige Regelung in § 1615l Abs. 3 Satz 3 BGB, in der bislang der Rang des Betreuungsunterhaltsanspruchs festgelegt wurde, ist durch die Neufassung von § 1609 BGB entbehrlich geworden, in der einheitlich alle Rangverhältnisse geregelt werden.[42]

---

42 Dazu s. Rn. 42 ff.

I. Erweiterung der Erwerbsobliegenheit für den geschiedenen Ehegatten

I. Gegenüberstellung der einschlägigen Normen

Altes Recht	Neues Recht	91
§ 1569 *Abschließende Regelung* *Kann ein Ehegatte nach der Scheidung nicht selbst für seinen Unterhalt sorgen, so hat er gegen den anderen Ehegatten einen Anspruch auf Unterhalt nach den folgenden Vorschriften.*	**§ 1569 Grundsatz der Eigenverantwortung** **Nach der Scheidung obliegt es jedem Ehegatten, selbst für seinen Unterhalt zu sorgen. Ist er dazu außerstande, hat er gegen den anderen Ehegatten einen Anspruch auf Unterhalt nur nach den folgenden Vorschriften.**	
§ 1570 Unterhalt wegen Betreuung eines Kindes *Ein geschiedener Ehegatte kann von dem anderen Unterhalt verlangen, solange und soweit von ihm wegen der Pflege oder Erziehung eines gemeinschaftlichen Kindes eine Erwerbstätigkeit nicht erwartet werden kann.*	**§ 1570 Unterhalt wegen Betreuung eines Kindes** **(1) Ein geschiedener Ehegatte kann von dem anderen wegen der Pflege oder Erziehung eines gemeinschaftlichen Kindes für mindestens drei Jahre nach der Geburt Unterhalt verlangen. Die Dauer des Unterhaltsanspruchs verlängert sich, solange und soweit dies der Billigkeit entspricht. Dabei sind die Belange des Kindes und die bestehenden Möglichkeiten der Kinderbetreuung zu berücksichtigen.** **(2) Die Dauer des Unterhaltsanspruchs verlängert sich darüber hinaus, wenn dies unter Berücksichtigung der Gestaltung von Kinderbetreuung und Erwerbstätigkeit in der Ehe sowie der Dauer der Ehe der Billigkeit entspricht.**	

§ 1574 Angemessene Erwerbstätigkeit	§ 1574 Angemessene Erwerbstätigkeit
(1) *Der geschiedene Ehegatte braucht nur eine ihm angemessene Erwerbstätigkeit auszuüben.*	(1) **Dem geschiedenen Ehegatten obliegt es, eine angemessene Erwerbstätigkeit auszuüben.**
(2) *Angemessen ist eine Erwerbstätigkeit, die der Ausbildung, den Fähigkeiten, dem Lebensalter und dem Gesundheitszustand des geschiedenen Ehegatten sowie den ehelichen Lebensverhältnissen entspricht; bei den ehelichen Lebensverhältnissen sind die Dauer der Ehe und die Dauer der Pflege oder Erziehung eines gemeinschaftlichen Kindes zu berücksichtigen.*	(2) **Angemessen ist eine Erwerbstätigkeit, die der Ausbildung, den Fähigkeiten, einer früheren Erwerbstätigkeit, dem Lebensalter und dem Gesundheitszustand des geschiedenen Ehegatten entspricht, soweit eine solche Tätigkeit nicht nach den ehelichen Lebensverhältnissen unbillig wäre. Bei den ehelichen Lebensverhältnissen sind insbesondere die Dauer der Ehe sowie die Dauer der Pflege oder Erziehung eines gemeinschaftlichen Kindes zu berücksichtigen.**

II.   Überblick

92   Durch eine neue amtliche Überschrift zu § 1569 BGB wird der Grundsatz der nachehelichen Eigenverantwortung und die Ausgestaltung dieses Grundsatzes und der Erwerbstätigkeit als Obliegenheit gestärkt. Damit wird der Druck zur schnelleren wirtschaftlichen Verselbstständigung des geschiedenen Ehegatten deutlich verstärkt.

Von Kritikern wird eingewandt, dass mit der Wortwahl des Gesetzes bzw. der Gesetzesbegründung die eigentliche Zielrichtung verschleiert werde. So bedeute „Stärkung der familiären Eigenverantwortung" letztlich „Ihr bekommt kein Geld mehr", „Förderung der familiären Solidarität" meine im Klartext „wir mischen uns in die Erziehung ein" und hinter „Vereinbarung von Familie und Beruf" könne die Drohung stehen, „wehe denen, die sich noch selbst ihren Kindern widmen".[43]

1.   Änderung von § 1569 BGB

93   § 1569 BGB beinhaltet weiterhin keine selbstständige Anspruchsgrundlage, enthält aber wesentliche grundlegende Auslegungskriterien. Die geänderte Formulierung in § 1569 **Satz 1** BGB betont den Grundsatz der Eigenverantwortung stärker. Deutlich klargestellt wird, dass den geschiedenen Ehegatten die Obliegenheit trifft, nach der

---

43   Vgl. Schwab, FamRZ 2007, 1, 7.

Scheidung selbst für sein wirtschaftliches Auskommen zu sorgen. Damit ist der nacheheliche Unterhaltsanspruch die gesetzliche Ausnahme, nicht die Regel.[44]

Die nacheheliche Solidarität des wirtschaftlich stärkeren Ehegatten greift nach § 1569   94
Satz 2 BGB nur, wenn der bedürftige Ehegatte außerstande ist, für sich selbst zu sorgen. Durch diese deutlich strengere Formulierung wird weiter verdeutlicht, dass ein
Unterhaltsanspruch gemessen am Grundsatz der Eigenverantwortung wiederum die
Ausnahme, aber nicht die Regel ist[45] (s. dazu Rn. 248 ff. zu § 1578b BGB). Die Obliegenheit des geschiedenen Ehegatten, nach der Scheidung „wieder auf eigenen Füßen"
zu stehen, wird deutlich herausgestrichen[46] und gibt Maßstäbe für die Auslegung der
einzelnen Unterhaltstatbestände.[47]

Dabei gelten diese strengeren Auslegungsregeln nicht nur für § 1570 BGB, sondern
auch die übrigen Unterhaltstatbestände sind im Licht des neu gefassten § 1569 BGB
enger auszulegen.

2.   Änderung von § 1570 BGB

a)   Gegenüberstellung der Fassungen im Gesetzgebungsverfahren

Insbesondere bei § 1570 BGB haben sich im Gesetzgebungsverfahren noch erhebliche   95
Änderungen im Wortlaut ergeben, die auch Rückschlüsse auf die Ziele und Beweg-
gründe des Gesetzgebers zulassen. Daher soll hier auch die Entwicklung des Gesetzeswortlauts gegenübergestellt werden.

• **geltendes Recht:**

---

§ 1570 Unterhalt wegen Betreuung eines Kindes

(1) Ein geschiedener Ehegatte kann von dem anderen wegen der Pflege oder Erziehung eines gemeinschaftlichen Kindes für mindestens drei Jahre nach der Geburt
Unterhalt verlangen. Die Dauer des Unterhaltsanspruchs verlängert sich, solange
und soweit dies der Billigkeit entspricht. Dabei sind die Belange des Kindes und
die bestehenden Möglichkeiten der Kinderbetreuung zu berücksichtigen.

---

44   Borth, FamRZ 2006, 813, 814; Menne, ZFE 2006, 244, 244; Dose, FamRZ 2007, 1289,
      1297. Krit. im Hinblick auf die gesellschaftliche Wirklichkeit Wellenhofer, FamRZ 2007,
      1282.
45   Borth, FamRZ 2006, 813, 814; Menne, FPR 2005, 323, 325.
46   Markante, aber durchaus treffende Formulierung einer Diskussionsteilnehmerin aus einer
      TV-Talk-Show zum neuen Unterhaltsrecht: „Die Ehe ist keine Sozialversicherung".
47   Menne, ZFE 2006, 449, 450.

> (2) Die Dauer des Unterhaltsanspruchs verlängert sich darüber hinaus, wenn dies unter Berücksichtigung der Gestaltung von Kinderbetreuung und Erwerbstätigkeit in der Ehe sowie der Dauer der Ehe der Billigkeit entspricht.

- **frühere Fassungen**

bisheriges Recht	Referentenentwurf	ursprünglicher Regierungsentwurf
§ 1570 BGB Unterhalt wegen Betreuung eines Kindes	**§ 1570 BGB Unterhalt wegen Betreuung eines Kindes**	**§ 1570 BGB Unterhalt wegen Betreuung eines Kindes**
Ein geschiedener Ehegatte kann von dem anderen Unterhalt verlangen, solange und soweit von ihm wegen der Pflege oder Erziehung eines gemeinschaftlichen Kindes eine Erwerbstätigkeit nicht erwartet werden kann.	Ein geschiedener Ehegatte kann von dem anderen Unterhalt verlangen, solange und soweit von ihm wegen der Pflege oder Erziehung eines gemeinschaftlichen Kindes eine Erwerbstätigkeit nicht erwartet werden kann.	Ein geschiedener Ehegatte kann von dem anderen Unterhalt verlangen, solange und soweit von ihm wegen der Pflege oder Erziehung eines gemeinschaftlichen Kindes eine Erwerbstätigkeit nicht erwartet werden kann. Dabei sind auch die bestehenden Möglichkeiten der Kinderbetreuung zu berücksichtigen.

b)   Ziel der Neufassung

96   Unter dem Blickwinkel der strengeren Neufassung des § 1569 BGB ist nach der Gesetzesbegründung in Zukunft eine andere Auslegung des § 1570 BGB geboten. Das bisherige, von der Rechtsprechung entwickelte **Altersphasenmodell**, bei dem sich die Zumutbarkeit der Erwerbstätigkeit nach dem Alter des Kindes richtet, sei nach den ausdrücklichen Hinweisen in der Gesetzesbegründung **neu zu überdenken und zu korrigieren**. Diese tradierten Modelle seien überholt, stünden im Widerspruch zur praktischen Erfahrung und bedürften einer nachhaltigen Korrektur.[48]

Das Altersphasenmodell orientiere sich an einer familiären Rollenverteilung, die von der sozialen Wirklichkeit überholt sei, denn auch bei intakten Ehen werde heute schon weitgehend eine Erwerbstätigkeit des betreuenden Elternteils auch bei jüngeren Kindern ausgeübt. Auch sei die Frage zu stellen, ob die zeitweise Aussetzung der Berufstätigkeit allein der Betreuung des Kindes geschuldet sei.

---

48   BT-Drucks. 16/1830, S. 17; vgl. auch Hohmann-Dennhardt, FF 2007, 174, 181.

c) Bisheriges Altersphasenmodell

Nach dem bisherigen **Altersphasenmodell**[49] des BGH wurde eine **Erwerbsobliegen-**   97
heit abgelehnt[50]
- bei der Betreuung **eines** Kindes
  - das noch nicht schulpflichtig ist,[51]
  - bis zum Alter von acht Jahren,[52]
  - bis zum Erreichen der dritten Grundschulklasse,[53]
  - bei einem Kind bis zur Beendigung der Grundschule,[54]
- bei der Betreuung von **mehreren** Kindern
  - bis zum Alter des jüngsten von zwei Kindern von 14 Jahren,[55]
  - bei drei Kindern abhängig von den Umständen bis zu 18 Jahren,[56]
  - bei der Betreuung von drei Kindern im Alter von neun bzw. zwölf Jahren,[57]
  - bei vier Kindern, wenn das jüngste noch nicht das 15. Lebensjahr vollendet hat.[58]

Eine **teilweise Erwerbsobliegenheit**, die aber nicht den Umfang einer Halbtagsarbeit erreichen muss, wurde in den folgenden Fällen angenommen:
- bei einem Kind ab Beginn des dritten Schuljahres,[59]
- bei einem Kind im Alter von 9 bis 15 Jahren,[60]
- bei zwei Kindern bis 18 Jahren.[61]

---

49 Wegen der relevanten Altersstufen scherzhaft auch „0-8-15-Modell" genannt.
50 Vgl. auch die Übersichten bei Kalthoener/Büttner/Niepmann, Die Rechtsprechung zur Höhe des Unterhalts, Rn. 403; Weinreich/Klein, KKFamR, § 1570 BGB Rn. 13 ff. Kritik zum Altersphasenmodell bei OLG Karlsruhe, NJW 2004, 523, 524; Wever, FF 2005, 174, 177; Peschel-Gutzeit, FF 2005, 296, 301. Kritik zum Altersphasenmodell bei OLG Karlsruhe, NJW 2004, 523, 524; Wever, FF 2005, 174, 177; Peschel-Gutzeit, FF 2005, 296, 301.
51 BGH, FamRZ 1998, 1501 f.
52 BGH, FamRZ 1992, 1045, 1046; BGH, FamRZ 2006, 846; BGH, FamRZ 2006, 1010.
53 OLG Hamm, FamRZ 1997, 1073.
54 OLG Hamm, FamRZ 1994, 1115; OLG Koblenz, FamRZ 2001, 1617.
55 BGH, FamRZ 1990, 989, 991; FamRZ 1996, 1067.
56 BGH, FamRZ 1990, 283.
57 OLG Zweibrücken, FamRZ 2001, 228.
58 OLG Hamm, FamRZ 1998, 243.
59 OLG Hamm, FamRZ 1997, 1073.
60 BGH, FamRZ 1980, 771; OLG Hamm, OLGR 1996, 262; OLG Zweibrücken, FamRZ 2001, 833.
61 OLG Düsseldorf, FamRZ 1987, 1254.

Bei Betreuung von zwei 10 und 14 Jahre alten Kindern ist die teilschichtige Erwerbstätigkeit einer geschiedenen Ehefrau bei einem Verdienst von netto rund 400,00 € jedenfalls dann nicht als überobligationsmäßig angesehen worden, wenn die Arbeitszeit frei bestimmt werden kann und beengte wirtschaftliche Verhältnisse der Parteien vorliegen.[62]

Dagegen wurde eine Obliegenheit zur **vollschichtigen** Erwerbstätigkeit angenommen

- bei der Betreuung eines Kindes ab 15 bis 16 Jahren[63] und
- bei der Versorgung mehrerer volljähriger Kinder, da bei volljährigen Kindern grds. kein Betreuungsaufwand anerkannt werden kann.

98   Zu beachten ist dabei, dass auch nach der bisherigen BGH-Rechtsprechung immer die **Besonderheiten des Einzelfalles** hinreichend zu berücksichtigen waren.[64] Es bedurfte daher bisher schon der konkreten Feststellung, in welchem zeitlichen Umfang jeweils eine Erwerbstätigkeit in Betracht kommt, um daneben die notwendige Betreuung der Kinder (außerhalb der Schulzeiten) sicherzustellen. Hierbei kam es auf die Umstände des Einzelfalles an, wie etwa die Arbeitszeiten des **Betreuenden**, deren flexible Gestaltungsmöglichkeit, die Betreuungszeiten in Kindergarten und Schule, die Möglichkeiten der Betreuung durch Dritte usw.[65] Die bisherige BGH-Rechtsprechung hat betont, dass der Betreuungsaufwand für den betreuenden Elternteil nach der Trennung größer werde und daher eine dennoch ausgeübte Erwerbstätigkeit überobligatorisch sei.[66]

In der Praxis hatten diese Besonderheiten des Einzelfalles jedoch **nur eine geringe Bedeutung**.

99   Eine Abweichung vom Altersphasenmodell wurde in aller Regel nur **zugunsten des unterhaltsberechtigten Ehegatten** vorgenommen, so. z.B. bei sog. **Problemkindern**, deren Betreuung die Erwerbsobliegenheit mindern oder ausschließen konnte. Abgestellt worden ist auf die konkrete, nach **objektiven Kriterien** zu ermittelnde Betreuungsbedürftigkeit des Kindes,[67] wobei insbes. das Alter, der Gesundheitszustand und

---

62   OLG Hamm, FamRZ 1999, 235.

63   BGH, FamRZ 1990, 496; OLG Celle, FamRZ 1994, 963.

64   BGH, FamRZ 2005, 442, 444; FamRZ 2005, 970; FamRZ 2005, 1154; Reinken, FPR 2005, 496, 504.

65   OLG Braunschweig, FamRZ 2001, 626.

66   BGH, FamRZ 2006, 846; BGH, FamRZ 2006, 1010.

67   BGH, FamRZ 1985, 50; OLG Celle, FamRZ 1987, 1038; OLG Hamm, FamRZ 1994, 963; OLG Zweibrücken, FamRZ 2000, 1366; OLG Koblenz, ZFE 2005, 98; vgl. auch BGH, FamRZ 2006, 846 m. Anm. Born, FamRZ 2006, 849 = ZFE 2006, 434.

der Entwicklungsstand des Kindes von Bedeutung waren. Es gab keine feste Altersgrenze.[68]

Dagegen sind Abweichungen **zulasten** des Unterhaltsberechtigten nur selten anerkannt worden.

Bei den Einzelfallabwägungen im Rahmen des praktischen Falles war allerdings von Bedeutung, ob der unterhaltsberechtigte Ehegatte bereits während der Ehe neben der Kindesbetreuung gearbeitet hatte. In diesen Fällen ging es nicht um die **Neuaufnahme**, sondern um die **Fortsetzung** einer Erwerbstätigkeit. Dann waren bei der Zumutbarkeit strengere Maßstäbe anzulegen. Wurde ein Beruf neben der Kinderbetreuung freiwillig ausgeübt, war dies ein maßgebendes Indiz für dessen Vereinbarkeit mit den elterlichen Aufgaben. 100

So ist eine mehr als halbschichtige Erwerbstätigkeit neben der Betreuung eines 9-jährigen Kindes nicht als überobligatorisch bewertet worden, wenn sie bereits früher begonnen oder ausgeübt wurde.[69] War die Ehefrau während des Zusammenlebens vollschichtig erwerbstätig und setzt sie dies auch nach der Geburt eines gemeinsamen Kindes fort, konnte sie sich nach der Trennung i.d.R. nicht darauf berufen, dass ihre Tätigkeit überobligatorisch sei.[70]

Allerdings war immer auch zu fragen, ob früher der andere Ehegatte durch zeitweise Betreuung der Kinder eine Erwerbstätigkeit ermöglicht hat.[71] Denn im Fall einer Trennung wurde dem Elternteil, in dessen Obhut sich die Kinder befinden, aus Gründen des Kindeswohls zugestanden, seine während intakter Ehe ausgeübte Berufstätigkeit zu beenden oder einzuschränken, etwa im Hinblick auf eine eingebüßte Mithilfe des Partners bei der Kinderbetreuung.[72]

d)   Grundstrukturen der gesetzlichen Neuregelung

Davon weicht die Neuregelung ab, wenn an die Erwerbsobliegenheit bei der Betreuung von jüngeren Kindern durch den unterhaltsberechtigten Elternteil **strengere Anforderungen** gestellt werden. Rechtsfolge der Verletzung dieser Erwerbsobliegenheit ist die Anrechung hypothetischer Einkünfte, die das Gericht ggf. nach § 287 ZPO schätzt. 101

---

68   BGH, FamRZ 1984, 769 = NJW 1984, 2355; OLG Celle, FamRZ 1987, 1038.

69   OLG Oldenburg, FamRZ 2005, 718.

70   OLG Hamm, FamRZ 2004, 375.

71   Rotax (Viefhues), Praxis des Familienrechts, Teil 7 Rn. 119.

72   OLG Stuttgart, FamRZ 2007, 400.

Einkünfte, die ein Elternteil durch eine Erwerbstätigkeit erzielt, die seinen Obliegenheiten entspricht, sind **nicht überobligatorisch**, werden also unterhaltsrechtlich voll angerechnet (ggf. gekürzt um die Kosten der Kindesbetreuung[73]).

In der Diskussion über den Gesetzesentwurf ist überwiegend dem Ansatz zugestimmt worden, die **Schwelle zur Erwerbsobliegenheit herabzusetzen**.[74]

102   Dabei hat die Entscheidung des BVerfG zu § 1615l BGB[75] wesentlichen Einfluss auf den abschließenden Gesetzeswortlaut gehabt. Denn durch diese Entscheidung wurde nicht nur die Gleichstellung des Unterhaltsanspruchs des nichtehelichen Elternteils angemahnt. Das BVerfG hat auch eine ausdrückliche Unterscheidung zwischen den **kindbezogenen** und den **elternbezogenen** Gründen gemacht, die Grundlage eines Unterhaltsanspruchs sind,[76] und dazu ausgeführt:

> „Räumt der Gesetzgeber aber dem geschiedenen Ehegatten einen Unterhaltsanspruch allein wegen der persönlichen Betreuung des gemeinsamen Kindes ein, dann verbietet es ihm Art. 6 Abs. 5 GG, die Dauer der für notwendig erachteten persönlichen Betreuung beim ehelichen Kind anders zu bemessen als bei einem nichtehelichen Kind. Denn wie lange einem Kind eine persönliche Betreuung durch einen Elternteil zuteil werden sollte, bestimmt sich nicht nach der ehelichen Solidarität, sondern nach den Bedürfnissen von Kindern, die sich bei ehelichen und nichtehelichen Kindern grundsätzlich nicht unterscheiden."

103   Demnach beruhte die bisherige Anspruchsgrundlage des § 1570 BGB gerade nicht auf eltenbezogenen und damit ehebezogenen Gründen, sondern allein auf kindbezogenen Gründen. Hieraus ist in der Literatur – durchaus folgerichtig – die Konsequenz gezogen worden, damit werde überhaupt sein Grund als Anspruch des Ehegattenunterhalts infrage gestellt.[77]

Der Gesetzeswortlaut hat daraus jetzt die notwendigen Konsequenzen gezogen und in den beiden Absätzen des § 1570 BGB zwei unterschiedliche Anspruchsgrundlagen kodifiziert:

- den allein auf die **Betreuung des Kindes** gestützten Anspruch des § 1570 Abs. 1 BGB, der sich wiederum unterteilt in

  – einen verbindlichen **Basisunterhalt** während der ersten drei Lebensjahre des Kindes nach § 1570 Abs. 1 Satz 1 BGB und

---

73   S.u. Kosten der Kinderbetreuung, Rn. 208 ff.
74   Z.B. Willutzki, Stellungnahme zur Sachverständigenanhörung v. 16.10.2006; Schwab, FamRZ 2005, 1417; s.a. Palandt (Brudermüller), BGB, § 1570 Rn. 14 bis 14d.
75   BVerfG, FamRZ 2007, 965 m. Anm. Born = NJW 2007, 1735 m. Anm. Caspary = FuR 2007, 310 m. Anm. Soyka; dazu Viefhues, ZFE 2007, 244; Schumann, FF 2007, 227; Schürmann, FF 2007, 235.
76   Vgl. Schumann, FF 2007, 227, 228 m.w.N.; Schürmann, FF 2007, 235, 237.
77   Maier, FamRZ 2007, 1076; vgl. auch Graba, FF 2007, 246, 251.

– einen Billigkeitsunterhalt nach § 1570 Abs. 1 Satz 2 und Satz 3 BGB.

• sowie den allgemeinen **ehebezogenen Billigkeitsanspruch** des § 1570 Abs. 2 BGB.

Bei der Dauer des Betreuungsunterhalts sollen Mütter und Väter, die ihr Kind betreuen, gleich behandelt werden – unabhängig davon, ob sie verheiratet waren oder nicht. Betreuungsunterhalt ist während der ersten drei Lebensjahre des Kindes zu zahlen. Eine Verlängerung ist möglich, wenn das der Billigkeit entspricht. Maßgeblich dafür sollen die Belange des Kindes sein. Damit wird die vom BVerfG angemahnte Gleichbehandlung zwischen ehelichen und außerehelichen Eltern erreicht.   104

Zusätzlich soll die Möglichkeit geschaffen werden, den Betreuungsunterhalt aus Gründen der nachehelichen Solidarität zu verlängern. Damit wird das Vertrauen geschützt, das in einer Ehe aufgrund der Rollenverteilung und der Ausgestaltung der Kinderbetreuung entstanden ist.   105

e) Einzelheiten des Betreuungsunterhalts gem. § 1570 Abs. 1 BGB

Mit § 1570 Abs. 1 BGB in seiner neuen Fassung wird der Betreuungsunterhaltsanspruch geschiedener Ehegatten neu strukturiert. Der betreuende Elternteil hat künftig Anspruch auf einen zeitlichen „Basisunterhalt", der für mindestens drei Jahren nach der Geburt des Kindes gewährt wird. In den ersten drei Lebensjahren des Kindes hat der geschiedene Ehegatte – ebenso wie der nicht verheiratete Elternteil – im Fall der Bedürftigkeit immer einen Anspruch auf Betreuungsunterhalt. Die betreuende Mutter oder der betreuende Vater können sich also auch dann, wenn eine Versorgung durch Dritte möglich wäre, frei dafür entscheiden, das Kind selbst zu betreuen.   106

Die Drei-Jahres-Frist ist im Regelfall mit dem Kindeswohl vereinbar.[78] Mit ihr wird, genauso wie dies bereits beim geltenden § 1615l Abs. 2 Satz 3 BGB der Fall ist, an zahlreiche sozialstaatliche Leistungen und Regelungen angeknüpft, insbesondere also an den Anspruch des Kindes auf einen Kindergartenplatz (§ 24 Abs. 1 SGB VIII – Kinder- und Jugendhilfe).   107

Im Gesetz wird dabei auf die **bestehenden Möglichkeiten der Kinderbetreuung** abgestellt. Auf diese Weise wird jedoch ein weitaus stärker auf die **Umstände des konkreten Falles** bezogener Blickwinkel verlangt. Damit wird **ein für die praktische Arbeit wesentlicher Vorteil des bisherigen Altersphasenmodells aufgegeben.** Dessen Vorteil bestand darin, dass der Praktiker in aller Regel allein aufgrund des Geburtsdatums des betreuten Kindes eine präzise Antwort auf die Frage geben konnte, in welchem Umfang der betreuende Elternteil zur eigenen Erwerbstätigkeit verpflichtet war – von wenigen Ausnahmefällen abgesehen. Zudem war anhand des Alters des   108

---

78   Vgl. Puls, FamRZ 1998, 865, 870 f.; BVerfG, FamRZ 2007, 965, 972 f. Rn. 73, 77.

Kindes sehr leicht eine Prognose abzugeben, wann und in welchem Umfang die kindesbetreuende Mutter sich auf eine verstärkte Erwerbsobliegenheit einstellen musste – ein für die anwaltliche Beratung unschätzbarer Vorteil.

109   An die Stelle dieser in der Praxis akzeptierten und handhabbaren, quasi tabellenartigen Gegenüberstellung von Alter und Umfang der Erwerbstätigkeit tritt jetzt nach Ansicht der Kritiker[79] eine stärker einzelfallorientierte Betrachtungsweise, die erheblichen Aufwand bei der Ermittlung der maßgeblichen Tatsachen machen und bei den rechtlichen Konsequenzen auf Jahre hinaus eine stark kasuistisch geprägte Rechtsprechung auslösen wird. Es besteht die Gefahr, dass anstelle der bisherigen Rechtssicherheit zusätzliche Streitigkeiten mit einer längeren Verfahrensdauer und nachteiligen Auswirkungen auf die Kinder treten.[80]

Befürchtet wird auch, diese Betonung der Umstände des Einzelfalles werde zudem dazu führen, dass unterhaltsrechtliche Entscheidungen in Zukunft verstärkt nur vorübergehender Natur sind und häufiger als bisher aufgrund einer veränderten Situation eine Abänderung gefordert werden wird.

110   Die Regelung des § 1570 Satz 2 BGB war im RefE nicht enthalten, sondern ist erst später in den RegE aufgenommen worden. Der Gesetzgeber hat befürchtet, dass allein die Betonung der bisher schon zu beachtenden Eigenverantwortung nicht zu einer Korrektur des Altersphasenmodells führen werde,[81] das ja seine gesetzliche Verankerung in § 1570 BGB und nicht in § 1569 BGB hat.[82] Innerhalb der koalitionsinternen Diskussionen am Schluss des Gesetzgebungsverfahrens sind dann noch die weiteren Formulierungsänderungen aufgenommen worden.

Mit der Einfügung von Satz 3 in § 1570 Abs. 1 BGB wird nach der Gesetzesbegründung impliziert, dass für den Kinder betreuenden Elternteil generell eine **Pflicht** besteht, vor der Inanspruchnahme des Verpflichteten auf Unterhalt **eigene Erwerbsmöglichkeiten** unter Berücksichtigung bestehender Betreuungsmöglichkeiten **auszuschöpfen**.

In der politischen Diskussion über das Gesetz ist diese Neuregelung grds. nicht infrage gestellt worden. Man war sich einig, künftig alle Partner in der Frage gleich zu behandeln, wann sie wieder eine Arbeit annehmen müssten. Nach bisheriger Rechtslage waren unverheiratete Frauen im Unterhaltsrecht bereits drei Jahre nach der Geburt des Kindes gezwungen, sich auf die Suche nach einer Arbeit zu machen. Ehemals verheirateten Frauen wurde diese Wiederaufnahme einer Erwerbstätigkeit i.d.R. erst nach acht

---

79   Vgl. Wellenhofer, FamRZ 2007, 1282, 1283; Schumann, FF 2007, 227, 228.
80   Gerhardt, FuR 2005, 529, dagegen Menne, FF 2006, 175, 180 m.w.N.
81   Menne, FF 2006, 175, 180 m.w.N.
82   Schwab, FamRZ 2005, 1417.

Jahren zugemutet. Der Gesetzentwurf wollte diese Schere vorsichtig schließen, die verheirateten Frauen aber immer noch über die Rangfolge besser stellen.

Verfassungsrechtliche Bedenken sind gegen diese verschärften Erwerbsobliegenheiten 111
der neuen Regelung vorgebracht worden mit der Begründung, das Grundgesetz lasse
es nicht zu, durch einen – auch mittelbaren – Zwang den Eheleuten ein bestimmtes
Betreuungsmodell vorzuschreiben.[83]

Diesen Bedenken hat das BVerfG[84] eine deutliche Absage erteilt und unmissver- 112
ständlich klargestellt, dass die zeitliche Begrenzung eines auf die Kindesbetreuung
gestützten Unterhaltsanspruchs auf in der Regel drei Jahre verfassungsrechtlich nicht
zu beanstanden ist. Das BVerfG gesteht dem Gesetzgeber zu, im Rahmen seiner Ein-
schätzungskompetenz festzulegen, für wie lange er es aus Kindeswohlgesichtspunkten
für erforderlich und dem unterhaltspflichtigen Elternteil für zumutbar erachtet, die persönliche Betreuung des Kindes durch einen Elternteil mithilfe der Einräumung eines
Unterhaltsanspruchs an diesen zu ermöglichen. Zudem verweist das BVerfG darauf,
dass der Gesetzgeber inzwischen auch die erforderlichen Rahmenbedingungen für die
Anpassung des gesellschaftlichen Umfeldes geschaffen hat, indem er jedem Kind ab
dem dritten Lebensjahr einen Anspruch auf einen Kindergartenplatz eingeräumt hat.

Die Drei-Jahres-Frist ist also im Regelfall mit dem Kindeswohl vereinbar.[85] Mit ihr 113
wird, genauso wie dies bereits beim geltenden § 1615l Abs. 2 Satz 3 BGB der Fall
ist, an zahlreiche sozialstaatliche Leistungen und Regelungen angeknüpft, insbesondere also an den Anspruch des Kindes auf einen Kindergartenplatz (§ 24 Abs. 1 SGB
VIII).

Der zeitliche „**Basisunterhalt**" ist aber nach § 1570 Abs. 1 Satz 2 und Satz 3 BGB zu 114
verlängern, soweit und solange dies der Billigkeit entspricht. Maßstab für eine Verlängerung sind in erster Linie kindbezogene Gründe. Dies wird dadurch zum Ausdruck
gebracht, dass in Satz 3 ausdrücklich die Belange des Kindes genannt werden. Hinsichtlich der „Belange des Kindes" ist eine Orientierung an der bisherigen Rechtsprechung zu den „kindbezogenen Belangen" bei § 1615l Abs. 2 Satz 2 BGB möglich.[86]
Auf diese Weise wird ausdrücklich klargestellt, dass der betreuende Elternteil sich nur
dann auf eine Fremdbetreuungsmöglichkeit verweisen lassen muss, wenn dies mit den
Kindesbelangen vereinbar ist.

---

83 Vgl. Schwab, FamRZ 2005, 1414, 1418; Reinken, FPR 2005, 502, 503; Borth, FamRZ
   2006, 814. Das Land NRW hat im Gesetzgebungsverfahren mit einer entsprechenden Begründung die Streichung des § 1570 Satz 2 BGB beantragt.
84 S.o. Fn. 78.
85 BVerfG, FamRZ 2007, 965, 972 f. Rn. 73, 77; Puls, FamRZ 1998, 865, 870 f.
86 AnwKommentar (Schilling), BGB, § 1615l Rn. 11 f.

Aus Sicht der Praxis ist weiterhin kritisiert worden, dass es (noch) an den gesellschaftlichen Rahmenbedingungen fehle, da sowohl in der Berufswelt als auch bei den tatsächlich vorhandenen Betreuungsmöglichkeiten für Kinder nicht ausreichend auf die Bedürfnisse kinderbetreuender Erwerbstätiger Rücksicht genommen werde.[87]

115   Für die praktische Handhabbarkeit der neuen gesetzlichen Regelungen spielt eine **Vielzahl von unterschiedlichen Aspekten** eine Rolle, die sich teilweise überschneiden. Die folgende Erörterung dieser Aspekte beansprucht nicht, alle Fragestellungen erschöpfend zu beantworten, sondern soll v.a. Denkanstöße für die praktische Arbeit liefern. Es werden dazu ganz bewusst keine absoluten Wahrheiten vertreten, sondern versucht, dem Leser Argumentationshilfen für die alltägliche anwaltliche und richterliche Arbeit in der Praxis an die Hand zu geben. Daher wird gezielt und ausdrücklich an vielen Stellen die Möglichkeit von unterschiedlichen Lösungsansätzen und juristischen Begründungen herausgestellt.

aa)   Divergenz zwischen Gesetzestext und Gesetzesbegründung

116   Es fällt auf, dass die in der Gesetzesbegründung formulierten weitreichenden Ziele sich nicht in gleicher Intensität in dem Gesetzestext wiederfinden.

117   Die ursprüngliche **Gesetzesbegründung** stellt auf eine **tatsächlich bestehende, verlässliche Möglichkeit der Kinderbetreuung** ab, geht aber auch davon aus, dass im **Regelfall** bei Kindern **über drei Jahren eine Fremdbetreuung möglich und zumutbar** ist. Damit erfolgt praktisch eine weiter gehende Angleichung des nachehelichen Unterhaltsanspruchs aus § 1570 BGB an die Regelung des Unterhaltsanspruchs der nichtehelichen Mutter gem. § 1615l BGB. Dazu passte die ursprünglich im Gesetz vorgesehene Gleichstellung aller kindesbetreuenden Elternteile im Rang unabhängig davon, ob es sich um einen verheirateten oder unverheirateten Elternteil handelt.

118   Der **Gesetzeswortlaut** geht nicht so weit, denn danach sind die bestehenden **Möglichkeiten der Kinderbetreuung lediglich zu berücksichtigen.** Zwar wird diesem Kriterium durch seine ausdrückliche Benennung im Gesetzeswortlaut eine besondere Bedeutung beigegeben, es kommt ihm aber nicht die Gewichtigkeit zu, von der die Begründung ausgeht. Demnach ist die Möglichkeit der Betreuung durch Dritte, die zusätzlich zu berücksichtigen ist, nur ein zu berücksichtigender Umstand neben anderen, die bei der Gesamtabwägung maßgebend sind („insbesondere"). Zudem sind in der letzten Korrektur des Gesetzeswortlauts ausdrücklich noch die Belange des Kindes in den Text aufgenommen worden, wodurch sich die Wertigkeit der Betreuungsmöglichkeiten weiter relativiert. Allerdings wird durch den jetzt eingefügten dritten Satz klargestellt, dass bis zur Vollendung des dritten Lebensjahres des Kindes eine Erwerbs-

---

87   Z.B. Lipp/Schumann/Veit (Brudermüller), Reform des Unterhaltsrechts, 5. Göttinger Workshop zum Familienrecht, 2006, S. 59; Wellenhofer, FamRZ 2007, 1282.

tätigkeit nicht erwartet werden kann. Daraus lässt sich umgekehrt schließen, dass das Gesetz von einer solchen Erwartung bei einem älteren Kind ausgeht.

Ein weiteres Argument lässt sich aus der jetzt getroffenen Rangfolgeregelung ablei-
ten.[88] Denn der Gesetzgeber hat im Rang den Unterhaltsanspruch des geschiedenen Ehegatten gegenüber dem Anspruch des unverheirateten Elternteils nicht gleich behandelt, sondern deutlich besser gestellt. Entsprechend lässt sich vertreten, auch die Anforderungen an die Erwerbsobliegenheiten dürften nicht gleich behandelt werden.

119

Aus diesen Unterschieden könnten in der Praxis **Auslegungsdifferenzen** abgeleitet werden.

bb) Das Alter des Kindes

Einerseits wird ein persönliches Betreuungsbedürfnis des jüngeren Kindes im frühen Alter anerkannt, andererseits wird erwartet, dass der betreuende Ehegatte sich bei der Betreuung der Hilfe Dritter bedient.

120

Bei der Betreuung eines **Kindes über drei Jahren** wird in der Gesetzesbegründung mindestens von einer **Teilzeiterwerbstätigkeit** ausgegangen mit der Argumentation, der persönliche Wunsch, das Kind selbst zu betreuen, müsse zurückstehen. Bereits nach dem dritten Lebensjahr soll folglich bei bestehender Möglichkeit der außerhäuslichen Betreuung die Aufnahme einer Beschäftigung zumutbar sein. Die Betreuung des Kindes durch Dritte und die eigene Erwerbstätigkeit seien miteinander zu vereinbaren und entsprächen der Lebenswirklichkeit. Der Kindesentwicklung sei eine Betreuung zusammen mit anderen Kindern förderlich. Auch in der Rechtsprechung zum alten Unterhaltsrecht ist bereits die pädagogische Bedeutung eines Kindergartenbesuchs herausgestellt worden.[89] Umgekehrt besteht bislang Einigkeit, dass bei **einem Kind unter drei Jahren** keine Erwerbsobliegenheit angenommen wird, es sei denn, das Kind wurde bereits während der Ehe durch Dritte betreut.[90]

Aber auch diese beiden Grundansätze dürften nicht ohne Widerspruch bleiben.

(1) Teilzeittätigkeit oder Vollzeittätigkeit

Stellt man allein auf die mögliche Fremdbetreuung ab und sieht man diese im konkreten Fall als sachgerecht und mithin zumutbar an, dann ergibt sich der zeitliche Rah-

121

---

88   Dazu s. Rn. 42 ff.
89   BGH, FamRZ 2007, 882 m. Anm. Born = NJW 2007, 1969 = ZFE 2007, 308; KG, ZFE 2007, 316; s.a. Maurer, FamRZ 2006, 663 f.
90   Dazu s. Rn. 123 ff.

men einer Erwerbstätigkeit der Mutter unabhängig vom Alter des Kindes allein aus dem **Zeitrahmen dieser konkreten Fremdbetreuung.**[91]

Beispiel:

Das Kind ist von morgens 8:00 Uhr bis nachmittags um 16:00 Uhr in der Kindertagesstätte untergebracht. Diese Zeit der außerhäuslichen Betreuung bildet auch den äußeren Rahmen für die mögliche Erwerbstätigkeit der Kindesmutter. Dabei ist es unerheblich, ob das Kind drei Jahre oder sechs Jahre alt ist. Entsprechendes gilt auch dann, wenn das ältere Kind während der gleichen Tageszeiten die Ganztagsschule oder den Hort besucht.

Ist dagegen tatsächlich nur eine Betreuung während der Vormittagsstunden sichergestellt, so orientiert sich die Erwerbsobliegenheit – ebenfalls unabhängig vom Alter des Kindes – allein an diesen objektiven zeitlichen Faktoren.

122   Der Hinweis auf das **persönliche Betreuungs- und Zuwendungsbedürfnis des Kindes**, das bei kleinen Kindern naturgemäß größer ist, hilft dagegen nicht weiter. Denn während das Kind fremd betreut wird, kann kein Elternteil direkte persönliche Zuwendungen erbringen. Diese persönliche Zuwendung kann daher logischerweise nur außerhalb der Zeiten der Fremdbetreuung erfolgen.

Beispiel:

Wenn das Kind von morgens 8:00 Uhr bis nachmittags um 16:00 Uhr in der Kindertagesstätte oder der Ganztagsschule versorgt wird, besteht während dieser Zeiten schon gar nicht die Möglichkeit, das Kind persönlich zu betreuen.

Hier wird man aber bei entsprechender Darlegung das Zusatzargument der **zusätzlichen Belastung des betreuenden Elternteils** mit in die Waagschale werfen können. Denn bei einem kleinen Kind lässt sich ein größerer Aufwand für die gesamte Haushaltsführung als bei einem größeren Kind begründen. Diese Aufgaben können zwar zeitlich außerhalb der Tageszeiten der außerhäuslichen Betreuung erbracht werden, stellen aber eine zusätzliche zeitliche Belastung dar, die der betreuende Elternteil nicht in seiner (sonstigen) Freizeit erbringen muss, sondern in den Zeiten, in denen das Kind in Kindergarten, Hort, Kindertagesstätte oder Schule betreut wird. Damit lässt sich rechtfertigen, für die Erwerbstätigkeit des betreuenden Elternteils einen geringeren Zeitraum als die gesamte Zeit der außerhäuslichen Betreuung anzusetzen.

(2)   Keine Erwerbsobliegenheit bei Kindern unter drei Jahren

123   Diese in der Gesetzesbegründung deutlich gezogene Schlussfolgerung orientiert sich an der Regelung des § 1615l BGB und lässt sich mit dem Argument juristisch stützen, was für nichteheliche Mütter gilt, müsse für den nachehelichen Unterhaltsanspruch

---

91   S. dazu Rn. 142.

erst recht gelten; dies gebiete der verfassungsrechtliche Schutz der Ehe.[92] Auch der Vergleich mit den Vorschriften des Sozialrechts verlange dies.[93]

Der ursprüngliche Gesetzestext des § 1570 Satz 2 BGB half dagegen alleine nicht. Denn wenn es auf die konkrete Betreuungsmöglichkeit ankommt und eine solche – pädagogisch akzeptiert – auch für kleinere Kinder besteht, ließe sich durchaus auch in diesem Fall bereits eine Erwerbsobliegenheit bejahen.

124

Im Gesetzgebungsverfahren ist daher zusätzlich zur Klarstellung Satz 3 in das Gesetz eingefügt worden, um einen Gleichlauf mit der Regelung des § 1615l BGB zu erreichen.

> „Bis zur Vollendung des dritten Lebensjahres des Kindes kann eine Erwerbstätigkeit nicht erwartet werden."

Auch bei einem Kind unter drei Jahren ist bisher die **Fortsetzung einer bereits ausgeübten Erwerbstätigkeit** als zumutbar angesehen worden.[94] Wird ein Beruf neben der Kinderbetreuung freiwillig ausgeübt, ist dies ein maßgebendes Indiz für dessen Vereinbarkeit mit den elterlichen Aufgaben. Zusätzlich sei das gewandelte Ehebild zu berücksichtigen, wonach eine strenge Rollenverteilung bewusst vermieden wird, sich in zunehmendem Maß beide Elternteile in der Kindererziehung und im Haushalt engagieren und dabei berufstätig bleiben. Zwar müsse im Fall einer Trennung dem Elternteil, in dessen Obhut sich die Kinder befinden, aus Gründen des Kindeswohls zugestanden werden, seine während intakter Ehe ausgeübte Berufstätigkeit zu beenden oder einzuschränken, etwa im Hinblick auf eine eingebüßte Mithilfe des Partners bei der Kinderbetreuung. Das gelte jedoch nicht, wenn die zu betreuenden Kinder das 15. Lebensjahr vollendet haben.[95]

125

Ob an dieser Bewertung bei Kindern unter 3 Jahren festgehalten werden kann, ist zweifelhaft. Denn die Neufassung stellt in diesem Fall nicht auf die bisherige „eheliche Lebensgestaltung" ab, sondern allein auf das Alter des Kindes und gewährt hier generell einen Anspruch.

(3)   Generelle Erwerbsobliegenheit bei Kindern ab 3 Jahren?

Ist das Kind älter als drei Jahre, greift nur noch der Billigkeitsanspruch nach § 1570 Abs. 1 Satz 2 und Satz 3 BGB.

126

Die im Einzelfall zu bestimmende Billigkeit richtet sich dabei auch nach dem allgemeinen, § 1569 BGB ausdrücklich verankerten Prinzip der Eigenverantwortung des

127

---

92   Willutzki, ZRP 2007, 5, 7; Menne, ZFE 2006, 449, 450.
93   Menne, ZFE 2006, 449, 450.
94   Ehinger/Rasch, FamRB 2007, 46, 49.
95   OLG Stuttgart, Beschl. v. 21.08.2006 – 8 UF 136/06.

Unterhaltsbedürftigen. Soweit es das Kindeswohl erfordert, hat das Prinzip der Eigenverantwortung jedoch zurückzustehen. Wird festgestellt, dass die Verlängerung des Unterhalts der Billigkeit entspricht, steht demnach zugleich fest, dass eine Erwerbstätigkeit nicht erwartet werden kann. Einer besonderen Erwähnung dieses bisher in § 1570 BGB enthaltenen Prüfungsmaßstabs bedarf es daher nicht mehr. Eine materielle Änderung ist damit nicht verbunden.

128   Das Gesetz enthält keine ausdrückliche Vorgabe zu der Frage, in welchem Umfang der betreuende Elternteil bei einer bestehenden Betreuungsmöglichkeit auf eine eigene Erwerbstätigkeit und damit auf seine Eigenverantwortung (§§ 1569, 1574 Abs. 1 BGB) verwiesen werden kann. Mit den Worten „soweit und solange" wird jedoch deutlich gemacht, dass es auch hier auf die Verhältnisse des Einzelfalles ankommt. In dem Maß, in dem eine kindgerechte Betreuungsmöglichkeit besteht, kann von dem betreuenden Elternteil eine Erwerbstätigkeit erwartet werden. Ist also zunächst nur eine Teilzeittätigkeit möglich, ist daneben – je nach Bedürftigkeit – auch weiterhin Betreuungsunterhalt zu zahlen. Die Neuregelung verlangt also keineswegs einen abrupten, übergangslosen Wechsel von der elterlichen Betreuung zu Vollzeiterwerbstätigkeit. Im Interesse des Kindeswohls wird vielmehr auch künftig ein gestufter, an den Kriterien von § 1570 Abs. 1 BGB orientierter Übergang möglich sein.

cc)   Bedeutung der aktuellen konkreten Betreuungssituation

129   Künftig wird also verstärkt darauf abgestellt werden müssen, inwieweit aufgrund des Einzelfalles und insbes. der **konkreten Betreuungssituation vor Ort** von dem betreuenden Elternteil eine (Teil-)Erwerbstätigkeit neben der Kinderbetreuung erwartet werden kann. Die Möglichkeit der Fremdbetreuung muss **tatsächlich existieren, zumutbar** und **verlässlich** sein und mit dem **Kindeswohl** im Einklang stehen.

Die Begründung zu § 1570 Satz 2 BGB nimmt dabei Bezug auf die Bestimmungen der **Grundsicherung für Arbeitssuchende** (§ 10 Abs. 1 Nr. 3 SGB II) sowie (§ 11 Abs. 4 Satz 2 bis 4 SGB XII, **Sozialhilfe**), die ab dem dritten Lebensjahr grds. eine Erwerbstätigkeit voraussetzen. Erklärtes Ziel des Gesetzes ist eine Harmonisierung zwischen dem bürgerlichen Recht und den Regelungen des Sozialrechts.[96]

130   Von Kritikern wird darauf verwiesen, dass diese Normen dabei aber davon ausgehen, dem Bedürftigen stehe ab diesem Zeitpunkt nach § 24 Satz 1 SGB VIII ein einklagbarer öffentlich-rechtlicher Anspruch auf den Besuch eines **Kindergartens** zu. Die Träger der öffentlichen Jugendhilfe haben nach § 24 Satz 2 SGB VIII darauf hinzuwirken, dass ein bedarfsgerechtes Angebot an Ganztagsplätzen bereitgestellt wird.

---

96   Menne, ZFE 2006, 449, 451.

Der Normzweck des § 10 Abs. 1 SGB II liegt in der Zumutbarkeit der Aufnahme ei- **131**
ner Erwerbstätigkeit eines Bedürftigen. Daher wirkt sich in § 10 Abs. 1 SGB II ein
individuelles Erziehungskonzept aus öffentlich-rechtlichen Gründen auf die Frage der
bestehenden Obliegenheit zur Ausübung einer Erwerbstätigkeit nicht aus.

Der Betreuungsunterhalt nach § 1570 BGB bezweckt dagegen in erster Linie den
Schutz des minderjährigen Kindes. Die Gesetzesbegründung erweckt den Anschein,
als ob diese generalisierende Sichtweise auch im privatrechtlichen Bereich des Unterhaltsrechts zugrunde gelegt werden soll. Dagegen lässt sich einwenden, dass es in
§ 1570 BGB wegen dieses andersgearteten Normzwecks dennoch stärker auf die individuellen Umstände der Kindesbetreuung für die Prüfung der Frage ankommt, ab welchem Lebensalter eine Erwerbstätigkeit – ggf. in welchem Umfang – verlangt werden
kann.

Legt man allerdings im Unterhaltsrecht weniger strenge Maßstäbe an als im Sozial- **132**
recht, so führt dies zu einer Ungleichbehandlung von kinderbetreuenden Elternteilen
in Abhängigkeit von ihrer Einkommenssituation. Während bei einem gutverdienenden
Vater die Mutter Unterhalt bezieht, ist der wenig verdienende Vater zu Zahlungen von
Ehegattenunterhalt wirtschaftlich gar nicht in der Lage. Sozialhilfe kann die Mutter
aber nicht beanspruchen, weil ihr nach den maßgeblichen sozialhilferechtlichen Regelungen eine Erwerbstätigkeit zugemutet wird.

Folglich ist sie gezwungen, einer Erwerbstätigkeit trotz der Kinderbetreuung nachzu-
gehen.

Unabhängig von den sozialpolitischen Aspekten kommt es für das Unterhaltsrecht **133**
darauf an, ob eine solche Betreuungsmöglichkeit tatsächlich vorhanden ist. Der öf-
fentlich-rechtliche Anspruch auf einen Kindergartenplatz ist für das Unterhaltsrecht
unerheblich, denn dadurch allein erhält das Kind keine tatsächliche Betreuungsmöglichkeit.

In der Praxis läuft dies auf die Frage hinaus, wie die Betreuungssituation mit Kindergarten, Kindertagesstätte, Hort, Ganztagsschule usw. im konkreten örtlichen Bereich
tatsächlich ausgestaltet ist.[97] Wird eine Ganztagsbetreuung – einschließlich Mittages-
sen – gewährleistet oder nur eine Betreuung am Vormittag? Auch stellt sich die Frage,
in welchem Umfang von dem kindesbetreuenden Elternteil eine Art „Marktforschung"
über die Betreuungssituation in seiner Umgebung verlangt werden kann.[98]

---

97   Die örtlichen Gegebenheiten sind hier sehr unterschiedlich; vgl. Schürmann, FF 2007, 235,
      237.
98   Wellenhofer, FamRZ 2007, 1282, 1283.

Ungeklärt ist auch, in welchem örtlichen Abstand nach einem solchen Platz gesucht werden muss und welcher zeitliche Aufwand für das Bringen und Abholen des Kindes zugemutet werden kann.[99]

Zu beachten ist weiterhin, dass die Betreuungseinrichtungen teilweise feste jährliche Anmeldetermine haben, also die Kinder nur zu einem bestimmten Stichtag angenommen werden.[100] Lässt sich dieser Termin nicht einhalten, weil das Kind erst einige Wochen später drei Jahre alt wird, muss man den nächsten Aufnahmetermin abwarten.

Ist dieser Termin aus anderen Gründen verpasst worden, stellt sich in der familienrechtlichen Praxis die Anschlussfrage, ob dies als Obliegenheitsverletzung zu bewerten ist und welche Rechtsfolgen sich daran anknüpfen.

Nicht zuletzt muss diese Betreuungsmöglichkeit bezahlbar sein. Hier stellt sich einmal die Frage, wie ggf. diese Kosten in eine Unterhaltsberechnung einzustellen sind.[101] Es gibt aber auch Fälle, in denen der betreuende Elternteil auf diesen Kosten „sitzen bleibt", weil sie eben gerade nicht über das Unterhaltsrecht „wieder hereingeholt" werden können.[102]

dd) Zumutbarkeit der konkreten außerhäuslichen Betreuung

134   Betreuung durch Kindergarten, Kindertagesstätte, Hort und Ganztagsschule ist ohne Weiteres **als dem Kinde zumutbar** anzusehen. Die Betreuung durch wechselnde Nachbarn ist dagegen schon mit Zweifeln behaftet.

Die Betreuung durch Verwandte setzt neben deren objektiver Eignung zudem deren Bereitschaft voraus.[103]

135   Problematisch ist, wenn der **andere Elternteil** anbietet, das Kind während der Erwerbszeiten des betreuenden Elternteils zu betreuen und der betreuende Elternteil hiergegen Bedenken hat. Argumentiert werden kann, dass bei intakter Ehe ohne Schwierigkeiten ebenso verfahren werden würde. Andererseits kann bei höchst zerstrittenen geschiedenen Eltern eine solche konfliktträchtige Regelung kaum den Kindesinteressen entsprechen. Nicht auszuschließen ist aber auch, dass eine bislang funktionierende Arbeitsteilung bei der Kindesbetreuung aus rein unterhaltsrechtlichen Motiven hintertrieben wird.

---

99   S. dazu Rn. 142 und Rn. 180 ff.

100   Hierauf weist Wellenhofer, FamRZ 2007, 1282, 1283 zutreffend hin.

101   S.u. Rn. 208 ff.

102   Wellenhofer, FamRZ 2007, 1282, 1284.

103   Zur Berücksichtigung bei der Unterhaltsberechung s. OLG Hamm, FuR 2007, 177, 181 und unten Rn. 204, 208 ff.

Kriterien für die Zumutbarkeit der Aufnahme der Erwerbstätigkeit und Inanspruchnah-   136
me von außerhäuslichen Betreuungsmöglichkeiten sind aber nicht nur ausschließlich
Belange des Kindes, sondern auch des **betreuenden Elternteils.** Von Bedeutung sein
kann z.b.

- mit welchem Aufwand die Erwerbstätigkeit betrieben werden kann, ohne dass die
  persönliche Betreuung des Kindes in der arbeitsfreien Zeit oder die Gesundheit des
  betreuenden Elternteils leidet,

- aber auch, wie die Betreuung nach der bisherigen Lebensplanung organisiert werden sollte und ggf. mit welchen längerfristigen Folgen für die Erwerbstätigkeit des
  betreuenden Elternteils diese Pläne umgesetzt wurden.

ee)   **Offene Fragen auch bei grds. zumutbarer Drittbetreuung**

Geht man davon aus, dass die Betreuung des Kindes durch Dritte in der im konkreten   137
Fall einschlägigen Form grds. zumutbar ist, dann ergeben sich dennoch in der alltäg-
lichen Praxis eine Reihe von konkreten Problemen, wobei sich die einzelnen Facetten
teilweise überschneiden.

(1)   **Täglicher fester Zeitrahmen**

Ein Aspekt der **Verlässlichkeit** ist ein **fester Zeitrahmen für die tägliche Betreuung**   138
des Kindes.

Ein solcher zeitlich fester Rahmen im Tagesablauf ist für den ganzen Tag z.B. gegeben,
wenn das Kind einschließlich der Mittagszeit im **Kindergarten**, im **Hort** oder in der
Kindertagesstätte (Kita) versorgt und betreut wird. Folglich ist während der Zeit, in
der das Kind in dieser Einrichtung ist, eine – über den Tag gesehen – verlässliche Betreuung sichergestellt. Steht dagegen nur ein Halbtagskindergarten zur Verfügung, ist
während der Vormittagsstunden – regelmäßig zwischen 8:00 Uhr und 12:00 Uhr – die
Betreuung gesichert.

Dies ändert sich aber nachhaltig, wenn das Kind in die **Grundschule** wechselt. Dann
ist keinesfalls gewährleistet, dass das Kind an jedem Tag zum gleichen Zeitpunkt in
die Schule geht und wieder aus der Schule kommt. Selbst wenn sich hier eine gewisse Regelmäßigkeit eingespielt hat, kommt es zumindest in jedem Schuljahr oder
gar Schulhalbjahr wieder neu zum Stundenplanwechsel mit Auswirkungen auch auf
den Zeitrahmen für eine mögliche Berufstätigkeit der Mutter.

Die sich aus diesen Faktoren ergebenden logistischen Probleme sind schon für eine intakte Familie schwer zu bewältigen, stellen aber für einen alleinerziehenden Elternteil eine echte Herausforderung dar.[104]

139   Kritiker des neuen Rechts haben daher betont, dass sich eine stringente Umsetzung der verschärften Erwerbsobliegenheiten nur dann durchführen lassen wird, wenn die gesellschaftlichen Rahmenbedingungen ausreichend gesichert sind. Das erfordert aber letztlich ein **flächendeckendes Angebot an Ganztagsbetreuungsmöglichkeiten** auch über die Zeit des Besuches des (Ganztags-) Kindergartens hinausgehend, also durch **Kinderhort**, **Ganztagsschule** oder ähnliche **Nachmittagsbetreuungseinrichtungen** (wie z.B. verlässliche Schule oder offene Ganztagsschule OGS).

140
Fazit:

Der Zeitrahmen der konkreten Betreuungsmöglichkeit ist entscheidend, nicht das Alter des Kindes.

141
Praxistipp:

- Ob diese konkreten Voraussetzungen im jeweiligen örtlichen Umfeld gegeben sind, ist in aller Regel nicht allgemein bekannt.
- In der Praxis dürfte es daher einigen Ermittlungsaufwand auslösen, die bestehenden Möglichkeiten der Kinderbetreuung herauszufinden („Marktforschung").[105]
- Hilfreich wäre hier in der Praxis, wenn die örtlichen Jugendämter eine aktuelle Übersicht über die jeweiligen Betreuungsmöglichkeiten in den Stadtteilen bereitstellen könnten, aus denen sich auch die täglichen Öffnungszeiten der Einrichtungen sowie ggf. die Belegungssituation (Wartezeiten) ergeben

(2)   Abstimmung des Zeitrahmens der täglichen Fremdbetreuung des Kindes mit den beruflichen Rahmenbedingungen

142   Relevant ist aber auch, dass der **tägliche und wöchentliche Zeitrahmen** der Erwerbstätigkeit mit den Zeiten der Fremdbetreuung des Kindes abgestimmt werden muss. Zu berücksichtigen ist nämlich auch der Aufwand für das Bringen des Kindes zur auswärtigen Betreuung, die Fahrten zur Arbeit, die Rückfahrt von der Arbeit und das Abholen des Kindes. Zudem müssen also ganz konkret die Öffnungszeiten der Kin-

---

104   Titelzeile eines Beitrags in der Süddeutschen Zeitung v. 23.03.2007 „Der ganz normale Wahnsinn. Vom Frühstückstisch in die Krippe zur Schule zur Arbeit in den Hort und zurück – Ein Tag im Leben einer Münchener Familie".

105   Wellenhofer, FamRZ 2007, 1282, 1283.

derbetreuungseinrichtungen und die Arbeitszeiten einschließlich der Fahrtzeiten zueinander passen.

Hierdurch kann der Rahmen der tatsächlichen Erwerbsmöglichkeiten bereits erheblich eingeschränkt werden. Allerdings kommt es sehr stark auf die Umstände des Einzelfalles an. Das Risiko im Unterhaltsverfahren trägt letztlich der darlegungs- und beweisbelastete betreuende Elternteil.[106]

Beispiel:

Die geschiedene Ehefrau ist Krankenschwester und wird im Fall einer Berufstätigkeit nur im Tages-Schichtdienst eingesetzt. Sie benötigt eine Betreuung des Kindes über jeweils 38,5 Stunden zzgl. Fahrtzeiten, aber zu wechselnden Tageszeiten. Die Kindertagesstätte macht aber regelmäßig erst um 8:00 Uhr auf und schließt um 16:00 Uhr.

(3)   Verlässlichkeit der Betreuung über einen längeren Zeitraum

Zudem müssen für eine **verlässliche Betreuung** auch unvorhergesehene Ereignisse wie Stundenausfall in der Schule infolge von Erkrankungen der Lehrer, einzelne bewegliche Ferientage, Ferienzeiten, Krankheiten des Kindes oder gar Extremfälle wie die Schließung des Kindergartens wegen einer Grippewelle bedacht werden.[107] Vielfach kann dies durch die Großeltern, Verwandte oder Freunde sichergestellt werden.[108] Allerdings sind diese Personen nicht zur Betreuung des Kindes verpflichtet.

143

Grds. muss eine **Erwerbstätigkeit langfristig angelegt sein**, um die notwendige nachhaltige Sicherung des eigenen Lebensunterhalts sicherstellen zu können. Fraglich ist daher, wie sich Unsicherheiten in der Zukunft auf die aktuelle Erwerbsobliegenheit auswirken können.

144

Beispiel:

145

Die Mutter macht im September des Jahres Unterhalt geltend. Das Kind wird in einer Ganztagsschule betreut. Der geschiedene Ehemann verweist auf ihre Erwerbsobliegenheit. Die Mutter beruft sich darauf, dass sie in den nächsten Sommerferien keine Betreuung für das Kind sicherstellen kann. Sie finde deswegen keine angemessene langfristige Berufstätigkeit, da kein Arbeitgeber sie mit diesen Unsicherheiten einstellen werde.

Fraglich ist hier, ob eine ungesicherte Betreuung während der nächsten Sommerferien bereits ab September des Vorjahres die Erwerbsobliegenheit auf Dauer beseitigt.

---

106   S. dazu Rn. 206 f.

107   Vgl. Wellenhofer, FamRZ 2007, 1282, 1283.

108   Zur Berücksichtigung bei der Unterhaltsberechung s. OLG Hamm, FuR 2007, 177, 181 und unten Rn. 208 ff.

146   **Beispiel (Abwandlung 1):**

Der geschiedene Ehemann bietet an, sich an der Lösung des Problems zu beteiligen und die Betreuung des Kindes während der Schulferien selbst zu übernehmen. Das lasse sich optimal mit dem von ihm gewünschten Umgangsrecht verbinden.

147   **Beispiel (Abwandlung 2):**

Der geschiedene Ehemann kann das Kind zwar nicht selbst während der Ferien betreuen, da er von seinem Arbeitgeber zu dieser Zeit keinen Urlaub bekomme. Das sei jedoch kein Problem, denn seine neue Ehefrau könne und wolle dies gerne übernehmen.

Die unterhaltsberechtigte Ehefrau wird über diese Vorschläge voraussichtlich wenig begeistert sein. Nicht auszuschließen ist, dass sich hieraus auch noch ein gerichtliches Umgangsrechtsverfahren entwickelt.

(4)   Änderungen der konkreten Betreuungssituation

148   Kommt es entscheidend auf die konkrete Betreuungssituation an, so wirken sich auch Änderungen dieser Situation umgehend auf den Unterhaltsanspruch aus.

149   **Beispiel:**

Die Großmutter betreut auch nach der Scheidung der Eltern das vier Jahre alte Kind und will dies auch weiter fortsetzen. Sie wird jedoch schwer krank und muss ins Pflegeheim. Ein Kindergarten oder eine anderweitige Ganztagsbetreuung stehen nicht zur Verfügung.

Hier besteht zwar anfangs aufgrund der eigenen Erwerbsobliegenheit der Kindesmutter u.U. gar kein **Unterhaltsanspruch**. Dieser erlischt jedoch nicht endgültig, sondern **kann bei Veränderung der tatsächlichen Situation jederzeit wieder aufleben**. Im Beispiel wird in Zukunft Unterhalt zu zahlen sein.

150   **Beispiel 1:**

Das Kind besucht vom dritten bis zum sechsten Lebensjahr einen Ganztagskindergarten. Die Mutter geht während dieser Zeit einer entsprechenden Berufstätigkeit nach und stellt dadurch ihren Lebensunterhalt selbst sicher. Nachdem das Kind in die Schule kommt, ändert sich diese Situation nachhaltig, denn eine Nachmittagsbetreuung wird nicht angeboten und kann auch auf andere Weise nicht sichergestellt werden.

Beispiel 2:

Das Kind wird vom dritten bis zum sechsten Lebensjahr im Ganztagskindergarten betreut, sodass die Mutter eine fast vollschichtige Tätigkeit ausüben kann. Nach der Einschulung besteht eine vergleichbare Betreuungsmöglichkeit nicht mehr. Das Kind besucht die Schule an den einzelnen Tagen zu unterschiedlichen Tageszeiten. Eine Nachmittagsbetreuung kann nicht sichergestellt werden.

Auch in diesen beiden Beispielfällen lebt der Unterhaltsanspruch wieder auf, weil die Erwerbsobliegenheit der Ehefrau aufgrund der tatsächlichen Situation nachhaltig sinkt.

Wird das Kind älter, kann es u.U. für einen längeren Zeitraum sich selbst überlassen bleiben – mit der Folge, dass die Erwerbsobliegenheit wieder steigt und der Unterhaltsanspruch sinkt.[109]

Daher werden **unterhaltsrechtliche Entscheidungen in Zukunft verstärkt nur temporärer Natur** sein. Angesichts der vielschichtigen Gegebenheiten des Einzelfalles wird häufiger als bisher aufgrund einer veränderten Situation eine **Abänderung gefordert werden**.   151

Die Auswirkungen sind bislang noch nicht sicher abzusehen. Zu befürchten ist, dass sich daraus neben einem erheblichen Mehraufwand an Arbeit für Anwälte und Gerichte auch eine zusätzliche Kostenbelastung für die öffentlichen Haushalte in Form von Prozesskostenhilfe ergeben wird.[110]

(5)   Zusätzlicher zeitlicher Aufwand bei Drittbetreuung

Nicht außer Acht gelassen werden darf auch der zusätzliche zeitliche Aufwand, der bei der außerhäuslichen Betreuung des Kindes entsteht. Hier sind v.a. der mit einer Drittbetreuung verbundene **Organisationsaufwand**, die Eingewöhnungsphase, die Notwendigkeit der Umdisposition bei Krankheit und Urlaub der Betreuungsperson zu nennen.   152

(6)   Bedeutung der persönlichen Zuwendung und der Bewältigung der Trennung

Nicht zu vergessen sind die unverzichtbare **persönliche Fürsorge** und **emotionale Zuwendung**, denn das Kind muss auch verlässliche sichere Bindungen aufbauen können und braucht dazu die Nähe zu den Eltern.   153

Kinder brauchen zudem besondere Unterstützung bei der **emotionalen Bewältigung der Trennung der Eltern**. Allerdings beschränkt sich das vielfach auf den Beginn der Trennung.

Bei § 1570 BGB geht es aber um die Frage des Nachscheidungsunterhalts, der erst ab Rechtskraft des Scheidungsurteils geschuldet wird. Seit der Trennung der Eltern ist dann aber mindestens ein Jahr, meist sind bereits rund 1 1/2 Jahre oder noch mehr Zeit   154

---

109   S. Rn. 120 ff.

110   Mit der fragwürdigen Konsequenz, dass die öffentlichen Mittel gerade nicht direkt in die dringend notwendige Förderung der alleinerziehenden Familien fließen.

vergangen. Daher ist im Regelfall die „heiße Phase" der trennungsbedingten, emotionalen Belastungen bereits abgeschlossen. Die meisten Kinder haben sich innerhalb dieses Zeitraumes mit der neuen Lebenssituation arrangiert. Aus einem Problem des Kindes mit der neuen Situation der Trennung der Eltern kann folglich keine dauernde Freistellung von der Erwerbsobliegenheit beim Nachscheidungsunterhalt hergeleitet werden. Zudem wird man von beiden Elternteilen verlangen müssen, dass sie an dem Abbau entsprechender Trennungsschwierigkeiten aktiv mitwirken.

155   In der Praxis muss der Eindruck vermieden werden, dass sich der unterhaltsberechtigte Elternteil zur Abwehr der eigenen Erwerbsobliegenheit über längere Zeit hinter den emotionalen Problemen des Kindes „verschanzen" kann. Denn bei einer anderen Vorgehensweise ist zu befürchten, dass in einschlägigen Unterhaltsverfahren in Zukunft nur noch „**Problemkinder**" vorhanden sind.

Daher sollte man in der Praxis nicht zu schnell und zu oberflächlich beim Auftreten von Erziehungsschwierigkeiten und Problemen beim Kind sofort auf den Wegfall der Erwerbsobliegenheit des betreuenden Elterteils plädieren. Denn es kann sich durchaus die Frage stellen, ob das Kind eines überforderten alleinerziehenden Elternteils nicht gerade in einer Einrichtung mit professionellen Kräften und einer qualifizierten Ganztagsbetreuung besser untergebracht ist und die aufgetretenen Probleme unter fachkundiger Hilfestellung und Betreuung nicht dort eher abgebaut werden können.

Selbst wenn es sich nicht lediglich um die üblichen und normalen Schwierigkeiten von Trennungs- und Scheidungskindern handelt, sondern um gravierendere Probleme, so kann die Frage einer Therapie nicht unbeantwortet bleiben.[111]

156   In der Praxis dürfte es daher **kaum** möglich sein, aus solchen Problemen eine **dauernde Freistellung von der Erwerbsobliegenheit** abzuleiten.

Auch diese Gesichtspunkte machen deutlich, dass unterhaltsrechtliche Entscheidungen in Zukunft verstärkt nur vorübergehender Natur sind und häufiger als bisher aufgrund einer veränderten Situation eine Abänderung gefordert werden wird.

(7)   Zusätzlicher persönlicher Betreuungsbedarf

157   Allerdings ist auch der **zusätzliche Betreuungsaufwand** von Bedeutung (Einkäufe und Arztbesuche mit dem Kind, Freizeitaktivitäten, Nachhilfe, Sportverein, Musikschule, Behördengänge usw.).

Jedoch ist hier zu beachten, dass auch diese pädagogisch-psychologisch begründeten – und berechtigten – Einwände sich den **zeitlichen Realitäten** unterordnen müssen.

---

111   Die Frage, wer die Kosten einer solchen Therapie trägt, ist noch unbeantwortet. Hier kann ähnlich wie bei den Kinderbetreuungskosten argumentiert werden (s.u. Rn. 208 ff.).

Eine persönliche Zuwendung und Fürsorge durch einen Elternteil kann nicht während der Zeiten stattfinden, in denen das Kind im Kindergarten oder in der Ganztagsschule ist. Stellt man folglich bei der Entscheidung über den Umfang der Erwerbsobliegenheit des unterhaltsberechtigten Elternteils auf den zeitlichen Rahmen der Fremdbetreuung ab und nimmt diesen Zeitrahmen auch als Maßstab für dessen Erwerbsmöglichkeiten, so greift das Gegenargument der persönlichen Fürsorge nicht.[112]

Allerdings wird der andere Elternteil dem möglicherweise in Form einer „Gegenrechnung" entgegenhalten wollen, dass er im Rahmen seiner Umgangskontakte auch eine erhebliche Zeit mit dem Kind verbringe und diesem Zuwendungen zukommen lasse, die – zusammengerechnet – den „Zuwendungsanteil" des betreuenden Elternteils mindestens aufwiege.   158

(8)   Zusätzlicher Arbeitseinsatz des betreuenden Elternteils

Der betreuende Ehegatte erbringt zusätzliche Leistungen im Vergleich zum unterhaltspflichtigen Ehegatten, der kein Kind betreut. Er muss nämlich nicht nur für sich sorgen, sondern auch für das Kind waschen und kochen, die Wohnung sauber halten und sich persönlich um das Kind kümmern.[113] Diesen zusätzlichen Arbeitseinsatz muss er aber nicht zulasten seiner Freizeit erbringen. Zwar kann er in seinem Tagesablauf nur dann mit dem Kind spielen oder Schularbeiten machen, wenn das Kind nicht in der Tagesstätte oder Ganztagsschule ist. Das bedeutet aber nicht, dass er deshalb auch die gesamte Zeit während der außerhäuslichen Betreuung des Kindes der eigenen Erwerbstätigkeit widmen muss. Vielmehr sind hierfür entsprechende Zeiten quasi als „interner Lastenausgleich" zu verlagern und der Umfang der zumutbaren täglichen Erwerbstätigkeit entsprechend zu reduzieren. In welchem Umfang dies zu geschehen hat, ist nach den Umständen des Einzelfalles zu entscheiden. Hier kann das Alter des Kindes und der daraus im Normalfall abzuleitende Bedarf an zusätzlicher Arbeitsleistung bzw. persönlicher Zuwendung eine wesentliche Rolle spielen.   159

Auch hier wird der andere Elternteil möglicherweise die „Gegenrechnung" aufmachen, welchen zusätzlichen Arbeitseinsatz er aufwende.[114]

Kritisiert worden ist, dass die **in der Vergangenheit erbrachten Leistungen der Mutter** während der Ehe bei diesen Abwägungen **unberücksichtig bleiben.**   160

---

112   S. aber unter Rn. 208 ff.
113   Dazu s. Rn. 208 ff.
114   S. auch Rn. 158.

ff) **Obliegenheit zur Verbesserung der Betreuungsbedingungen**

161 Ungeklärt ist auch, ob es eine Obliegenheit des betreuenden Elternteils gibt, aktiv an der Verbesserung der Möglichkeiten einer außerhäuslichen Betreuung mitzuwirken.

Beispiel:

Die Ehefrau wohnt mit dem Kind in einem ländlichen Bezirk, in dem keine Ganztagskindergartenplätze zur Verfügung stehen. In einem rund 50 km entfernten Nachbarbezirk sind dagegen im Ganztagskindergarten Plätze frei. Der Ehemann beruft sich darauf, die Ehefrau könne doch umziehen, um so ihre Erwerbsmöglichkeiten zu steigern. Von ihm habe man ja, als er arbeitslos war, auch verlangt, eine neue Arbeitsstelle zu suchen; diese habe er auch erst nach einem Umzug in einen weiter entfernten Ort finden können.

162 Bei Arbeitslosen werden an die Erlangung einer neuen Arbeitsstelle grds. **strenge Anforderungen** gestellt. Der **örtliche Bereich**, in dem die Arbeitsuche betrieben werden muss, richtet sich nach den anerkennenswerten örtlichen Bindungen und kann sich u.U. auf ganz Deutschland erstrecken. Anerkennenswerte Bindungen sind dabei z.b. die Gebundenheit der übrigen Familienmitglieder, die Wohnung der Eltern, das eigene Haus. Je jünger der Unterhaltspflichtige, desto weniger sind entsprechende Bindungen anzuerkennen. Schützenswerte familiäre Bindungen sind aber zu respektieren.[115] Zu prüfen ist im konkreten Fall, ob ein Umzug unter Berücksichtigung der persönlichen Bindungen, insbes. des Umgangsrechts mit den Kindern, sowie der Kosten der Ausübung dieses Umgangsrechts und der Umzugskosten zumutbar ist. Auch die Dauer des Unterhaltsanspruchs ist von Bedeutung. Denn hieraus lässt sich das finanzielle Interesse des Unterhaltsberechtigten in Relation zu den Kosten des Umzugs für den Unterhaltspflichtigen setzen.

Wendet man diese Grundsätze hier an, so kann u.U. auch eine entsprechende Umzugsobliegenheit der betreuenden Mutter bejaht werden, da es letztlich um deren Erwerbsobliegenheit geht.

Beispiel:

Der Ganztagskindergarten ist im 20 km entfernten Nachbarort. Die Mutter hat keinen Pkw. Bei der ländlichen Struktur und den vorhandenen Nahverkehrsverbindungen hat sie keine praktisch zumutbare Möglichkeit, mit dem Bus zum Kindergarten und dann noch zu einer Arbeitsstelle zu kommen.

Der geschiedene Ehemann bietet an, ihr ein gebrauchtes Auto zu kaufen und Steuern, Versicherung und Benzinkosten für die Fahrten zum Kindergarten zu übernehmen. Er hat kühl

---

115 BVerfG, ZFE 2006, 151; BVerfG, FamRZ 2007, 965 m. Anm. Born = NJW 2007, 1735 m. Anm. Caspary = FuR 2007, 310 m. Anm. Soyha; dazu Viefhues, ZFE 2007, 244; Schumann, FF 2007, 227; Schürmann, FF 2007, 235; vgl. auch Hohmann-Dennhardt, FF 2007, 174, 178.

Viefhues

gerechnet und festgestellt, dass er durch das von der Ehefrau erzielbare Erwerbseinkommen im Unterhalt deutlich mehr spart, als ihn der Pkw kosten würde.

Nach allgemeinen unterhaltsrechtlichen Grundsätzen werden sowohl die Bedürftig-   163
keit des Unterhaltsberechtigten als auch die Leistungsfähigkeit des Pflichtigen nicht
allein durch das tatsächlich vorhandene Einkommen bestimmt, sondern auch durch
erzielbares Einkommen. Ein Arbeitsloser muss seine Chancen auf dem Arbeitsmarkt
auch tatkräftig steigern. So ist ein Langzeitarbeitsloser gehalten, an **berufsfördernden
Maßnahmen** aktiv teilzunehmen, mitzumachen und den Beruf zu wechseln.[116] Dabei
besteht bereits während einer laufenden Umschulung die Obliegenheit, sich um einen
Arbeitsplatz zu bemühen.[117]

Auch **Steuervorteile**, die in zumutbarer Weise erzielt werden können, müssen **wahr-**   164
genommen werden, um der unterhaltsrechtlichen Obliegenheit nachzukommen, das
Einkommen nicht durch unnötig hohe gesetzliche Abzüge zu schmälern.[118]

Auch hier lässt sich im Beispielsfall kaum begründen, dass die geschiedene Ehefrau   165
das Angebot des Mannes ohne Weiteres ablehnen kann.

Letztlich sind in beiden Beispielen die Umstände des Einzelfalles entscheidend, sodass
sich ein breites Betätigungsfeld für kreative und überzeugende anwaltliche Argumen-
tationsstrategien erschließt.

**gg)   Übereinstimmung der außerhäuslichen Betreuung mit dem Wohl des
          Kindes**

In der Diskussion des neuen Gesetzes wird regelmäßig betont, dass die Fremdbetreu-   166
ung nicht nur existieren, sondern mit dem **Wohl des Kindes im Einklang stehen** müsse. Ob bestehende außerhäusliche Betreuungsmöglichkeiten wahrgenommen werden
müssen, müsse sich stets an den individuellen Bedürfnissen des Kindes orientieren.[119]

Mit dieser **Leerformel** ist allerdings für die praktische Anwendung der Neuregelungen
noch nicht sehr viel gewonnen. Denn die praktischen Erfahrungen aus zahlreichen
familienrechtlichen Verfahren zeigen, dass von den Eltern mit dem Argument des
Kindeswohls durchaus auch sehr handfeste eigene Interessen verfolgt werden. Zudem
herrscht über das, was dem Wohle des Kindes dient, in der Praxis häufiger Uneinig-
keit.

---

116   OLG Hamm, FamRZ 95, 438.
117   BGH, FamRZ 1999, 843; OLG Dresden, NJW-RR 2003, 512; OLG Brandenburg, ZFE
       2004, 152; OLG Jena, ZFE 2005, 250; krit. Büttner/Niepmann NJW 2003, 2497.
118   BGH, FamRZ 1999, 372, 375; Gerhardt/Heintschel-Heinegg/Klein, Handbuch FAFamR,
       Kap. 6 Rn. 70; Rotax (Reinken), Praxis des Familienrechts, Teil 5 Rn. 16.
119   Z.B. Willutzki, ZRP 2007, 1, 7; vgl. auch Reinken, FPR 2005, 496, 504.

(1)   Weltanschauliche Fragen im Unterhaltsrecht

167   Die in den letzten Monaten in der öffentlichen Diskussion lebhaft ausgetragene Frage,[120] ob die persönliche Betreuung des Kindes durch die Mutter oder die außerhäusliche Betreuung durch öffentliche Institutionen vorzuziehen ist, macht deutlich, wie stark weltanschaulich geprägte Perspektiven ins Unterhaltsrecht durchschlagen.

Auf der einen Seite stehen die Anhänger der „Vereinbarkeitstheorie", die von der grundsätzlichen Vereinbarkeit von Kindern und beruflicher Entfaltung bzw. Karriere ausgehen.[121] Auf der anderen Seite stehen die Vertreter des alten Familienmodells, für die die Vereinbarkeit von Kindern und Karriere strukturell unmöglich ist.[122] Für die erste Gruppe ist Fremdbetreuung des Kindes „Chance für die Frau auf persönliche Entfaltung" und Grundvoraussetzung für die Vereinbarkeit von Familie und Beruf, für die anderen „Teufelszeug" und „Trend der Familienauflösung".[123] Die Einen werden als „Mutti", die Anderen als „Emanzen", „Rabenmütter" oder gar als „Gebärmaschinen" diffamiert.

In dieser stark ideologisch gefärbten Debatte wird jedoch vielfach nur ein sehr einseitiges Bild vertreten und die Lebenswirklichkeit verkannt, die sich dem praktisch tätigen Familienrechtler regelmäßig darbietet. Das soll anhand von zwei – ironisch überspitzten – Beispielen veranschaulicht werden.

168   *Beispiel 1:*

Das Kind K1 wächst in einer gut situierten Familie auf, die in einem sauberen, gepflegten Eigenheim wohnt. Es wird von seinen Eltern, die sich umfassend mit ihm persönlich beschäftigen, intensiv gefördert durch regelmäßiges Vorlesen, gemeinsames Singen, pädagogisch wertvolles Spielzeug, zahlreiche Bilderbücher und umfangreiche Freizeitaktivitäten. Die feinmotorischen Fähigkeiten werden durch intensives gemeinsames Basteln gestärkt. Das Kind wird christlich erzogen; Gebete zu den Mahlzeiten sind üblich. Auf Hygiene wird besonderer Wert gelegt. Schon im Alter von vier Jahren besucht es die Jugendmusikschule und ist in einem Sportverein aktiv. Die von der Mutter persönlich liebevoll zubereiteten Mahlzeiten sind ausgewogen zusammengestellt und werden von der Familie in gesitteten Mahlzeiten eingenommen.

Nach der Scheidung der Eltern steht die Frage zur Debatte, ob das Kind in einen Ganztagskindergarten gehen muss. Der einzig örtlich erreichbare Ganztagskindergarten „Bienenkorb"

---

120   Ausgelöst durch die Vorschläge der Bundesfamilienministerin Ursula von der Leyen zum Ausbau der außerhäuslichen Betreuungsmöglichkeiten für Kinder unter drei Jahren (Krippenplätze).

121   So anschaulich Iris Radisch in der Zeit v. 15.02.2007.

122   Bemerkenswert ist, dass dieses Familienmodell oft von Männern vertreten wird, denen das Lebensmodell „Vollzeitmutter" aus eigenem Erleben nicht bekannt ist.

123   Der Vorsitzende des Deutsch-Türkischen Forums (DTF) in der CDU im Welt-Online: „Der Trend der Familienauflösung muss gestoppt werden. Früher gab es die Drei-Generationen-Familie. Dann wurden die Großeltern in Betreuungseinrichtungen abgeschoben. Mit der Ausweitung der Krippenplätze droht dieses Schicksal nun auch unseren Kindern".

wird von der Stadt betrieben, die aufgrund chronischer Haushaltsknappheit nur wenig in die marode Bausubstanz des Gebäudes investieren kann.

Entsprechend knapp ist das Spielzeug, sodass die Kinder durch lebhafte und teils handfeste Diskussionen um Spielsachen frühzeitig auf die harte Lebenswirklichkeit vorbereitet werden. Die Kindergartengruppen sind groß. Die meisten Kinder stammen aus sozial angespannten Verhältnissen und bringen schlechte Voraussetzungen mit. Der Anteil an echten Problemkindern ist überdurchschnittlich hoch.

Die Erzieherinnen sind angesichts der Verhältnisse wenig motiviert und überfordert. Es wird nur sehr selten gemeinsam gespielt und gesungen. Tischgebete sind unbekannt, die Verpflegung ist mäßig, die Tischsitten rau. Aufgrund des hohen Lärmpegels durch die lebhafte Kinderschar kann kaum vorgelesen werden.

Putzfrauen finden nur gelegentlich den Weg in die Räume. Die Toiletten werden häufig benutzt, aber selten gereinigt.

Beispiel 2: 169

Das Kind K2 wächst in einer Familie auf, in der Eltern und Großeltern Sozialhilfe beziehen und sich an Phasen von gelegentlicher Erwerbstätigkeit kaum noch erinnern. Die Familie ist dennoch immer guter Dinge, da trotz der knappen Finanzen immer genug Bier im Hause ist. Den ganzen Tag läuft der Fernseher und erfreut alle Familienmitglieder mit den Darbietungen der Talk-Shows, Gerichtsserien und TV-Soaps. Auch das Kind sieht bereits im Alter von vier Jahren regelmäßig mehrere Stunden am Tag fern. Aufgrund der fehlenden Bewegung und der einseitigen ungesunden Ernährung leidet das Kind bereits an einer leichten Verfettung.

Gebastelt wird nicht, sodass die feinmotorischen Fähigkeiten des Kindes ebenso unterentwickelt sind wie sein Sprachschatz.

Regelmäßige und gemeinsame Mahlzeiten sind unüblich. Alle Erwachsenen rauchen ohne Rücksicht auf die Kinder. Auf Hygiene wird wenig geachtet.

Die Kommunikation mit den Kindern hält sich in Grenzen, eine Förderung durch die Eltern findet nicht statt. Spielsachen gibt es kaum, und die vorhandenen sind alles andere als pädagogisch wertvoll. Bilderbücher für das Kind sind nicht vorhanden. Der Bücherbestand der Familie beschränkt sich auf das Telefonbuch und den Quelle-Katalog.

Eine mögliche außerhäusliche Betreuung des Kindes könnte in unmittelbarer Nähe in einem Ganztagskindergarten in hellen, freundlichen, sauberen und modernen Räumen erfolgen. Dort kümmern sich zahlreiche gut ausgebildete, freundliche und hoch motivierte Erzieherinnen um die Kinder. Die von den Erzieherinnen oft zusammen mit den Kindern liebevoll zubereiteten Mahlzeiten sind ausgewogen und werden von der Kindergartengruppe gemeinsam und gesittet eingenommen. Es ist reichlich pädagogisch wertvolles Spielzeug vorhanden. Die Kinder sitzen oft in kleinen Gruppen ruhig zusammen, lesen in Bilderbüchern, bekommen etwas vorgelesen oder spielen, basteln und singen gemeinsam. Gemeinsamer kindgemäßer Sport gehört zum Alltag.

Beide Familiensituationen sind unbestreitbar Realität in Deutschland. Es gibt sowohl 170 die gut situierte Familie, deren persönliche Förderung für das Kind durch keine öffentliche Institution übertroffen werden kann. Aber es gibt auch die Familien, in denen die Kinder in eine Lebenssituation hinein geboren werden, die ohne zusätzliche Hilfe in Chancenlosigkeit mündet. Denn mit seiner Lebensgestaltung bestimmt der betreuende

Elternteil die sozialen und wirtschaftlichen Verhältnisse, in denen ein Kind aufwächst, und auch seine Zukunftsperspektiven. Die jüngsten Untersuchungen über Entwicklungsdefizite von Kindergartenkindern und Pisa-Studien belegen dies deutlich. Studien gehen davon aus, dass etwa 10 bis 15 % der Familien in Deutschland diesem problematischen Bereich zuzuordnen sind. Hier ist die außerhäusliche Betreuung kein Nachteil für die Kinder, sondern vielfach die einzige Möglichkeit, Entwicklungsdefizite abzubauen oder zu vermeiden und Zukunftschancen zu wahren. So forderte z.b. der TV-Journalist Ulrich Wickert mehr Einfluss des Staates auf die Erziehung, weil Eltern ihren Aufgaben nicht mehr nachkämen. Deswegen sei er für die Ganztagsschule und den Ganztagskindergarten. Vorbildlich sei für ihn das französische Schulsystem.[124]

171   Nach einer kürzlich veröffentlichten Studie des Politikwissenschaftlers Dieter Eißel wird Armut quasi vererbt, weil Kinder aus sozial benachteiligten Familien von ihren Eltern beim Lernen zu wenig oder gar nicht unterstützt werden.[125] Danach haben benachteiligte Eltern vielfach offenbar wenig Interesse daran, dass es ihren Kindern einmal besser geht. Arbeitslosigkeit, Alkoholprobleme oder Gewalt haben demnach in vielen Familien das Klima bestimmt; Ermutigung und Hilfe gab es hier für diese Kinder nicht. Andere hielten eine gute Schulbildung schlicht für überflüssig – so z.b. bei Mädchen, weil diese doch sowieso heiraten werden.

Ein weiteres Motiv, dem Nachwuchs keine Unterstützung für die Schule zukommen zu lassen oder sie diesem sogar auszureden, sei in diesem sozialen Umfeld schließlich die Angst mancher Eltern, dass sich ihr Kind durch Kontakte zu besser gebildeten und wohlhabenderen Menschen sozial von der Familie entfernt. Dagegen konnte die Studie das Vorurteil nicht bestätigen, dass Kinder aus solch desolaten Familien eine „Null-Bock-Haltung" zum Lernen und zur Schule entwickeln. Vielmehr sehnen sich die Kinder nach einer guten Lehrstelle, nach einem Beruf, durch den sie ihr Leben selbst gestalten können. Ob dieser Wunsch Wirklichkeit wird, hängt aber nicht von ihnen ab. Wenn jemand den Ausstieg aus der sozialen Ausgrenzung und der Perspektivlosigkeit geschafft habe, dann gab es meist einen Lehrer, der sich um dieses Kind gekümmert und ihm ganz praktisch geholfen habe. Das Fazit der Studie ist der Nachweis, dass es nicht vom Zufall abhängen dürfe, ob ein Kind erfolgreich lernt oder nicht. Ganztagseinrichtungen werden als brauchbare Einrichtungen angesehen, diese aus dem Elternhaus herrührenden Defizite abzubauen.

172   Auch die in diesem Jahr erstmalig in den Kindergärten flächendeckend durchgeführten Sprachtests aller 4-jährigen Kinder bestätigen dieses Bild. Bei diesem Test wurden 145.000 Kinder überprüft. Bei etwa 62.000 von ihnen gibt es Zweifel, ob ihre Deutschkenntnisse dem Alter entsprechen – das sind rund 43 %.[126] Dabei betrafen

---

124   Westdeutsche Allgemeine Zeitung v. 12.05.2007.
125   Westdeutsche Allgemeine Zeitung v. 29.03.2007.
126   Aus Westdeutsche Allgemeine Zeitung v. 24.04.2007.

diese Sprachdefizite nicht nur Kinder aus Familien von Zuwanderern, bei denen zu Hause kein Deutsch gesprochen wird. Betroffen sind vielmehr auch deutsche Kinder, bei denen die Eltern vielfach „sprachlos" sind, kaum mit den Kindern reden und diese vor dem Fernseher parken.

Unbestritten ist, dass solche Defizite die Möglichkeiten und Chancen der Kinder für ihre Zukunft stark einschränken. Dies ist auf lange Sicht auch volkswirtschaftlich unverantwortlich, weil auf diese Weise Schulversager und beruflich Unterqualifizierte herangeformt werden.

Aus solchen konkret festgestellten Defiziten wird die staatliche Verantwortung für das Wohl der zukünftigen Generation abgeleitet und daraus teilweise eine konkrete Verpflichtung des Staates gefolgert, diese Unterstützung außerhalb des Elternhauses – aus den Gründen des Kindeswohls – durch den Staat bereitzustellen und sich dabei ggf. sogar über den entgegenstehenden Elternwillen hinwegzusetzen.[127]   173

In der politischen Diskussion wird meist sehr einseitig diskutiert und jeweils nur die „eine Wirklichkeit" zur Begründung der eigenen Ansicht herangezogen. Dagegen verschließt man die Augen vor der Tatsache, dass es auch jeweils die andere Realität gibt.   174

Diese rein ideologisch geprägte und meist nur polemisch geführte Grundsatzdebatte ist aber für die unterhaltsrechtliche Prüfung in keiner Weise hilfreich und sollte daher gar nicht erst in Gerichtsverfahren hineingetragen werden. Denn im Unterhaltsrecht geht es nicht um ideologisch eingefärbte Weltbilder, sondern um konkrete Lebenssituationen in der Realität. Maßgeblich ist letztlich die „nacheheliche Haftungsverteilung" zwischen den geschiedenen Ehegatten im ganz konkret zu entscheidenden Einzelfall und nicht politische Wahlkampf-Rhetorik. Für die Familien geht es um die Bewältigung des Alltags. Deshalb ist es sinnlos, aus der Betreuungsfrage ein Glaubensbekenntnis zu machen. Familien haben vielfach gar keine andere Wahl, als ihre Kinder irgendwo unterzubringen, weil sie das zweite Einkommen benötigen, um finanziell schlichtweg über die Runden zu kommen. Auch gilt es, die teure Ausbildung für die Kinder zu zahlen und hierfür in elterlicher Vorsorge frühzeitig Rücklagen zu bilden. Denn ein Studium gibt es ja nicht umsonst – wie die Einführung der Studiengebühren nur allzu deutlich macht.   175

Bemerkenswert ist in diesem Zusammenhang auch, dass sich die Betrachtungsweisen in den alten und den neuen Bundesländern deutlich unterscheiden. So halten es im Westen immer noch 40 % der Bürger für richtig, dass sich die Mutter zu Hause um Haushalt und Kinder kümmern solle, während in Ostdeutschland nur noch 17 % die-   176

---

127 Gestellt werden kann allerdings die Frage, ob gerade das Unterhaltsrecht hier das richtige „Vehikel" für diese Botschaft ist und ob nicht eher erst einmal die notwendigen Rahmenbedingungen in unserem Gemeinwesen geschaffen werden sollten.

ser Meinung sind.[128] Dementsprechend ist die Einschätzung, dass Kleinkinder leiden, wenn sie nicht persönlich von der Mutter betreut werden, in Westdeutschland noch besonders groß.

177   In den neuen Bundesländern wird die außerhäusliche Betreuung sogar jüngerer Kinder durchweg als normal angesehen, während dies in den alten Bundesländern eher selten ist. Dies macht die Statistik über die Tagesbetreuung der Kinder unter drei Jahren deutlich:[129]

Sachsen-Anhalt	50,2 %
Mecklenburg-Vorpommern	43,1 %
Brandenburg	40,6 %
Thüringen	37,9 %
Berlin	37,3 %
Sachsen	33,5 %
Hamburg	21,2 %
Bundesdurchschnitt Deutschland	13,5 %
Saarland	10, 2 %
Rheinland-Pfalz	9,4 %
Hessen	9,3 %
Bremen	9,2 %
Baden-Württemberg	8,8 %
Schleswig-Holstein	7,6 %
Bayern	6,9 %
Nordrhein-Westfalen	6,6 %
Niedersachsen	5,1 %

Insgesamt wurden im Westen 6,6 % aller Kinder in Tagesstätten betreut, im Osten dagegen 37 %.[130]

178   Auch ein Blick in die Historie kann klären. In früheren Zeiten war die ganztägige Berufstätigkeit im Stall oder auf dem Acker selbstverständlich – und dementsprechend auch die Notwendigkeit, die Kinder während dieser Zeit durch andere betreuen zu las-

---

128 Hohmann-Dennhardt, FF 2007, 174, 176.
129 Aus Westdeutsche Allgemeine Zeitung v. 03.04.2007; Quelle Destatis 2006; vgl. auch die Zahlenangaben bei Wellenhofer, FamRZ 2007, 1282 zur Erwerbstätigkeit von Müttern in Abhängigkeit vom Alter der Kinder.
130 Vgl. Mitteilungen des statistischen Bundesamts, FamRZ 2007, 610.

sen. Erst im Bürgertum des 19. Jh. „kam man auf den Einfall, dass die mittelständische Frau eigentlich auch ganztags neben der Anrichte im Wohnzimmer ganz ansehnlich aussehen würde – und nannte dieses Arrangement dann *natürlich*.[131]

Letztlich ist auch im europäischen Ausland die Betreuung auch kleinerer Kinder in öffentlichen Einrichtungen sehr weit verbreitet. So sehen es in Frankreich 62 % aller Erwachsenen als unbedenklich an, schon Kleinkinder außerhalb des Elternhauses in einer Krippe zu betreuen.[132]   179

(2)   Konkrete Prüfung im Einzelfall

Folglich ist unabhängig von weltanschaulich geprägten Grundsatzdebatten immer konkret auf den jeweiligen Einzelfall und die persönlichen bzw. die örtlichen Gegebenheiten abzustellen.[133]   180

Dabei wird argumentiert, die vereinzelt geäußerte Befürchtung, künftig werde man im Unterhaltsprozess umfangreich Beweis über die Betreuungsbedürftigkeit des Kindes erheben müssen,[134] verkenne die Situation: Mit der Änderung solle der vielfach kritisierten, höchst bedenklichen Orientierung an schematischen Altersvorgaben entgegengewirkt und dem Umstand Rechnung getragen werden, dass eine Fremdbetreuung heute nicht nur vielfach Realität ist, sondern grds. auch früher einsetzt. Dass Unterhaltsprozesse deshalb aufwendiger würden, sei nicht zu befürchten.[135]

Hiergegen bestehen allerdings schon aus verfahrensrechtlichen Gründen Bedenken. Wenn im Rahmen eines nach den Regeln der ZPO geführten Unterhaltsprozesses der Unterhaltsberechtigte als Darlegungspflichtiger substanziiert Umstände vorträgt, die einer außerhäuslichen Betreuung entgegenstehen und hierfür Beweis antritt, wird sich kaum prozessual ein Weg finden lassen, eine Beweisaufnahme über diesen strittigen Punkt zu umgehen.[136] Mit deutlich aufwendigerem und längerem Verfahren ist also in Zukunft zu rechnen.[137]   181

---

131   Iris Radisch in der Zeit v. 15.02.2007.

132   Westdeutsche Allgemeine Zeitung v. 12.05.2007.

133   Menne, ZFE 2006, 449, 450; Reinken, FPR 2005, 496, 504.

134   So die Stellungnahme des DAV, FuR 2005, 504.

135   Menne, FF 2006, 175, 181.

136   Noch schlimmer kommen könnte es nach dem geplanten FamFG, mit dem der Gesetzgeber Unterhaltsprozesse sogar weitgehend dem Amtsermittlungsgrundsatz unterstellen will.

137   Wellenhofer, FamRZ 2007, 1282, 1283; Gerhardt, FuR 2005, 529, 530; Borth, FamRZ 2006, 813, 814.

hh) Die bisherige konkrete Betreuungssituation während der Ehe

182 Bei diesem Erörterungspunkt geht es um die Frage, wie sich die **bisherige** Situation rein **faktisch** auswirkt. Davon zu trennen ist die Frage, ob daraus eine – wie auch immer geartete – rechtliche Bindungswirkung erwächst.[138]

(1) Eine Fremdbetreuung ist bereits während der Ehe realisiert worden

183 Bereits nach bisherigem Recht galten strengere Regeln bei der Erwerbsobliegenheit, wenn es um die **Fortsetzung einer Erwerbstätigkeit**[139] ging, die neben der Betreuung eines Kindes ausgeübt wurde.[140]

Entscheidend ist aber, ob sich diese Art der Betreuung **faktisch fortsetzen** lässt. Hier können sich aber eine Reihe von **praktischen Schwierigkeiten** ergeben. Dabei ist zu unterscheiden zwischen der Betreuung in einer öffentlichen Einrichtung oder der Betreuung durch eine Privatperson.

184 Ist das Kind bisher in einer **öffentlichen Ganztagseinrichtung** versorgt worden, so besteht kaum ein Grund, dies nach der Scheidung zu ändern.

185 Anders ist die Situation bei **Privatpersonen**. So kann sich z.B. herausstellen, dass die Großmutter das Kind nicht mehr versorgen will, das Kind nicht mehr zur Schwiegermutter gehen will oder der andere Elternteil die weitere Mitwirkung ablehnt. Auch können beim Kind aufgrund der Spannungen zwischen den Eltern Probleme auftreten, die eine verstärkte persönliche Zuwendung erforderlich machen.

186 Fraglich ist, welche unterhaltsrechtlichen Konsequenzen daraus zu ziehen sind. Der unterhaltsberechtigte Elternteil wird sich darauf berufen, das Kindeswohl gehe vor, folglich müsse das Vertrauen des Unterhaltspflichtigen am Fortbestand dieser Situation hinter den Belangen des Kindes zurücktreten.

Hier ist aber zur Kontrolle ein genauer Blick auf die **unterschiedlichen Interessenlagen** erforderlich, um nicht vorschnell und undifferenziert zu entscheiden:

- Die Mutter des unterhaltsberechtigten Elternteils (**Großmutter**) hat nur ein begrenztes Interesse, das (Enkel-)Kind weiterhin zu betreuen, wenn sie damit die Erwerbspflicht ihres Kindes auslöst. Ihre Abneigung gegen die weitere Kindesbetreuung wird daher u.U. durch dieses Motiv mitbestimmt.

---

138 Dazu s. Rn. 189 ff.
139 Zur Bedeutung der gemeinsamen Lebensplanung der Eheleute ohne bisherige Fremdbetreuung s.u. Rn. 189 ff.
140 S.o. Rn. 100.

- Die Schwiegermutter (**Schwiegergroßmutter**) hat dagegen ein großes Interesse, das (Enkel-) Kind zu betreuen, weil dies zur Erwerbspflicht des Schwiegerkindes führt und die Unterhaltslast des eigenen Kindes senkt. Eine plötzlich auftretende Abneigung des Kindes, zur Oma zu gehen, könnte daher auch durch den betreuenden Elternteil ausgelöst worden sein, der auf diese Weise seine Erwerbspflicht verhindern will.

- Wenn **Probleme beim Kind** dazu führen, dass eine Erwerbsobliegenheit entfällt oder zumindest sinkt, könnte dies zu einem Anstieg der Anzahl von „Problemkindern" führen. In diesem Zusammenhang muss darauf hingewiesen werden, dass sich die Probleme aufgrund der Trennungssituation in aller Regel nach einiger Zeit erledigen, also keinesfalls zu einer dauernden Freistellung von der Erwerbsobliegenheit führen können. Auch müssen Schritte unternommen werden, derartige Probleme zeitnah abzubauen.[141]

(2)   Während der Ehe noch keine Fremdbetreuung

Ist während der Ehe das Kind noch nicht außerhäuslich betreut worden, steht dem aber nach den dargestellten Kriterien nichts entgegen, dann stellt sich die Frage, **ab wann der Unterhaltsberechtigte entsprechende Bemühungen unternehmen muss.**   187

Soweit es um Erwerbsbemühungen geht, zu denen der Unterhaltsberechtigte zu einem bestimmten Stichtag gehalten ist, so besteht Einigkeit, dass entsprechende Bemühungen schon vorher einsetzen müssen. Bei Arbeitslosigkeit müssen Bewerbungen bereits im Zeitpunkt der Kenntnis vom Verlust des Arbeitsplatzes einsetzen, nicht erst nach dem tatsächlichen Ende des Arbeitsverhältnisses.[142] Beim Kindesbetreuungsunterhalt nach dem alten Phasenmodell war anerkannt, dass der unterhaltsberechtigte Ehegatte schon vor Ablauf dieser Phase gehalten war, sich eine entsprechende Arbeitsstelle zu suchen, wenn das Ende der Betreuungszeit zeitlich abzusehen ist. Der Unterhaltsberechtigte kann daher i.d.R. nicht durch Hinweis auf bislang erfolglose Bemühungen, die erst nach Ablauf der Erziehungsphase eingesetzt haben, den Zeitraum „strecken".[143] Dementsprechend wird man auch hier verlangen müssen, dass entsprechende Bemühungen um eine zumutbare Fremdbetreuung bereits im Zeitpunkt des Scheiterns der Ehe bzw. der Verfestigung der Trennung einsetzen müssen.   188

---

141   S. dazu auch Rn. 153 ff., 197.
142   Büttner, FF 2003, 192.
143   Rotax (Viefhues), Praxis des Familienrechts, Teil 6 Rn. 93.

ii) Bedeutung einer früheren gemeinsamen Lebensplanung der Eltern

189 Auch die Frage, welche **Bindungswirkung** sich aus einer (früheren) **gemeinsamen Lebensplanung** der Eltern ergibt, ist noch nicht geklärt. Diese Frage hat auch dann Bedeutung, wenn bisher noch keine Fremdbetreuung des Kindes erfolgt ist.[144]

Auf eine entsprechende Lebensplanung kann z.b. dann geschlossen werden, wenn in einem Ehevertrag nur eine Kinderbetreuung durch die Mutter und ein darauf gründender Unterhaltsanspruch vorgesehen war.[145] Aber auch ohne eine solche förmliche Regelung kann aufgrund der Tatsachenlage auf eine einvernehmliche Lebensplanung geschlossen werden. Streitigkeiten über diese Frage dürften aber in der Praxis nicht ausgeschlossen sein.[146]

190 Nach einer Ansicht wird auch im Fall des Scheiterns einer **gemeinsamen Lebensplanung** im konkreten Einzelfall zu berücksichtigen sein, welche gemeinsamen Vorstellungen für die Erziehung des Kindes maßgeblich waren und welcher Stellenwert ihnen nach der Scheidung der Ehe noch zukommt. Denn was Eltern einmal gemeinsam für die Entwicklung ihres Kindes für richtig befunden haben, verliert nicht ohne Weiteres seine Gültigkeit mit der Scheidung der Ehe.[147] Das Vertrauen des kinderbetreuenden Elternteils auf den Fortbestand dieser Übereinkunft über die einvernehmliche Aufgabenteilung sei schutzwürdig.[148] Zudem sei ein gesetzlich verordneter Zwang zur Fremdbetreuung abzulehnen und nicht mit dem vom GG geschützten Elternrecht vereinbar.[149]

Die Gegenansicht[150] stellt darauf ab, mit der Scheidung der Ehe habe auch ein zuvor **einvernehmlich festgelegtes Erziehungskonzept**, das eine Fremdbetreuung der Kinder ausschließt, seine Grundlage verloren. Das Prinzip der Entscheidungszuständigkeit des betreuenden Elternteils, wie er seine Erziehungsverantwortung ausüben will,[151] dürfe nicht einseitig auf Kosten des anderen Elternteils ausgeübt werden und müsse daher eingeschränkt werden.

---

144 Dazu s. Rn. 187 ff.

145 BGH, NJW 2006, 3142, 3146.

146 Zur Darlegungs- und Beweislast s.u. Rn. 206 f.

147 Borth, FamRZ 2006, 814; Reinken, FPR 2005, 502, 503; Schwab, FamRZ 2005, 1417, 1418.

148 Wellenhofer, FamRZ 2007, 1282, 1283; Schumann, FF 2007, 227, 229.

149 So hat z.B. das Land NRW im Bundesrat den Antrag gestellt, § 1570 Satz 2 BGB zu streichen, da die Verfassung es nicht zulasse, den Familien ein bestimmtes Betreuungsmodell vorzuschreiben (Antrag v. 18.05.2006, BR-Drucks. 253/2/06).

150 Willutzki, ZKJ 2006, 334, 339.

151 BVerfG, FamRZ 2001, 343, 347 ff.

Praxistipp: 191

- Auch wenn man von der grundsätzlichen Bindung eines früher gemeinsam festgelegten Erziehungskonzeptes ausgeht, basiert dieses nicht nur auf gemeinsamen pädagogischen Überlegungen, sondern auch auf bestimmten **tatsächlichen Umständen**, die sich aufgrund der Trennung und Scheidung **nachhaltig geändert** haben. Eine starre, uneingeschränkte Bindung ist daher kaum vertretbar (vgl. auch den Rechtsgedanken des § 323 ZPO).

- Die Scheidung der Eheleute entzieht allen bisherigen Regelungen die „Geschäftsgrundlage". Die Rentenanwartschaften der Eheleute werden durch den Versorgungsausgleich ebenso aufgeteilt wie das Vermögen im Zugewinn. Bisherige Gemeinsamkeiten verlieren durch die Scheidung grds. ihre rechtfertigende Funktion. Daher ist es nicht sachgerecht, an einer einzigen bisherigen Gemeinsamkeit – nämlich der gemeinsamen Entscheidung der Kindesbetreuung – losgelöst von den anderen Umständen völlig unverändert festzuhalten.

- Im Einzelfall kann jedoch durchaus argumentativ nachvollziehbar dargelegt werden, dass die **Änderung der tatsächlichen Umstände relativ gering** war und daher die frühere gemeinsame Planung eine stärkere Bedeutung behalten hat (entsprechend der Wesentlichkeitsgrenze des § 323 ZPO).

- Zu beachten ist auch, dass der Gesetzgeber jetzt mit der Vorschrift des § 1570 Abs. 2 BGB für Sonderfälle eine Möglichkeit geschaffen hat, den Betreuungsunterhalt im Einzelfall zusätzlich aus Gründen zu verlängern, die ihre Rechtfertigung allein in der Ehe finden. Maßgeblich ist dabei das in der Ehe gewachsene Vertrauen in die vereinbarte und praktizierte Rollenverteilung und die gemeinsame Ausgestaltung der Kinderbetreuung.[152]

- Soweit eine **ehevertragliche Regelung** geschlossen worden ist, die bis zum Erreichen eines bestimmten Kindesalters eine Erwerbstätigkeit des betreuenden Elternteils ausschließt, liegt darin eine Regelung, die aus formellen Gründen einer abweichenden Entscheidung entgegenstehen könnte. Hier kann dann eine Anpassung nach § 313 BGB an die neue Gesetzeslage verlangt werden.

jj) Wer bestimmt nach der Scheidung?

Formell betrachtet bestimmt der **Inhaber des Sorgerechts** die Art der Betreuung des 192 Kindes. Vertreten wird, der betreuende Elternteil wisse am besten, was dem Wohle des Kindes diene; auf seine selbstbestimmte Entscheidung baue der verfassungsrechtliche Schutz des Kindes und wehre diese Entscheidung beeinträchtigende Obliegenheiten ab.[153]

---

152   S. dazu unten Rn. 229 f.
153   Kirchhof, FamRZ 2007, 241, 245.

Diese stark verkürzte Betrachtung ignoriert aber die Lebenswirklichkeit. Denn es liegt beim betreuenden Elternteil erkennbar eine gemischte Motivationslage vor, bei der es in der Praxis nicht nur völlig uneigennützig und edel um das Wohl des Kindes geht, sondern auch ganz eigennützig und profan um handfeste persönliche finanzielle Interessen.

Folgt man aber dieser Ansicht der „**formellen Sperre des Sorgerechts**", so fragt sich, ob als logische Konsequenz in jedem Streitfall ein Sorgerechtsverfahren eingeleitet werden muss. Ziel des unterhaltspflichtigen Elternteils ist aber nicht die vollständige Übernahme des Sorgerechts. Er will lediglich dem unterhaltsberechtigten Elternteil den Teilbereich „Bestimmungsrecht der Fremdbetreuung" entziehen lassen – vergleichbar etwa dem Fall der Umgangspflegschaft. Schon die Existenz eines solchen Verfahrens mit der gesetzlich gebotenen Anhörung des Kindes stellt aber eine große Belastung dar und kann zu einer erheblichen Beeinträchtigung des Kindeswohls führen.

Daher erscheint dieser formelle Ansatz nicht sachgerecht. Es geht nicht um das Sorgerecht, sondern um unterhaltsrechtliche Annexpflichten.

193 Auch der Arbeitslose kann von seinem Verfassungsrecht auf freie Entfaltung seiner Persönlichkeit Gebrauch machen und untätig bleiben – ihm wird keine Zwangsarbeit auferlegt. Aber die unterhaltsrechtlichen Folgen sind eindeutig. Er wird zu Unterhaltszahlungen verurteilt, als ob er einer zumutbaren Erwerbstätigkeit nachgeht. Ihm kann sogar ein Strafverfahren wegen Unterhaltspflichtverletzung drohen.

Entsprechendes gilt für die Mutter als Sorgerechtsinhaberin. Sie kann selbst entscheiden, ob sie das Kind in eine außerhäusliche Betreuung gibt oder nicht. Entscheidet sie sich gegen eine zumutbare Fremdbetreuung, dann muss der geschiedene Ehemann diese Entscheidung jedoch nicht allein aus diesem formalen Grund über den Unterhalt finanzieren.

194 Können sich bei **gemeinsamem Sorgerecht** die Eltern nicht einigen, so stellt sich die Frage, ob zuvor ein Verfahren nach §§ 1687, 1628 BGB durchgeführt werden muss, um hier die Entscheidungszuständigkeit über die Frage, ob das Kind fremdbetreut werden soll, zu klären. Da es sich aber nur um eine unterhaltsrechtliche Vorfrage handelt, ist auch dies nicht erforderlich.

kk) Teilzeit- oder Vollzeittätigkeit

195 Stellt man auf die konkrete Betreuungssituation für das Kind ab, ist eine Beschränkung auf eine nur halbtägige Erwerbstätigkeit nicht zwingend.[154] Denn bei vorhandener ausreichender ganztägiger Betreuungsmöglichkeit ergeben sich hieraus keine Hinderungsgründe gegen eine auch **ganztägige Berufstätigkeit**.

---

154 S. dazu auch o. Rn. 120 ff.

Dagegen argumentiert werden kann jedoch

- mit der persönlichen **Zusatzbelastung** (Doppelbelastung durch Beruf und Haushalt),[155] die je nach Alter des Kindes größer oder kleiner ist und
- mit dem Bedürfnis eines kleineren Kindes an **persönlicher Zuwendung** durch den Elternteil.[156]
- mit persönlichen **Besonderheiten des Kindes** (schulische Probleme, Verhaltensauffälligkeiten).
- Entscheidende Bedeutung hat auch, wie sich die **Zeiten** der externen Kindesbetreuung mit den Zeiten der eigenen Berufstätigkeit decken. Dabei kommt es sowohl auf die täglichen Arbeitszeiten, als auch die Wochenend- und Feiertagsregelungen sowie Ferien- und Urlaubszeiten an.[157]

Je abhängiger das Kind von persönlichen Betreuungsleistungen ist, desto geringer werden die Anforderungen an die Erwerbspflicht des betreuenden Elternteils sein; mit zunehmender Verselbstständigung des Kindes wird das Interesse des Verpflichteten an wirtschaftlicher Entlastung gewichtiger und damit die Anforderungen an die Zumutbarkeit der Erwerbstätigkeit strenger. 196

Zu beachten ist, dass trennungsbedingte Probleme beim Kind meist nur zeitweise auftreten und folglich nicht auf Dauer einer Erwerbstätigkeit entgegen stehen können.[158] 197

ll) Abkehr vom Altersphasenmodell auch bei älteren Kindern

Auch bei älteren Kindern kann nicht mehr allein auf das Alter entsprechend dem früheren Altersphasenmodell abgestellt werden. Denn es kommt auch hier nach dem Gesetz auf die konkret bestehende Möglichkeit der Kindesbetreuung an. Ist diese im konkreten Fall bei älteren Kindern schlechter als bei Kindergartenkindern (Schule, Ganztagsschule, Hort), kann dies zu einer Verringerung der Erwerbsobliegenheiten führen. 198

Allerdings ist bei einem älteren Kind zu beachten, dass dieses nicht mehr in gleichem Umfang einer Betreuung bedarf. Da das Gesetz auf eine konkrete anderweitige Betreuung abstellt, kann jedenfalls eine Erwerbstätigkeit nicht verlangt werden, wenn das Kind während der Arbeitszeiten des betreuenden Elternteils vollständig sich selbst überlassen wäre. Konkret wäre dann darauf abzustellen, in welchem tatsächlichen Umfang das Kind angesichts seines Alters und der individuellen Umstände auch zeitweise sich selbst überlassen bleiben kann („**Schlüsselkind**").

---

155 Beachte dazu aber o. Rn. 159 f.
156 Dazu o. Rn. 157 f.
157 Dazu s. Rn. 142.
158 S. auch unter Rn. 153 ff., 186.

mm) Betreuung mehrerer Kinder

199 Ungeklärt ist die Situation bei der Betreuung mehrerer Kinder. Grds. ist auch hier auf die konkrete Betreuungssituation abzustellen.

Jedoch wird auch vertreten, bei mehreren Kindern das Altersphasenmodell auch zukünftig (unverändert?) anzuwenden.[159] Geht man von diesem Ansatz aus, wäre der Sachvortrag unter Hinweis auf das Altersphasenmodell auszurichten.

Dieser Ansatz erscheint aber nicht sachgerecht. Allein das Alter der Kinder ist unerheblich. Es kommt auf die konkreten Betreuungsmöglichkeiten an und damit letztlich auf den „**logistischen Mehraufwand**", der sich bei mehreren Kindern ergibt.

200 *Beispiel 1:*

Die geschiedene Ehefrau betreut die beiden drei und vier Jahre alten Kinder, die ganztags gemeinsam den gleichen Kindergarten besuchen.

Hier ist der logistische Aufwand, die Kinder zum Kindergarten zu bringen, danach zur Arbeitsstelle zu fahren und am Nachmittag die Kinder wieder abzuholen, kaum nennenswert größer, als wenn nur ein Kind vorhanden wäre.

Anders sieht es mit dem höheren Aufwand für Waschen, Kochen, Einkaufen usw. aus.[160]

201 *Beispiel 2:*

Die geschiedene Ehefrau betreut die beiden vier und sieben Jahre alten Kinder. Ein Kind besucht ganztags den Kindergarten, das andere Kind eine Ganztagsschule.

Hier fällt deutlich größerer Aufwand an, weil die Kinder zu verschiedenen Betreuungseinrichtungen gebracht und von dort auch wieder abgeholt werden müssen.

nn) Die Belange des Kindes

202 Die ausdrückliche Bennennung der „Belange des Kindes" macht die besondere Bedeutung dieses Gesichtspunktes deutlich.

Die vorangegangenen Ausführungen haben aber auch gezeigt, dass die Belange des Kindes durch Dritte nicht zwingend einer Betreuung des Kindes durch Dritte entgegenstehen und damit die Erwerbsobliegenheit des betreuenden Elternteils verhindern. In der Praxis wird genau darauf zu achten sein, dass hierbei wirklich die eigenen, wohlverstandenen, schützenswerten Interessen des Kindes von Bedeutung sind, nicht ein pauschaler Verweis auf das Kindeswohl, der lediglich vorgeschoben wird, um subjektive Interessen eines Elternteils zu unterstützen.

---

159 Ehinger/Rasch, FamRB 2007, 46, 49.
160 Dazu s. Rn. 159.

Vielmehr können z.b. bestimmte Entwicklungsdefizite des Kindes durchaus einen   203
Grund geben, gerade eine Betreuung des Kindes in einer öffentlichen Einrichtung zu
bevorzugen, in der durch entsprechend geschulte Kräfte diese Defizite professionell
abgebaut werden können.[161]

oo)   Sonstige Gesichtspunkte

Für die Zumutbarkeit spielen die **wirtschaftlichen Verhältnisse** der beiden Elternteile   204
ebenfalls eine Rolle.

Einkünfte, die ein Elternteil durch eine Erwerbstätigkeit erzielt, die seinen Obliegenheiten entspricht, sind **nicht überobligatorisch**, werden also unterhaltsrechtlich voll
angerechnet (ggf. gekürzt um die Kosten der Kinderbetreuung).[162]

Die Übernahme der Betreuung durch **Verwandte** stellt eine freiwillige Leistung Dritter dar, die unterhaltsrechtlich neutral ist.[163]

Die Verschärfung der Erwerbsobliegenheit im **Mangelfall** nach § 1581 BGB bleibt
unberührt.

An der Reform ist kritisiert worden ist, dass die in der Vergangenheit erbrachten Leistungen der Mutter während der Ehe beim Unterhalt unberücksichtig bleiben.

pp)   Weitere Hinweise zur Vorgehensweise

Praxistipp: 205

- Es kommt immer entscheidend auf die **Umstände des Einzelfalles** an.
- Zur **Darlegung** der tatbestandlichen Voraussetzungen ist umfassender und detaillierter anwaltlicher **Sachvortrag** erforderlich.
- In der anwaltlichen **Beratung im Vorfeld** muss der Mandant entsprechend **informiert** und die erforderlichen Sachverhaltsangaben **erfragt** werden.
- Aus haftungsrechtlichen Gründen ist man gut beraten, diese Aktivitäten ausreichend zu **dokumentieren**.[164]
- Dabei geht es um die folgenden **Gesichtspunkte**
  - ob und ggf. in welchem Umfang eine **Betreuungsmöglichkeit** für das Kind
    besteht,

---

161   S. Rn. 167 ff.
162   S. unter Rn. 208 ff.
163   S. dazu u. „Kosten der Kinderbetreuung", Rn. 208 ff.
164   Zur Bedeutung der Dokumentation bei der anwaltlichen Beratung vgl. Viefhues, Fehler-
       quellen im familiengerichtlichen Verfahren, Rn. 9 ff., 37 ff. m.w.N.

- Kindergarten, Hort, Schule

- angemessene Betreuung für das Kind

- Zuverlässigkeit der Betreuungsmöglichkeiten speziell im Hinblick auf die beruflichen Anforderungen des betreuenden Elternteils

- bisherige Betreuungsmöglichkeiten

- Vorsorge für den Krankheitsfall des Kindes und für Ferienzeiten

- Beachtung des Kindeswohls (Entwicklungsstand, persönliches Betreuungsbedürfnis, Problemkind)

– welche konkreten **Bemühungen** unternommen worden sind, das **Kind dort unterzubringen** und

– welche **Bemühungen um eine Erwerbstätigkeit** unternommen worden sind

- Möglichkeiten der Erwerbstätigkeit unter Berücksichtigung des konkreten Betreuungsangebots

- Zumutbarkeit der Erwerbstätigkeit und des konkreten Umfangs

  – Beachtung des Kindeswohls (Entwicklungsstand, persönliches Betreuungsbedürfnis, Problemkind)

  – Gesundheit und Belastbarkeit des Elternteils

  – Zeitaufwand für die Erwerbstätigkeit unter Einbeziehung der Anfahrtszeit zum Job und zur Kindesbetreuung.

f)   Darlegungs- und Beweislast

206   Dem **Unterhaltsberechtigten** obliegt die Darlegungs- und Beweislast der für die Prüfung der konkret bestehenden Betreuungsmöglichkeiten des Kindes notwendigen Tatsachen, denn es handelt sich um die tatbestandlichen Voraussetzungen des Anspruchs aus § 1570 BGB.[165]

Nach dem neuen Recht reicht es nicht mehr aus, lediglich auf das Alter des Kindes zu verweisen. Der Elternteil, der Betreuungsunterhalt geltend macht, muss vielmehr in seinem Sachvortrag konkrete Ausführungen zu den möglichen Betreuungseinrichtungen machen und hat **darzulegen** und ggf. – bei substanziiertem Gegenvortrag des Unterhaltspflichtigen – zu **beweisen**, dass die Möglichkeit einer Kindesbetreuung fehlt und er daher keiner Erwerbstätigkeit – auch keiner Teilzeittätigkeit – nachgehen kann.[166]

207   Fraglich ist, ob dies auch bei einer **Abänderungsklage** gilt.

---

165   Borth, FamRZ 2006, 813, 814; Ehinger/Rasch, FamRB 2007, 46, 49.
166   Dagegen verfassungsrechtliche Bedenken bei Kirchhof, FamRZ 2007, 241, 245.

Grds. trägt der **Abänderungskläger** die Darlegungs- und Beweislast hinsichtlich der wesentlichen Änderung der dem Titel zugrunde liegenden Umstände.[167] Die neuen Voraussetzungen stellen jedoch ein weiteres Tatbestandsmerkmal des § 1570 BGB dar und liegen in der Sphäre des Unterhaltsberechtigten. Es spricht daher einiges für den Ansatz,

- vom **Abänderungskläger** zu verlangen, nur die grds. bestehende Erwerbsobliegenheit der berechtigten Mutter anhand des Lebensalters des Kindes darzulegen und
- dann der **Berechtigten** die weiter gehenden Darlegungen zur anderweitigen Betreuungsmöglichkeit aufzuerlegen.

g) Kosten der Kinderbetreuung

Die **Kosten der Kinderbetreuung** sind nach der Gesetzesbegründung bei der Unterhaltsberechnung angemessen zu berücksichtigen. Allerdings wird nicht erläutert, wie dies konkret zu geschehen hat.   208

Dabei kann es sich um Kosten eines Kindergartens,[168] einer Kindertagesstätte, eines Kinderhortes handeln, aber auch der finanzielle Aufwand, der für eine private Kinderfrau oder Tagesmutter erbracht werden muss, kann berücksichtig werden. Solche Kosten können auch anzurechnen sein, wenn **Verwandte** das Kind betreuen.[169]

Einen Sonderfall stellen Betreuungsmodelle dar, in denen die Kosten der Kinderbetreuung quasi „durch Eigenleistung abgearbeitet" werden.

Beispiel:

Die Mütter A, B, C, D und E haben die Kinderbetreuung so geregelt, dass alle Kinder in einer Gruppe gemeinsam zusammenkommen und an jedem Tag von einer der Mütter betreut werden.

Hier entstehen mittlerweile Kosten in Form von Einnahmeausfällen: jede der beteiligten Mütter kann nur vier Tage in der Woche arbeiten gehen.

Dabei können entsprechende Kosten für den **Kindesunterhalt**, aber auch für den **Ehegattenunterhalt** von Bedeutung sein.[170] Die Einordnung hat erhebliche praktische Bedeutung.   209

In der konkreten anwaltlichen Beratung empfiehlt es sich, erst einmal konkret zu rechnen, wie sich bei den unterschiedlichen Ansätzen diese Kosten auf die Ansprüche des jeweiligen Mandanten ganz konkret auswirken. Dann kann – ausgehend von der kon-   210

---

167 BGH, FamRZ 1987, 259, 260.
168 Zu den Fahrkosten s. OLG Hamm, FamRZ 1999, 513.
169 OLG Hamm, FuR 2007, 177, 179 m. Anm. Soyha.
170 Berechnungsbeispiel s.u. Rn. 211 ff., 214 ff.

kreten Parteirolle – eine dieses möglichst vorteilhafte Ergebnis stützende Argumentationsstrategie erarbeitet werden.

Die unterschiedlichen rechnerischen Auswirkungen sollen daher anhand eines **Berechnungsbeispiels** dargestellt werden.[171] Anschließend werden die verschiedenen **Argumentations- und Begründungsansätze** aus der Sicht des Unterhaltspflichtigen und des Unterhaltsberechtigten erörtert.

Im Beispiel werden für die Kosten der Kinderbetreuung 250 € monatlich in Ansatz gebracht.

aa) Berücksichtigung beim Ehegattenunterhalt

211 Der Ansatz im Rahmen des Ehegattenunterhalts erfolgt so, dass die Kosten als berufsbedingter Aufwand vom Eigeneinkommen des unterhaltsberechtigten Ehegatten abgezogen werden.

212 Der Ansatz im Rahmen des Ehegattenunterhalts ist rechnerisch einfacher und für den Unterhaltspflichtigen i.d.R. günstiger.

Berücksichtigung Ehegattenunterhalt bei einem Kind

Bereinigtes Einkommen Ehemann	2.000,00 €	
Kindesunterhalt Kind unterste Altersstufe (Tabelle)		265,00 €
Abzgl. halbes Kindergeld		./. 77,00 €
Zu zahlen an Kindesunterhalt (vorrangig)	./. 188,00 €	188,00 €
Anzurechnendes Einkommen für die Berechung des Ehegattenunterhalts	1.812,00 €	
Bereinigtes Einkommen Ehefrau	1.300,00 €	
Kosten der Kinderbetreuung	**./. 250,00 €**	
Verbleibendes anzurechnendes Einkommen	1.050,00 €	
Differenz der beiderseitigen Einkommen	762,00 €	
Unterhalt nach 3/7-Quote	326,57 €	
Selbstbehalt für Mann gegenüber Ehegattenunterhalt	1.000,00 €	
Verbleiben Ehemann (Selbstbehalt gewährleistet)	1.485,43 €	
Mann zahlt insgesamt		
Kindesunterhalt		188,00 €

---

171 Dieses Berechnungsmodell lässt sich leicht in die Tabellenkalkulation Excel übertragen und dann mit den jeweiligen konkreten Zahlen des Falles nutzen.

Ehegattenunterhalt	326,57 €
Gesamt	**514,57 €**
Vom Eigeneinkommen i.H.v.	2.000,00 €
Verbleiben ihm demnach	1.485,43 €
Frau mit Kind hat insgesamt	
Eigeneinkommen	1.300,00 €
Ehegattenunterhalt	326,57 €
Abzgl. Kinderbetreuungskosten	./. 250,00 €
Kindesunterhalt	188,00 €
Kindergeld	154,00 €
Gesamt	**1.718,57 €**

Dieser Ansatz greift allerdings nur, wenn der betreuende Ehegatte überhaupt einen Anspruch auf Ehegattenunterhalt hat. Besteht schon kein Anspruch oder ist dieser – z.b. aufgrund der Mangelfallberechnung oder des schlechteren Rangverhältnisses nach zukünftigem Unterhaltsrecht – vom Umfang her geringer, geht diese Verrechnungsmöglichkeit ins Leere.[172]   213

bb)   Berücksichtigung Kindesunterhalt

Die Berücksichtigung beim Kindesunterhalt ist rechnerisch komplizierter. Zudem ist nicht sicher vorhersehbar, in welcher Höhe die Kosten der Kinderbetreuung als bereits vom gezahlten Barunterhalt gedeckt – also im Tabellenunterhalt enthalten – anzusehen sind.   214

Berücksichtigung beim Kindesunterhalt bei einem Kind

Bereinigtes Einkommen Ehemann	2.000,00 €	
Kindesunterhalt Kind unterste Altersstufe (Tabelle)		265,00 €
Abzgl. halbes Kindergeld		./. 77,00 €
Zu zahlen an Kindesunterhalt (vorrangig)	./. 188,00 €	188,00 €
Anzurechnendes Einkommen für die Berechung des Ehegattenunterhalts	1.812,00 €	
Bereinigtes Einkommen Ehefrau	1.300,00 €	
Kosten der Kinderbetreuung	0 €	

---

172   Wellenhofer, FamRZ 2007, 1282, 1284.

Verbleibendes anzurechnendes Einkommen	1.300,00 €
Differenz	512,00 €
Unterhalt nach 3/7-Quote	219,43 €
Selbstbehalt für Mann gegenüber Ehegattenunterhalt	1.000,00 €
Verbleiben Ehemann (Selbstbehalt gewährleistet)	1.592,57 €

Verteilung der Kinderbetreuungskosten

Kosten	250,00 €	
Davon enthalten im Tabellenunterhalt [a]	./. 50,00 €	20 %
Verbleiben als direkt zwischen den Eltern zu verteilender Mehrbedarf	200,00 €	

Anteilige Haftung der Eltern für den Mehrbedarf [b]

Einkommen Mann	2.000,00 €
Abzgl. Selbstbehalt gegenüber minderjährigen Kindern	./. 890,00 €
Verbleiben anzurechnen	1.110,00 €
Einkommen Frau	1.300,00 €
Abzgl. Selbstbehalt gegenüber Minderjährigen Kindern	./. 890,00 €
Verbleiben anzurechnen	410,00 €
Gesamtsumme der anzurechnenden Beträge	1.520,00 €
Quote Mann	73 %
Quote Frau	27 %

Demnach haben anteilig von den restlichen Kinderbetreuungskosten zu zahlen

Mann	146,05 €
Frau	53,95 €
Gesamt	200,00 €

Mann zahlt insgesamt

Kindesunterhalt	188,00 €
Ehegattenunterhalt	219,43 €
Kinderbetreuungskosten anteilig	146,05 €
Gesamt	**553,48 €**
Vom Eigeneinkommen	2.000,00 €

Verbleiben ihm insgesamt	1.446,52 €
Frau verfügt insgesamt über	
Eigeneinkommen	1.300,00 €
Ehegattenunterhalt	219,43 €
Abzgl. anteilige Kinderbetreuungskosten	./. 53,95 €
Kindesunterhalt	188,00 €
Kindergeld	154,00 €
Insgesamt	**1.807,48 €**

Erläuterungen:

a) S. Vorbemerkung zu diesem Kapitel und Rn. 227.

b) S.u. Rn. 227.

Im vorstehenden Beispiel ist ein Anteil von 20 % der Kosten der Kinderbetreuung als im Tabellenunterhalt festgesetzt worden. Ändert sich diese Wertung, ändert sich auch das Ergebnis entscheidend:

cc) Vergleich der Ergebnisse

	Berechung über Ehegattenunterhalt	*Berechnung über den Kindesunterhalt*
Der Mann hat zu zahlen	*514,57 €*	*553,48 €*
Die Ehefrau verfügt insgesamt über	*1.718,57 €*	*1807,48 €*

215

Die Berechnungsbeispiele machen deutlich, dass die unterschiedliche Zuordnung dieser Kosten in der Praxis doch erhebliche Auswirkungen auf die konkrete Zahlungspflicht hat.

216

dd) Taktische Überlegungen

Der **Unterhaltspflichtige** kann – in Abhängigkeit von der konkreten Fallgestaltung – folgende Argumentationslinien verfolgen, um seine Gesamtzahlungsverpflichtung möglichst gering zu halten:

217

• Besteht ein Anspruch auf Ehegattenunterhalt, so sollte seine Argumentation dahin zielen, dass die konkret angefallenen Kosten bereits – ganz oder teilweise – im Tabellen-Kindesunterhalt enthalten sind.

- Kann gegen ihn konkret kein Ehegattenunterhalt mehr durchgesetzt werden,[173] kann er auch dahin gehend begründen, dass diese Kosten allein mit der Erwerbstätigkeit des anderen Ehegatten zusammenhängen und daher von diesem Ehegatten zu tragen sind. Der Abzug der Kosten vom Eigeneinkommen des Ehegatten bringt ihm dann keine Nachteile.

Der kindesbetreuende Elternteil verfolgt genau gegenteilige Interessen:

- In erster Linie sollte deutlich gemacht werden, dass diese konkreten Kosten gerade nicht im Tabellen-Kindesunterhalt enthalten sind, sondern Mehrbedarf des Kindes sind.

- Soweit noch ein Ehegattenunterhaltsanspruch durchgesetzt werden kann, sind diese Kosten auch als abzugsfähige berufsbedingte Aufwendungen darzustellen, um das anzurechnende Eigeneinkommen zu senken.

ee) **Berücksichtigung beim Kindesunterhalt als Mehrbedarf**

218 Der Ansatz beim Kindesunterhalt ist dann **sachlich gerechtfertigt**, wenn z.B. der Kindergarten aus pädagogischen Gründen besucht wird.[174] Dann erfolgt diese Form der Betreuung primär im Interesse des Kindes. Die entsprechenden Kosten sind daher im Zusammenhang mit dem Kindesunterhalt zu sehen.

219 Dann stellt sich allerdings die Anschlussfrage, ob diese Kosten bereits im Tabellenunterhalt enthalten sind. Für die Kosten des – **halbtägigen** – **Kindergartens** gibt es eine Reihe von Entscheidungen.[175]

220 Der BGH hat entschieden, dass der Kindergartenbeitrag **im Tabellenunterhalt enthalten** ist und kein Mehrbedarf des Kindes darstellt, wenn ein Kind einen Kindergarten halbtags aus pädagogischen Gründen besucht.[176] Auch das OLG Nürnberg[177] sieht diese Kosten als von den Tabellensätzen der Düsseldorfer Tabelle umfasst an. Zur Begründung wird ausgeführt, dass der halbtägige Besuch des Kindergartens heutzutage die Regel ist und es sich bei dem hierfür zu entrichtenden Beitrag somit um Kosten handele, die üblicherweise und regelmäßig bei Kindern ab dem dritten Lebensjahr anfallen.[178]

---

173 Dies wird nach dem geplanten neuen Unterhaltsrecht in der Praxis im Normalverdienerbereich schon aufgrund des Vorrangs des Kindesunterhalts regelmäßig der Fall sein

174 Vgl. BGH, FamRZ 2007, 882 m. Anm. Born.

175 Ausführlich Maurer, FamRZ 2006, 663 m.w.N.

176 BGH, FamRZ 2007, 882 m. Anm. Born = NJW 2007, 1969.

177 OLG Nürnberg, FamRZ 2006, 642.

178 Auch OLG Nürnberg, FuR 2005, 571; OLG Stuttgart, FamRZ 2004, 1129; generell Maurer, FamRZ 2006, 663, 669 ab dem Regelbetrag (Einkommensgruppe 1).

Dagegen hat das OLG Celle[179] bereits die Kosten für den halbtägigen Besuch des Kindergartens als **Mehrbedarf** angesehen. Auch das KG[180] hat die Kosten der Kinderbetreuung in einer Halbtagseinrichtung als Mehrbedarf des Kindes angesehen, der neben dem Tabellenbetrag geschuldet wird.[181]

In der bisherigen Rechtsprechung des BGH findet die konkrete Höhe der Kosten bislang noch keine Berücksichtigung. Kritisiert werden kann am Ansatz des BGH, dass nach Abzug des Kindergartenbeitrags oder der anderweitigen Kosten der Kinderbetreuung von dem gezahlten Tabellenbetrag nichts mehr übrig bleibt und der Lebensunterhalt des Kindes nicht gesichert ist. So sind die aktuellen Kindergartenbeiträge teilweise so hoch, dass bezweifelt werden kann, ob sie tatsächlich vom Tabellenbetrag gedeckt werden können und daneben noch der normale Unterhalt des Kindes – der sich ja nach der Lebensstellung des Unterhaltspflichtigen richtet – ausreichend gedeckt werden kann.[182]

Wenn man eine Art „**Basisbetreuung**" wie den halbtägigen Kindergartenbesuch als pädagogisch begründet ansieht und damit auch als in den Tabellensätzen enthalten einstuft,[183] dann muss aber konsequenterweise der darüber hinausgehende Teil der Fremdbetreuung anderweitig berücksichtigt werden. Die Kosten sind dann also entsprechend aufzuteilen; es ist eine anteilige Anrechnung vorzunehmen. — 221

Dies kann einmal **Mehrbedarf** des Kindes sein. Begründen lässt sich dies dann, wenn besondere in der Person des Kindes liegende pädagogische Gründe vorliegen. Diese dürfen sich aber nicht nur darin erschöpfen, dass sich ein Kindergartenbesuch im Allgemeinen als erzieherisch nützlich und sinnvoll darstellt.[184] — 222

Die Kosten können aber auch als (**zusätzlicher**) **Aufwand** des betreuenden **Elternteils** berücksichtigt werden, um die eigene Erwerbstätigkeit zu ermöglichen. — 223

Praxistipp:

Werden die Aufwendungen für die Kindesbetreuung ganz oder teilweise als **Mehrbedarf** angesehen, sind bestimmte **materiell-rechtliche und verfahrensrechtliche Besonderheiten** zu beachten:

---

179 OLG Celle, FamRZ 2003, 323, 324.
180 KG, ZFE 2007, 316.
181 Umfassend Scholz, FamRZ 2006, 737, 739; OLG Celle, FamRZ 2003, 323, OLG Stuttgart, FamRZ 1999, 884; Wohlgemuth, in: Eschenbruch/Klinkhammer, Unterhaltsprozess, Rn. 3043.
182 Kritisch auch Soyka FuR 2007, 274; vgl. auch Wellenhofer FamRZ 2007, 1282, 1284.
183 So BGH, FamRZ 2007, 882.
184 OLG Nürnberg, FamRZ 2006, 642.

- Beim Mehrbedarf ist zu prüfen, ob ein **Teil der anfallenden Kosten** bereits aus dem **regelmäßigen Unterhalt** zu decken ist.
- Der dann noch verbleibende Restbetrag muss von beiden Eltern **anteilig** gezahlt werden. Die Betreuung des Kindes entlastete den betreuenden Elternteil, nicht von seiner anteiligen Mithaftung für den Mehrbedarf.[185]
- Für **Mehrbedarf** muss der Unterhaltspflichtige nach bisheriger Rechtsprechung nur dann einstehen, wenn er hierfür gesondert rechtzeitig in **Verzug** gesetzt worden ist.[186]
- **Mehrbedarf ist ein unselbstständiger Teil des Unterhalts** und kann nur zusammen mit diesem geltend gemacht werden.
- Besteht bereits ein Titel über Elementarunterhalt, ist nur der Weg über die **Abänderungsklage** möglich.
  - Es gilt bei Urteilen die **Rückwirkungssperre** des § 323 Abs. 3 ZPO.
  - Dabei ist die Wesentlichkeitsgrenze zu beachten.
  - Die Tatsachen, auf die der Mehrbedarf gestützt werden, können gem. § 323 Abs. 2 ZPO präkludiert sein!

ff)   Exkurs: Sonderbedarf beim Kindesunterhalt

224   **Sonderbedarf** – der rückwirkend verlangt werden kann – liegt nach der Legaldefinition des § 1613 Abs. 2 Nr. 1 BGB bei einem unregelmäßigen außergewöhnlich hohen Bedarf vor. Voraussetzung ist also einmal die „**Unregelmäßigkeit**", zum anderen die „**außergewöhnliche Höhe**" des konkreten Bedarfs.

225   Sonderbedarf liegt folglich nur dann vor, wenn dieser Bedarf **nicht mit Wahrscheinlichkeit vorauszusehen war** und deshalb bei der Bemessung der laufenden Unterhaltsrente nicht schon berücksichtigt werden konnte.[187] Es muss sich um einen Bedarf handeln, der **überraschend** und der Höhe nach nicht abschätzbar ist, sodass er nicht schon in die Bemessung der laufenden Unterhaltsrente eingestellt werden konnte und daher auch nicht bereits in den Sätzen der Düsseldorfer Tabelle für den Kindesunterhalt enthalten ist.

226   Sonderbedarf scheidet daher allein schon dann aus, wenn die **zusätzlichen Kosten mit Wahrscheinlichkeit vorauszusehen waren** und deswegen bei der Bemessung der laufenden Unterhaltsrente – ggf. als Mehrbedarf – berücksichtigt werden konnten.[188]

---

185   OLG Düsseldorf, ZFE 2005, 369 = FamRZ 2006, 223 [LS].
186   OLG Düsseldorf, FamRZ 2001, 444.
187   BGH, FamRZ 2006, 612 m. krit. Anm. Luthin.
188   BGH, FamRZ 2006, 612 m. krit. Anm. Luthin, FamRZ 2006, 614.

Handelt es sich dagegen um eine **laufende Bedarfssteigerung** wie z.b. durch eine Erkrankung, so liegt **Mehrbedarf** vor.[189]

gg) Ansatz beim Ehegattenunterhalt

Werden die Kosten der Kinderbetreuung wie z.b. Kindergartenbeiträge oder Hortkos-   227
ten dagegen aufgewandt, um eine Erwerbstätigkeit des betreuenden Elternteils zu ermöglichen, werden diese **Kosten von dessen Einkommen abgezogen.**[190] Dann stellen
sie sich aber als Erwerbsaufwand des betreuenden Elternteils (Werbungskosten)[191] und
nicht als Bedarf des Kindes dar[192] und sind folglich beim **Ehegattenunterhalt** zu berücksichtigen[193]. Es handelt es sich bei den notwendigen Kosten um **berufsbedingte
Aufwendungen dieses Elternteils.**[194]

Soweit die jeweiligen Leitlinien eine 5 %ige Pauschale für berufsbedingte Aufwendungen vorsehen, sind diese besonderen Kosten der Kinderbetreuung nicht darin enthalten. Denn bei der Pauschale handelt es sich um die Kosten, die regelmäßig einem
Arbeitnehmer anfallen für z.b. Fahrten zur Arbeitsstelle, Arbeitskleidung, Kosten re-
gelmäßiger beruflicher Fortbildung wie Fachliteratur. Außerdem kann diese Pauschale
bei konkretem Nachweis höherer Kosten überschritten werden.

Fallbeispiel:[195]

*F betreut nach der Scheidung die elf und acht Jahre alten Kinder. Sie ist als Stewardess tätig
und z.T. über Nacht und zeitweise auch während mehrerer Tage beruflich abwesend. Während
ihrer beruflichen Abwesenheit kümmern sich ihre Eltern um die Kinder. Das OLG Hamm hat
dazu ausgeführt, dass der Umstand, dass die Großeltern die Kinder betreuen, als freiwillige
Leistung Dritter unterhaltsrechtlich irrelevant ist und einer Berücksichtigung eines finanziellen Aufwands bei der Unterhaltsberechnung nicht entgegensteht.*

*Angesichts der konkreten Umstände wurde ein Betrag von monatlich 1.000 € beim Einkom-
men der Ehefrau als berufsbedingter Aufwand in Abzug gebracht. Die Leistungen gehen weit
über das hinaus, was Großeltern im Rahmen des üblichen Umgangs mit ihren Enkeln leisten
und sind daher als geldwerte Leistungen Dritter, die dem Unterhaltspflichtigen nicht entlasten*

---

189 BGH, FamRZ 2001, 1603.
190 OLG Nürnberg, FamRZ 2004, 1063
191 Wellenhofer, FamRZ 2007, 1282, 1284.
192 OLG Frankfurt am Main, FamRZ 2007, 1353 für Hortkosten in Höhe von monatlich 169 €;
     vgl. auch OLG Stuttgart, FamRZ 2007, 150 m. Anm. Spamgenberg, FamRZ 2007, 1023
193 OLG Koblenz, FuR 2005, 571; zu Kosten des Kinderhortes vgl. AG Konstanz, FamRZ
     2006, 1709.
194 Vgl. Eschenbruch/Klinkhammer, Unterhaltsprozess, Rn. 6519 (auch Fahrtkosten zum Kin-
     dergarten), Gerhardt, in: FA-FamR, Kap. 6 Rn. 153; Kalthoener/Büttner/Niepmann, Die
     Rechtsprechung zur Höhe des Unterhalts, Rn. 301 (Kinderfrau), Rn. 303 (Kindertagesstät-
     te/Hort); s.a. BGH, FamRZ 2005, 1154.
195 OLG Hamm, FuR 2007, 177, 179 m. Anm. Soyka.

sollen, wertmäßig mit dem Betrag zu erfassen, der ansonsten für eine solche Leistung aufzuwenden wäre. Fraglich ist allerdings, ob dieser Aufwand für jeden Monat des Jahres gilt oder ob Urlaubszeiten in irgendeiner Weise auszusparen sind.[196]

h) Begrenzung und Befristung bei Anspruch wegen Kindesbetreuung

228 Zur Frage der Begrenzung und Befristung auch des Anspruchs wegen Kindesbetreuung und zu den immanenten Schranken des § 1570 BGB („solange und soweit") s. Rn. 248 ff.

i) Billigkeitsanspruch aus § 1570 Abs. 2 BGB

229 Die mit § 1570 Abs. 2 BGB geschaffene Möglichkeit, die Dauer des Unterhaltsanspruchs wegen Kindesbetreuung darüber hinaus zu verlängern, berücksichtigt die bei geschiedenen Eltern im Einzelfall aus Gründen der nachehelichen Solidarität gerechtfertigte weitere Verlängerung des Unterhaltsanspruchs. Damit wird eine Erwägung des BVerfG in seinem Beschl. v. 28.02.2007 aufgegriffen.[197] Danach ist es dem Gesetzgeber unbenommen, einen geschiedenen Elternteil

„wegen des Schutzes, den die eheliche Verbindung durch Art. 6 Abs. 1 GG erfährt, [...] unterhaltsrechtlich besser zu stellen als einen unverheirateten Elternteil, was sich mittelbar auch auf die Lebenssituation der mit diesen Elternteilen zu¬sammenlebenden Kindern auswirken kann [...]".

230 Jenseits des Betreuungsunterhalts, der im Interesse des Kindeswohls wegen seiner Betreuung geschuldet wird, sieht § 1570 Abs. 2 BGB entsprechend eine Möglichkeit vor, den Betreuungsunterhalt im Einzelfall zusätzlich aus Gründen zu verlängern, die ihre Rechtfertigung allein in der Ehe finden. Maßgeblich ist dabei das in der Ehe gewachsene **Vertrauen in die vereinbarte und praktizierte Rollenverteilung und die gemeinsame Ausgestaltung der Kindesbetreuung**.[198] Dabei kommt es auf die konkreten ehelichen Lebensverhältnisse an. Die nachwirkende eheliche Solidarität findet hier ihren Niederschlag und rechtfertigt eine Verlängerung des Betreuungsunterhaltsanspruchs über § 1570 Abs. 1 BGB. So kann etwa einem geschiedenen Ehegatten, der im Interesse der Kindererziehung seine Erwerbstätigkeit dauerhaft aufgegeben oder zurückgestellt hat, ein längerer Anspruch auf Betreuungsunterhalt eingeräumt werden als einem Ehegatten, der von vornherein alsbald wieder in den Beruf zurückkehren wollte. Entsprechend handelt es sich bei dem Anspruch nach § 1570 Abs. 2 BGB nicht um einen selbstständigen Unterhaltstatbestand, sondern um eine ehespezifische Ausprägung des Betreuungsunterhaltsanspruchs und ist damit eine Art „Annexanspruch" zum Anspruch nach § 1570 Abs. 1 BGB. Die Regelungstechnik lehnt sich i.Ü. an die-

---

196 Soyka, FuR 2007, 181.
197 FamRZ 2007, 965 = NJW 2007, 1735, Rn. 58.
198 Dazu Schumann, FF 2007, 227, 229 m.w.N.

jenige des § 1578b BGB an. Ist die ehebedingte „Billigkeit" einer Verlängerung festgestellt, verlängert sich der Unterhaltsanspruch ohne Weiteres.

3. Änderung von § 1574 BGB

Auch durch die Neufassung in § 1574 BGB werden die Anforderungen an die (Wieder-)Aufnahme einer Erwerbstätigkeit nach der Scheidung erhöht. Die Betonung der Erwerbsobliegenheit in Abs.1 dient der Klarstellung. 231

Anhand von fünf objektiven Merkmalen wird definiert, welche Erwerbstätigkeit angemessen ist. Bei den Merkmalen für die Angemessenheit der Erwerbstätigkeit wird zusätzlich zur Ausbildung zu den Fähigkeiten, dem Lebensalter und dem Gesundheitszustand die **frühere Erwerbstätigkeit** hinzugenommen.

Nur noch als Korrektiv im Rahmen einer **Billigkeitsabwägung** spielen die ehelichen **Lebensverhältnisse** eine Rolle. Sie stehen damit nicht mehr mit den anderen Faktoren auf der gleichen Stufe.[199] Daraus wurde bislang eine Sicherung des in der Ehe erreichten sozialen Status abgeleitet (Stichwort: Teilhabe am beruflichen Aufstieg des Partners). 232

Die ehelichen Lebensverhältnisse stuft das Gesetz also ausdrücklich zu einem Billigkeitskorrektiv herab. Weil auch die Dauer der Ehe und die Dauer der Pflege und Erziehung eines gemeinschaftlichen Kindes nur als Kriterien für die Bemessung der ehelichen Lebensverhältnisse ausgestaltet sind, verlieren sie durch die vorgesehene Reform ebenfalls an Gewicht.[200] 233

Praxistipp: 234

Im Prozess gehört folglich zur schlüssigen Darlegung des nachehelichen Unterhaltsanspruchs

- die Darlegung, aufgrund welcher Tatsachen sich eine Bedürfnislage für einen Unterhaltsanspruch nach den §§ 1570 ff. BGB ergibt (**Anspruchsgrundlage**) und
- wie sich der eheprägende **Bedarf** berechnet sowie
- der konkrete Vortrag, aus welchen Gründen dieser eigene Unterhaltsbedarf **nicht** vollständig oder auch nur teilweise **durch eine angemessene Erwerbstätigkeit gedeckt werden kann.**

Während der geschiedene Ehegatte nach der bisherigen Rechtslage nur eine ihm angemessene Erwerbstätigkeit „auszuüben braucht", sieht der Entwurf in § 1574 Abs. 1

---

199 Borth, FamRZ 2006, 813, 815.
200 Dose, FamRZ 2007, 1289, 1297.

BGB nunmehr eine ausdrückliche Obliegenheit vor. Diese Formulierung zeigt deutlicher als bisher, dass der eigene Unterhaltsanspruch im Fall der Nichtausübung einer angemessenen Erwerbstätigkeit entfällt.

a)   Die Angemessenheit der Erwerbstätigkeit

235   Bei den Merkmalen für die **Angemessenheit** der Erwerbstätigkeit wird

- zur Ausbildung,
- den Fähigkeiten,
- dem Lebensalter und
- dem Gesundheitszustand
- zusätzlich die **frühere Erwerbstätigkeit**

hinzugenommen.

236   Die Erwerbstätigkeit in einem **früher ausgeübten Beruf** ist grds. immer angemessen. Der Ehegatte kann aber auch nicht unter Hinweis auf seine höhere Berufsqualifikation Unterhalt fordern, wenn er im Verlauf der Ehe über einen mehrjährigen Zeitraum hinweg **eine geringer qualifizierte Tätigkeit ausgeübt** hat.[201] Dies hat der BGH bei einer drei Jahre dauernden Tätigkeit bejaht. Umgekehrt kann eine früher ausgeübte Tätigkeit jedoch kein Maßstab sein, wenn zur Überbrückung lediglich Aushilfstätigkeiten ausgeübt wurden oder wenn eine nicht der erreichten Qualifikation entsprechende Tätigkeit nur aus wirtschaftlichem Zwang angenommen wurde.

237   Gestritten werden kann darüber, ob mit der **früher ausgeübten Tätigkeit**

- der früher **in der Ehe** ausgeübte Beruf oder
- der früher **vor der Ehe** ausgeübte Beruf gemeint ist.

In der BGH-Entscheidung, auf die sich die Gesetzbegründung bezieht[202], hat der BGH auf einen früher in der Ehe ausgeübten Beruf abgestellt. Der Gesetzeswortlaut macht aber keine solche Einschränkung auf einen „ehelich ausgeübten Beruf", sondern bezeichnet nur den „früher" = in der Vergangenheit irgendwann ausgeübten Beruf. Grds. ist daher auch der vor der Ehe ausgeübte Beruf zumutbar.

238   **Praxistipp:**

Angemessenheit der Erwerbstätigkeit nach Art und Umfang ist nach folgenden Kriterien darzulegen und zu bewerten:

---

201   Vgl. BGH, FamRZ 2005, 23, 25.
202   BGH, FamRZ 2005, 23, 25.

- beruflicher Werdegang (Ausbildung, Tätigkeiten vor und während der Ehe einschließlich der Trennungszeit, konkreter Zeitraum dieser Tätigkeiten)
- falls diese Tätigkeit unter dem erreichten Ausbildungsniveau lag, zusätzlich, aus welchen Gründen sie aufgenommen worden ist (Notlage, Überbrückung oder eigener Wunsch, Wunsch des Partners, eigene Neigung)
- aktueller Stand der Arbeitsfähigkeit unter Berücksichtigung des Alters, der Gesundheit und sonstiger Fähigkeiten
- Arbeitsmarktlage
- Verdienstmöglichkeiten
- Konkrete Bemühungen um eine Arbeitsstelle – die so früh wie möglich einsetzen müssen
- Möglichkeiten einer Umschulung, beruflichen Weiterbildung und Ausbildung unter Angabe eines Zeitplanes, bestehende Förderungsmöglichkeiten nach dem Arbeitsförderungsgesetz (SGB III) und spätere Erwerbsmöglichkeiten, die sich daraus ergeben.

Dies bedingt **wichtige Aufgaben für den Anwalt**:

- Zur **Darlegung** der tatbestandlichen Voraussetzungen ist im Prozess auch hier umfassender und detaillierter anwaltlicher **Sachvortrag** erforderlich.
- In der anwaltlichen **Beratung im Vorfeld** muss der Mandant entsprechend **informiert** und die erforderlichen Sachverhaltsangaben **erfragt** werden.
- Aus haftungsrechtlichen Gründen ist man gut beraten, diese Aktivitäten ausreichend zu **dokumentieren**.

Die Neufassung stuft den Maßstab der ehelichen Lebensverhältnisse mit dem Ziel einer   239
stärkeren Eigenverantwortlichkeit der Ehegatten nach der Scheidung weiter ab. Folglich wirkt sich diese Gesetzesänderung zugleich auf die **Darlegungs- und Beweislast** aus. Denn der Unterhaltsberechtigte muss danach seinen in der Ehezeit erreichten Lebensstandard vortragen und darlegen, warum diese Lebensverhältnisse im konkreten Fall der Angemessenheit einer bestimmten Erwerbstätigkeit entgegenstehen.[203]

Voraussetzung ist als zusätzliches objektives Kriterium auch, dass für eine nach den vorgenannten Kriterien zumutbare Erwerbstätigkeit eine **reale Beschäftigungschance** besteht. Unverändert geblieben sei durch die gesetzliche Neuregelung, dass das **Arbeitsplatzrisiko** vom Unterhaltpflichtigen getragen wird. Soweit sich kein angemessener Arbeitsplatz finden lässt, bleibe der Unterhaltsanspruch aus § 1573 Abs. 1 BGB bestehen.[204]

---

203 Dose, FamRZ 2007, 1289, 1297.
204 Lipp/Schumann/Veit (Menne), Reform des Unterhaltsrechts, 5. Göttinger Workshop zum Familienrecht, 2006, S. 53.

Der **Berechtigte** ist allerdings **darlegungs- und beweispflichtig** dafür, dass eine solche Chance nicht besteht.[205] Wegen des Grundsatzes der wirtschaftlichen Eigenverantwortung werden an die Nachweispflicht **hohe Anforderungen** gestellt.[206]

Zudem hat das **Arbeitsplatzrisiko** im Rahmen der Befristungsregelung des § 1578b Abs. 2 BGB Bedeutung, als das dort der Verlust des Arbeitsplatzes aus konjunkturellen Gründen als nicht ehebedingt eingestuft wird,[207] mit der Folge, dass eine Begrenzung und Befristung Raum greift. Denn das Arbeitsplatzrisiko ist **Teil der wirtschaftlichen Eigenverantwortung** und das Gesetz schützt das Vertrauen auf den Erhalt des Lebensstandards nicht mehr unbegrenzt.[208]

b)   Ausnahme: Die Unzumutbarkeit der Erwerbstätigkeit

240   Der Ehegatte kann, wenn die Erwerbstätigkeit den Verhältnissen im Einzelfall nicht entsprechen sollte, einwenden, dass die betreffende Tätigkeit aufgrund des Zuschnitts der ehelichen Lebensverhältnisse unbillig sei (§ 1574 Abs. 2 BGB). Dabei handelt es sich bei der Unzumutbarkeit der Tätigkeit um eine **Einwendung**, deren Voraussetzungen der **Unterhaltsberechtigte darlegen und beweisen** muss.

Damit muss der Berechtigte auch darlegen und nachweisen, dass eine an sich **erreichbare Erwerbstätigkeit** für ihn aufgrund der ehelichen Lebensverhältnisse **unzumutbar** ist. Insoweit trägt das Gesetz dem Vertrauen des Ehegatten, das sich aufgrund der nachhaltigen Gestaltung der ehelichen Lebensverhältnisse gebildet hat (**Statusverbesserung**), Rechnung und verhindert einen sozialen Abstieg. So kann eine vor der Ehe ausgeübte Tätigkeit im Hinblick auf eine gemeinsame Lebensplanung und Ehegestaltung unbillig geworden sein, weil sie z.B. mit einem sozialen Abstieg verbunden wäre.

Beispiele:

Die Sekretärin in einer Anwaltskanzlei heiratet den Anwalt und übernimmt die Aufgaben der Bürovorsteherin.

Der Chef eines Handwerksbetriebes heiratet eine kaufmännische Angestellte, die während der Ehe in seiner Firma tätig ist und dort auch Managementaufgaben übernimmt.

Hier kann es für die geschiedene Ehefrau unzumutbar sein, wieder in ihre frühere Position z.B. als Sekretärin in einer anderen Anwaltskanzlei tätig zu werden. Denn es kann schon einen Unterschied machen, ob sie als „Frau des Chefs" im eigenen Betrieb mitarbeitet oder als Angestellte bei einem Dritten.[209]

---

205   BGH, FamRZ 1987, 144; BGH, FamRZ 1987, 912; BGH, FamRZ 1993, 789.
206   BGH, FamRZ 1991, 416.
207   OLG Düsseldorf, ZFE 2006, 26; Büte, FPR 2005, 316, 317.
208   Palandt (Brudermüller), BGB, § 1578b Rn. 10.
209   Weltenhofer, FamRZ 2007, 1282, 1284.

Praxistipp: 241

Die **Unbilligkeit** der angemessenen Erwerbstätigkeit nach den ehelichen Lebensverhältnissen kann anhand folgender Kriterien dargelegt werden:

- Lebensstandard nach den ehelichen Lebensverhältnissen
- Ehebedingte Nachteile in der beruflichen Entwicklung (Dauer der Ehe, Dauer der Kinderbetreuung, Erwerbstätigkeiten während der Ehe, Dauer der Nichterwerbstätigkeit)
- Erzielbare Einkünfte im Vergleich zum bisherigen Lebensstandard
- Fehlen von Aus- oder Fortbildungsmöglichkeiten nach § 1574 Abs. 3 BGB um ehebedingte berufliche Nachteile abzuwenden
- Sonstige Gründe der Unzumutbarkeit der Ausübung einer nach den Fähigkeiten des Bedürftigen angemessenen Tätigkeit im Hinblick auf die ehelichen Lebensverhältnisse (z.B. Verzicht auf eigene Karriere und Förderung der beruflichen Entwicklung des anderen Ehegatten)

c)   Obliegenheit zur Aus- und Fortbildung

Unverändert gilt die Fortbildungsverpflichtung aus § 1574 Abs. 3 BGB, nach dem   242
der Bedürftige die Verpflichtung hat, sich ggf. ausbilden, fortbilden oder umschulen
zu lassen. Dabei muss ein erfolgreicher Abschluss der Ausbildung zu erwarten sein
(§ 1574 Abs. 3 BGB). Diese **Ausbildungsobliegenheit** entsteht – wie die Erwerbsobliegenheit selbst – spätestens mit der **Scheidung**, kann aber auch schon während der
Trennungszeit entstehen.[210]

So ist es für einen nicht berufstätigen Ehegatten, der während bestehender, insgesamt   243
18 Jahre dauernder, kinderloser Ehe auch keine Erwerbstätigkeit ausgeübt hat, bereits
im Trennungszeitraum abzusehen, dass er ohne abgeschlossene Berufsausbildung eine
angemessene Berufstätigkeit nur unter großen Schwierigkeiten finden kann. Bei dieser
Sachlage trifft den unterhaltsbedürftigen Ehegatten bereits während der Trennungszeit
die Obliegenheit, sich einer Berufsausbildung zu unterziehen (hier: Umschulungsmaßnahme des Arbeitsamtes). Kommt er dieser Obliegenheit nicht nach, muss er sich eigene fiktive Einkünfte, die er nach – erfolgreichem – Abschluss einer Ausbildungsmaßnahme erzielen könnte, auf seinen Unterhaltsanspruch anrechnen lassen.[211]

In der Praxis wurde diese Ausbildungsobliegenheit bislang wenig beachtet. Aufgrund   244
der Änderung von § 1574 Abs. 1 BGB und der stärkeren Betonung der Eigenverantwortung des geschiedenen Ehegatten wird sie in Zukunft eine größere Rolle spielen.[212]

---

210   BGH, FamRZ 1985, 782.
211   OLG Köln, NJW-RR 1999, 1157.
212   Reinken, FPR 2005, 502, 503.

Dies ist auch deshalb von Bedeutung, weil im Rahmen der Prüfung der Befristung gem. § 1587b Abs. 2 BGB insbes. auch darauf abgestellt wird, ob der unterhaltsberechtigte Ehegatte bereits während der Zeit des Zusammenlebens oder der Trennungszeit ehebedingte Nachteile durch eine berufliche Qualifikation abgebaut hat oder zumindest hätte abbauen können.

245 Soweit sich nicht alle eingetretenen ehebedingten Nachteile in der beruflichen Entwicklung durch **Aus- und Fortbildungen** kompensieren lassen, bleibt dem bedürftigen Ehegatten noch der Aufstockungsunterhalt gem. § 1573 BGB, wobei allerdings die Begrenzung gem. § 1578b BGB eine erhebliche Rolle spielen wird.[213]

4. Auswirkungen auf den Trennungsunterhalt

246 Diskutiert wird die Frage, ob sich die Verschärfung der Erwerbsobliegenheiten bereits auf den Trennungsunterhalt auswirkt, zumindest wenn wegen des gestellten Scheidungsantrags das Scheitern der Ehe feststeht[214] oder durch eine notarielle Trennungs- und Scheidungsfolgeregelung die Trennung bereits manifestiert wurde und sich die Struktur der ehelichen Lebensverhältnisse hierdurch erheblich verändert hat.[215]

247 **Praxistipp:**

Hier kann es sich für den Unterhaltspflichtigen empfehlen, den **Scheidungsantrag** zu stellen, um damit zur Sicherheit das Scheitern der Ehe zu dokumentieren.

---

213 Dazu s. Rn. 248 ff.
214 Borth, FamRZ 2006, 813, 815.
215 OLG Düsseldorf, ZFE 2006, 394.

J. Begrenzung und Befristung von Ehegattenunterhalt

I. Gegenüberstellung der einschlägigen Normen

Altes Recht	Neues Recht	248
§ 1573 Unterhalt wegen Erwerbslosigkeit und Aufstockungsunterhalt		
(5) *Die Unterhaltsansprüche nach Absatz 1 bis 4 können zeitlich begrenzt werden, soweit insbesondere unter Berücksichtigung der Dauer der Ehe sowie der Gestaltung von Haushaltsführung und Erwerbstätigkeit ein zeitlich unbegrenzter Unterhaltsanspruch unbillig wäre; dies gilt in der Regel nicht, wenn der Unterhaltsberechtigte nicht nur vorübergehend ein gemeinschaftliches Kind allein oder überwiegend betreut hat oder betreut. Die Zeit der Kindesbetreuung steht der Ehedauer gleich.*	(wird aufgehoben)	
§ 1578 Maß des Unterhalts	**§ 1578 Maß des Unterhalts**	
(1) *Das Maß des Unterhalts bestimmt sich nach den ehelichen Lebensverhältnissen. Die Bemessung des Unterhaltsanspruchs nach den ehelichen Lebensverhältnissen kann zeitlich begrenzt und danach auf den angemessenen Lebensbedarf abgestellt werden, soweit insbesondere unter Berücksichtigung der Dauer der Ehe sowie der Gestaltung von Haushaltsführung und Erwerbstätigkeit eine zeitlich unbegrenzte Bemessung nach Satz 1 unbillig wäre; dies gilt in der Regel nicht, wenn der Unterhaltsberechtigte nicht nur vorübergehend ein gemeinschaftliches Kind allein oder überwiegend betreut hat oder betreut.*	(1) **Das Maß des Unterhalts bestimmt sich nach den ehelichen Lebensverhältnissen. Der Unterhalt umfasst den gesamten Lebensbedarf.**	

Die Zeit der Kindesbetreuung steht der Ehedauer gleich. Der Unterhalt umfasst den gesamten Lebensbedarf.	
	§ 1578b Herabsetzung und zeitliche Begrenzung des Unterhalts wegen Unbilligkeit **(1) Der Unterhaltsanspruch des geschiedenen Ehegatten ist auf den angemessenen Lebensbedarf herabzusetzen, wenn eine an den ehelichen Lebensverhältnissen orientierte Bemessung des Unterhaltsanspruchs auch unter Wahrung der Belange eines dem Berechtigten zur Pflege oder Erziehung anvertrauten gemeinschaftlichen Kindes unbillig wäre. Dabei ist insbesondere zu berücksichtigen, inwieweit durch die Ehe Nachteile im Hinblick auf die Möglichkeit eingetreten sind, für den eigenen Unterhalt zu sorgen. Solche Nachteile können sich vor allem aus der Dauer der Pflege oder Erziehung eines gemeinschaftlichen Kindes, aus der Gestaltung von Haushaltsführung und Erwerbstätigkeit während der Ehe sowie aus der Dauer der Ehe ergeben.**
	(2) Der Unterhaltsanspruch des geschiedenen Ehegatten ist zeitlich zu begrenzen, wenn ein zeitlich unbegrenzter Unterhaltsanspruch auch unter Wahrung der Belange eines dem Berechtigten zur Pflege oder Erziehung anvertrauten gemeinschaftlichen Kindes unbillig wäre. Absatz 1 Satz 2 und 3 gilt entsprechend.

> **(3) Herabsetzung und zeitliche Begrenzung des Unterhaltsanspruchs können miteinander verbunden werden.**

II. Überblick

Durch die Reform des Unterhaltsrechts werden die Begrenzungs- und Befristungsmöglichkeiten neu gefasst. Die Regelung über die Befristung in § 1573 Abs. 5 BGB in der bisher geltenden Fassung ist ebenso aufgehoben worden wie die Norm über die Beschränkung des Unterhalts in § 1578 Abs. 1 Satz 2 und Satz 3 BGB in der bisher geltenden Fassung. Die gesetzlichen Möglichkeiten, den Unterhalt einzuschränken, sind in einer Norm konzentriert und dabei **auf alle Unterhaltstatbestände erweitert** worden. 249

Die **Gesetzesbegründung** bezieht sich auch hier auf das allgemeine Ziel der Reform, die **Eigenverantwortung der Eheleute nach der Scheidung zu stärken.** Die Neuregelung ist damit im Zusammenhang mit den verschärften Anforderungen an die allgemeinen Erwerbsobliegenheiten (s. Rn. 91 ff.) zu sehen. Die Eigenverantwortung soll nach den gesetzlichen Vorgaben weiter gestärkt werden, mit der jetzt erstmalig eingeräumten Möglichkeit, grds. **jeden Unterhaltsanspruch** in der Höhe oder in der Zeit zu begrenzen. Auch eine Kombination von betragsmäßiger und zeitlicher Begrenzung ist möglich. 250

Das neue Gesetz schafft jetzt eine für alle Unterhaltstatbestände **einheitlich geltende Beschränkungsmöglichkeit** in Form einer Billigkeitsregelung, die insbes. darauf abstellt, ob „**ehebedingte Nachteile**" (oder ehebedingte Bedürfnislagen[216]) vorliegen. Denn eines der wesentlichen Ziele des nachehelichen Unterhaltsrechts ist es, einen Ausgleich für entstandene ehebedingte Nachteile zu schaffen. Je geringer solche Nachteile sind, desto eher kommt folglich eine Beschränkung in Betracht. 251

Anlass zur Reform war auch die Tatsache, dass die bisher im Gesetz in § 1573 Abs. 5 BGB und § 1578 Abs. 1 Satz 2 und Satz 3 BGB vorhandenen Beschränkungsmöglichkeiten von der Rechtsprechung kaum genutzt worden sind.[217] Dies hat der BGH in seiner neuesten Rechtsprechung ausdrücklich beanstandet.[218] 252

---

216 Wellenhofer, FamRZ 2007, 1282, 1285.

217 Vgl. Schwab, FamRZ 1997, 521, 524; Gerhardt, FamRZ 2000, 134, 136; Brudermüller, FamRZ 1998, 649, 650; Wendl/Staudigl (Pauling), Das Unterhaltsrecht in der familienrichterlichen Praxis, § 4 Rn. 591.

218 BGH, FamRZ 2007, 793 m. Anm. Büttner; vgl. auch BGH, FamRZ 2006, 1006, 1007 und BGH, FamRZ 2007, 200, 203.

Dabei gelten die neuen Vorschriften auch für die Altfälle.[219] Zur Übergangsregelung s. Rn. 530 ff.

III.   Vorgeschichte

253   Die Frage einer Befristung des Unterhaltsanspruchs stellte sich früher in der Praxis nicht. Denn aufgrund der Anrechnungsmethode kam es im Normalfall zu einer automatischen Absenkung und einem späteren Erlöschen des Unterhaltsanspruchs, sodass in aller Regel keine lebenslange Unterhaltslast für den Pflichtigen entstand. Erst die geänderte Surrogatsrechtsprechung des BGH[220] mit der Anwendung der Differenzmethode führt in ihrer Konsequenz zu Problemen.

1.   Frühere Unterhaltsberechnung nach der Anrechnungsmethode

254   *Beispiel:*

Während der Ehe lebten die Eheleute vom Einkommen des Mannes i.H.v. 3.500,00 €; die Ehefrau betreute die Kinder.

Einkommen Mann	*3.500,00 €*
abzgl. 1/7 Erwerbstätigenbonus	*./. 500,00 €*
anzurechnendes Einkommen	*3.000,00 €*
Bedarf der Ehefrau nach dem Halbteilungsgrundsatz	*1.500,00 €*

*Wurden die Kinder älter und ging die Ehefrau aufgrund dessen mehr arbeiten, führte die Anrechnung des Eigeneinkommens der Ehefrau zu einem **direkten Abschmelzen des Unterhaltsanspruchs:***

Bedarf der Ehefrau nach dem Halbteilungsgrundsatz	*1.500,00 €*
anzurechnendes Einkommen der Ehefrau	*./. 300,00 €*
verbleibender Unterhaltsanspruch	*1.200,00 €*
Bedarf der Ehefrau nach dem Halbteilungsgrundsatz	*1.500,00 €*
anzurechnendes Einkommen der Ehefrau	*./. 600,00 €*
verbleibender Unterhaltsanspruch	*900,00 €*
Bedarf der Ehefrau nach dem Halbteilungsgrundsatz	*1.500,00 €*
anzurechnendes Einkommen der Ehefrau	*./. 900,00 €*
verbleibender Unterhaltsanspruch	*600,00 €*
Bedarf der Ehefrau nach dem Halbteilungsgrundsatz	*1.500,00 €*
anzurechnendes Einkommen der Ehefrau	*./. 1.200,00 €*

---

219   Krit. dazu Peschel-Gutzeit, ZRP 2005, 177, 180.
220   BGH, NJW 2001, 2254 = FamRZ 2001, 986; vom BVerfG bestätigt, FamRZ 2002, 527; BGH, FamRZ 2004, 1357; BGH, FamRZ 2007, 793 m. Anm. Büttner.

verbleibender Unterhaltsanspruch	<u>*300,00 €*</u>
Bedarf der Ehefrau nach dem Halbteilungsgrundsatz	*1.500,00 €*
anzurechnendes Einkommen der Ehefrau	*./. 1.500,00 €*
verbleibender Unterhaltsanspruch	<u>*0,00 €*</u>

Hinweis:
- Nach der früheren Berechnungsweise **endete der Unterhaltsanspruch** aufgrund der steigenden Erwerbsobliegenheit nach einem gewissen Zeitablauf **automatisch**.
- Nach Beendigung des Anspruchs war auch keine Basis mehr für einen Anknüpfungsunterhaltsanspruch gegeben.

255

2. Neue Surrogats-Rechtsprechung/Differenzmethode

Nach der geänderten Rechtsprechung des BGH[221] gilt das aktuell erzielte Einkommen und auch das bei ausreichender Erwerbstätigkeit erzielbare Einkommen der geschiedenen Ehefrau als sog. **Surrogat der früheren Hausfrauentätigkeit**. Damit wird bereits der Unterhaltsbedarf nach dem aktuellen Einkommen des Mannes und dem aktuellen – tatsächlichen oder hypothetischen – Einkommen der Frau festgesetzt. Auch der Wert einer für den neuen Partner erbrachten Versorgungsleistung ist als Surrogat an die Stelle einer Haushaltsführung im Wege der **Differenzmethode** in die Unterhaltsberechnung einzubeziehen.[222] Diese Rechtsprechung gilt auch bei Unterhaltsansprüchen nach § 58 EheG, also für Ehen, die bereits vor dem 01.07.1977 geschieden worden sind.[223]

256

Folge davon ist, dass ein im Laufe der Jahre steigendes Einkommen der Ehefrau in weitaus geringerem Umfang zum Abschmelzen ihres Unterhaltsanspruchs führt:

Beispiel:

257

anzurechnendes Einkommen des Ehemannes	*3.000,00 €*
anzurechnendes Einkommen der Ehefrau	<u>*./. 600,00 €*</u>
Gesamteinkommen	*2.400,00 €*
Bedarf der Ehefrau nach dem Halbteilungsgrundsatz	*1.200,00 €*
anzurechnendes Einkommen des Ehemannes	*3.000,00 €*
anzurechnendes Einkommen der Ehefrau	<u>*./. 900,00 €*</u>

---

221 BGH, NJW 2001, 2254 = FamRZ 2001, 986; vom BVerfG bestätigt, FamRZ 2002, 527; BGH, FamRZ 2004, 1357.
222 BGH, FamRZ 2004, 1170; m. Anm. Gerhardt, FamRZ 2004, 1545.
223 BGH, FamRZ 2006, 317; krit. Herr, NJW 2006, 1182, 1184.

Gesamteinkommen	*2.100,00 €*
Bedarf der Ehefrau nach dem Halbteilungsgrundsatz	*1.050,00 €*
anzurechnendes Einkommen des Ehemannes	*3.000,00 €*
anzurechnendes Einkommen der Ehefrau	*./. 1.200,00 €*
Gesamteinkommen	*1.800,00 €*
Bedarf der Ehefrau nach dem Halbteilungsgrundsatz	*900,00 €*
anzurechnendes Einkommen des Ehemannes	*3.000,00 €*
anzurechnendes Einkommen der Ehefrau	*./. 1.500,00 €*
Gesamteinkommen	*1.500,00 €*
Bedarf der Ehefrau nach dem Halbteilungsgrundsatz	*750,00 €*

3. Gegenüberstellung der Ergebnisse

258 Der Vergleich zeigt, dass der **Unterhaltsanspruch** der Ehefrau bei steigendem Einkommen **deutlich weniger absinkt** als nach der früheren Berechnungsweise auf der Basis der Anrechnungsmethode.[224]

Einkommen des Ehemannes	3.000,00 €	3.000,00 €	3.000,00 €	3.000,00 €	3.000,00 €	3.000,00 €
Einkommen der Ehefrau	./. 0,00 €	./. 300,00 €	./. 600,00 €	./. 900,00 €	./. 1.200,00 €	./. 1.500,00 €
Gesamteinkommen	3.000,00 €	2.700,00 €	2.400,00 €	2.100,00 €	1.800,00 €	1.500,00 €
Unterhalt Differenztheorie	1.500,00 €	1.350,00 €	1.200,00 €	1.050,00 €	900,00 €	750,00 €
Unterhalt Anrechnungstheorie	1.500,00 €	1.200,00 €	900,00 €	600,00 €	300,00 €	0,00 €

259 Vereinfacht kann man sagen:

- **Früher** reduzierte sich der Unterhaltsanspruch bereits auf Null, wenn die Ehefrau die **Hälfte des** bereinigten **Einkommens des Ehemannes** erzielte.

- **Jetzt** entfällt der Unterhaltsanspruch erst dann, wenn die unterhaltsberechtigte Ex-Ehefrau ein **gleich hohes Einkommen** erzielt wie der unterhaltspflichtige Ex-Ehe-

---

224 Eine zusätzliche Belastung eines Ehemannes mit niedrigem Einkommen ergab sich aufgrund der unterbleibenden Anrechnung des Kindergelds beim Kindesunterhalt; vgl. Grandel, FF 2004, 238.

mann. Da dies praktisch kaum der Fall sein wird, bleibt schon rein rechnerisch in erheblichem Umfang **eine fortdauernde – lebenslange – Unterhaltslast bestehen.**

Die Anwendung der Differenzmethode hat damit faktisch zu einer verstärkten Haftung des leistungsfähigen geschiedenen Ehepartners geführt. Im Zusammenhang mit seiner geänderten Rechtsprechung hat der BGH daher bereits ausdrücklich auf die zeitliche Begrenzung des Unterhalts gem. § 1573 Abs. 5 BGB oder eine Begrenzung der Zeit und der Höhe nach gem. § 1578 Abs. 1 Satz 2 BGB verwiesen.[225]   260

IV. Neuregelung des § 1578b BGB

Die Reform fasst die Begrenzungs- und Befristungsmöglichkeiten neu. Sie sind jetzt in einer Norm konzentriert und dabei **auf alle Unterhaltstatbestände erweitert** worden.   261

Das Gesetz lässt in § 1578b BGB eine **Beschränkung** des an den geschiedenen Ehegatten zu zahlenden Ehegattenunterhalts in mehrfacher Hinsicht zu:

- hinsichtlich der **Höhe** auf den angemessenen Lebensbedarf gem. § 1578b Abs. 1 BGB (**Herabsetzung, Begrenzung**) und
- hinsichtlich der **Dauer** der Zahlungspflicht gem. § 1578b Abs. 2 BGB (**zeitliche Begrenzung, Befristung**).

Herabsetzung und Befristung des Unterhaltsanspruchs können zudem miteinander **verbunden** werden (§ 1578b Abs. 3 BGB), sodass auch eine **gestaffelte Regelung** möglich ist.[226]   262

Praxistipp: 263

Bei der Lektüre von Veröffentlichungen zu diesen Fragen ist zu beachten, dass die **Terminologie nicht immer eindeutig** ist. So werden die Begriffe „Begrenzung" und „Beschränkung" teilweise für die Einschränkung des Unterhaltsanspruchs der Höhe nach gem. § 1578b Abs. 1 BGB benutzt, teilweise als Oberbegriff für beide Varianten.

Nach der Gesetzesbegründung soll auch dem Stellenwert der Ansprüche im Normensystem der Unterhaltstatbestände Rechnung getragen werden, sodass im Ergebnis je-   264

---

225 BGH, FamRZ 2001, 986; BGH, FamRZ 2004, 1357; BGH, FamRZ 2007, 793 m. Anm. Büttner; Gerhardt, FamRZ 2000, 134, 136; Büttner/Niepmann, NJW 2002, 2283, 2289; Scholz, FamRZ 2003, 265, 271; Brudermüller, FF 2004, 101, 102; einschränkend Maier, NJW 2003, 1631, 1634.

226 S.a. unter Rn. 410 ff.

denfalls aufseiten der Billigkeitsabwägungen unterschiedliche Bewertungen in Abhängigkeit vom konkret geltend gemachten Anspruch zulässig sind.

Zu beachten ist auch, dass sich beim Anspruch aus § 1575 BGB eine Befristung des Anspruchs bereits aus dem Normzweck ergibt. Bei § 1576 BGB gehört die Billigkeitsabwägung bereits zu den Tatbestandsmerkmalen.[227]

265   Soweit bei § 1578b BGB die gleichen Gesetzesformulierungen verwandt worden sind, kann die bisherige Rechtsprechung und Literatur zu den Begrenzungs- und Befristungsmöglichkeiten nach § 1573 Abs. 5 BGB und § 1578 BGB weitgehend zur Auslegung herangezogen werden.[228]

266   Die Neuregelung verfolgt nach der **Gesetzesbegründung** das Ziel, die Beschränkung von Unterhaltsansprüchen anhand objektiver Billigkeitsmaßstäbe und hier insbes. anhand des Maßstabs der „ehebedingten Nachteile" zu erleichtern. Denn das Recht des nachehelichen Unterhalts will – jedenfalls im Prinzip – nur die Risiken der mit der Scheidung fehlgeschlagenen Lebensplanung der Ehegatten und der von ihnen in der Ehe praktizierten Arbeitsteilung angemessen ausgleichen.[229]

Die Auslegung der Begrenzungsvorschriften als Regeln für eine individuelle Billigkeitsabwägung und die Begründung mit den ehebedingten Nachteilen hat bereits Eingang in die BGH-Rechtsprechung zum bisherigen Recht gefunden.[230]

267   Die Reform geht zwar vom Ausnahmecharakter des Unterhaltsanspruchs aus (vgl. § 1569 BGB), hält aber grds. daran fest, dass die Unterhaltsansprüche bei Vorliegen ihrer jeweiligen Tatbestandsmerkmale auf Dauer angelegt sind. Die Begrenzungsmöglichkeit bildet ihrerseits wiederum eine Gegenausnahme, wobei **eine restriktive Anwendung nicht der Intention des Gesetzgebers entspricht**.[231]

268   Die während der Ehe erbrachten Leistungen der Ehegatten – sei es durch Erwerbstätigkeit, sei es durch Haushaltsführung oder Kindererziehung – sind gleichwertig und begründen grds. einen Anspruch auf „gleiche Teilhabe am gemeinsam Erwirtschafteten".

---

227   Palandt (Brudermüller), BGB, § 1578b Rn. 3; Büttner, FamRZ 2007, 773.

228   Borth, FamRZ 2006, 813, 815; ausführlich zur bisherigen Rspr. Brudermüller, FamRZ 1998, 649; ders., FF 2004, 101, Büte, FPR 2005, 316; Grandel, FF 2004, 237; ders., FPR 2005, 320; ders., FF 2005, 303; Viefhues, ZFE 2004, 262; Reinecke, ZFE 2006, 289; Schürmann, FPR 2005, 492; Dose, FamRZ 2006, 1007; BGH, FamRZ 2007, 1289, 1293; Graba, FF 2007, 246, 247; krit. zur „Korrektur" der Surrogatsrechtsprechung über die Begrenzungsvorschriften Maier, NJW 2003, 1631.

229   BGH, FamRZ 2006, 683, 686; BGH, FamRZ 2007, 793, m. Anm. Büttner schon zum bisherigen Recht in § 1573 Abs. 5 BGB.

230   BGH, FamRZ 2006, 1007; BGH, FamRZ 2007, 200, 203; BGH, FamRZ 2007, 793, 798; BGH, FamRZ 2007, 1232.

231   Palandt (Brudermüller), BGB, § 1578b Rn. 2.

Dieser **Teilhabeanspruch** bestimmt zwar auch die unterhaltsrechtliche Beziehung der Ehegatten, bedeutet aber **keine „Lebensstandardgarantie"** i.S.e. zeitlich unbegrenzten und in der Höhe nicht abänderbaren Teilhabe am Einkommen des anderen Ehegatten nach der Scheidung.

Grund für die nachehelichen Unterhaltsansprüche ist die, sich aus Art. 6 GG ergebende, **fortwirkende Solidarität.** Die in der sozialen Wirklichkeit auftretenden familiären Konstellationen sind heute deutlich „bunter" geworden und wechseln auch häufiger.[232] Auch die eheliche Solidarität kann sich immer häufiger hintereinander reihen. Dies wirft die Frage auf, wie lange sie jeweils zu wirken hat[233] und mit welcher Berechtigung damit ein lange andauernder Unterhaltsanspruch hergeleitet werden kann.   269

Diese fortwirkende Verantwortung für den bedürftigen Partner erfordert vor allem einen **Ausgleich der Nachteile**, die dadurch entstehen, dass der Unterhaltsberechtigte wegen der Aufgabenverteilung in der Ehe, insbes. der Kinderbetreuung, nach der Scheidung nicht oder nicht ausreichend für seinen eigenen Unterhalt sorgen kann. Zugunsten des unterhaltsberechtigten Ehegatten werden also dessen Leistungen während der Ehe berücksichtigt, soweit sie in die Zukunft wirken. Die konkrete Lebensbiografie des Unterhaltsberechtigten rückt demnach in den Mittelpunkt der Betrachtungen.[234] Ein solcher Nachteilsausgleich ist tragender Grund der Unterhaltstatbestände des § 1570 BGB (Betreuungsunterhalt), § 1573 BGB (Unterhalt wegen Erwerbslosigkeit und Aufstockungsunterhalt) und § 1575 BGB (Ausbildungsunterhalt).   270

Unterhaltsansprüche wegen Alters, Krankheit oder Arbeitslosigkeit (§§ 1571, 1572, 1573 Abs. 1 BGB) bestehen aufgrund nach der Ehe fortwirkender Verantwortung jedoch auch dann, wenn Krankheit oder Arbeitslosigkeit ganz unabhängig von der Ehe und ihrer Ausgestaltung durch die Ehegatten eintreten, also **keinerlei ehebedingte Nachteile** festzustellen sind. Gleiches gilt nach der Gesetzesbegründung für den Aufstockungsunterhalt (§ 1573 Abs. 2 BGB[235]). Dennoch kann auch in diesen Fällen – vor allem bei einer langen Ehedauer – aus dem Grundsatz der **fortwirkenden Solidarität** eine Unterhaltspflicht begründet sein. Umgekehrt kann eine uneingeschränkte Fortwirkung der nachehelichen Solidarität unter **Billigkeitsgesichtspunkten** unangemessen sein. Im Spannungsverhältnis zwischen der fortwirkenden Verantwortung und dem Grundsatz der Eigenverantwortung muss nach den Vorstellungen des Gesetzgebers auch hier in jedem **Einzelfall** eine **angemessene** und **für beide Seiten gerechte**   271

---

232 Vgl. dazu Rn. 1 ff.

233 Hohmann-Dennhardt, FF 2007, 174, 180.

234 Eschenbruch/Klinkhammer, Der Unterhaltsprozess, Rn. 1017.

235 Die Gesetzesbegründung, S. 29/30 nennt § 1573 BGB sowohl bei den Unterhaltstatbeständen zum Nachteilsausgleich, als auch bei den Unterhaltstatbeständen ohne ehebedingte Nachteile.

Lösung gefunden werden, bei der die Dauer der Ehe von besonderer Bedeutung sein wird.

272 Die gesetzlichen Unterhaltstatbestände der §§ 1570 ff. BGB unterscheiden im Einzelnen nicht danach, aus welchem Grund es gerechtfertigt ist, dem einen Ehegatten zugunsten des anderen eine Unterhaltslast aufzuerlegen. Sie sind zwar im Lichte des Grundsatzes der **Eigenverantwortung nach der Ehe** auszulegen, bieten aber keinen hinreichend konkreten Anknüpfungspunkt für Billigkeitserwägungen der dargestellten Art. Erforderlich ist daher, die vom Gesetz jetzt geschaffene für alle Unterhaltstatbestände geltende Billigkeitsregelung.

273 Liegen die **tatbestandlichen Voraussetzungen** vor, **müssen** sie berücksichtigt werden, auch wenn sich der Verpflichtete nicht darauf beruft;[236] die Vorschrift räumt **kein Ermessen** ein.[237]

274 | **Hinweis:**
| • Es kommt entscheidend auf die **Umstände des Einzelfalles** an.
| • Umfassender konkreter einzelfallbezogener **anwaltlicher Sachvortrag** ist in jedem Verfahren erforderlich,
| • zur Darlegung der **tatbestandlichen Voraussetzungen** und
| • zu den **maßgeblichen Gesichtspunkten** für die vom Gericht vorzunehmenden Billigkeitsabwägung.

275 Bei näherer Betrachtung wird auch deutlich, dass das in der Gesetzesbegründung aufgeführte Argument der **Erleichterung der Verfahren** und der damit verbundenen **Entlastung der Justiz** kaum erreicht werden wird. Denn die jetzt in der Masse der Verfahren zu klärende Frage der Begrenzung und Befristung dürfte für Anwälte und Gerichte eine Menge Mehrarbeit auslösen. Das Gesetz verfolgte mit der Neuregelung ausdrücklich das Ziel, die Eigenverantwortung zu fördern und dabei der Einzelfallgerechtigkeit mehr Raum zu geben. Eine **differenzierte Einzelfallgerechtigkeit** führt aber zu einer stark kasuistischen Rechtsprechung, die weder die anwaltliche Beratung noch die gerichtlichen Verfahren erleichtern wird.

1. Tatbestandsvoraussetzungen

276 Das Gesetz enthält in § 1578a BGB eine **Billigkeitsregelung**, die insbes. darauf abstellt, ob **ehebedingte Nachteile** im Hinblick darauf eingetreten sind, in Zukunft für

---

236 Wendl/Staudigl (Pauling), Das Unterhaltsrecht in der familienrechtlichen Praxis, § 4 Rn. 581.

237 Scholz/Stein (Kleffmann), Praxishandbuch Familienrecht, Teil H Rn. 143 m.w.N.; BGH, FamRZ 1990, 2810; jurisPK/BGB (Hollinger), § 1573 Rn. 69; Büttner, FamRZ 2007, 773, 774.

den eigenen Unterhalt selbst sorgen zu können[238] (ehebedingte Bedürfnislagen[239]). Bei **fortwirkenden ehebedingten Nachteilen** ist daher die Begrenzung die Ausnahme, aber dennoch nicht völlig ausgeschlossen.[240]

Für die praktische Handhabbarkeit dieser neuen gesetzlichen Regelungen spielt eine **Vielzahl von unterschiedlichen Aspekten** eine Rolle, die sich teilweise überschneiden. Die folgende Erörterung all dieser Facetten will nicht in Anspruch nehmen, sämtliche Fragestellungen vollständig zu lösen. Daher werden auch keine absoluten Wahrheiten vertreten, sondern es sollen Argumentationshilfen und Denkanstöße für die praktische alltägliche Arbeit gegeben werden. Daher wird ganz bewusst die Möglichkeit von unterschiedlichen Lösungsansätzen und juristischen Begründungen herausgestellt.

277

Der Gesetzeswortlaut nennt in § 1578a Abs. 1 Satz 3 BGB die folgenden Gesichtspunkte, aus denen sich solche **ehebedingte Nachteile** vor allem ergeben **können:**

278

* die **Dauer der Pflege oder Erziehung eines gemeinschaftlichen Kindes,**

* die Gestaltung von **Haushaltsführung** und **Erwerbstätigkeit während der Ehe** sowie

* die **Dauer der Ehe.**

Hinweis:

* Die Aufzählung ist aber – wie sich aus der Formulierung „vor allem" ergibt – nicht erschöpfend, sodass auch **weitere Faktoren** eine Rolle spielen können.[241]

* Aus den vorgenannten Gesichtspunkten ergeben sich nicht zwingend **ehebedingte Nachteile.** Diese müssen vielmehr **konkret dargelegt werden.**

279

Ein Unterhaltsanspruch ergibt sich immer nur dann, wenn die (früheren) Eheleute aktuell ein **unterschiedliches Einkommen** erzielen. Allein eine solche Einkommensdifferenz rechtfertigt aber keinen unbegrenzten und unbefristeten Unterhaltsanspruch des geschiedenen Ehegatten. Entscheidend ist vielmehr in erster Linie, ob sich die Einkommensdivergenz der Ehegatten als **Auswirkung der ehelichen Lebensgestaltung** und damit als ein **ehebedingter Nachteil** darstellt, der einen dauerhaften unterhaltsrechtlichen Ausgleich zugunsten des bedürftigen Ehegatten rechtfertigt.[242]

280

---

238 So schon BGH, FamRZ 2006, 1007, 1007; BGH, FamRZ 2007, 200, 203; BGH, FamRZ 2007, 793, 798; BGH, FamRZ 2007, 1232.

239 Wellenhofer, FamRZ 2007, 1282, 1285.

240 Palandt (Brudermüller), BGB, § 1578b Rn. 6.

241 BGH, FamRZ 2007, 793 m. Anm. Büttner.

242 BGH, FamRZ 2006, 1006 m. Anm. Born; OLG Koblenz, FuR 2007, 44, 46.

281

> **Hinweis:**
> • Bevor eine Beschränkung des Unterhaltsanspruchs über § 1578b BGB herge-
> leitet werden soll, sind zuerst anspruchsinterne Begrenzungen der Anspruchs-
> grundlagen zu prüfen. So bietet z.b. § 1575 BGB bereits die Möglichkeit der
> Herabsetzung auf den angemessenen Unterhalt. Bei § 1576 BGB gehört die
> Billigkeitsabwägung bereits zu den Tatbestandsmerkmalen.[243]
> • Speziell zu § 1570 BGB s.o. Rn. 95 ff., 334 ff.

a) Billigkeitsabwägungen

282 Anders als § 1579 BGB erfordert § 1578b BGB eine Billigkeitsabwägung anhand bestimmter, vom Gesetzgeber vorgegebener Kriterien. Bei diesen Kriterien handelt es
sich allein um **objektive Umstände**, denen kein Unwerturteil und keine subjektive
Vorwerfbarkeit anhaftet. Die Aufarbeitung ehelichen Fehlverhaltens findet also nicht
im Rahmen der Abwägung des § 1578b BGB statt. Verstöße gegen die eheliche Solidarität wirken weiterhin allein nach § 1579 BGB auf den nachehelichen Unterhalt ein.
Umgekehrt soll Fehlverhalten des Berechtigten daher im Rahmen des § 1578b BGB
keine Bedeutung haben.[244]

283 Dabei reicht bei § 1578b BGB – anders als bei § 1579 BGB – bereits **einfache Unbilligkeit** aus.[245]

Das – letztlich ungeklärte – Verhältnis dieser beiden Härtevorschriften zueinander und
die unübersehbaren Wertungswidersprüche haben in der Literatur erhebliche Kritik
hervorgerufen.

284 Nahe liegend sei, die Regelungen des § 1579 Nr. 3 bis Nr. 8 BGB, die alle Formen
des Fehlverhaltens betreffen, als lex specialis zu § 1578b BGB einzustufen, wobei
es im Rahmen der Billigkeitsabwägung und der daraus abzuleitenden Rechtsfolgen
sachgerecht ist, wenn auch die in § 1578b BGB aufgeführten Aspekte mit berücksichtigt werden.[246] Die Gegenansicht bejaht dagegen einen Vorrang des späteren Gesetzes
– also des § 1578b BGB.[247]

285 Bei einer kurzen Ehezeit soll zudem § 1579 Nr. 1 BGB als lex specialis vor § 1578b
BGB zur Anwendung kommen.[248] Problematisch ist hier, dass nach der Gesetzesbe-

---

243 Palandt (Brudermüller), BGB, § 1578b Rn. 3.
244 Palandt (Brudermüller), BGB, § 1578b Rn. 11.
245 BGH, FamRZ 1990, 492; OLG Düsseldorf, FamRZ 1996, 1416 zum bisherigen § 1573
    Abs. 5 BGB.
246 Wellenhofer, FamRZ 2007, 1282, 1286.
247 Graba, FF 2007, 246, 249 m.w.N.
248 Büttner, FamRZ 2007, 773, 778.

Viefhues

gründung § 1579 BGB bei der absolut kurzen Ehe bis drei Jahre greifen soll, während § 1578b BGB die Fälle der zeitlich gerade nicht mehr von § 1579 BGB berührten Ehen meine. Bedenklich ist dies insoweit, da bei der kurzen Ehe eine grobe Unbilligkeit erforderlich ist, während bei der längeren Ehe die einfache Unbilligkeit genügt.[249]

Bei der verfestigten Lebensgemeinschaft soll es auch zur kumulativen Anwendung der Normen kommen können. So könne § 1578b BGB zunächst zu einer maßvollen Herabsetzung führen und § 1579 BGB dann nach hinreichender Verfestigung der neuen Beziehung den endgültigen Wegfall des Anspruchs bewirken.[250]   286

Schwieriger wird es bei § 1579 Nr. 1 und Nr. 2 BGB, die nun – wie § 1578b BGB – objektive Kriterien erfassen. Dazu sagt die Gesetzesbegründung, dass § 1579 BGB bei der absolut kurzen Ehe bis drei Jahre greife, während § 1578b BGB die Fälle der gerade nicht mehr von § 1579 BGB berührten Ehen meine.

Nach der Gesetzesbegründung soll auch dem Stellenwert der Ansprüche im Normensystem der Unterhaltstatbestände Rechnung getragen werden. Damit kann auch eine Differenzierung in Abhängigkeit vom konkret geltend gemachten Anspruch sachgerecht sein.[251]   287

b)   Definition des Nachteils

Insbes. im Hinblick auf die weiter unten dargestellten Einzelfälle (Rn. 290 ff.) bedarf der Begriff des „Nachteils" noch einer näheren Klärung. Mit dem **ehebedingten Nachteil** wird im Rahmen der Begrenzungs- und Befristungsvorschriften regelmäßig argumentiert, ohne näher herauszuarbeiten, unter welchen Voraussetzungen ein solcher **Nachteil** gegeben ist. Die Diskussion beschränkt sich oftmals auf die Frage der **Ehebedingtheit** des jeweiligen Umstandes, der als Nachteil angesehen wird.   288

Es reicht aber im konkreten Fall oft nicht aus, die Ehebedingtheit eines Umstandes darzulegen. Zuvor muss konkret festgestellt werden, dass es sich dabei um einen Nachteil handelt.

Der BGH benutzt den Begriff des ehebedingten Nachteils auch im Rahmen seiner Rechtsprechung zur **Inhaltskontrolle von Eheverträgen,**[252] und zwar auch auf der Rechtsfolgenseite im Rahmen der richterlichen Vertragsanpassung. Dabei geht es   289

249   Graba, FF 2007, 246, 249 m.w.N.
250   Wellenhofer, FamRZ 2007, 1282.
251   Vgl. Palandt (Brudermüller), BGB, § 1578b Rn. 4.
252   Grundlegend BGH, NJW 2004, 930 = FamRZ 2004, 601 = BGHZ 158, 81 = ZNotP 2004, 157 ff.; BGH, NJW 2006, 3142, 3146 m. Anm. Rakete-Dombeck; BGH, NJW 2005, 2386 = FamRZ 2005, 1444; vgl. Münch, FamRZ 2005, 570; ausführlich Machulla-Notthoff, ZFE 2006, 404.

speziell im Zusammenhang mit dem Ausschluss des Versorgungsausgleichs um die abgrenzende Klarstellung, dass der geschiedene Ehegatte einen **Ausgleich der ehebedingten Nachteile** beanspruchen kann, **nicht** aber eine **Beteiligung an den Vorteilen der Ehe**.[253] Diese rein negative Abgrenzung der Nachteile von den Vorteilen der Ehe hilft an dieser Stelle jedoch nicht weiter.

aa) **Nachteile mit Zukunftswirkung (Schlechterstellung bei der zukünftigen Erwerbstätigkeit)**

290   Bei der unterhaltsrechtlichen Diskussion im Rahmen des bisherigen § 1573 Abs. 5 BGB wird der Nachteil als **Einschränkung der Möglichkeit** verstanden, **in Zukunft** durch eigene Erwerbstätigkeit **den Unterhalt selbst ausreichend decken zu können**,[254] ob also eine ehebedingte Bedürfnislage[255] eingetreten ist.

Folglich bedarf es besonderer Gründe, die für eine dauerhafte Garantie des Lebensstandards sprechen.[256] Liegen diese Voraussetzungen dagegen nicht vor, hat sich aber der Lebensstandard der Berechtigten durch die Ehe verbessert, wird es oft angemessen sein, ihr nach einer Übergangszeit einen Lebensstandard zuzumuten, der demjenigen entspricht, den sie vor der Ehe gehabt hat.

Es werden folglich nur diejenigen Faktoren als Nachteile angesehen, die einer Begrenzung oder Befristung entgegenstehen, die fortwirken[257], mithin also **Zukunftswirkung** haben.

291   So befasste die höchstrichterliche Rechtsprechung sich mehrfach mit der Frage, ob Einkommensdivergenz als ehebedingter Nachteil zu qualifizieren sei oder auf einen bereits vorehelich vorhandenen Ausbildungsunterschied zurückzuführen ist. Diese Prüfung bezog sich zwar primär auf die Frage der Ehebedingtheit. Sieht man aber eine Einkommensdifferenz als Nachteil an, so wird deutlich, dass es um das **aktuelle** bzw. in der Zukunft **erzielbare Einkommen des Berechtigten** geht.[258]

292   Entscheidend sei die eingetretene wirtschaftliche Abhängigkeit vom anderen Ehegatten.[259] Es gehe darum, die **Risiken** der mit der Scheidung **fehlgeschlagenen Lebens-**

---

253   BGH, FamRZ 2005, 26; FamRZ 2005, 185, m. Anm. Bergschneider; vgl. auch Wellenhofer, FamRZ 2007, 1282, 1285.

254   Menne, FF 2006, 175, 181.

255   Wellenhofer, FamRZ 2007, 1282, 1285.

256   BGH, FamRZ 2007, 793, m. Anm. Büttner.

257   Menne, ZFE 2006, 449, 451; Dose, FamRZ 2007, 1289, 1295.

258   BGH, FamRZ 2007, 793, m. Anm. Büttner; BGH, FamRZ 2007, 200, 204 = NJW 2007, 839, 841; BGH, FamRZ 2006, 1006, 1007; OLG Koblenz, FuR 2007, 44, 46.

259   Eschenbruch/Klinkhammer, Der Unterhaltsprozess, Rn. 1453, Schwab (Borth), Handbuch des Scheidungsrechts, IV Rn. 298.

planung der Ehegatten und der von ihnen in der Ehe praktizierten Arbeitsteilung angemessen **auszugleichen.**[260] Entsprechend wird darauf abgestellt, ob die Unterhaltsberechtigte durch die Ehe in ihrem beruflichen Fortkommen gehindert worden sei.[261] Der geschiedene Ehegatte erhalte nach der angemessenen Übergangszeit Gelegenheit, sich **auf die neuen,** an seiner eigenen beruflichen Qualifikation ausgerichteten **wirtschaftlichen Verhältnisse** einzustellen.[262] Danach ist er in aller Regel **zukünftig** in der Lage, auch dauerhaft seinen **angemessenen Lebensstandard** selbst zu erwirtschaften.[263]

In die Rechtssprechung des BGH zum bisherigen § 273 Abs. 5 BGB haben diese gesetzgeberischen Wertungen bereits im Vorgriff auf die Neuregelung Eingang gefunden.[264]

Der Gesetzeswortlaut in § 1578b Abs. 1 Satz 2 BGB fordert dementsprechend, zu berücksichtigen, inwieweit durch die Ehe **Nachteile** im Hinblick auf die **Möglichkeit** eingetreten sind, **gegenwärtig oder zukünftig für den eigenen Unterhalt zu sorgen.**   293

Entscheidend ist dabei auch, inwieweit sich die so entstandene **Lücke in der Erwerbsbiografie** auf die **zukünftige Erwerbsfähigkeit** auswirkt. Dabei kann auch bei vorhandener ausreichender beruflicher Qualifikation diese Lücke und der dadurch bedingte **berufliche Erfahrungsverlust** gegenüber durchgängig berufstätigen Mitbewerbern dazu führen, dass man auf dem Arbeitsmarkt schlechtere Einstiegschancen hat oder nur ein geringeres Einkommen erzielen kann.[265]   294

Ein solcher Nachteil kann sich auch ergeben, wenn während der Ehe neben der Haushaltsführung noch eine Teilzeitbeschäftigung ausgeübt worden ist. Hier lässt sich argumentieren, das berufliche Vorwärtskommen werde behindert, weil bei einer entsprechenden vollschichtigen Berufstätigkeit während dieses Zeitraumes eine deutlich besser bezahlte Position zu erreichen gewesen sei. Je länger die Phase der bloßen Teilzeittätigkeit angedauert hat, desto eher können solche Nachteile in Form verpasster Aufstiegschancen, die einen unterhaltsrechtlichen Ausgleich erfordern, dargetan werden.   295

---

260   BGH, FamRZ 2006, 683, 686.
261   OLG Koblenz, FuR 2007, 44, 46.
262   BGH, FamRZ 2006, 1006, 1008.
263   OLG Düsseldorf, FamRZ 2006, 1040 = ZFE 2006, 36.
264   BGH, FamRZ 2007, 1007; BGH, FamRZ 2007, 200, 203; BGH, FamRZ 2007, 793, 798; BGH, FamRZ 2007, 1232; s.a. BGH, FF 2007, 221.
265   Vgl. auch Wellenhofer, FamRZ 2007, 1282, 1285.

bb)   In der Vergangenheit liegende Nachteile während der Zeit der Ehe

296   Bei diesem Ansatz, der allein auf die zukünftige Erwerbsfähigkeit abstellt, kommen aber **in der Zeit der Ehe liegende, abgeschlossene Gesichtspunkte** nicht unmittelbar zum Tragen. Ein allein auf seine Zukunftswirkung definierter begründeter Nachteil bietet keine Grundlage, auch auf lediglich in der Vergangenheit liegende Nachteile oder Mehrleistungen eines Ehepartners während der Ehe abzustellen.

297   *Beispiel:*[266]

> *Die Ehefrau ist beamtete Lehrerin. Nachdem ein Kind geboren wird, bleibt sie weiter in vollem Umfang berufstätig. Sie führt zusätzlich den Haushalt und versorgt das Kind. Sie bleibt aber durchgängig an ihrer Arbeitsstelle in vollem Umfang tätig. Unabhängig von der Tatsache der Kinderbetreuung ist sie in ihrer bisherigen Besoldungsgruppe eingruppiert.*

Die Ehefrau hat also durch die Zeit der Kinderbetreuung keine beruflichen Nachteile erlitten. Ihr Einkommen während der Ehe und nach der Scheidung wird durch die jahrelange zusätzliche Haushaltsführung und Kindesbetreuung nicht beeinflusst. Eine Lücke in der Erwerbsbiografie ist nicht eingetreten.[267] Die während der Ehe erbrachte Mehrfachbelastung wirkt sich also unterhaltsrechtlich nicht aus, wenn der Nachteil lediglich aus dem Blickwinkel der zukünftigen Berufsperspektiven betrachtet wird.

298   Eine solche zukunftsbezogene Benachteiligung lässt sich nur über den Verlust weiterer Beförderungschancen begründen, dies dürfte aber in der Praxis regelmäßig kaum nachzuweisen sein.[268]

299   Auch außerhalb des öffentlichen Dienstes sind eine Fülle von vergleichbaren Anwendungsfällen vorhanden:

> *Beispiel:*
>
> *Die Ehefrau ist Kassiererin im Supermarkt, die nach der Geburt des Kindes weiter voll berufstätig bleibt. Ihr Gehalt unterscheidet sich nicht von dem ihrer Kollegin, die keine Kinder betreut oder betreut hat.*

300   Stellt man folglich nur auf die zukünftigen beruflichen Nachteile ab, ergibt sich bei derartigen Fällen folgendes Phänomen:

- Unterbricht die Ehefrau ihre Berufstätigkeit wegen der Betreuung des Kindes, dann besteht zumindest die Chance, im Hinblick auf die nachteiligen Auswirkungen auf die zukünftigen Berufsaussichten eine Befristung abzuwehren bzw. milder ausfallen zu lassen.

---

266   S.u. dazu auch Rn. 445 ff.

267   S. Rn. 276 ff.

268   Speziell zu den – verneinten – Auswirkungen von kinderbedingten Berufsunterbrechungen im öffentlichen Dienst vgl. OLG Koblenz, FuR 2007, 44, 46.

- Arbeitet die Ehefrau neben der Betreuung des Kindes – vollschichtig oder teilweise – weiter und hält damit ihr berufliches Niveau, dann verringern sich nachhaltig die Chancen, zukunftsbezogene Erwerbsnachteile darlegen zu können.

Allerdings ist nicht ausgeschlossen, auch weitere Nachteile in die Entscheidung einzubeziehen. Denn der Gesetzeswortlaut in § 1578b Abs. 1 Satz 2 BGB spricht nur „insbes." die **Nachteile im Hinblick auf die Möglichkeit an, für den eigenen Unterhalt zu sorgen**. Es können also auch **weitere Umstände** bereits auf der Tatsachenseite der Norm eine entscheidende Rolle spielen. Damit besteht auch die Möglichkeit, den Nachteilsausgleich als eine Form des „**nachehelichen Lastenausgleichs für unterschiedlich verteilte Belastungen während der Ehe**" zu verstehen.[269] Damit kann der während der Ehe einvernehmlich vorgenommenen Aufgabenteilung zwischen den Partnern Rechnung getragen werden.[270]

Dann bietet sich als Argumentationsansatz an, auf die **zusätzlichen Leistungen** der Mutter **während der Ehe** zu verweisen, die vielfach darin bestehen, dass mit der Kindesbetreuung besondere körperliche oder seelische Strapazen übernommen werden und über längere Zeit eine Mehrfachbelastung in Form von Erwerbstätigkeit, Haushalt und Kinderbetreuung getragen worden ist. Denn das Gesetz stellt in § 1606 Abs. 3 Satz 2 BGB bereits allein die Betreuung der Kinder mit dem Barunterhalt – also der Sicherstellung der benötigten Finanzmittel durch Erzielung von Erwerbseinkommen – gleich.

Auch nach bisheriger Rechtsprechung zu § 1573 Abs. 5 BGB sind teilweise in diesem Zusammenhang **besondere Leistungen des unterhaltsberechtigten Ehegatten während der Ehe** berücksichtigt worden.[271] So ist die Tatsache in die Entscheidung einbezogen worden, dass der Unterhaltsberechtigte langjährige Einschränkungen in seiner Lebensführung wegen der Ausbildung des Unterhaltspflichtigen hingenommen hat[272] oder während der Ehe auch die Kinder des Partners betreut hat.[273]

Gegen diese Ansicht lassen sich aber auch durchaus beachtliche **Gegenargumente** ins Feld führen.

Zum einen lässt sich dogmatisch einwenden, dass dem Unterhaltsrecht eben nicht der Gedanke des Schadensersatzes zugrunde liegt, sondern eben ganz bewusst nur zukünftige Nachteile ausgeglichen werden sollen.

301

302

303

---

269 S.u. Rn. 360, 368.
270 S.a. Schumann, FF 2007, 227, 229.
271 S.u. Rn. 420, 450.
272 OLG Hamm, FamRZ 1991, 1474.
273 OLG Hamm, FamRZ 1994, 1108.

304   Zum Zweiten dürfte in der Praxis nicht selten der Einwand des Unterhaltspflichtigen kommen, auch er habe

- zur Sicherung der wirtschaftlichen Existenz der Familie „Übersoll" geleistet durch Überstunden, Nachtschichten, Wochenendarbeit, Nebenverdienste
- oder auf andere Weise ebenfalls Mehrleistungen erbracht wie z.b. Eigenleistungen beim Aufbau des Hauses, eigene Anteile bei der Kindesbetreuung, Mithilfe beim Hausbau der Schwiegereltern usw.

Streitigkeiten über den Umfang der „wechselseitigen Mehrleistungen" und die Bewertung und Gewichtung dürften vorprogrammiert sein. Auch hier lässt sich einwenden, dass das Unterhaltsrecht also – anders als der Zugewinn und der Versorgungsausgleich – eben keine gegenseitige „Gewinn- und Verlustrechnung" der Leistungen während der Ehe beinhaltet. Anderenfalls ließe sich auch der Schluss ziehen, dass der Ehegatte, der bereits während der Ehe ein höheres Einkommen erzielt hat und damit mehr in die „gemeinsame Leistungsbilanz" eingebracht hat, Unterhalt vom anderen Ehegatten beanspruchen könnte, der wenig verdient hat.

305   Ein drittes Argument ergibt sich aus dem Vergleich mit dem Ehegatten, der Kinder betreut hat, ohne gleichzeitig berufstätig gewesen zu sein. Nach § 1606 Abs. 3 Satz 2 BGB steht die Betreuung der Kinder mit dem Barunterhalt – also der Sicherstellung der benötigten Finanzmittel durch Erzielung von Erwerbseinkommen – gleich. Würde man die Mehrbelastung als relevanten Grund für einen unterhaltsrechtlichen „Bonus" ansehen, so wäre in derartigen Fällen der Einwand des Unterhaltspflichtigen nicht abzuwehren, er habe seinerseits „Übersoll" geleistet.

306   Ein weiteres praktisches Problem ergibt sich hier zudem auf der **Rechtsfolgenseite**, weil bei einem derartigen „Schadensersatzaspekt" dann für die Bemessung der konkreten Frist **wenig greifbare Kriterien** zur Verfügung stehen. Während man sich bei den in die Zukunft wirkenden beruflichen Nachteilen an der Zeit orientieren kann, die benötigt wird, diese Nachteile abzubauen,[274] fehlen hier entsprechend konkrete Anknüpfungspunkte, welche Mehrfachbelastungen in welcher Höhe und mit welchem Zeitraum einer weiteren Unterhaltsverpflichtung auszugleichen bzw. abzugelten sind.

c)   Eigene Obliegenheit zum Abbau des Nachteils

307   In den bisherigen, zu § 1573 Abs. 5 BGB entschiedenen Fällen, haben die Gerichte oftmals auch darauf verwiesen, dass die Unterhaltsberechtigte sich bereits seit der

---

274   S.u. dazu Rn. 307.

Trennung auf die neue Situation eingestellt hat – z.b. durch Aufnahme einer Erwerbstätigkeit oder berufliche Qualifizierungsmaßnahmen.[275]

Zu betonen ist aber auch, dass hier bereits vom Zeitpunkt der Trennung an eine entsprechende **Obliegenheit** vorhanden ist, die sich zum Nachteil der Berechtigten auswirkt, wenn ihr nicht nachgekommen worden ist.[276]

d) Ehebedingtheit des Nachteils

Zu prüfen ist weiterhin,   308

* ob die konkret festgestellten (insbes. beruflichen) Nachteile **Auswirkungen der Eheschließung** – also **ehebedingt oder familienbedingt**[277] – sind

 oder

* dem **allgemeinen Lebensrisiko** des betroffenen Ehegatten zugeordnet werden müssen.

aa) Kausalität

Um die Ehebedingtheit eines Nachteils zu bejahen, ist ein **Kausalzusammenhang**   309
zwischen der konkreten Lebensführung der Ehepartner während der Ehe und den konkret festgestellten Erwerbsnachteilen erforderlich.[278] Haben diese Erwerbsnachteile – wie in der Praxis häufig – mehrere Ursachen, so reicht nach der Gesetzesbegründung aus, wenn die Nachteile **überwiegend** auf die eheliche Aufgabenverteilung zurückzuführen sind.

Dabei kommt auch dem **zeitlichen Aspekt** Bedeutung zu. Je mehr die Bedürftigkeit des Unterhaltsberechtigten auf eine **wachsende wirtschaftliche Abhängigkeit** von dem Verpflichteten und – in diesem Sinn – auf **ehebedingte** Umstände zurückzuführen ist, umso weniger wird eine zeitliche Begrenzung oder Herabsetzung des Unterhalts in Betracht kommen.[279]

Die **bisherige Rechtsprechung** zu § 1573 Abs. 5 BGB bzw. § 1578 Abs. 1 Satz 2,   310
Satz 3 BGB ist zwar teilweise recht kasuistisch und nicht immer widerspruchsfrei, kann aber dennoch als Richtschnur für die Auslegung des neuen § 1578b BGB herangezogen werden.

---

275   OLG Hamm, FamRZ 2005, 1177 = ZFE 2005, 170, insoweit bestätigt durch BGH, FamRZ 2007, 793 m. Anm. Büttner; OLG Düsseldorf, ZFE 2006, 36 = FamRZ 2006, 1040 = FuR 2006, 89; OLG Brandenburg, Urt. v. 19.12.2006 – 10 UF 164/06.

276   S. Rn. 242 ff.

277   So Berghahn/Wersing, FPR 2005, 508, 509; Wellenhofer, FamRZ 2007, 1282, 1285.

278   Palandt (Brudermüller), BGB, § 1578b Rn. 6.

279   BGH, FamRZ 1990, 857.

311   ***Beispiele:***

*für solche **ehebedingten Nachteile** sind demnach z.B.:*[280]

* *das zeitweise oder vollständige Ausscheiden aus dem Berufsleben in Abstimmung mit dem Ehegatten,*[281]

* *das zeitweise oder vollständige Ausscheiden aus dem Berufsleben zur Betreuung eines ehelichen Kindes,*[282]

* *die Aufgabe von beruflichen Entwicklungsmöglichkeiten,*

* *der Verzicht auf Beförderungschancen.*

312   *Nach der bisherigen Rechtsprechung zu § 1573 Abs. 5 BGB und § 1578 Abs. 1 Satz 2, Satz 3 BGB sind dagegen **nicht ehebedingt:***[283]

* *der Verlust des Arbeitsplatzes aus konjunkturellen Gründen,*[284]

* *der Verlust des Arbeitsplatzes durch eine betriebsbedingte Kündigung,*

* *eine Erwerbslosigkeit in der Ehe aufgrund von Alkoholproblemen,*[285]

* *die Aufgabe eines Studiums aus freien Stücken,*[286]

* *ein Einkommensgefälle, das nur auf der unterschiedlichen beruflichen Entwicklung der Eheleute vor der Eheschließung beruht,*[287]

* *die einseitige Aufgabe der Erwerbstätigkeit gegen den Willen des anderen Ehegatten ohne anerkennenswerte Motive wie z.b. Kindesbetreuung.*[288]

bb)   Ehebedingtheit bei mehreren Ehen

313   Folgen mehrere Ehen aufeinander, so muss beachtet werden, dass jeweils nur auf die Auswirkungen der letzten Ehe abzustellen ist. Dies ist offensichtlich, wenn der Unterhaltsberechtigte mit verschiedenen Ehegatten verheiratet war, da gegenüber den früheren Ex-Ehegatten gar kein Unterhaltsanspruch besteht.

Fraglich ist jedoch, ob der Verlust eines Unterhaltsanspruchs gegen den früheren Ehegatten aufgrund der Heirat als ehebedingter Nachteil im Rahmen der neuen Ehe berücksichtigt werden kann. Dies wird bejaht, es sei denn, der alte Unterhaltsanspruch

---

280   Palandt (Brudermüller), BGB, § 1578b Rn. 6.

281   Einzelheiten dazu s.u. Rn. 360.

282   Einzelheiten dazu s.u. Rn. 360.

283   Die gleichen Aspekte können auch bei der Billigkeitsabwägung eine Rolle spielen, s.u. Rn. 367.

284   OLG Düsseldorf, ZFE 2006, 26; Büte, FPR 2005, 316, 317.

285   OLG Hamburg, FamRZ 1987, 1250.

286   OLG Köln, NJW-RR 1995, 1157.

287   BGH, FamRZ 2006, 1006 m. Anm. Born; KG Berlin, FamRZ 1992, 948.

288   jurisPK/BGB (Hollinger), § 1573 Rn. 78; Hahne, FamRZ 1986, 305.

– insbes. die zeitlichen Anknüpfungspunkte – hatte aufgrund mangelnder Leistungsfähigkeit des früheren Ehegatten keinen wirtschaftlichen Wert.[289]

Nicht ganz so eindeutig ist die – in der Praxis gar nicht so seltene – Situation, dass der   314
unterhaltsberechtigte Ehegatte mehrmals mit dem gleichen Ehegatten verheiratet war.

Hier wird man lediglich auf die Umstände während der letzten Ehe abstellen können, denn auch die Tatbestandsvoraussetzungen für den Unterhaltsanspruch – insbes. die zeitlichen Anknüpfungspunkte – ergeben sich allein aus dieser Ehe.

cc)   Speziell: Arbeitslosigkeit des Unterhaltsberechtigten

Das Risiko der **Arbeitslosigkeit** gehört also nur dann zu den ehebedingten Nachteilen,   315
wenn es sich gerade aus der konkreten Gestaltung der Lebensverhältnisse während der Ehe ergibt.[290] Denn das Arbeitsplatzrisiko ist Teil der wirtschaftlichen Eigenverantwortung und das Gesetz schützt das Vertrauen auf den Erhalt des Lebensstandards nicht mehr.[291] **Daher wird im Regelfall eine Begrenzung und Befristung zu erfolgen haben.**[292]

Beispiele: 316

Der unterhaltsberechtigte Ehegatte hat während der Ehe sein Studium aus freien Stücken aufgegeben, ohne durch die im Laufe der Ehe übernommenen Aufgaben gehindert worden zu sein, dieses zu Ende zu bringen. Die Tatsache, dass er nach der Scheidung mangels beruflicher Ausbildung keine Arbeit findet, fällt in sein allgemeines Lebensrisiko und ist nicht ehebedingt.[293]

*Eine **betriebsbedingte Kündigung** oder eine **Insolvenz des Arbeitgebers**, die ebenfalls in das allgemeine Lebensrisiko des davon Betroffenen fällt, kann demnach zwar einen Unterhaltsanspruch gem. § 1573 Abs. 1 BGB begründen, führt aber nicht dazu, dass dieser Unterhaltsanspruch unbefristet gegeben werden muss.*[294]

Teilweise wird dagegen vertreten, eine Begrenzung des Unterhalts sei jedenfalls in all   317
denjenigen Fällen kritisch zu prüfen, in denen ein Ehegatte seinen Arbeitsplatz aufgegeben hat, um sich der Familie zu widmen, und er nach der Ehe auch keine an-

---

289   Schwab (Borth), Handbuch des Scheidungsrechts, Teil IV Rn. 309; Brudermüller, FamRZ 1998, 649, 655; OLG Düsseldorf, FamRZ 1987, 1254, 1257; OLG Düsseldorf, FamRZ 1988, 838, 839.

290   Palandt (Brudermüller), BGB, § 1578b Rn. 6; Klein, in: Arbeitsmaterialien zur 10. Jahrestagung Familienrecht des DAI, Rn. 43.

291   Palandt (Brudermüller), BGB, § 1578b Rn. 10.

292   Daran ändert die Tatsache nichts, dass für den Anspruch aus § 1573 Abs. 1 BGB die Arbeitslosigkeit gerade Tatbestandsvoraussetzung ist.

293   OLG Köln, NJW-RR 1999, 1157.

294   Palandt (Brudermüller), BGB, § 1578b Rn. 6; Schwab (Borth), Handbuch des Scheidungsrechts, Teil IV Rn. 310.

gemessene Erwerbstätigkeit mehr finden oder trotz Ausübung einer angemessenen Erwerbstätigkeit der volle Unterhalt nicht gedeckt werden kann. Dass die hierdurch eingetretene Arbeitslosigkeit bzw. eingeschränkte Erwerbsmöglichkeit ehebedingt sei, dafür spreche eine tatsächliche Vermutung. Dies sei immer dann anzunehmen, wenn die Ehegatten einvernehmlich ihre persönlichen und wirtschaftlichen Verhältnisse bestimmen und sich ein Ehegatte gem. §§ 1353, 1356 BGB zur Führung des Haushalts bereit erklärt hat.[295]

Diese Ansicht geht jedoch zu weit. Zwar können sich aus der Übernahme der Haushaltstätigkeit berufsbedingte Nachteile ergeben, diese sind aber immer konkret festzustellen. Es besteht folglich **keine** – wie auch immer geartete – **Vermutungswirkung**. Vielmehr gelten auch hier – ausgehend vom generell gültigen Grundsatz der Eigenverantwortung – die allgemeinen Regeln der Darlegungs- und Beweislast.[296]

dd)   Speziell: Verlust von Karrierechancen

318   In der Diskussion über ehebedingte Nachteile wird häufig auf den Verlust von Karrierechancen verwiesen. Diese Situation kann sich dann ergeben, wenn der Unterhaltsberechtigte aufgrund eines ehebedingten Wechsels der Arbeitsstelle (z.B. aufgrund eines Ortswechsels)[297] oder nach einer ehebedingten Unterbrechung der Berufstätigkeit (z.B. wegen Kinderbetreuung)[298] zwar das gleiche Einkommen wie vor dieser Unterbrechung erzielt, aber für die Bemessung des Unterhalts auf ein höheres Einkommen abstellen möchte. Vorgetragen wird dann, ohne diese Unterbrechung sei aufgrund des dann erfolgten beruflichen Aufstiegs ein höheres Einkommen erzielt worden.

319   Ausgangspunkt ist die Überlegung, dass Unterhaltsleistungen sich gerade als Ausgleich für solche Nachteile in der Erwerbsbiografie rechtfertigen, die sich zwangsläufig immer dann einstellen, wenn zugunsten der Familie die eigene berufliche Entwicklung hintangestellt wird.[299] In der Lebenswirklichkeit tritt oft gerade die Frau in der Phase zurück, in der die Familie gegründet wird und die Basis für die – gemeinsam konzipierte – wirtschaftliche Existenz für das gesamte weitere Leben der Familie gelegt wird. In der sozialen Wirklichkeit startet der Mann beruflich voll durch, macht Karriere, macht sich selbstständig, kauft die Arztpraxis usw. Die Frau unterstützt ihn teilweise noch aktiv mit, hält dem Mann „den Rücken frei", kümmert sich zudem um den Haushalt und die Erziehung und Versorgung der Kinder und organisiert evtl. auch noch den Bau eines Eigenheims. So managt er seinen Beruf und sie das Unternehmen

---

295   Schwab (Borth), Handbuch des Scheidungsrechts, Teil IV Rn. 307; Klein, in: Arbeitsmaterialien zur 10. Jahrestagung Familienrecht des DAI, Rn. 41, s.a. Fn. 92.
296   Dazu s.u. Rn. 456 ff.
297   S. Fallbeispiel Rn. 341, 352.
298   S. Fallbeispiel Rn. 341, 352, 354.
299   Wellenhofer, FamRZ 2007, 1282, 1285.

Familie.[300] Vielfach dauert diese Phase sechs, acht oder zehn Jahre, bevor die Frau wieder Anschluss an das Berufsleben finden kann. Bei der Schnelllebigkeit unserer Berufswelt und speziell der intensiven technischen Veränderungen wird eine solche zeitweise berufliche Abstinenz sehr leicht zum Hemmschuh für eine berufliche Wiedereingliederung oder einen beruflichen Aufstieg.

Damit entsteht für die Frauen gerade in dem entscheidenden Altersbereich zwischen 30 und 40 Jahren eine berufliche Lücke, die sich vielfach nicht mehr oder nur mit großen Schwierigkeiten wieder schließen lässt. Befürchtet wird, dass die Frau im Scheidungsfall als Verliererin dasteht, währen der Mann der Gewinner ist, weil er ohne die Unterstützung der Frau oft nicht so weit gekommen wäre. Hier können schon weniger als zehn Jahre Ehe genügen, um langfristig ehebedingte Fortkommensnachteile zu bewirken.[301]

Allerdings muss man auch der sozialen Realität ins Auge sehen, dass es eine Vielzahl von Berufen gibt, in denen gar keine oder nur sehr geringe Aufstiegsmöglichkeiten vorhanden sind. So wird die Kassiererin im Supermarkt nur in den seltensten Fällen davon ausgehen können, im Laufe ihres Berufslebens den Aufstieg zur Leiterin der Filiale zu schaffen. Dieses Phänomen beschränkt sich aber nicht nur auf Berufe mit geringer Qualifikation. Auch die beamtete Lehrerin, die Richterin und die Justizangestellte können im Regelfall gerade nicht davon ausgehen, einen wie auch immer gearteten beruflichen Aufstieg zu erreichen. Schon ein Blick in die Statistik oder entsprechende Stellenpläne macht deutlich, wie groß – prozentual gesehen – der Anteil entsprechender Aufstiegspositionen überhaupt ist und wie hoch dann – auch ohne ehebedingte oder familienbedingte Beeinträchtigungen – jeweils die persönliche Chance zu bewerten ist, eine dieser Aufstiegspositionen zu erreichen.

Bestehen aber schon statistisch kaum Chancen, eine bessere Position zu erlangen, dann ergibt sich daraus aber die Schlussfolgerung, dass auch eine zeitweise berufliche Unterbrechung kaum zu einem Einkommensnachteil für die Zukunft führen kann. Dies dürfte in der Praxis kaum darzulegen und zu beweisen sein.[302]

Im Zusammenhang mit dem Thema „Karrierechancen" ergeben sich in der Praxis jedoch einige offene Fragestellungen:

Dabei ist einmal zu beachten, dass nach der Rechtsprechung des BGH sogar eine in der Zukunft tatsächlich eingetretene berufliche Verbesserung sich nicht immer zwingend auf den Unterhaltsanspruch auswirkt. Denn der BGH hat klargestellt, dass ein nachehelicher Karrieresprung auch nach der neueren Rechtsprechung zu den wandelbaren

320

321

322

323

324

---

300   So zutreffend Wellenhofer, FamRZ 2007, 1282, 1285.
301   Wellenhofer, FamRZ 2007, 1282, 1285.
302   Zur Darlegungs- und Beweislast s. Rn. 456 ff.

ehelichen Lebensverhältnissen nicht als eheprägend zu berücksichtigen ist.[303] Wegen des Grundsatzes der Eigenverantwortlichkeit wirken sich nacheheliche Einkommenssteigerungen des Unterhaltspflichtigen nur dann bedarfssteigernd aus, wenn ihnen eine Entwicklung zugrunde liegt, die aus der Sicht zum Zeitpunkt der Scheidung mit hoher Wahrscheinlichkeit zu erwarten war.

325   Abzuleiten ist aber auch daraus, dass umgekehrt Karrierechancen und die daraus abgeleitete (hypothetische) Einkommensverbesserung aufseiten des Berechtigten, die sich ebenfalls bedarfserhöhend auswirken würde, nur dann abgestellt werden darf, wenn diese **mit hoher Wahrscheinlichkeit zu erwarten** war.

326   Dies dürfte aber in der Praxis nur schwer nachgewiesen werden können.[304] Bei einem ehebedingten Wechsel der Arbeitsstelle müsste nachgewiesen werden, dass damals beim früheren Arbeitgeber tatsächlich entsprechende Chancen bestanden haben. Zudem wird der Gegner bestreiten, dass aus derartigen bloßen „Chancen" mit ausreichender Gewissheit auch auf eine entsprechende Karriere geschlossen werden kann, denn nicht jede Chance realisiert sich zum Erfolg.

327   Anders kann sich die Situation darstellen, wenn eine **bestimmte Zeitdauer der beruflichen Praxis erforderlich** ist, um überhaupt eine höhere berufliche Position erreichen zu können und aufgrund der „Kinderpause" oder der anderweitig ehebedingten Unterbrechung der Erwerbstätigkeit dieser Zeitraum nicht mehr erfüllt werden kann.[305] So können z.B. Beförderungsrichtlinien vorschreiben, dass für eine bestimmte Position zuvor zehn Jahre eine andere berufliche Tätigkeit ausgeübt worden sein muss. Kann der Unterhaltsberechtigte aufgrund seiner Berufspause schon aus zeitlichen Gründen diese Voraussetzungen gar nicht mehr oder nur mit entsprechender zeitlicher Verzögerung erfüllen, so liegt ein ehebedingter Nachteil vor.

328   Aber auch ohne eine solche strenge beförderungstechnische Vorgabe ist ein Bewerber mit einer längeren Berufspause in einer konkreten Konkurrenzphase einer Bewerbung gegenüber einem Mitbewerber mit durchgängiger Erwerbsbiografie sicherlich im Nachteil. Denn selbst bei vorhandener ausreichender beruflicher Qualifikation kann eine Lücke in der Erwerbsbiografie und der daruch bedingte **berufliche Erfahrungsverlust** gegenüber durchgängig berufstätigen Mitbewerbern dazu führen, den Zugang zu bestimmten höheren Positionen zu beschweren.

---

303   BGH, FamRZ 2007, 793 m. Anm. Büttner im Anschluss an BGH, FamRZ 2006, 683, 685; s.a. Viefhues, ZFE 2007, 444.

304   Speziell zu den – mit einer rein formaljuristischen Begründung verneinten – Auswirkungen von kinderbedingten Berufsunterbrechungen im öffentlichen Dienst vgl. OLG Koblenz, FuR 2007, 44, 46.

305   Vgl. OLG Hamm, FuR 2007, 177, 180: Aufstieg von der Flugbegleiterin zum Purser.

Dies kann aber nicht pauschal i.S.e. generellen Erfahrungssatzes unterstellt werden, sondern muss im Einzelfall substanziiert dargelegt und bewiesen werden.[306] Es kommt dabei in jedem Fall entscheidend auf die dauerhaften und in die berufliche Zukunft weiterwirkenden Folgen einer solchen **Berufspause** an.

329

Damit stellt sich in der familiengerichtlichen Praxis regelmäßig die Frage der Darlegungs- und Beweislast.[307]

330

ee) Speziell: Nachteile aus der Dauer der Pflege oder Erziehung eines gemeinschaftlichen Kindes

Maßgeblich ist nicht die **Dauer** der Ehe, sondern die ggf. zu prognostizierende **betreuungsbedingte Einschränkung der Erwerbstätigkeit**.[308] Diese Prognose kann allerdings jetzt nicht mehr allein anhand des Alters des Kindes und des Phasenmodells gestellt werden. Vielmehr bietet die verschärfte Erwerbsobliegenheit aus § 1570 BGB einen gesetzlich verankerten Anknüpfungspunkt.[309]

331

Bei der Erörterung des Tatbestandsmerkmals „Dauer der Pflege oder Erziehung eines gemeinschaftlichen Kindes" muss logisch zwischen zwei **Fallvarianten** unterschieden werden:

332

• es wird **derzeit** noch (mindestens) ein Kind betreut

und

• es ist **in der Vergangenheit** (mindestens) ein Kind betreut worden.

(1) Fallvariante: gegenwärtige Kindesbetreuung

Betreut der Unterhaltsberechtigte gegenwärtig noch (mindestens) ein minderjähriges Kind, so kommt ein Unterhaltsanspruch aus § 1570 BGB in Betracht.

333

Nach der Gesetzesbegründung verdeutlicht die ausdrückliche Erwähnung der Dauer der Pflege oder Erziehung eines Kindes in § 1578 Abs. 1 Satz 3 BGB – gemeint ist hier die voraussichtliche Gesamtdauer –, dass eine über die ohnehin bestehende immanente Beschränkung hinausgehende Begrenzung des Anspruchs auf Betreuungsunterhalt nur ausnahmsweise anzuwenden sein wird.

---

306 Büttner (FamRZ 2007, 773, 775) geht hingegen davon aus, dass die nicht nur vorübergehende Kindesbetreuung fast immer zu dauerhaften beruflichen Nachteilen geführt haben wird, s.a. Rn. 357; zur Darlegungs- und Beweislast s.u. Rn. 456 ff.

307 Zur Darlegungs- und Beweislast s.u. Rn. 456 ff.

308 Palandt (Brudermüller), BGB, § 1578b Rn. 7.

309 Dazu s. Rn. 91 ff.

334 In der letzlich ins Gesetz aufgenommenen Formulierung werden jetzt in den beiden Absätzen des § 1570 BGB zwei unterschiedliche Anspruchsgrundlagen kodifiziert.[310]

- den allein auf die **Betreuung des Kindes** gestützten Anspruch des § 1570 Abs. 1 BGB, der sich wiederum unterteilt in
  - einen verbindlichen **Basisunterhalt** während der ersten drei Lebensjahre des Kindes nach § 1570 Abs. 1 Satz 1 BGB und
  - einen Billigkeitsunterhalt nach § 1570 Abs. 1 Satz 2 und Satz 3 BGB,
- sowie den verlängerten **ehebezogenen Billigkeitsanspruch** aufgrund des § 1570 Abs. 2 BGB.

(a)   Immanente Schranke des § 1570 BGB verdrängt § 1578b BGB?

335 Die Gesetzesbegründung geht also davon aus, dass in der Praxis aufgrund der verschärften Erwerbsobliegenheiten bei § 1570 BGB eine weiter gehende **Beschränkung des Anspruchs auf Betreuungsunterhalt** nur in seltenen Ausnahmefällen in Betracht kommt.[311] Eine Befristung ergibt sich bereits aus dem Anspruch selbst, denn er besteht ohnehin nur, „**solange und soweit**" dem Ehegatten wegen Kindesbetreuung eine Erwerbstätigkeit nicht zugemutet werden kann. Folglich sei eine durch die Kindesbetreuung eingeschränkte wirtschaftliche Eigenständigkeit dem Anspruch immanent.[312] Der Anspruch aus § 1570 BGB verringere sich also automatisch über das Alter der Kinder

336 und die steigende Erwerbsobliegenheit.

Bislang nicht ausreichend diskutiert worden ist zudem die Frage, ob eine Befristung aufgrund der „immanenten Schranken" des § 1570 BGB auch bereits im Erstprozess geltend gemacht werden muss[313] und damit der spätere Einwand ggf. **präkludiert** ist. Ein sachlicher Unterschied zu den unten bzgl. § 1578b BGB dargestellten Regelungen[314] ist nicht ersichtlich.

(b)   Kritik

337 Indessen steckt in dieser Argumentation z.T. noch der Denkansatz des Altersphasenmodells, nach dem sich der Umfang der Erwerbsobliegenheit vom Alter des Kindes ableiten ließ und das damit im Regelfall für die Zukunft eine hinreichend sichere Prognose zuließ.

---

310 Einzelheiten s. Rn. 95 ff.

311 Ebenso Schwab, FamRZ 2005, 1420; Borth, FamRZ 2006, 813, 816.

312 Palandt (Brudermüller), BGB, § 1578b Rn. 5.

313 Palandt (Brudermüller), BGB, § 1578b Rn. 5 lässt jedenfalls eine entsprechende Prognose zu; vgl. auch Graba, FF 2007, 246, 247.

314 S.u. Rn. 342.

Stellt man aber mit dem jetzt geltenden Recht auf die konkreten Umstände einer mög-   338
lichen und zumutbaren Fremdbetreuung ab,[315] hängt der Umfang der Erwerbsobliegenheit gerade nicht zwingend vom Lebensalter des Kindes ab. Eine allein auf das Alter
gestützte automatische Absenkung des Anspruchs aus § 1570 BGB lässt sich daher
weder dogmatisch begründen noch ausreichend sicher voraussehen.

In § 1570 BGB sollte daher nur die Frage der **gegenwärtigen Vereinbarkeit** der   339
Erwerbstätigkeit mit der aktuellen Kindesbetreuung dogmatisch verankert werden.
Angesichts der dargestellten Unwägbarkeiten der gesetzlichen Voraussetzungen des
§ 1570 BGB ist hier regelmäßig keine Befristung oder in die Zukunft wirkende Beschränkung möglich.

Die weiter gehende, auf eine Zukunftsprognose gestützte Frage der Befristung und   340
Begrenzung auf der Basis des Nachteilsausgleichs – auch mit den noch nachfolgend
darzustellenden verfahrensrechtlichen Problemen der Prognose – kann dagegen dogmatisch nicht unter dem Gesichtspunkt der „immanenten Schranken" des § 1570 BGB
(„solange und soweit") geprüft werden. Denn dabei spielt nicht nur – wie bei dem
Anspruchsgrund des § 1570 BGB – die aktuelle Kindesbetreuungssituation eine Rolle,
sondern es ist eine umfassende Billigkeitsabwägung unter Berücksichtigung anderer
Gesichtspunkte vorzunehmen.

Auch ermöglicht § 1570 BGB in diesen Fällen nur die Berücksichtigung von solchen   341
Nachteilen, die sich aus der zukünftigen Kindesbetreuung ergeben. Andere Nachteile
lassen sich dagegen nur über § 1578b BGB erfassen. Eine solche **Aufsplitterung** gilt
es zu **verhindern.**

Beispiel:

*Die Ehefrau zieht mit dem Ehemann kurz nach der Heirat in eine andere Stadt, weil dieser
sich beruflich verändern will. Dabei gibt sie auf Wunsch des Mannes ihre Berufsausbildung
auf und widmet sich der Haushaltsführung, um dem Mann für seine Karriere „den Rücken frei
zu halten". Nach zwölf Jahren bekommen die Eheleute ein Kind. Zwei Jahre später wird die
Ehe geschieden.*

*Über § 1570 BGB lassen sich allenfalls die ehebedingten Nachteile erfassen, die mit der ge-
genwärtigen, aktuellen Kinderbetreuung verbunden sind. Der Nachteil, der sich aus der vorhergehenden langjährigen beruflichen Abstinenz ergibt, kann jedoch nur über § 1578b BGB
berücksichtigt werden.*

Dies ergibt sich auch aus der ausdrücklichen **Kinderschutzklausel im Wortlaut des**   342
§ 1578b BGB in seinen beiden ersten Absätzen. In der Gesetzesbegründung[316] wird
ausdrücklich noch darauf verwiesen, sowohl bei der Herabsetzung als auch bei der
zeitlichen Begrenzung sei zu berücksichtigen, dass die Belange eines vom Berech-

---

315   S. dazu Rn. 91 ff.
316   BT-Drucks. 16/1830, S. 19.

tigten betreuten gemeinschaftlichen Kindes gewahrt bleiben. Diese **Kinderschutzklausel** schütze davor, den Betreuungsunterhalt so weit abzusenken, dass zwischen dem Lebensstandard des kinderbetreuenden Ehegatten und demjenigen der Kinder, die ungeschmälert Kindesunterhalt erhalten, ein erheblicher Niveauunterschied besteht. Diese Kinderschutzklausel des § 1578b BGB erlangt aber nur dann eine Bedeutung, wenn § 1578b BGB überhaupt bei der aktuellen Betreuung von Kindern zur Anwendung kommt. Sie hätte aber keinerlei praktischen Anwendungsbereich, wenn die darin geregelten Fragestellungen bereits vollständig innerhalb von § 1570 BGB abgehandelt werden.

343   In diesem Zusammenhang ist aber noch ein weiterer Gesichtspunkt zu beachten. Zwar handelt es sich beim nachehelichen Unterhalt um einen einheitlichen Anspruch,[317] der jedoch auf mehreren Teilberechtigungen beruhen kann. Soweit damit nicht die gleichen Rechtsfolgen verbunden sind, wird vertreten, dass diese im Einzelnen festgestellt werden müssen. Lässt die Betreuung des Kindes konkret eine Teilerwerbstätigkeit zu, sei im Urteil auszuführen, wie weit der insgesamt zugesprochene Unterhalt nach den ehelichen Lebensverhältnissen auf § 1570 BGB beruht und inwieweit Aufstockungsunterhalt gem. § 1573 Abs. 2 BGB gegeben ist.[318]

344   Folgt man dieser Ansicht, so muss man aber auch zugestehen, dass sich im Laufe der Zeit innerhalb einer in der Höhe gleichbleibenden (Gesamt-)Anspruchs die einzelnen Teilberechtigungen verschieben können. So kann neben den sinkenden Anspruch aus § 1570 BGB wird vielfach ein wachsender Aufstockungsanspruch aus § 1573 Abs. 2 BGB treten. Vorteil der einheitlichen Regelung des § 1587b BGB ein wachsender Aufstockungsanspruch aus § 1573 Abs. 2 BGB treten.

345   Diese Problematik bekommt man aber nur dann in den Griff, wenn man die mögliche Befristung nicht im Rahmen der „immanenten Schranken" eines dieser Teilberechtigungen regelt, sondern als einheitliche Regelung unter Anwendung des § 1587b BGB auf den auf den gesamten Anspruch bezieht.

(c)   **Bedeutung des Ranges des Ehegattenunterhalts**

346   Sind noch minderjährige unterhaltsberechtigte Kinder vorhanden, ergibt sich zumindest bei einem niedrigeren und mittleren Einkommen des Unterhaltspflichtigen schon aufgrund des **Vorrangs des Kindesunterhalts** vor dem Unterhaltsanspruch der ge-

---

317   BGH, FamRZ 1984, 353; Graba, FF 2007, 246.

318   Graba, FF 2007, 246; zur Lehre von den Teilansprüchen s. BGH, FamRZ 2001, 1687, 1691; BGH, FamRZ 2007, 793 m. Anm. Büttner; Weinreich/Klein, KKFamR, § 1573 Rn. 45 m.w.N; krit. Gerhardt, FamRZ 2003, 272, 276.

schiedenen Ehefrau (s. Rn. 47) eine Reduzierung des Kindesbetreuungsunterhalts der Höhe nach.[319]

Damit reduziert sich die praktische Relevanz der Befristungs- und Begrenzungsvorschriften jedoch nicht. Denn die Frage des Ranges entscheidet sich erst auf der Ebene der Leistungsfähigkeit. Der – aktuelle – Ausfall eines Unterhaltsanspruchs über den Rang führt nicht zum endgültigen Wegfall des Anspruchs. So kann der Ehegatte dann wieder seinen vollen Unterhalt verlangen, wenn der vorrangige Kindesunterhalt weggefallen ist. Die Frage einer Befristung ist also in der anwaltlichen Beratung auch dann zu bedenken, wenn aktuell kein Ehegattenunterhalt gezahlt werden kann.

Zudem kann auch die Verpflichtung zur Zahlung eines nur noch geringen Ehegattenunterhalts schon im Hinblick auf die **Zeitdauer** unbillig werden. Die Frage des § 1578b BGB bleibt also auch in den Geringverdienerfällen praktisch relevant. 347

(d) Bedeutung der weiteren Dauer der Kindererziehung

Wendet man § 1578b BGB auch im Fall des Betreuungsunterhalts an, so müssen bei der zu treffenden Prognose über den Zeitraum der „Entflechtung" der wirtschaftlichen Verhältnisse der Eheleute[320] auch die **Hemmnisse durch die in Zukunft zu leistende Kindesbetreuung** berücksichtigt werden. Es kommt also in diesen Fällen nicht allein auf die während der Ehe entstandenen Nachteile an, sondern auf die „**Gesamtnachteile**" auch aus der Zeit der noch folgenden Kindesbetreuung. 348

Allerdings ist für die Zeit nach der Scheidung der strenge Maßstab der Erwerbsobliegenheiten neben der Kindesbetreuung aus § 1570 BGB zu beachten.[321] Folglich kommt es nicht auf die abstrakte Zeitdauer der zukünftigen Kindesbetreuung an,[322] sondern letztlich darauf, ob in Zukunft eine Fremdbetreuung möglich und zumutbar ist und daher eine eigene Erwerbsobliegenheit bestehen wird.[323] Aber auch die anderen – mittelbaren Folgen – auf die zukünftigen Erwerbsmöglichkeiten, die sich aus der zukünftigen Kindesbetreuung ergeben können, haben Bedeutung. 349

(2) Fallvariante: Kindesbetreuung in der Vergangenheit

Allein aus der Tatsache, dass der unterhaltsberechtigte Ehegatte in der Vergangenheit gemeinsame Kinder betreut hat, kann nicht darauf geschlossen werden, dass eine Be- 350

---

319   S. Beispielsfälle Rn. 57 ff.
320   S.u. dazu Rn. 421.
321   Dazu s. Rn. 91 ff.
322   Vgl. auch Palandt (Brudermüller), BGB, § 1578b Rn. 10.
323   Dazu Rn. 91 ff.

grenzung oder Befristung des zukünftigen Unterhaltsanspruchs generell ausgeschlossen ist.

So hat der BGH in seinen letzten Entscheidungen zum bisherigen § 1573 Abs. 5 BGB mehrfach eine Befristung als zulässig angesehen, obwohl die anspruchsberechtigte Mutter über viele Jahre während der Ehe Kinder betreut hatte.[324]

(a)   Frühere Kindesbetreuung und zukünftige Nachteile

351   Eine Begrenzung ist z.b. dann möglich, wenn der Berechtigte **keine beruflichen Nachteile** oder nur kurzfristige Einkommenseinbußen **erlitten** hat.[325] Genau genommen fehlt es bereits an einem Nachteil; in der Literatur wird die notwendige Kausalität verneint.[326] Übte der bedürftige Ehegatte während der Betreuung der Kinder seinen Beruf weiter aus oder nimmt er ihn im Verlauf der Betreuung wieder auf, ohne dass damit wesentliche Einbußen gegenüber dem früheren Einkommen verbunden sind, so liegen keine (fortwirkenden) ehebedingten Nachteile vor.[327]

Das gilt auch dann, wenn die Kinder bei beiderseitiger Berufstätigkeit **überwiegend durch Dritte betreut** wurden.[328]

352   Folglich steht die **Tatsache der Kindesbetreuung während der Ehe** durch den unterhaltsberechtigten Ehegatten einer Begrenzung oder Befristung **nicht grds. entgegen.**[329]

Beispiel:

Die Ehefrau ist als beamtete Lehrerin tätig. Nachdem ein Kind geboren wird, lässt sie sich für acht Jahre beurlauben. Danach kehrt sie wieder in den Schuldienst an ihre alte Schule zurück und arbeitet mit der gleichen Stundenzahl wie vor der Kindererziehungspause.

*Die Ehefrau hat durch die Zeit der Kinderbetreuung keine beruflichen Nachteile erlitten. Sie arbeitet mit der gleichen Stundenzahl und erhält das **gleiche Einkommen**, das sie auch erhalten würde, wenn sie ihre Tätigkeit nicht unterbrochen hätte.*

---

324   BGH, FamRZ 2006, 1006 m. Anm. Born; BGH, FamRZ 2007, 793 m. Anm. Büttner = NJW 2007, 1961 m. Anm. Graba; Graba, FF 2007, 246, 247 f.; vgl. auch BGH, FF 2007, 221.

325   BGH, FamRZ 1990, 492, 494; Eschenbruch/Klinkhammer, Der Unterhaltsprozess, Rn. 1454.

326   AnwKommentar (Fränken), BGB, § 1573 Rn. 40; Brudermüller, FF 2004, 101, 104.

327   jurisPK/BGB (Hollinger), § 1573 Rn. 115 m.w.N.; Wendl/Staudigl (Pauling), Das Unterhaltsrecht in der familienrichterlichen Praxis, § 4 Rn. 593.

328   Brudermüller, FF 2004, 101, 104; Eschenbruch/Klinkhammer, Der Unterhaltsprozess, Rn. 1454.

329   Palandt (Brudermüller), BGB, § 1578b Rn. 7.

*Ein Nachteil könnte sich allenfalls daraus ergeben, dass sie aufgrund der beruflichen Unterbrechung **Karrierechancen** verloren hat. Dies dürfte aber in der Praxis nur schwer nachgewiesen werden können.*[330]

*Soweit sie in geringerem Umfang Anwartschaften auf beamtenrechtliche **Altersversorgung** erworben haben sollte, werden diese ehebedingten Nachteile über den Versorgungsausgleich ausgeglichen*[331] *und sind folglich unterhaltsrechtlich irrelevant.*

*Zwar konnte sie aufgrund fehlenden Einkommens in dieser Zeit kein **Vermögen** bilden. Dieser Nachteil im Verhältnis zum anderen Ehegatten wird aber über den Zugewinn ausgeglichen.*

Auch diese Fallvarianten sind nicht auf den Bereich der Beamten oder anderer öffentlicher Bediensteter beschränkt.

353

Beispiel 1:

354

Die Ehefrau ist Angestellte in einer Anwaltskanzlei. Wegen der Betreuung des Kindes unterbricht sie ihre berufliche Tätigkeit und kehrt danach in die gleiche Anwaltskanzlei zurück. Sie bezieht das gleiche Tarifgehalt wie ihre Kolleginnen, die keine Babypause gemacht haben.

Ehebedingte Nachteile in Form einer gegenwärtigen oder zukünftigen Einkommensverschlechterung sind nicht festzustellen. Eine Benachteiligung hinsichtlich weiterer Beförderungschancen dürfte kaum nachzuweisen sein.

Beispiel 2:

Die Ehefrau ist Kassiererin im Supermarkt, die nach der Geburt des Kindes und einigen Jahren Babypause wieder in gleicher Position voll berufstätig bleibt. Ihr Gehalt unterscheidet sich nicht von dem ihrer Kollegin, die zwischenzeitlich keine Kinder betreut haben.

Damit wird deutlich, dass **Kindererziehungszeiten während der Ehe** im Unterhaltsrecht den Unterhaltsanspruch eines geschiedenen Ehegatten nicht automatisch begrenzungs- und befristungsfest machen (s. weitere Fallbeispiele unten Rn. 445 ff.).[332]

355

(b) **Manifestation bzw. Indizwirkungen der früheren Kindesbetreuung oder allgemeine Beweislastregelung?**

Die Frage, mit welcher Intensität von der früheren Kindesbetreuung auf das Vorhandensein ehebedingter Nachteile geschlossen werden kann, ist von erheblicher praktischer Bedeutung, da in der gerichtlichen Auseinandersetzung vielfach die **Darlegungs- und Beweislast** streitentscheidend sein wird.[333]

356

---

330 S.o. dazu ausführlich Rn. 318 ff.

331 Vgl. OLG Koblenz, FuR 2007, 44, 46; Hahne, FamRZ 1986, 305, 307.

332 Prütting/Wegen/Weinreich (Kleffmann), BGB, § 1573 Rn. 23; OLG Koblenz, FuR 2007, 44, 46; Hauß, FamRB 2006, 180, 181; Büte, FPR 2005, 316, 317; einschränkend Büttner, FamRZ 2007, 773, 775.

333 Zur Darlegungslast s.u. Rn. 465 ff.

357   Nach der bisherigen Rechtslage ging man bei § 1573 Abs. 5 BGB vielfach davon aus, dass eine nicht nur vorübergehende Kinderbetreuung grds. ehebedingte Nachteile **manifestiert**. Der Unterhaltsschuldner könne sich auf die Begrenzungsnorm regelmäßig dann nicht berufen, wenn der Unterhaltsgläubiger ein gemeinschaftliches Kind nicht nur vorübergehend allein oder überwiegend betreut oder betreut hat.[334]

358   Eine solche weitgehende Auslegung, eine nicht nur vorübergehende Kinderbetreuung manifestiere grds. ehebedingte Nachteile, wird aber vom jetzt geltenden Gesetzeswortlaut nicht gedeckt. Denn das Gesetz stellt auf Nachteile ab, die tatsächlich „**eingetreten sind**"; die Tatsache der nicht nur vorübergehenden Kindesbetreuung allein besagt dazu – wie die vorhergehenden Fallbeispiele verdeutlicht haben – nichts.[335] Die während der Ehe erfolgte Kindesbetreuung manifestiert also keinesfalls automatisch ehebedingte Nachteile.

Aus der früher durchgeführten **Kindesbetreuung** ergibt sich **nicht einmal eine Vermutungswirkung** für tatsächlich eingetretene ehebedingte Nachteile, die einen dahin gehenden Sachvortrag überflüssig machen würde.

Fraglich ist auch, ob die dauerhafte Kindesbetreuung als ein **Indiz** für das Eintreten fortdauernder ehebedingter Nachteile angesehen werden kann.[336] Diese Formulierung ist in der Rechtsprechung entstanden, um gerade deutlich zu machen, dass die Dauer der Ehe und die Dauer der Kindesbetreuung gerade nicht zwingend auf ehebedingte Nachteile schließen lässt. Der Gesetzeswortlaut macht durch die Formulierung „können sich ergeben aus […]" gerade deutlich, dass sie sich daraus nicht ergeben müssen und auch nicht vermutet werden. Vielmehr will das Gesetz die wesentlichen Faktoren beispielhaft aufzählen, die hier nach der sozialen Wirklichkeit in Betracht kommen können, ohne dass damit bei Vorliegen eines dieser Faktoren eine gesetzlich begründete Wertung im Hinblick auf die ehebedingten Nachteile verbunden ist. Das Vorliegen eines dieser gesetzlich genannten Faktoren – ob Kindesbetreuung, Ehedauer, Gestaltung von Haushaltsführung und Erwerbstätigkeit – ist also ergebnisneutral und entbindet nicht von der Pflicht eines entsprechenden substanziierten Sachvortrags.

---

334   So aber Klein, in: Arbeitsmaterialien zur 10. Jahrestagung Familienrecht des DAI, S. 12; auch Büttner, FamRZ 2007, 773, 779 geht davon aus, dass die nicht nur vorübergehende Kindesbetreuung fast immer zu dauerhaften beruflichen Nachteilen geführt haben wird, s. dazu o. Rn. 329.

335   S.o. Rn. 352, 354.

336   So Dose, FamRZ 2007, 1289, 1295.

e)   Nachteile aus der Gestaltung von Haushaltsführung und Erwerbstätigkeit

Auszugleichen sind unterhaltsrechtlich **ehebedingte berufliche Benachteiligungen**   359
durch eine **einvernehmliche Übernahme der Haushaltsführung und dem damit
verbundenen Verzicht auf eine eigene Erwerbstätigkeit.**

Hat ein Unterhaltsberechtigter daher **einvernehmlich** eigene Berufs- und Erwerbs-   360
aussichten zurückgestellt, um dem anderen Ehegatten die volle berufliche Entfaltung
zu ermöglichen, steht dies solange einer zeitlichen Begrenzung entgegen,[337] wie die
beruflichen Nachteile fortbestehen. Auch hier spielt das Vertrauen auf den Fortbestand
einer einmal individuell getroffenen Vereinbarung über die einvernehmliche Aufga-
benverteilug unter den Partnern eine Rolle.[338]

Hat dagegen der Unterhaltsberechtigte – **auch bei Betreuung eines Kindes** – durch
die Ehe keinerlei berufliche Nachteile oder allenfalls geringe und/oder kurzfristige
Nachteile erlitten, kommt eine Begrenzung oder Befristung in Betracht.[339]

Entscheidend ist dabei, inwieweit sich die so entstandene **Lücke in der Erwerbsbiografie** auf die **zukünftige Erwerbsfähigkeit** auswirkt. Dabei kann diese Lücke auch
bei vorhandener beruflicher Qualifikation und der dadurch bedingte **berufliche Erfahrungsverlust** gegenüber durchgängig berufstätigen Mitbewerbern dazu führen, dass
man auf dem Arbeitsmarkt schlechtere Einstiegschancen hat oder nur ein geringeres
Einkommen erzielen kann.

Aber auch hier können Gesichtspunkte eines „**nachehelichen Lastenausgleichs**" von
Bedeutung sein wie z.B. die Tatsache, dass der Unterhaltsberechtigte langjährige Einschränkungen in seiner Lebensführung wegen der Ausbildung des Unterhaltspflichtigen hingenommen hat.[340]

f)   Nachteile aus der Dauer der Ehe

Die Dauer der Ehe betrifft den Zeitraum von der **Eheschließung** bis zur **Rechtshän-**   361
gigkeit des Scheidungsantrags.[341] Allerdings kann eine lange **Trennungszeit** auch von
Bedeutung sein.[342]

---

337   BGH, NJW 1986, 2832 = FamRZ 1986, 886, 888; OLG Hamm, FuR 2007, 177, 180.
338   Schumann, FF 2007, 227, 229.
339   BGH, NJW 1990, 1847; Büte, FPR 2005, 316, 317.
340   OLG Hamm, FamRZ 1991, 1474.
341   BGH, FamRZ 1985, 886; Eschenbruch/Klinkhammer, Der Unterhaltsprozess, Rn. 1425
      m.w.N.
342   Vgl. Palandt (Brudermüller), BGB, § 1578b Rn. 10.

Zukünftige Zeiten der Kindesbetreuung sind der Ehedauer **nicht mehr schematisch hinzuzurechnen**.[343] Denn im Hinblick auf die gesteigerte Erwerbsobliegenheit bei § 1570 BGB[344] müssen diese Zeiten eigenständig gewichtet werden.[345] Dabei kommt es nicht auf die abstrakte Zeitdauer der zukünftigen Kindesbetreuung an, sondern letztlich darauf, ob in Zukunft eine Fremdbetreuung möglich und zumutbar ist und daher eine eigene Erwerbsobliegenheit bestehen wird.[346]

362 In früheren Entscheidungen zu § 1573 Abs. 5 BGB ist von einer Art Sperrwirkung einer bestimmten Ehedauer ausgegangen worden, nach deren Überschreiten eine Befristung generell ausgeschlossen worden ist. Diese Grenzen sind aber bereits in der Rechtsprechung zu § 1573 Abs. 5 BGB weitgehend aufgeweicht worden, indem auch bei einer relativ langen Ehedauer im Einzelfall noch eine zeitliche Begrenzung zugelassen worden ist,[347] so

- nach 10 Jahren,[348]
- nach 12 Jahren,[349]
- nach 13 Jahren,[350]
- nach 14 Jahren und 9 Monaten,[351]
- nach 15 Jahren,[352]
- nach 16 Jahren,[353]
- nach 18 Jahren,[354]
- nach mehr als 20 Jahren,[355]

---

343 Klein, in: Arbeitsmaterialien zur 10. Jahrestagung Familienrecht des DAI, S. 12.

344 Dazu s. Rn. 91 ff.

345 Auch Palandt (Brudermüller), BGB, § 1578b Rn. 10.

346 Dazu Rn. 91 ff.

347 Weitere Entscheidungen bei Scholz/Stein (Kleffmann), Praxishandbuch Familienrecht, Teil H Rn. 163 und Büte, FPR 2005, 316, 317, sowie die grafische Darstellung bei Eschenbruch/Klinkhammer, Der Unterhaltsprozess, Rn. 1461.

348 BGH, FamRZ 1990, 857.

349 OLG Köln, FamRZ 1993, 565.

350 BGH, FamRZ 2007, 793, m. Anm. Büttner.

351 BGH, FamRZ 2006, 1006 m. Anm. Born.

352 OLG Frankfurt am Main, FamRZ 1999, 97.

353 OLG Hamm, FamRZ 1995, 1204; a.A. OLG Schleswig, FamRZ 2006, 209.

354 OLG Köln, NJW-RR 1995, 1157; OLG München, NJW-RR 2000, 1243; OLG Brandenburg v. 19.12.2006 – 10 UF 164/06.

355 OLG Hamm, FamRZ 2005, 1177 = ZFE 2005, 170, insoweit bestätigt durch BGH, FamRZ 2007, 793 m. Anm. Büttner; OLG Hamm, FamRZ 1998, 292; BGH, FF 2007, 221; vgl. jurisPK/BGB (Hollinger), § 1573 Rn. 75.3; weitaus enger OLG Hamm, FamRZ 2005, 35.

- nach mehr als 23 Jahren,[356]
- nach mehr als 25 Jahren,[357]
- nach mehr als 28 Jahren.[358]

Festgehalten werden kann, dass es schon nach bisherigem Recht **keine schematische Bindung** zwischen Ehedauer und Gewährung des vollen Unterhalts i.s.e. zeitlichen Entsprechung oder einer festen Zeitgrenze gibt.[359] Insbesondere gibt es **keine absolute zeitliche Obergrenze** einer Ehedauer, nach der die Befristung generell ausscheidet.   363

Das **Zeitmoment** der Dauer der Ehe ist lediglich als **Hilfsargument** zu verstehen, um den Umfang der wirtschaftlichen Dispositionen der Ehegatten zu erfassen. Je länger die Ehe gedauert hat, desto schwieriger wird die zeitliche Begrenzung sein, weil im Regelfall die **wirtschaftliche Verflechtung der Eheleute**[360] und die Abhängigkeit normalerweise mit zunehmender Dauer stärker ausgeprägt sind. Entscheidend ist dabei aber nicht der abstrakte Zeitraum der Ehedauer, sondern die **Zeit der gegenseitigen wirtschaftlichen Verflechtungen** und die **Intensität der konkreten wirtschaftlichen Abhängigkeiten**. Der Stellenwert der Ehedauer ist dabei auch zukunftsbezogen zu beurteilen, mit dem Blick auf die Fähigkeiten, die eigene wirtschaftliche Selbstständigkeit zu erlangen.[361] Zu beachten ist auch, dass die Chance, wieder eine Arbeit zu finden, auch vom Alter der betreffenden Person abhängt und das Alter vielfach mit der Ehedauer korreliert.   364

Hinweis: 365

- Zu all diesen Aspekten ist umfassender **anwaltlicher Sachvortrag** unverzichtbar.

- In der anwaltlichen **Beratung im Vorfeld** muss der Mandant entsprechend **informiert** und die erforderlichen Sachverhaltsangaben **erfragt** werden.

- Aus haftungsrechtlichen Gründen ist man gut beraten, diese Aktivitäten ausreichend zu **dokumentieren**.

- Bei einer kurzen Ehedauer von bis zu zwei Jahren kommt eine Begrenzung des Unterhalts über **§ 1579 Nr. 1 BGB** in Betracht.

---

356   OLG Naumburg, FF 2002, 67 m. abl. Anm. Büttner, FF 2002, 68.

357   OLG Koblenz, FuR 2007, 44.

358   OLG Düsseldorf, ZFE 2006, 36 = FamRZ 2006, 1040 = FuR 2006, 89; vgl. jurisPK/BGB (Hollinger), § 1573 Rn. 75.2 und jurisPR-FamR 26/2005, Anm. 3, Viefhues; jurisPR-FamR 11/2006, Anm. 1, Maes.

359   BGH, FamRZ 2006, 1006 m. Anm. Born; OLG Karlsruhe, FamRZ 1989, 511.

360   Menne, ZFE 2006, 244, 245.

361   Palandt (Brudermüller), BGB, § 1578b Rn. 10.

2. Das Alter der Unterhaltsberechtigten

366 Zwar spielt das Alter der unterhaltsberechtigten Person eine Rolle. Allerdings ist hieraus keine absolute Sperre herzuleiten. Die Gerichte haben z.b. bei

- einer gesunden, bei Scheidung 40 Jahre alte Ehefrau[362]
- einer 50 Jahre alten Frau[363]

keine Bedenken gegen eine Befristung geäußert. Abzustellen ist jeweils auf die konkreten Möglichkeiten, die – unter Berücksichtigung des Alters – bestehen, beruflich „wieder auf eigene Beine" zu kommen.

3. Weitere Umstände für die Billigkeitsabwägung

367 Da es sich um eine umfassende Billigkeitsabwägung handelt, können noch weitere Umstände insbes. im Zusammenhang mit der Gestaltung von Haushaltsführung und Erwerbstätigkeit **gegen eine Befristung sprechen.** In der Rechtsprechung sind folgende Fälle entschieden worden:[364]

- **besondere Leistungen des Unterhaltsberechtigten** während der Zeit des Zusammenlebens wie z.b.

    – besondere Opferleistungen[365] wie die Betreuung des Partners während längerer Krankheit,

    – Versorgung eines Kindes des Ehegatten aus erster Ehe oder eines gemeinsamen Pflegekindes,[366]

    – Finanzierung der Ausbildung des Ehegatten,[367]

    – hoher Vermögenseinsatz zur Gestaltung der ehelichen Lebensverhältnisse,[368]

    – Tilgung von vorehelichen Verbindlichkeiten,[369]

    – Mitarbeit im Erwerbsgeschäft/Unternehmen des Unterhaltspflichtigen während der Ehe.[370]

- **besondere ehebedingte Nachteile**[371] wie z.b.

---

362   OLG Brandenburg, ZFE 2007, 232.
363   Vgl. OLG Koblenz, FuR 2007, 44, 46.
364   Vgl. FamRZ 2007, 793 m. Anm. Büttner.
365   Palandt (Brudermüller), BGB, § 1578b Rn. 8, 10.
366   OLG Hamm, FamRZ 1994, 1108 (beim Trennungsunterhalt).
367   Kalthoener/Büttner/Niepmann, Die Rechtsprechung zur Höhe des Unterhalts, Rn. 1035 m.w.N; OLG Hamm, NJW-RR 1991, 1447.
368   Palandt (Brudermüller), BGB, § 1578b Rn. 8.
369   Palandt (Brudermüller), BGB, § 1578b Rn. 10.
370   Klein, in: Arbeitsmaterialien zur 10. Jahrestagung Familienrecht des DAI, Rn. 43.
371   Brudermüller, FF 2004, 101, 104 m.w.N.

– schwere Verletzung beim Bau des gemeinsamen Eigenheims,[372]
– erhebliche Verletzung bei einem vom Unterhaltspflichtigen verursachten Autounfall.

Hier wird deutlich, dass in der – sehr kasuistischen Rechtsprechung – im Einzelfall bei   368
der konkret vorgenommenen Billigkeitsabwägung auch der Gedanke eines „nachehelichen Lastenausgleichs" herangezogen worden ist, ohne dies ausdrücklich herauszustellen.[373]

In diesem Zusammenhang könnte auch eine Rolle spielen, inwieweit die aktuellen   369
Einkünfte des Berechtigten überhaupt noch auf einer gemeinsamen Lebensleistung der
Ex-Eheleute basieren. Je größer der zeitliche Abstand zur Trennung und Scheidung,
desto weniger lässt sich dies begründen (so z.b. beim Kundenstamm eines selbstständigen Unternehmers[374]).

Stellt man auf der einen Seite auf die Ehebedingtheit des Nachteils der Unterhaltsbe-   370
rechtigten ab, so sprechen einige Gründe dafür, in gleicher Weise den Blick auf die
Ehebedingtheit des Vorteils beim Unterhaltspflichtigen zu richten. Sind beim Unterhaltsberechtigten demnach Vorteile vorhanden, die nicht mehr mit der gemeinsamen
Lebensleistung in Verbindung gebracht werden können, ist Rechtfertigung eines daran
bestehenden „Teilhabeanspruchs" des früheren Ehegatten fragwürdig.

4.   **Keine Beschränkung trotz fehlender ehebedingter Nachteile**

In bestimmten Fällen kann auch dann, wenn keine ehebedingten Nachteile vorhanden   371
sind, eine **Begrenzung oder Befristung ausgeschlossen** sein.

a)   **Unterhaltstatbestände ohne Anknüpfung an ehebedingte Nachteile**

Die Anknüpfung der Begrenzung und Befristung an ehebedingte Nachteile ist dort   372
nicht möglich, wo der **Unterhaltstatbestand selbst sich nicht auf solche Nachteile
stützt.**

So entsteht der Unterhaltsanspruch aus **§ 1572 BGB wegen Krankheit** allein durch
eine krankheitsbedingte Erwerbsunfähigkeit, die zu einem bestimmten Einsatzzeitpunkt vorhanden sein muss. Erforderlich sind die Kausalität zwischen Krankheit und

---

372   BGH, NJW 1986, 2832, 2834.
373   Dazu s.u. Rn. 301, 360.
374   Ausführlich Braeuer, FamRZ 2006, 1489 ,1495.

Einschränkung der Erwerbsfähigkeit[375] sowie der zeitliche Zusammenhang.[376] Ausreichend ist sogar, wenn die Krankheit zu diesem Zeitpunkt latent vorhanden ist, in nahem Zusammenhang damit ausbricht und zur Erwerbsunfähigkeit führt.[377]

Es wird jedoch keine Kausalität zwischen Ehe und Krankheit vorausgesetzt.[378] Die Krankheit muss also gerade **nicht ehebedingt** sein.[379] Unerheblich ist sogar, ob die Krankheit vor oder während der Ehe entstanden ist.[380]

Entsprechendes gilt für den Unterhaltsanspruch gem. **§ 1571 BGB wegen Alters**. Auch hier müssen die Tatbestandsvoraussetzungen lediglich zu einem bestimmten Einsatzzeitpunkt gegeben sein. Nicht erforderlich ist, dass der unterhaltsberechtigte Ehegatte „in der Ehe alt geworden" oder gar „durch die Ehe gealtert" ist. Eine Ehebedingtheit ist hier folglich ebenfalls nicht erforderlich. Der Unterhaltsanspruch kommt daher auch dann zur Anwendung, wenn der unterhaltsberechtigte Ehegatte bereits zu Beginn der Ehe aufgrund seines Alters keiner Erwerbstätigkeit nachgehen konnte (sog. Altersehe).[381]

373 § 1578b BGB erfasst aber auch diese Unterhaltstatbestände, bei denen es nicht um die Kompensation „ehebedingter Nachteile", sondern allein um das **Ausmaß der darüber hinausgehenden nachehelichen Solidarität** geht[382] (Unterhaltsansprüche wegen Alters, Krankheit oder Arbeitslosigkeit, §§ 1571, 1572, 1573 Abs. 1 BGB; Aufstockungsunterhalt, § 1573 Abs. 2 BGB).[383] **Billigkeitsmaßstab** für die Herabsetzung oder zeitliche Begrenzung des Unterhalts ist hier nach der Gesetzesbegründung allein die **fortwirkende Solidarität** im Lichte des Grundsatzes der Eigenverantwortung. Dabei haben die in § 1578b Abs. 1 Satz 3 BGB genannten Umstände auch Bedeutung für das Ausmaß einer fortwirkenden Verantwortung.

---

375 Bäumel/Büte/Poppen (Bäumel), Unterhaltsrecht, § 1572 BGB Rn. 2 m.w.N.; Rotax (Viefhues), Praxis des Familienrechts, Teil 7 Rn. 155.

376 Palandt (Brudermüller), BGB, § 1572 Rn. 8 m.w.N; Rotax (Viefhues), Praxis des Familienrechts, Teil 7 Rn. 155; jurisPK/BGB (Altmeyer), § 1572 Rn. 1 m.w.N.; Bäumel/Büte/Poppen (Büte), Unterhaltsrecht, § 1572 BGB, Rn. 5 m.w.N.

377 BGH, NJW 2001, 3260, 3261 = FamRZ 2001, 1291; OLG Hamm, FamRZ 2002, 1564.

378 BGH, FamRZ 1988, 930; BGH, FamRZ 2004, 779.

379 Palandt (Brudermüller), BGB, § 1572 Rn. 3 m.w.N; AnwKommentar (Fränken), BGB, § 1572 Rn. 8.

380 Rotax (Viefhues), Praxis des Familienrechts, Teil 7 Rn. 154.

381 jurisPK/BGB (Altmeyer), § 1571 Rn. 1 m.w.N.; Weinreich/Klein, KKFamR, § 1571 BGB Rn. 2.

382 Zweifelnd wohl Büttner, FamRZ 2007, 773, 775.

383 Die Gesetzesbegründung S. 29/30 nennt § 1573 BGB sowohl bei den Unterhaltstatbeständen zum Nachteilsausgleich als auch bei den Unterhaltstatbeständen ohne ehebedingte Nachteile.

Hier kann die **Dauer der Ehe** als Anknüpfungspunkt für einen **Vertrauenstatbestand** 374
besondere Bedeutung erlangen.[384] So wird ein kranker Ehegatte nach einer 20 Jahre
dauernden Ehe eher darauf vertrauen können, nachehelichen Unterhalt unbefristet
oder zumindest für einen längeren Zeitraum zu erlangen als nach einer nur fünf Jahre
dauernden Ehe. Denn das Vertrauen auf den Fortbestand einer sozialen Sicherung verfestigt sich naturgemäß mit der Dauer der Ehe.

Auch das **Alter** des berechtigten Ehegatten dürfte eine Rolle spielen.[385]

b)   Unterhaltstatbestände mit Anknüpfung an ehebedingte Nachteile

Auch bei den Unterhaltstatbeständen, die an ehebedingte Nachteile anknüpfen wie z.b. 375
§ 1570 BGB (Betreuungsunterhalt), § 1573 BGB (Unterhalt wegen Erwerbslosigkeit
und Aufstockungsunterhalt)[386] und § 1575 BGB (Ausbildungsunterhalt), **kann unter
besonderen Umständen eine Beschränkung ausgeschlossen sein.** So hat der BGH
beim Aufstockungsunterhalt bereits nach der bisherigen Rechtslage im Rahmen des
§ 1573 Abs. 5 BGB ausgeführt, dass auch dann, wenn keine ehebedingten Nachteile
festzustellen sind, bei einer **langen Ehedauer** eine Befristung ausgeschlossen sein
kann, wenn es für den bedürftigen Ehegatten insbes. angesichts seines **Alters** unzumutbar ist, sich dauerhaft auf den niedrigeren Lebensstandard einzurichten, der seinen
eigenen beruflichen Möglichkeiten entspricht.[387] Voraussetzung für diese **Zumutbar-
keitsabwägung** ist, dass der tatsächliche Lebenszuschnitt der Ehe durch ein erheblich
über den eigenen Möglichkeiten und wirtschaftlichen Verhältnissen liegendes Einkommen des anderen Ehegatten geprägt worden ist.

5.   Fazit

Das Gesetz eröffnet über § 1578b BGB weitgehende Möglichkeiten des Gerichts, in 376
die gesetzlichen Unterhaltsansprüche aufgrund einer Billigkeitsregelung einzugrei-
fen. Die näheren Ausgestaltungen werden sich erst in der Praxis im Laufe der Zeit he-
rauskristallisieren. Zu befürchten ist eine **größere Kasuistik**, die die Vorhersehbarkeit
von Entscheidungen beeinträchtigt und vor allem die anwaltliche Beratung deutlich
erschweren dürfte.

Hinweis: 377

• Es kommt entscheidend auf die konkreten **Umstände des Einzelfalles** an.

• Die vorhergehenden Ausführungen machen deutlich, dass in der **anwaltlichen
  Beratungspraxis** in Zukunft ein **wesentlich höherer Aufklärungsaufwand**

---

384   Vgl. auch Palandt (Brudermüller), BGB, § 1578b Rn. 8.
385   jurisPK/BGB (Hollinger), § 1573 Rn. 115 m.w.N.
386   S. Fn. 327.
387   So schon BGH, FamRZ 2006, 1006 m. Anm. Born zum bisherigen Recht.

getrieben werden muss. In der anwaltlichen Beratung im Vorfeld eines Unterhaltsprozesses muss der Mandant entsprechend informiert und die erforderlichen Sachverhaltsangaben erfragt werden.

- Denn der Mandant bzw. die Mandantin können nicht wissen, auf welche Umstände es für die unterhaltsrechtlich relevanten Fragen ankommt.
- Zudem kennen der Anwalt bzw. die Anwältin die konkreten Lebensumstände der Eheleute nicht selbst, um bereits umfassend über alle notwendigen Informationen zu verfügen.
- Viele dieser Gesichtspunkte werden im juristischen Alltag **nicht unstreitig bleiben**.
- Ob der Ehepartner in Abstimmung mit dem Ehegatten, aus freien Stücken oder aus rein persönlichen, „eigennützigen" Gründen seinen Beruf oder sein Studium aufgegeben und die Führung des Haushalts übernommen hat, dürfte sich Jahre später nur schwer feststellen und gerichtsfest nachweisen lassen. Solche Entscheidungen der Eheleute werden schließlich nicht schriftlich protokolliert oder wechselseitig quittiert.
- Außerdem liegen derartigen Entscheidungen vielfach mehrere – durchaus unterschiedliche – Motive zugrunde. Haben diese Erwerbsnachteile – wie in der Praxis häufig – mehrere Ursachen, so reicht es nach der Gesetzesbegründung aus, wenn die Nachteile überwiegend auf die eheliche Aufgabenverteilung zurückzuführen sind. Dementsprechend kommt es auch auf das für die Entscheidung überwiegende Motiv an.
- Zur Darlegung der tatbestandlichen Voraussetzungen ist im Prozess umfassender und detaillierter anwaltlicher **Sachvortrag** erforderlich.[388]
- Aus haftungsrechtlichen Gründen ist man gut beraten, alle einschlägigen Aktivitäten ausreichend zu dokumentieren.

6. Rechtsfolgen

378 Das Gesetz lässt in § 1578b BGB eine **Beschränkung** des an den geschiedenen Ehegatten zu zahlenden Ehegattenunterhalts in mehrfacher Hinsicht zu:

- hinsichtlich der **Höhe** auf den angemessenen Lebensbedarf gem. § 1578b Abs. 1 BGB (**Herabsetzung, Begrenzung**),
- hinsichtlich der **Dauer** der Zahlungspflicht gem. § 1578b Abs. 2 BGB (**zeitliche Begrenzung, Befristung**).

---

388 Zur Darlegungs- und Beweislast s.u. Rn. 456 ff.

- Herabsetzung und Befristung des Unterhaltsanspruchs können miteinander **verbunden** werden (§ 1578b Abs. 3 BGB), sodass auch eine **gestaffelte Regelung** möglich ist.[389]

In der Gesetzesbegründung wird ausdrücklich noch darauf verwiesen, sowohl bei der Herabsetzung als auch bei der zeitlichen Begrenzung sei zu berücksichtigen, dass die Belange eines vom Berechtigten betreuten gemeinschaftlichen Kindes gewahrt bleiben. Diese **Kinderschutzklausel** schütze davor, den Betreuungsunterhalt so weit abzusenken, dass zwischen dem Lebensstandard des kinderbetreuenden Ehegatten und demjenigen der Kinder, die ungeschmälert Kindesunterhalt erhalten, ein erheblicher Niveauunterschied besteht. Insoweit sind bei § 1578b BGB n.F. andere Wertungen erforderlich als im Rahmen des sehr viel strengeren § 1579 BGB. Allerdings ist auch diese Kinderschutzklausel im Lichte der verschärften Erwerbsobliegenheiten aus § 1570 BGB zu sehen.[390]

379

Liegen die **tatbestandlichen Voraussetzungen** vor, **müssen** sie berücksichtigt werden, auch wenn sich der Verpflichtete nicht darauf beruft; die Vorschrift räumt auf der Tatbestandsseite **kein Ermessen** ein. Wird die Unbilligkeit bejaht, ist der Anspruch auf den angemessenen Lebensbedarf **herabzusetzen** bzw. ist er zeitlich zu **begrenzen**. Ob die Begrenzung dabei die Höhe des Anspruchs oder dessen zeitliche Geltung oder beides umfasst, ist anhand der Umstände des Einzelfalles zu entscheiden.[391] Auf der Rechtsfolgeseite besteht dagegen richterliches Ermessen.[392]

380

Soll der Unterhaltsanspruch den Ausgleich ehebedingter Nachteile bezwecken, kann als Argumentationshilfe für den Umfang der Begrenzung auf die **BGH-Rechtsprechung zur Ausübungskontrolle von Eheverträgen** zurückgegriffen werden.[393]

381

Wird dort bei der **Ausübungskontrolle** nach § 242 BGB festgestellt, dass die Berufung auf die im Ehevertrag getroffenen einschränkenden Regelungen angesichts der aktuellen Verhältnisse nunmehr missbräuchlich erscheint und deshalb das Vertrauen des Begünstigten in den Fortbestand des Vertrags nicht mehr schutzwürdig ist, sind im Wege der richterlichen Vertragsanpassung die Rechtsfolgen anzuordnen, die den berechtigten Belangen beider Parteien in ausgewogener Weise Rechnung tragen. Der BGH hat dazu[394] jedoch im Rahmen der Anpassungskontrolle beim Ausschluss des Versorgungsausgleichs klargestellt, dass **lediglich die ehebedingten Nachteile aus-**

382

---

389   S.a. unter Rn. 410 ff.

390   S. Rn. 331.

391   Menne, FF 2006, 175, 182.

392   S. Rn. 383 ff. und 417 ff.

393   Grundlegend BGH, NJW 2004, 930 = FamRZ 2004, 601 = BGHZ 158, 81; vgl. Wellenhofer, FamRZ 2007, 1282, 1289 m.w.N.

394   Speziell in Entscheidungen zum ehevertraglichen Ausschluss des Versorgungsausgleichs.

zugleichen sind und damit **keine volle Beteiligung am „Gewinn" des anderen Ehegatten** erfolgt:[395]

- Das bedeutet einmal **zeitlich**, dass z.b. nur für die Dauer einer Kindesbetreuung ein Ausgleich zu erfolgen hat.
- In der **Höhe** richtet sich der Anspruch danach, was der Ehegatte ohne Kinderbetreuung bei eigener Berufstätigkeit verdient hätte. Damit ist also nur der durch die geänderten Umstände eingetretene eigene „Verlust" auszugleichen.[396]

a) Herabsetzung § 1578b Abs. 1 Satz 1 BGB

383   Bei der in § 1578b Abs. 1 Satz 1 BGB geregelten Herabsetzung sieht das Gesetz ausdrücklich – wie bisher in § 1578 Abs. 1 Satz 2 BGB – einen Ersatzmaßstab i.H.d. **angemessenen Lebensbedarfs** vor, der an die Stelle des eheangemessenen Bedarfs tritt.

aa) Möglicher Beginn einer Herabsetzung

384   Teilweise wird davon ausgegangen, dass nach § 1578b Abs. 1 BGB eine zeitliche Begrenzung des Unterhaltsmaßstabes nach den ehelichen Lebensverhältnissen und **anschließend** eine Herabsetzung auf den nach allgemeinen Maßstäben angemessenen Unterhalt vorgesehen ist.[397] Zunächst sei während einer Übergangszeit der volle Unterhalt nach den ehelichen Lebensverhältnissen zu gewähren. Nach dieser Übergangsfrist solle eine sachlich nicht gerechtfertigte fortgesetzte Teilhabe am ehelichen Lebensstandard entfallen, der Bedürftige aber nicht schlechter stehen als er ohne Ehe gestanden hätte.[398]

Diese Auslegung orientiert sich aber noch am Wortlaut des bisherigen Rechts in § 1578 Abs. 1 Satz 2 BGB, der eine Herabsetzung erst nach einer Übergangsfrist vorsah („ […] kann zeitlich begrenzt und **danach** auf den angemessenen Lebensbedarf abgestellt werden."). Eine solche Einschränkung macht das neue Gesetz jedoch nicht.

385   Sicherlich kann es sachgerecht sein, auch für eine gewisse Zeit den vollen Unterhalt zu gewähren und für die Folgezeit abzusenken. Ob dies als ein Anwendungsfall allein des Abs. 1 oder unter Abs. 3 zu subsumieren ist, hat keine praktische Bedeutung, denn die Möglichkeiten der Herabsetzung und zeitlichen Befristung sind jedenfalls beliebig kombinierbar und sollten auch flexibel eingesetzt werden. Es ist aber nach dem Gesetzeswortlaut nicht zwingend, erst mit einer gewissen Verzögerung von der Herabsetzungsmöglichkeit des Abs. 1 Gebrauch zu machen. Der Unterschied zur früheren

---

395   Vgl. auch Münch, FamRZ 2005, 570; vgl. auch OLG Hamm, ZFE 2006, 355.

396   BGH, NJW 2005, 139; BGH, NJW 2005, 2391; OLG Düsseldorf, FamRZ 2006, 347.

397   So Palandt (Brudermüller), BGB, § 1578b Rn. 13.

398   Palandt (Brudermüller), BGB, § 1578b Rn. 14; Klein, in: Arbeitsmaterialien zur 10. Jahrestagung Familienrecht des DAI, Rn. 46.

Rechtslage besteht gerade darin, dass **die Herabsetzung sogleich ab Scheidung erfolgen kann**, also nicht erst – wie beim bisherigen § 1578 Abs. 1 Satz 2 BGB – eine gewisse Zeit lang der volle Unterhalt zu gewähren ist.[399]

bb) Bemessung des begrenzten Anspruchs

Mit der Herabsetzung soll eine Unterhaltshöhe **unterhalb des Quotenunterhalts** erreicht werden, der sich sonst nach den ehelichen Lebensverhältnissen und demnach regelmäßig nach dem aktuellen Einkommen beider Ehegatten[400] ergeben würde.   386

Die **Absenkung des Unterhalts** aus Billigkeitsgründen hat das **Ziel**, einen fortdauernden Ausgleich der Nachteile, die mit der Ehe verbunden waren, zu erreichen. Es kann danach angemessen sein, den Bedarf auf einen Betrag zwischen dem vollen Unterhalt und dem vorehelichen Lebensstandard festzulegen.[401]   387

Ersatzmaßstab, der an die Stelle der Unterhaltsbemessung nach den ehelichen Lebensverhältnissen tritt, ist der „**angemessene Lebensbedarf**".[402] Als Anknüpfungspunkt ist im Regelfall die **Lebensstellung** des Berechtigten **vor der Eheschließung** oder die Lebensstellung, die der Berechtigte **ohne die Ehe** gehabt hätte, heranzuziehen.[403] Maßgebend ist demnach nach einer Übergangszeit nicht mehr der Lebensstandard des Verheirateten, sondern des fiktiv ledig Gebliebenen.[404] Einkommensunterschiede, die ihre Ursache in unterschiedlicher beruflicher Entwicklung vor der Ehe haben, sind ohne Bedeutung.[405] Dabei sind allerdings stets die Belange eines vom Berechtigten betreuten gemeinschaftlichen Kindes zu berücksichtigen.[406]   388

Auch hier richtet sich die **Billigkeitsabwägung** danach, dass eine ehebezogene Lebensstandardgarantie dann nicht mehr angemessen ist, wenn sich aus der Ehe keine Nachteile der beruflichen Entwicklung (mehr) ergeben und auch kein auf der früheren wirtschaftlichen Verflechtung der Lebensverhältnisse basierender Vertrauenstatbestand (mehr) existiert.   389

---

399   Schwab, FamRZ 2005, 1417, 1419; Ehinger/Rasch, FamRB 2007, 46, 50; Büttner, FamRZ 2007, 773, 774; Wellenhofer, FamRZ 2007, 1282, 1285.

400   Vgl. BGH, FamRZ 2006, 683 = ZFE 2006, 271 m. Anm. Borth, FamRZ 2006, 852; ausführlich zur Bedeutung der ehelichen Lebensverhältnisse Schürmann, NJW 2006, 2301 ff.

401   Brudermüller, FF 2004, 101, 106; ders., FamRZ 1998, 649, 658.

402   Menne, FF 2006, 175, 182; Peschel-Gutzeit, ZRP 2005, 177, 180; vgl. auch Hohmann-Dennhardt, ZRP 2005, 173.

403   Eschenbruch/Klinkhammer, Der Unterhaltsprozess, Rn. 1460 m.w.N.; Brudermüller, FF 2004, 101, 106; Palandt (Brudermüller), BGB, § 1578b Rn. 15; Ehinger/Rasch, FamRB 2007, 46, 50; BGH, FamRZ 1986, 886; KG Berlin, FamRZ 1992, 948; OLG Hamm, FamRZ 1998, 295; OLG Hamburg, FamRZ 1998, 294.

404   Graba, FF 2007, 245, 249.

405   BGH, FamRZ 2006, 1006 m. Anm. Born; KG Berlin, FamRZ 1992, 948.

406   Menne, FF 2006, 175, 182.

390   Bei der Billigkeitsabwägung ist insbes. zu berücksichtigen, dass die Belange eines vom Berechtigten betreuten gemeinschaftlichen Kindes gewahrt bleiben. Diese **Kinderschutzklausel** soll davor schützen, dass der Betreuungsunterhalt so weit abgesenkt wird, dass zwischen dem Lebensstandard des kinderbetreuenden Ehegatten und demjenigen der Kinder, die ungeschmälert Kindesunterhalt erhalten, ein erheblicher Niveauunterschied besteht.

Ungeklärt ist, ob zum angemessenen Bedarf auch die **Kosten der Kranken- und Pflegeversicherung** gem. § 1578 Abs. 2 BGB und der **Altersvorsorge** gem. § 1578 Abs. 3 BGB gehören.[407]

cc)   Untergrenze des herabgesetzten Anspruchs

391   Schon zur bisherigen Regelung in § 1578 Abs. 1 BGB bestand Einigkeit, dass eine Absenkung unter den angemessenen Eigenbedarf regelmäßig nicht gerechtfertigt ist, auch wenn der voreheliche Lebensstandard niedriger war.[408] Das Existenzminimum der Ehefrau müsse also gesichert sein; der angemessene Bedarf liege oberhalb des Existenzminimums (des notwendigen Unterhalts).[409] So komme in Mangelfällen auch eine weitere Herabsetzung grds. nicht in Betracht, wohl aber eine zeitliche Begrenzung.[410]

Auch der Gesetzeswortlaut des neuen § 1578b Abs. 1 Satz 1 BGB ist hier eindeutig:

„Der Unterhaltsanspruch des geschiedenen Ehegatten ist auf den angemessenen Lebensbedarf herabzusetzen [...]"

(1)   Höhe des angemessenen Lebensbedarfs i.S.d. § 1578b Abs. 1 BGB

392   An die Stelle der bisherigen Maßstäbe der Unterhaltsbemessung nach den ehelichen Lebensverhältnissen tritt der „angemessene Lebensbedarf" als **Ersatzmaßstab**.[411] Abzustellen ist auf die **Lebensstellung** des Berechtigten **vor der Eheschließung** oder die Lebensstellung, die der Berechtigte **ohne die Ehe** erreicht hätte.[412] Sind ehebedingte

---

407   So OLG München, FamRZ 2003, 1110 = FuR 2003, 326; Klein, in: Arbeitsmaterialien zur 10. Jahrestagung Familienrecht des DAI, Rn. 48; Büttner, FamRZ 2007, 773, 775.

408   Brudermüller, FF 2004, 101, 106 m.w.N.; Borth, FamRZ 2006, 813, 816; Palandt (Brudermüller), BGB, § 1578b Rn. 15.

409   Palandt (Brudermüller), BGB, § 1578b Rn. 15; Büttner, FamRZ 2007, 773, 775.

410   Palandt (Brudermüller), BGB, § 1578b Rn. 15.

411   Menne, FFE 2006, 175, 182; Peschel-Gutzeit, ZRP 2005, 177, 180; vgl. auch Hohmann-Dennhardt, ZRP 2005, 173.

412   Eschenbruch/Klinkhammer, Der Unterhaltsprozess, Rn. 1460 m.w.N.; Brudermüller, FF 2004, 101, 106; Palandt (Brudermüller), BGB, § 1578b Rn. 15; Ehinger/Rasch, FamRB 2007, 46, 50; BGH, FamRZ 1986, 886; KG, FamRZ 1992, 948; OLG Hamm, FamRZ 1998, 295; OLG Hamburg, FamRZ 1998, 294.

Nachteile konkret festgestellt worden, so ist folglich die Lebensstellung des Berechtigten ohne diese ehebedingten Nachteile zu berücksichtigen. Maßgebend ist nach einer Übergangzeit nicht mehr der Lebensstandard des Verheirateten, sondern des fiktiv ledig Gebliebenen.[413]

Beinhaltet dieser Maßstab jedoch ein Einkommen unterhalb des angemessenen Eigenbedarfs, stellt sich die Frage, ob auch dann eine Reduzierung des Unterhalts gem. § 1578b Abs. 1 BGB erfolgen kann. **393**

Der BGH hat den Selbstbehalt des Unterhaltspflichtigen gegenüber dem Ehegatten mit einem Mittelwert bemessen, der zwischen dem angemessenen Selbstbehalt (§ 1603 Abs. 1 BGB) und dem notwendigen Selbstbehalt (§ 1603 Abs. 2 BGB) liegt.[414] Die aktuelle Düsseldorfer Tabelle setzt hier 1.000,00 € an. **394**

Setzt man angemessenen Lebensbedarf mit diesem Betrag an, führt dies in einigen Beispielrechnungen beispielsweise zu folgenden Ergebnissen: **395**

bereinigtes Einkommen des Ehemannes	*2.800,00 €*	*2.600,00 €*	*2.500,00 €*	*2.400,00 €*	*2.350,00 €*
Quotenunterhalt (3/7)	*1.200,00 €*	*1.114,29 €*	*1.071,43 €*	*1.028,57 €*	*1.007,14 €*
angemessener Selbstbehalt	*1.000,00 €*	*1.000,00 €*	*1.000,00 €*	*1.000,00 €*	*1.000,00 €*
Begrenzung des Unterhalts nur möglich um	*200,00 €*	*114,29 €*	*71,43 €*	*28,57 €*	*7,14€*

Die **genaue Grenze**, bis zu der folglich überhaupt eine Herabsetzung möglich bleibt, liegt dort, wo der Quotenunterhalt sich genau mit dem Eigenbedarfsbetrag deckt. Sie liegt dann bei einem – nach Abzug aller Belastungen und des Kindesunterhalts verbleibenden – **Einkommen des Unterhaltspflichtigen** i.H.v. **2.333,33 €**: **396**

bereinigtes Einkommen des Ehemannes	*2.333,33 €*
Quotenunterhalt (3/7)	*1.000,00 €*
entspricht dem angemessenen Selbstbehalt	*1.000,00 €*

Unterhalb eines solchen Einkommens ist demnach keine Reduzierung des Unterhaltsanspruchs möglich, da sonst der angemessene Eigenbedarf nicht gewahrt bliebe. Da- **397**

---

413 Graba, FF 2007, 245, 249.
414 BGH, FamRZ 2006, 683.

mit wird in der Praxis der **Anwendungsbereich** der Regelung des Abs. 1 allerdings **deutlich eingeschränkt.** Denn die Beispiele zeigen, dass damit – bei einer Untergrenze des angemessenen Unterhalts von 1.000,00 € monatlich – **im Normalverdienerbereich die Herabsetzung regelmäßig nicht möglich** wäre. Konsequenz der vom Gesetz gewählten Lösung ist, dass § 1578 Abs. 1 BGB nur bei höheren Einkommen angewandt werden kann.

(2)   Problematik bei eigenem Einkommen des Berechtigten

398 Die Fragwürdigkeit dieser Einschränkungen durch den gewählten Gesetzeswortlaut wird besonders deutlich in Fällen mit Eigeneinkommen des Unterhaltsberechtigten. Denn der Gesetzeswortlaut des § 1578b Abs. 1 Satz 1 BGB stellt ausdrücklich auf den Unterhaltsanspruch ab, nicht auf den nach Berücksichtigung des Eigeneinkommens noch offenen, ungedeckten Bedarf:

> „Der Unterhaltsanspruch des geschiedenen Ehegatten ist auf den angemessenen Lebensbedarf herabzusetzen [...]"

399

Hinweis

Vielfach wird auch in der gerichtlichen Praxis nicht ausreichend genau zwischen Bedarf, Bedürftigkeit und Unterhaltsanspruch unterschieden:

Vereinfacht lässt sich dieser Unterschied so darstellen:

- der **Bedarf** beschreibt das, was dem Unterhaltsberechtigten gesetzlich **zusteht** und
- die **Bedürftigkeit** umschreibt das, was ihm dazu tatsächlich **fehlt**.

Der **Bedarf** des Unterhaltsberechtigten ist also der Betrag, den er zur angemessenen finanziellen Deckung seines Lebens benötigt. Der Bedarf ist aufgrund bestimmter Wertungen festzulegen, enthält also auch ein normatives Element. § 1578b Abs. 1 BGB legt den vorehelichen Maßstab für den Bedarf fest.

Bedürftig ist eine Person, wenn und soweit sie nicht in der Lage ist, ihren Bedarf selbst zu befriedigen (§ 1577 Abs. 1 BGB). Bedürftig ist der Unterhaltsberechtigte folglich, soweit sein Bedarf nicht gedeckt ist; nur in dieser Höhe kann er einen Unterhaltsanspruch geltend machen.

Der **Unterhaltsanspruch** bezeichnet dagegen den Betrag, den der Berechtigte vom Unterhaltspflichtigen (insbesondere abhängig von dessen Leistungsfähigkeit) fordern kann.

Die Auswirkungen dieser Einschränkungen sollen anhand einiger Rechenbeispiele bei   400
Ansatz eines Eigenbedarfs von 1.000,00 € für die unterhaltsberechtigte Frau verdeutlicht werden.

Beispiel 1:

bereinigtes Einkommen Mann	*3.800,00 €*	*3.600,00 €*	*3.400,00 €*
bereinigtes Einkommen Frau	*1.100,00 €*	*1.100,00 €*	*1.100,00 €*
Differenz	*2.700,00 €*	*2.500,00 €*	*2.300,00 €*
Quotenunterhalt (3/7)	***1.157,14 €***	***1.071,43 €***	***985,71 €***
angemessener Eigenbedarf	*1.000,00 €*	*1.000,00 €*	*1.000,00 €*
Begrenzung des Unterhaltsanspruchs möglich um	*157,14 €*	*71,43 €*	*0 €*

Obwohl in allen Fällen der **angemessene Selbstbehalt** der unterhaltsberechtigten Ehefrau bereits **durch ihr eigenes Einkommen vollständig gesichert** ist, wäre nach dem Wortlaut des Gesetzes nur in den ersten beiden Fällen eine – geringfügige – Reduzierung ihres Unterhaltsanspruchs auf 1.000,00 € zulässig, während im dritten Fall eine Reduzierung ausscheidet.

Konsequenz wäre, dass die Ehefrau – mindestens – über folgende Gesamteinkünfte verfügen könnte:

Beispiel 2:   401

Die Frau verfügt über Eigeneinkommen	*1.100,00 €*	*1.100,00 €*	*1.100,00 €*
Zzgl. (ggf. begrenzter) Unterhalt	*1.000,00 €*	*1.000,00 €*	*985,71 €*
Insgesamt	*2.100,00 €*	*2.100,00 €*	*2.085,71 €*
bereinigtes Einkommen Mann	*3.400,00 €*	*2.800,00 €*	*2.200,00 €*
bereinigtes Einkommen Frau	*800,00 €*	*800,00 €*	*800,00 €*
Differenz	*2.600,00 €*	*2.000,00 €*	*1.400,00 €*
Quotenunterhalt (3/7)	*1.114,29 €*	*857,14 €*	*600,00 €*
angemessener Selbstbehalt (BGH)	*1.000,00 €*	*1.000,00 €*	*1.000,00 €*
Begrenzung möglich um	*114,29 €*	*0*	*0*
Die Frau verfügt insgesamt über Eigeneinkommen	*800,00 €*	*800,00 €*	*800,00 €*
(ggf. begrenzter) Unterhalt	*1.000,00 €*	*857,14 €*	*600,00 €*
insgesamt	*1.800,00 €*	*1.657,14 €*	*1.400,00 €*

Hier wird der **angemessene Eigenbedarf** der unterhaltsberechtigten Ehefrau zwar **nur teilweise durch ihr eigenes Einkommen gesichert**. Ihr Unterhaltsanspruch liegt nur im ersten Fall oberhalb des notwendigen Eigenbedarfs. Daher wäre nach dem Wortlaut des Gesetzes nur in dem ersten Fall eine Reduzierung des Unterhaltsanspruchs auf 1.000,00 € zulässig, nicht aber in den beiden weiteren Fällen. Insgesamt verfügt die Ehefrau aber immer noch über Beträge, die deutlich oberhalb ihres angemessenen Eigenbedarfs liegen.

402 **Beispiel 3:**

Bei einem wesentlich geringeren Einkommen des Pflichtigen wäre überhaupt keine Begrenzung möglich, obwohl das – recht hohe – Eigeneinkommen des Berechtigten für seinen eigenen angemessenen Bedarf ausreicht.

bereinigtes Einkommen Mann	*1.400,00 €*	*1.200,00 €*
bereinigtes Einkommen Frau	*1.100,00 €*	*1.100,00 €*
Differenz	*300,00 €*	*100,00 €*
Quotenunterhalt (3/7)	*128,573 €*	*42,86 €*
angemessener Selbstbehalt	*1.000,00 €*	*1.000,00 €*
Die Frau verfügt über Eigen- *einkommen*	*1.100,00 €*	*1.100,00 €*
zzgl. ungekürzter Unterhalts- *anspruch*	*128,57 €*	*42,86 €*
Insgesamt	*1.228,57 €*	*1.142,86 €*

(3)   Schlussfolgerung

403   Stellt man also – mit dem Gesetzeswortlaut – auf den Unterhalts**anspruch** ab, ergibt sich eine Begrenzungsmöglichkeit nach § 1578b Abs. 1 BGB lediglich bei Einkommens**differenzen**, die den Eigenbedarf übersteigen. Es spielt dann jedoch keine Rolle, ob dieser Eigenbedarf bereits durch das Eigeneinkommen des Unterhaltsberechtigten – ganz oder teilweise – gedeckt wird.

404   Zu dieser Problematik äußert sich die Gesetzesbegründung nicht. Ziel des Gesetzes ist es jedoch, die Sicherung des Bedarfs des Berechtigten vom ehelichen Lebensstandard zu lösen und auf den vorehelichen Standard zu senken. Nach dem Sinn des Gesetzes kann dann aber das Eigeneinkommen des Berechtigten nicht gänzlich unberücksichtigt bleiben. Zweck der Regelung ist demnach, den – **herabgesetzten – Unterhaltsanspruch so zu begrenzen, dass der angemessene Unterhaltsbedarf insgesamt durch Unterhalt und Eigeneinkommen sichergestellt wird.** Die im Gesetz beschriebene Grenze bezieht sich folglich auf den Gesamtbedarf und nicht auf den Anspruch.[415]

---

415   Vgl. auch Graba, FF 2006, 246, 249.

Mit diesem Ziel soll eine Begrenzung des Unterhaltsanspruchs erreicht werden. Die gewählte Gesetzesformulierung muss daher als Redaktionsversehen angesehen und diesem Ziel entsprechend ausgelegt werden.

(4)   Auswirkungen bei den Beispielen

In einigen der vorgenannten Fälle ist der **angemessene Lebensbedarf** der Berech-   405
tigten bereits **durch das Eigeneinkommen vollständig gesichert:**

bereinigtes Einkommen des Mannes	3.800,00 €	3.600,00 €	3.400,00 €	1.400,00 €	1.200,00 €
bereinigtes Einkommen der Frau	1.100,00 €	1.100,00 €	1.100,00 €	1.100,00 €	1.100,00 €
Quotenunter-halt (3/7)	1.157,14 €	1.071,43 €	985,71 €	128,57 €	42,86 €

Daher kann in all diesen Fällen der Unterhaltsanspruch – ohne jegliche Einschränkung – der Höhe nach begrenzt werden, da der Bedarf in ausreichender Höhe bereits durch das Eigeneinkommen gedeckt wird.

Wenn das eigene **Einkommen der Berechtigten unterhalb des notwendigen Le-**   406
bensbedarfs liegt, ergeben sich folgende Beispielrechnungen:

bereinigtes Einkommen des Mannes	3.000,00 €	2.800,00 €	2.600,00 €
bereinigtes Einkommen der Frau	800,00 €	800,00 €	800,00 €
Quotenunterhalt (3/7)	942,86 €	857,14 €	771,43 €

In allen Fällen ist der notwendige Lebensbedarf der Berechtigten bereits i.H.v. 800,00 €   407
durch das eigene Einkommen gedeckt. Eine Reduzierung des Unterhalts ist demnach soweit zulässig, als das Eigeneinkommen und der restliche, gekürzte Unterhalt den notwendigen Lebensbedarf vollständig abdecken. Dieser Betrag stellt dann die Untergrenze des Unterhaltsbetrags dar; eine weiter gehende Kürzung ist jedoch nicht zulässig.

Eigeneinkommen der Ehefrau	800,00 €	800,00 €	800,00 €
Zzgl. QuotenUnterhalt	942,86 €	857,14 €	771,43 €
Gesamtbetrag	1.742,86 €	1.657,14 €	1.571,43 €
notwendigen Lebensbedarf jedoch nur	1.000,00 €	1.000,00 €	1.000,00 €

| Begrenzung möglich um maximal | 742,86 € | 657,14 € | 571,43 € |
| Verbleibender Restunterhaltsanspruch | 200,00 € | 200,00 € | 200,00 € |

Aber auch bei diesem Ansatz ergeben sich Fallgestaltungen, in denen **keine Reduzierung** erfolgen kann:

bereinigtes Einkommen des Mannes	1.800,00 €	1.800,00 €	1.800,00 €
bereinigtes Einkommen der Frau	500,00 €	200,00 €	100,00 €
Quotenunterhalt (3/7)	557, 14 €	685,71 €	728,57 €

Die Ehefrau verfügt insgesamt über Eigeneinkommen	400,00 €	200,00 €	100,00 €
Ungekürzter Unterhaltsanspruch	557, 14 €	685,71 €	728,57 €
Gesamtbetrag	1.057,14 €	885,71 €	828,57 €
notwendiger Eigenbedarf	1.000,00 €	1.000,00 €	1.000,00 €
Begrenzung möglich um maximal	57,14 €	0 €	0 €
Verbleibender Unterhaltsanspruch mindestens	500,00 €	685,71 €	728,57 €

Im ersten Fall ist noch eine geringfügige Begrenzung möglich, nicht aber in den beiden anderen Fällen. Denn dort reichen Eigeneinkommen und gesetzlich geschuldeter Unterhalt nicht aus, den notwendigen Eigenbedarf sicherzustellen.

(5) Bedeutung des hypothetischen Einkommens der Berechtigten

408   In den vorhergehenden Beispielen ist von einem tatsächlichen Einkommen der Berechtigten ausgegangen worden. In der Praxis wird es aber vielfach um hypothetische Einkünfte gehen, die der Berechtigten wegen der Verletzung ihrer Erwerbsobliegenheiten entgegengehalten werden. Aber auch in diesen Fällen muss eine Herabsetzung nach den vorgenannten Kriterien möglich sein. Denn eine Unterhaltsberechtigte, die ihrer Erwerbsobliegenheit nachkommt, darf nicht schlechter gestellt werden als diejenige, die ihren Obliegenheiten nicht genügt.

(6) Untergrenze des Anspruchs bei einer Befristung gem. § 1578b Abs. 2 BGB

409   Nach § 1578b Abs. 2 BGB kann der gesetzlich geschuldete Unterhalt zeitlich befristet werden und zwar auch dann, wenn dieser Unterhaltsanspruch unterhalb des angemessenen oder notwendigen Eigenbedarfs liegt. Eine Sperre, die Befristungsmöglichkeit

des § 1578b Abs. 2 BGB nur auf Unterhaltsansprüche anzuwenden, die den angemessenen Unterhalt übersteigen, besteht nach dem Gesetz nicht und ist auch nicht mittelbar aus § 1578b Abs. 1 BGB herzuleiten.

Beispiel 1:

Bei einem bereinigten Einkommen des Ehemannes von 1.800,00 € beläuft sich der geschuldete Quotenunterhalt der Ehefrau nach der 3/7-Quote auf 771,43 €, liegt also bereits unterhalb des angemessenen Eigenbedarfs. Auch wenn man eine Begrenzung der Höhe nach über § 1578b Abs. 1 BGB nicht als möglich ansieht, kann jedoch dieser Anspruch von 771,43 € befristet werden.

Beispiel 2:

Der Ehemann verfügt über ein bereinigtes Einkommen von 1.600,00 €, die Ehefrau von 200,00 €. Der Quotenunterhalt beläuft sich auf 600,00 €. Auch hier ist der angemessene Eigenbedarf unterschritten. Die Ehefrau verfügt insgesamt über 200,00 € Eigeneinkommen und 600,00 € Unterhalt und damit weniger als der angemessene Eigenbedarf von 900,00 €. Auch wenn nach § 1578b Abs. 1 BGB eine Begrenzung des Anspruchs nicht zulässt, ist die Befristung des gesetzlich geschuldeten Unterhalts von 600,00 € gem. § 1578b Abs. 2 BGB zulässig.

(7) Auswirkungen auf gestaffelte Regelungen

§ 1578b Abs. 3 BGB erlaubt ausdrücklich auch die Kombination von Herabsetzung und Befristung des Unterhaltsanspruchs und ermöglicht damit eine **gestaffelte Regelung**.   410

Beispiel:

*Die Eheleute vereinbaren, dass der Ehemann, der über ein **bereinigtes Monatseinkommen von 4.500,00 €** verfügt, nach der Scheidung der Eheleute folgende Unterhaltszahlungen erbringt:*

- *für fünf Jahre monatlich 1.800,00 €*
- *für die nächsten vier Jahre monatlich 1.400,00 €*
- *für die nächsten drei Jahre monatlich 1.000,00 € und*
- *für weitere zwei Jahre monatlich 600,00 €.*

Eine solche **gestaffelte Regelung** hat für beide Seiten **erhebliche Vorteile**, da damit eine große Planungssicherheit verbunden ist: 411

- Die **Unterhaltsberechtigte** kann genau vorhersehen, wie lange ihr welche Beträge zur Verfügung stehen und welche Zusatzeinkünfte sie selbst ab wann sicherstellen muss, um ihr bisheriges Einkommensniveau halten zu können.

- Der **Unterhaltspflichtige** kann sicher vorausberechnen, welche Beträge er während welcher Zeiträume noch zahlen muss. Er kann somit seine finanziellen Überlegungen daran ausrichten, hat zeitlich ein konkretes Ende seiner Belastungen vor Augen und kann seine finanzielle Gesamtbelastung abschließend kalkulieren.

412   Derartige gestaffelte Regelungen bieten sich speziell bei **Eheverträgen** und **Scheidungsfolgenvergleichen** an, die zwischen den Eheleuten unter Berücksichtigung der beiderseitigen Interessen einvernehmlich ausgehandelt werden. Aber auch in **gerichtlichen Entscheidungen** bieten solche Abstufungen die Möglichkeit einer dem konkreten Fall angemessenen und abgewogenen Regelung.

413   Wenn man allerdings bei der Begrenzung nach § 1578b Abs. 1 BGB eine Obergrenze beim Anspruch zieht und nicht beim insgesamt gesicherten Bedarf,[416] ergeben sich rechtliche Probleme.

Denn fraglich ist aber, ob es nach dem Gesetzeswortlaut zulässig ist, für bestimmte Zeiträume einen **Unterhalt unterhalb der erörterten Grenzen** festzusetzen.

Auf den **Beispielsfall** bezogen ergeben sich folgende Untergrenzen:

- aus § 1578b Abs. 1 BGB der Eigenbedarf der Berechtigten – also 1.000,00 €[417]
- aus § 1578b Abs. 2 BGB der gesetzlich geschuldete Unterhaltsbetrag – also 1.928,57 €.[418]

Man wird davon ausgehen müssen, dass sich im Rahmen der Staffelregelung des § 1578b Abs. 3 BGB immer die niedrigere Grenze durchsetzt – hier wäre also eine Reduzierung auf 1.000,00 € möglich.

414   Fraglich ist aber dann noch, ob es nach dem Gesetzeswortlaut zulässig ist, für bestimmte Zeiträume einen **Unterhalt unterhalb dieser Grenze** festzusetzen – so im Beispiel für die letzte Zeitphase eine Begrenzung auf monatlich nur noch 600,00 €.

Das Gesetz verfolgt aber in § 1587b Abs. 3 BGB gerade das Ziel, flexible, dem Einzelfall angepasste Lösungen zu ermöglichen. Eine solche Lösung kann aber gerade in einer gestaffelten Regelung auch darin liegen, für bestimmte Zeiträume einen Unterhaltsbetrag festzusetzen, der unterhalb dieser starren Grenzen liegt und muss daher schon aus praktischen Gründen als zulässig angesehen werden.

Eine andere Auslegung hätte nämlich zur Folge, dass eine solche Staffelregelung zwar in einem Vergleich oder einer vertraglichen Vereinbarung der Eheleute zulässig wäre, in einer gerichtlichen Entscheidung aber nicht festgesetzt werden könnte.

Das Gericht wäre dann gezwungen, eine solche gesetzliche Sperre durch einen kreativen Einsatz der Befristungsregelung des § 1578b Abs. 2 BGB zu unterlaufen:

---

416   S. dazu Rn. 382.
417   Zu den alternativen Ansätzen s.o. bei Fn. 217 und 219.
418   Nach der 3/7-Quote.

Beispiel:

Geschuldet wird im Beispiel für den letzten Zeitraum von zwei Jahren = 24 Monaten ein Monatsbetrag von 600,00 €, insgesamt also 14.400,00 €. Hält man eine Untergrenze von 1.000,00 € monatlich für zwingend, wäre ein Unterhaltbetrag von 1.000,00 € für 14,4 Monate festzusetzen, um das gleiche Ergebnis zu erreichen.

dd) Keine sofortige vollständige Versagung des Unterhalts

Betont wird, dass nach dem Gesetzeswortlaut für das Gericht **nicht die Möglichkeit** bestehen soll, **den Unterhalt von vornherein ganz zu versagen**, also unmittelbar auf Null herabzusetzen.[419]

415

Hinweis:

Diese Sperre lässt sich in der Praxis aber de facto durch eine ganz kurze Frist nach § 1578b Abs. 2 BGB unterlaufen, wenn hierfür entsprechende ausreichende Gründe vorhanden sind.

416

---

b) Befristung

Die Befristung führt dazu, dass der Anspruch nur **für einen bestimmten Zeitraum** zugesprochen wird.[420] **Mit Ablauf der Frist entfällt der Anspruch.** Einer gesonderten Prüfung, ob ein Anschlusstatbestand wie z.B. wegen Alters oder Krankheit gegeben ist, ist nicht erforderlich, weil diese Überlegungen bereits im Rahmen der allgemeinen Billigkeitsabwägung vorzunehmen sind.[421]

417

Die **konkrete Bestimmung der Frist** als angemessene **Rechtsfolge** ist eine richterliche **Ermessensentscheidung**.[422]

Nach der Gesetzesbegründung soll auch dem Stellenwert der Ansprüche im Normensystem der Unterhaltstatbestände Rechnung getragen werden, sodass im Ergebnis jedenfalls aufseiten der Billigkeitsabwägungen unterschiedliche Bewertungen in Abhängigkeit vom konkret gelten gemachten Anspruch zulässig sind. Damit kann die Übergangsfrist also in Abhängigkeit von der zugrunde liegenden rechtlichen Grundlage des Anspruchs unterschiedlich festgesetzt werden.[423]

418

---

419 Schwab, FamRZ 2005, 1417, 1419; Prütting/Wegen/Weinreich (Kleffmann), BGB, § 1573 Rn. 23.

420 Zur Mindesthöhe des Anspruchs, s.o. Rn. 391.

421 Palandt (Brudermüller), BGB, § 1578b Rn. 15.

422 Wendl/Staudigl (Pauling), Das Unterhaltsrecht in der familiengerichtlichen Praxis, § 4 Rn. 580 m.w.N.; jurisPK/BGB (Hollinger), § 1573 Rn. 69.

423 Klein, in: Arbeitsmaterialien zur 10. Jahrestagung Familienrecht des DAI, S. 13.

419 Geht es beim konkreten Unterhaltsanspruch darum, ehebedingte Nachteile auszugleichen, ist genau zu prüfen, welche **nach der Scheidung fortwirkenden Nachteile** im
konkreten Fall entstanden sind. Denn Ziel der Begrenzungsregelungen ist, den Unterhaltsanspruch auf den **Ausgleich dieser ehebedingten Nachteile** zu reduzieren.

420 Aus der **bisherigen Rechtsprechung zu § 1573 Abs. 5 BGB** sind die folgenden Gesichtspunkte aufzuführen, die auch für die Auslegung der neuen Befristungsregelung
herangezogen werden können. Zu bedenken ist aber, dass der Umstellungszeitraum im
Lichte der gesteigerten Eigenverantwortung und der sich daraus ergebenden verschärften Erwerbsobliegenheiten zu betrachten ist, sodass sich hier die bisherige Rechtsprechung nicht unbesehen übernehmen lässt.[424]

Die Befristung ist **nicht schematisch an die Dauer der Ehe anzuknüpfen**.[425] Schon
die bisherige Rechtsprechung zu § 1573 Abs. 5 BGB hatte bei kinderlosen Ehegatten
keine Bedenken, eine Befristung als angemessen anzusehen, die deutlich unterhalb
der Ehedauer liegt.[426] In Anbetracht der Grundentscheidung des neuen Gesetzes, die
Eigenverantwortung zu steigern, werden in Zukunft deutlich **kürzere Übergangs-
fristen** zugebilligt werden.

421 Sieht man den entscheidenden Grund für eine fortwirkende unterhaltsrechtliche Ver-
antwortlichkeit des anderen Ehegatten in der während der Ehe erreichten wirtschaftlichen Verflechtung und Abhängigkeit der Ehegatten, ist der Maßstab für die Frist klar:
Unterhalt ist zu zahlen für die Zeit der notwendigen **Rückabwicklung dieser Abhängigkeiten** und damit für den **erforderlichen Zeitraum der wirtschaftlichen Entflechtung dieser Lebensumstände**, also solange, bis der berechtigte Ehegatte seine
wirtschaftliche Selbstständigkeit erreicht hat und die **entstandenen ehebedingten
Nachteile ausgeglichen haben wird**.

---

424 Palandt (Brudermüller), BGB, § 1578b Rn. 13; Prütting/Wegen/Weinreich (Kleffmann),
BGB, § 1573 Rn. 24.

425 OLG Hamm, FamRZ 2005, 1177 = ZFE 2005, 170, insoweit bestätigt durch BGH, FamRZ
2007, 793, m. Anm. Büttner; OLG Hamm, FamRZ 1998, 292; Weinreich/Klein, KKFamR,
§ 1573 BGB Rn. 43 ff. Zur „Streubreite" gerichtlicher Entscheidungen zu § 1573 Abs. 5
BGB vgl. das Schaubild bei Eschenbruch/Klinkhammer, Der Unterhaltsprozess, Rn. 1461;
vgl. auch die Auflistung bei Kalthoener/Büttner/Niepmann, Die Rechtsprechung zur Höhe
des Unterhalts, Rn. 1038.

426 OLG Hamm, FamRZ 2003, 1839; OLG Hamm, FamRZ 2000, 1370; OLG Hamm, FamRZ
1998, 292; OLG Hamm, FamRZ 1995, 1204; OLG Düsseldorf, FamRZ 1994, 756; OLG
Hamm, FamRZ 1990, 413.

Die Befristung muss also so bemessen sein, dass sich **der Berechtigte auf die neue Lebenssituation einstellen kann.**[427] Dem Ehegatten wird also quasi eine **Schonfrist**[428] bis zur völligen wirtschaftlichen Eigenverantwortung gewährt.

422

Die Ehedauer ist nur ein Anhaltspunkt für den zeitlichen Rahmen der nachehelichen Solidarität. Bei einer kinderlosen Ehe soll grds. eine Befristung des Anspruchs für eine Dauer von bis zu fünf Jahren nahe liegen.[429] Bei überlangen Fristen würde der vom Gesetz bezweckte Erfolg verfehlt.

423

Hinweis:

424

- Es kommt weder auf die abstrakte Dauer der Ehe noch auf den abstrakten Zeitraum der Dauer der Kindesbetreuung an.

- Abzustellen ist konkret darauf,

- **wie lange und wie intensiv** die Eheleute

  - ihre **Lebenspositionen aufeinander eingestellt** haben,[430]

  - auf ein **gemeinsames Lebensziel ausgerichtet** haben,[431]

- **wie nachhaltig**

  - die **gegenseitige Verflechtung und Abhängigkeit der Lebensverhältnisse** gewesen ist[432] und

  - sich diese **auf die Erwerbsbiografie ausgewirkt** hat.[433]

Je weniger eine wirtschaftliche Verflechtung beider Ehepartner und ein schützenswertes Bedürfnis eines Ehepartners nach Absicherung durch den Unterhalt festzustellen ist, desto weniger Gewicht hat die Ehedauer.[434] Dabei ist auch zu berücksichtigen, ob **bereits während der Trennung** oder gar schon während des Zusammenlebens eine „**Entflechtung" der beiderseitigen Lebensverhältnisse** stattgefunden hat.[435]

425

---

427 Prütting/Wegen/Weinreich (Kleffmann), BGB, § 1573 Rn. 24; OLG Koblenz, FuR 2007, 44, 47.

428 BGH, FamRZ 1986, 886; OLG Düsseldorf, FamRZ 1988, 838.

429 Palandt (Brudermüller), BGB, § 1578b Rn. 16.

430 BGH, FamRZ 1990, 857; OLG Koblenz, FuR 2007, 44, 47.

431 Büte, FPR 2005, 316, 318; Palandt (Brudermüller), BGB, § 1573 Rn. 36.

432 Kalthoener/Büttner/Niepmann, Die Rechtsprechung zur Höhe des Unterhalts, Rn. 1037.

433 OLG Hamm, FamRZ 1998, 292.

434 OLG Düsseldorf, ZFE 2006, 36 = FamRZ 2006, 1040 = FuR 2006, 89; OLG Hamm, FamRZ 2005, 1177, 1179; OLG Karlsruhe, FamRZ 2005, 1179; Viefhues, ZFE 2004, 262, 264.

435 BGH, FamRZ 2007, 793, m. Anm. Büttner; OLG Düsseldorf, ZFE 2006, 36 = FamRZ 2006, 1040 = FuR 2006, 89.

426   Aber auch die oben bei den Tatbestandsvoraussetzungen[436] erwähnten weiteren **ehebedingten Umstände** im Zusammenhang mit der Gestaltung von Haushaltsführung und Erwerbstätigkeit haben bei der Entscheidung über die Dauer einer Befristung Bedeutung.

427   **Nicht** in die Gesamtabwägung einfließen dürfen Umstände, die ein **allgemeines Lebensrisiko** darstellen wie z.b. das abstrakte Risiko, den Arbeitsplatz zu verlieren.[437]

aa)   Bedeutung der wirtschaftlichen Situation der Eheleute

428   Aber auch die allgemeine **Situation der Berechtigten** spielt eine Rolle. Ist sie selbst in der Lage, auch dauerhaft ihren angemessenen Lebensstandard zu erwirtschaften, hat sie hohe Einkünfte,[438] eigenes Vermögen, stehen ihr Rücklagen z.b. aus dem Zugewinn oder in Form lastenfreien Wohneigentums[439] zur Verfügung, entfallen auf ihrer Seite Schuldenbelastungen[440] und ist abzusehen, dass ihr eine angemessene Altersvorsorge aus dem Versorgungsausgleich in absehbarer Zeit zufließen wird, spricht dies für eine kurze Frist.[441]

Praxistipp:

- Diese Konsequenzen sind in der anwaltlichen Beratung zu bedenken, wenn im Zusammenhang mit der Scheidung ein Vermögensausgleich durchgeführt wird. Aus einer auf den ersten Blick für den unterhaltsberechtigten Mandanten vorteilhaften Vermehrung des eigenen Vermögens kann so leicht über die Befristung des Unterhaltsanspruchs ein Nachteil werden.

- Es sollte geprüft werden, ob diese mittelbare Folge in der Vereinbarung angesprochen und auf irgendeine Weise selbst geregelt werden sollte. Die Vereinbarung der Parteien, diesen Aspekt bei der Befristungsentscheidung außer Ansatz zu lassen, dürfte auch für die gerichtliche Ermessensentscheidung bindend sein.

429   Auch die **Interessen des Unterhaltspflichtigen** sind von Belang. Denn bei der Billigkeitsabwägung ist auch die durch die Zahlung des Unterhaltsbetrags bedingte **Belastung des Unterhaltspflichtigen** und das ihm verbleibende Resteinkommen zu berück-

---

436   S. Rn. 276 ff.
437   OLG Düsseldorf, ZFE 2006, 36 = FamRZ 2006, 1040 = FuR 2006, 89.
438   Büte, FPR 2005, 316, 318.
439   BGH, FamRZ 2007, 793, m. Anm. Büttner; OLG Hamm, FamRZ 2005, 1177 = ZFE 2005, 170; jurisPK/BGB (Hollinger), § 1573 Rn. 75.3.
440   OLG Brandenburg, Urt. v. 19.12.2006 – 10 UF 164/06.
441   OLG Düsseldorf, ZFE 2006, 36 = FamRZ 2006, 1040 = FuR 2006, 89.

sichtigen.[442] Je geringer das Einkommen, desto belastender sind selbst geringfügige Verpflichtungen.[443] Es kommt also letztlich nicht auf die absolute Höhe des zu zahlenden Unterhaltsbetrags an, sondern darauf, was dem Unterhaltspflichtigen nach Abzug dieser Belastung noch verbleibt.

bb) Speziell zum Anspruch wegen Arbeitslosigkeit, § 1573 Abs. 1 BGB

Das **Arbeitsplatzrisiko** ist grds. Teil der **wirtschaftlichen Eigenverantwortung,**[444] sodass im Regelfall eine Begrenzung und Befristung zu erfolgen hat. Das Risiko der **Arbeitslosigkeit** gehört also nur dann zu den ehebedingten Nachteilen, wenn es sich gerade aus der konkreten Gestaltung der Ehe ergibt.[445]   430

Scheitert die Erwerbstätigkeit allein an der bestehenden Arbeitsmarktlage und ist damit nicht auf einen „ehebedingten Nachteil" zurückzuführen, so soll nach der Gesetzesbegründung die Frage, ob und in welchem Ausmaß der Unterhaltsanspruch wegen Erwerbslosigkeit gem. § 1573 BGB in Höhe und/oder Dauer beschränkt werden kann, entscheidend von dem insbesondere aus der Dauer der Ehe abzuleitenden Vertrauenstatbestand abhängen.   431

Ist die Arbeitslosigkeit ausnahmsweise auf ehebedingte Nachteile zurückzuführen,[446] ist beim Unterhaltsanspruch wegen **Arbeitslosigkeit** aus § 1573 Abs. 1 BGB, eine Prognose geboten, innerhalb welchen Zeitraumes es dem Berechtigten gelingen kann, einen Arbeitsplatz zu finden. Von Bedeutung ist weiter die Vermittelbarkeit auf dem Arbeitsmarkt, die Art der früher ausgeübten Tätigkeit, das Alter[447] sowie die Dauer der Erwerbslosigkeit und auch die Arbeitsmarktsituation.[448]   432

Ist eine Qualifizierung durch Ausbildung, Fortbildung oder Umschulung erforderlich, ist die dafür nötige Zeit mit einzubeziehen. Allerdings entsteht diese Ausbildungsobliegenheit – wie die Erwerbsobliegenheit selbst – bereits mit der Scheidung, kann aber auch schon während der Trennungszeit entstehen.[449]

Einige **Einzelfälle aus der bisherigen Rechtsprechung zu § 1573 BGB sind:**[450]   433

---

442 Prütting/Wegen/Weinreich (Kleffmann), BGB, § 1573 Rn. 24; Brudermüller, FF 2004, 101, 104 m.w.N.
443 Palandt (Brudermüller), § 1578b Rn. 4.
444 Palandt (Brudermüller), § 1578b Rn. 10.
445 Palandt (Brudermüller), § 1578b Rn. 6.
446 Dazu s.o. Rn. 315 ff.
447 OLG Düsseldorf, FamRZ 1988, 838; OLG Hamburg, FamRZ 1987, 1250.
448 Brudermüller, FF 2004, 101, 106.
449 BGH, FamRZ 1985, 782; OLG Köln, NJW-RR 1999, 1157; vgl. auch Rn. 91 ff.
450 Weitere Fallbeispiele s.u. Rn. 445 ff.

- kinderlose 3-jährige Ehe, Befristung auf 21 Monate,[451]
- kinderlose Ehe von neun Jahren und viereinhalb Monaten, Ehefrau 53 Jahre, Befristung auf die Ehedauer,[452]
- kinderlose 7-jährige Ehe, Befristung auf die Ehezeit,[453]
- kinderlose, beiderseits berufstätige Ehegatten, acht Jahre Zusammenleben, Befristung auf drei Jahre,[454]
- Ehedauer drei Jahre, Befristung auf 16 Monate,[455]
- Ehedauer 13 Jahre, Trennungsunterhalt zwei Jahre, Nachscheidungsunterhalt 20 Jahre,[456]
- Ehedauer 14 Jahre, Zusammenleben 11 Jahre, Befristung auf zehn Jahre,[457]
- Ehedauer 18 Jahre, Befristung auf acht Jahre.[458]

cc) Speziell zum Aufstockungsunterhalt, § 1573 Abs. 2 BGB

434   Der **Aufstockungsanspruch** beruht auf dem Grundgedanken, dem geschiedenen Ehegatten für eine **Übergangszeit** den nach den ehelichen Lebensverhältnissen **angemessenen Lebensstandard** zu sichern. Der Zeitraum soll mithin eine Schonfrist gewähren und folglich nur dazu dienen, dem Unterhaltsberechtigten die Möglichkeit zu geben, sich wirtschaftlich und psychisch auf die neue Lebenssituation und die damit verbundene volle wirtschaftliche Eigenständigkeit einzustellen.[459] Beim Aufstockungsunterhalt nach § 1573 Abs. 2 BGB ist daher die Übergangsfrist kürzer zu bemessen als beim Anspruch nach § 1573 Abs. 1 BGB.[460]

435   Einige **Einzelfälle aus der Rechtsprechung zum alten Recht**[461] sind:
- sechseinhalb Jahre Ehe nach 3-jähriger Trennung, keine ehebedingten Nachteile, Befristung auf vier Jahre,[462]

---

451   OLG Frankfurt am Main, FamRZ 1986, 683.
452   OLG Hamburg, FamRZ 1987, 1250.
453   OLG Hamm, NJW-RR 1988, 1476.
454   AG Oberhausen (Rhld.), ZFE 2005, 101.
455   OLG Hamm, FamRZ 1987, 707.
456   BGH, FamRZ 2007, 793, m. Anm. Büttner; OLG Hamm, FamRZ 2005, 1177.
457   AG Hildburghausen (Thüringen), ZFE 2005, 134.
458   OLG Brandenburg v. 19.12.2006 – 10 UF 164/06.
459   Weinreich/Klein, KKFamR, § 1573 BGB Rn. 43; Büte, FPR 2005, 316, 318.
460   Büte, FPR 2005, 316, 318; jurisPK/BGB (Hollinger), § 1573 Rn. 91 m.w.N.
461   Weitere Beispiele bei jurisPK/BGB (Hollinger), § 1573 Rn. 94.
462   OLG Celle, Nds.Rpfl. 1990, 174.

- fünfeinhalb Jahre kinderlose Ehe, Ehefrau 49 Jahre alt, keine ehebedingten Nachteile, Befristung auf fünf Monate,[463]
- neun Jahre Ehe, Befristung auf drei Jahre,[464]
- kinderlose Ehe von sieben Jahren und acht Monaten, Ehefrau 44 Jahre alt, Befristung auf drei Jahre,[465]
- neun Jahre Ehe, Befristung auf zehn Jahre nach Rechtshängigkeit des Scheidungsantrags und gut sieben Jahre nach Rechtskraft der Scheidung, ohne Kindesbetreuung,[466]
- Ehedauer von 14 Jahren, neun Monaten, keine Kinder, Frau 40 Jahre alt bei Scheidung, neun Jahre Unterhalt gezahlt, danach Befristung auf dreieinhalb Jahre,[467]
- 28-jährige Ehedauer, 21 Jahre Zusammenleben, Befristung auf fünf Jahre.[468]

dd) **Weitere Kriterien für die Abwägung**

Auch in diese Billigkeitsabwägung können noch **weitere Gesichtspunkte** eingebracht werden,[469] wie z.b. 436

- **besondere Leistungen des Unterhaltsberechtigten** während der Zeit des Zusammenlebens wie z.b.

  – besondere Opferleistungen[470] wie z.b. die Betreuung des Partners während längerer Krankheit,

  – Versorgung eines Kindes des Ehegatten aus erster Ehe oder eines gemeinsamen Pflegekindes,[471]

  – Finanzierung der Ausbildung des Partners,[472]

  – hoher Vermögenseinsatz zur Gestaltung der ehelichen Lebensverhältnisse,[473]

  – Tilgung von vorehelichen Verbindlichkeiten.[474]

---

463 OLG Koblenz, NJW-RR 1987, 132.
464 OLG München, NJWE-FER 1998, 2.
465 OLG Hamm, NJW-RR 2003, 1084.
466 OLG Düsseldorf, FamRZ 1996, 1416.
467 BGH, FamRZ 2006, 1006, 1007.
468 OLG Düsseldorf, ZFE 2005, 36.
469 S.o. Rn. 282 ff. auf der Tatbestandsseite.
470 Palandt (Brudermüller), BGB, § 1578b Rn. 8, 10.
471 OLG Hamm, FamRZ 1994, 1108 (beim Trennungsunterhalt); Palandt (Brudermüller), BGB, § 1578b Rn. 10.
472 Kalthoener/Büttner/Niepmann, Die Rechtsprechung zur Höhe des Unterhalts, Rn. 1035 m.w.N; OLG Hamm, NJW-RR 1991, 1447; Palandt (Brudermüller), BGB, § 1578b Rn. 8.
473 Palandt (Brudermüller), BGB, § 1578b Rn. 8.
474 Palandt (Brudermüller), BGB, § 1578b Rn. 10.

- **besondere ehebedingte Nachteile**[475] wie z.b.
  - Aufgabe von beruflichen Entwicklungsmöglichkeiten,
  - Verzicht auf Beförderungschancen,
  - schwere Verletzung beim Bau des gemeinsamen Eigenheims,[476]
  - erhebliche Verletzung bei einem vom Unterhaltspflichtigen verursachten Autounfall.

Umgekehrt können **besondere Leistungen des Verpflichteten** für eine Befristung sprechen.[477]

437 Auch sonstige Kriterien sind in die Billigkeitsabwägung einzubeziehen wie z.b. eine bereits während der Trennungszeit erreichte eigenständige Lebensstellung und langjährig nicht geltend gemachter Unterhalt.[478]

ee) Bedeutung der Entwicklung bereits während Ehe und Trennungszeit

438 Bereits die Entwicklung der Berufstätigkeit während der Ehe kann von Bedeutung sein, wenn es schon zu einer **beginnenden Entflechtung der wirtschaftlichen Abhängigkeit** des unterhaltsberechtigten Ehegatten gekommen ist. Denn in die Billigkeitsabwägung einzubeziehen ist eine bereits während der Trennungszeit erreichte eigenständige Lebensstellung.[479]

Beispiel aus der Rechtsprechung:[480]

Das OLG Hamm hat in den Bewertungen berücksichtigt, dass die Ehefrau fast vier Jahre vor dem Ende der Ehe eine Halbtagstätigkeit aufgenommen hat und diese etwa eineinhalb Jahre vor dem Ende auf eine vollschichtige Tätigkeit gesteigert hat.

Zudem wurde mit in die Überlegungen einbezogen, dass das gemeinsame Haus der Eheleute auf die Ehefrau übertragen worden ist und sie hierdurch eine Absicherung erhalten hat.

Es wurde in diesem Fall auch nach 13 Jahre dauernder Ehe eine Befristung ausgesprochen.

Beispiel aus der Rechtsprechung:[481]

Das OLG Düsseldorf hat nach einer Ehedauer von 28 Jahren eine Befristung zugelassen und dabei darauf abgestellt, dass die Ehefrau seit der Trennung „Gelegenheit hatte, sich auf die

---

475 Brudermüller, FF 2004, 101, 104 m.w.N.
476 BGH, NJW 1986, 2832, 2834.
477 Palandt (Brudermüller), BGB, § 1578b Rn. 8.
478 Palandt (Brudermüller), BGB, § 1578b Rn. 11.
479 Palandt (Brudermüller), BGB, § 1578b Rn. 11.
480 OLG Hamm, FamRZ 2005, 1177; insoweit bestätigt durch BGH, FamRZ 2007, 793, m. Anm. Büttner.
481 OLG Düsseldorf, ZFE 2006, 36 = FamRZ 2006, 1040 = FuR 2006, 89.

neue Lebenssituation einzustellen"[482] *und „sie diese Herausforderung durch Aufnahme einer Halbtagstätigkeit angenommen"* habe. *Es habe daher eine „frühzeitig eingeleitete Entflechtung" der wirtschaftlichen Verhältnisse stattgefunden.*

Zudem habe sie erhebliche Rücklagen aus dem Verkauf des Eigenheims erlangt.

Beispiel aus der Rechtsprechung:[483]

Aus der im Jahre 1985 geschlossenen Ehe sind zwei Söhne – 17 und 13 Jahre alt – hervorgegangen. Die Ehe endete im Jahre 2003. Die Ehefrau war damals 40 Jahre alt. Seit der Trennung arbeitete sie stundenweise, seit 2006 Vollzeit.

Das OLG Brandenburg hat eine Befristung bis 2011 – also auf insgesamt acht Jahre ab Scheidung – bejaht.

Beispiel aus der Rechtsprechung:[484]

„Der Aufstockungsunterhalt kann auch nach 25-jähriger Ehe zeitlich begrenzt werden, wenn die Einkommensdivergenz der Ehegatten nicht auf ehebedingten Nachteilen beruht und es dem Unterhaltsberechtigten – auch unter Berücksichtigung seines Alters – zumutbar ist, sich dauerhaft auf einen niedrigeren Lebensstandard einzurichten, der lediglich seinen eigenen beruflichen Möglichkeiten entspricht;[485] *das gilt auch dann, wenn der Unterhaltsberechtigte in der Ehe einen Großteil der Hausarbeit sowie der Erziehungs- und Betreuungsaufgaben gegenüber zwei gemeinsamen Kindern wahrgenommen hat."*

Das OLG Koblenz hat eine Befristung auf fünf Jahre nach einer Trennungszeit von ebenfalls fünf Jahren ausgesprochen, innerhalb derer bereits Unterhalt gezahlt wurde.

Hinweis:

In diesen Entscheidungen wird auch deutlich, dass nicht nur eine durch eigene Erwerbstätigkeit des unterhaltsberechtigten Ehegatten beginnende Entflechtung der wirtschaftlichen Abhängigkeit relevant ist, sondern bei der Billigkeitsentscheidung auch die **Zeit der Zahlung von Trennungsunterhalt** in die Bemessung der Frist einbezogen wird.

Es hilft also nicht, während der Trennungsphase „auf Zeit" zu spielen und die Scheidung herauszuzögern. Denn damit wird unter dem Strich die Dauer der Unterhaltszahlungen nicht verlängert, weil die Gerichte de facto dann eine Gesamtfrist aus Trennungs- und Nachscheidungsunterhalt bilden.

439

---

482   Ebenso OLG Brandenburg, Urt. v. 19.12.2006 – 10 UF 164/06.
483   OLG Brandenburg Urt. v. 19.12.2006 – 10 UF 164/06.
484   OLG Koblenz, FuR 2007, 44.
485   Im Anschluss an BGH, NJW 2006, 2401 = FamRZ 2006, 1006.

c) Kombination von Begrenzung und Befristung

440 Das neue Gesetz lässt auch eine Kombination von Begrenzung und Befristung zu. Damit sind auch **gestaffelte Regelungen** denkbar.

441 **Hinweis:**

Gestaffelte Regelungen bieten sich besonders auch bei Eheverträgen und Scheidungsfolgeregelungen an, die zwischen den Eheleuten unter Berücksichtigung der beiderseitigen Interessen einvernehmlich ausgehandelt werden. Anders als bei streitigen Entscheidungen mit dem Risiko ständiger Abänderungsversuche in der Zukunft kann damit beiden Eheleuten „**Planungssicherheit**" gegeben werden:

- Die **Unterhaltsberechtigte** kann mitbestimmen, wie lange ihr welche Beträge zur Verfügung stehen und welche Zusatzeinkünfte sie selbst ab wann sicherstellen muss.

- Der **Unterhaltspflichtige** weiß genau, wie viel er während welcher Zeiträume zahlen muss. Er kann seine finanziellen Überlegungen daran ausrichten, hat zeitlich ein konkretes Ende seiner Belastungen vor Augen und kann seine finanzielle Gesamtbelastung kalkulieren.

Zu den rechtlichen Fragestellungen bei Staffelregelungen im Hinblick auf den Gesetzeswortlaut des § 1587b Abs. 1 BGB s.o. Rn. 410 ff. Dort sind auch Berechnungsbeispiele abgedruckt.

d) Gerichtliche Kostenentscheidung

442 Verlangt der Unterhaltsberechtigte unbefristeten Unterhalt, wird dieses aber im Urteil nur befristet zugesprochen, liegt darin eine teilweise Klageabweisung mit entsprechender **Quotierung der Kosten**.[486]

Bei der Festlegung der Quote wird regelmäßig von dem am maßgeblichen Streitwert orientierten Verhältnis von Unterliegen und Obsiegen ausgegangen. Allerdings bestimmt sich der Kostenstreitwert nach § 17 GKG lediglich nach dem Jahresbetrag; ein zeitlich darüber hinaus gehender, aber dennoch beschränkter Antrag wirkt sich nicht auf die Höhe des **Streitwerts** aus. Auch wenn folglich keine Streitwertquotelung erfolgen kann, muss das teilweise Unterliegen trotzdem nach materiellem Recht nach § 92 ZPO bei der Bestimmung der Kostenquote berücksichtigt werden.

Feste Regeln zur Quotelung der Kosten in solchen Fällen sind bisher nicht entwickelt worden. **Begrenzt** etwa der Berechtigte in seinem **Antrag** den Unterhalt auf die Dauer

---

486 Die gleichen Überlegungen können sich im Rahmen der Beschwer beim Rechtsmittel stellen.

von fünf Jahren, so wird man – abweichend von § 17 GKG – entsprechend dem zeitlichen Verhältnis die Kostenquotelung vornehmen können. Spricht also das Gericht eine Befristung von drei Jahren aus, wäre eine Quote von 3/5 zu 2/5 angemessen.

Schwieriger ist die Sachlage, wenn unbegrenzter Unterhalt verlangt, im Urteil der Unterhaltsanspruch jedoch zeitlich befristet wird. Hier könnte auf die mögliche zeitliche Dauer des geltend gemachten Anspruchs angeknüpft werden.   443

Denkbar ist hier eine Gegenüberstellung des unbeschränkten **Zahlungszeitraumes bis zur Altersgrenze** und des **Zeitraumes der Befristung**.

Praxistipp:

Die Unklarheiten bei der gerichtlichen Kostenentscheidung beinhalten auch ein erhebliches Risiko für den unterhaltsberechtigten Ehegatten. Ist eine Befristung abzusehen – und das dürfte in Zukunft der Normalfall sein – so ist es wegen des Kostenrisikos wenig ratsam, einen gänzlich unbefristeten Zahlungsantrag zu stellen.

Auch bein einem Anerkenntnis wird diese Frage relevant. Denn der Beklagte kann bei einem unbefristeten Klageantrag den Anspruch für einen bestimmten Zeitraum anerkennen. Liegt ein sofortiges Anerkenntnis vor – wenn also zur Klage keine Veranlassung gegeben wurde kann – dies die (teilweise) Auferlegung der Kosten auf die klagende Partei nach sich ziehen (§ 93 ZPO).   444

7.   Weitere Fallbeispiele

Die Entscheidung ist immer anhand der konkreten Gesamtumstände des jeweiligen Einzelfalles zu treffen. Dabei bietet die Lebenswirklichkeit eine große **Bandbreite der möglichen Gestaltung einer Ehe**.[487] Es zeigt sich, dass dabei die gleichen Überlegungen auftauchen, die auch im Rahmen der Prüfung der Sittenwidrigkeit eines Ehevertrags erörtert werden (sog. Ehetypen).[488]   445

a)   Typ: reine Hausfrauenehe

In der heutigen sozialen Wirklichkeit eher selten ist der Fall der reinen Hausfrauenehe, in der die Ehefrau von Beginn der Ehe an **vollständig auf eine eigene Erwerbstätigkeit verzichtet**. Es entsteht so eine vollständige wirtschaftliche Abhängigkeit vom Ehemann, die sich mit der Dauer der Ehe verstärkt, sofern die Ehefrau nicht ausnahmsweise durch eigene Vermögenserträge wirtschaftlich gesichert ist. Denn eine Rückkehr in ein früheres Berufsleben wird naturgemäß immer schwerer, je länger die Zeit der   446

---

487   Vgl. Büttner, FamRZ 1999, 893.
488   Münch, Ehebezogene Rechtsgeschäfte, Rn. 450.

„Abwesenheit aus der Erwerbstätigkeit" andauert. Die durch diese **Abhängigkeit** und **wirtschaftliche Unselbstständigkeit** entstandenen ehebedingten Nachteile wirken auch nach der Scheidung fort.

447 Die **Dauer der Ehe** bildet hier den notwendigen Anknüpfungspunkt. Je länger die Ehe gedauert hat, desto stärker kann die Ehefrau auf den Fortbestand der unterhaltsrechtlichen Absicherung durch den Ehemann vertrauen.

448 In der Praxis dürfte in diesen Fällen die nachträgliche Feststellung, ob die Ehefrau aus familiären Gründen – also mit Zustimmung des Ehemannes – keine Berufstätigkeit ausgeübt hat oder ob dies aus Eigeninteresse geschehen ist, Schwierigkeiten auslösen.[489]

Beispiel:

Die Ehefrau hat während der Ehe ihren früher ausgeübten Beruf aufgegeben und war lange Jahre nicht erwerbstätig. Im Unterhaltsprozess kommt es viele Jahre später zum Streit, ob dies auf Wunsch des Ehemannes erfolgt ist oder ob allein die Ehefrau gegen den Widerstand des Mannes ihren Beruf aufgegeben hat.

Man beruft sich darauf, dass diese Frage seinerzeit auf der Silberhochzeit von Onkel Theodor und Tante Martha im gesamten Familienkreis intensiv erörtert worden sei und benennt die damaligen Gäste als Zeugen.

b) Typ: kinderlose Doppelverdienerehe

449 In der heute wesentlich häufigeren kinderlosen Doppelverdienerehe (neudeutsch „Dinki-Ehe" = „double income no kids") bleibt es bei der **eigenständigen beruflichen Entwicklung beider Ehepartner.** Der berufliche Werdegang erfolgt unabhängig von der Eheschließung. Hier tritt keinerlei wirtschaftliche Verflechtung ein. Auch die Ehedauer ist dabei irrelevant.

450 Das unterschiedliche Einkommen bildet keine Rechtfertigung für Unterhaltsansprüche, da es nicht ehebedingt ist, sondern allein auf die berufliche Vorbildung der Eheleute zurückzuführen ist.

Beispiel:

Entscheidung des BGH zu § 1573 Abs. 5 BGB:[490]

Die 1940 geborene Ehefrau und der 1938 geborene Ehemann schlossen im Jahre 1969 die Ehe, aus der keine Kinder hervorgegangen sind. Sie trennten sich im Jahr 1980, die Ehe wurde im Oktober 1981 rechtskräftig geschieden. Im Rahmen eines am 05.03.1981 abgeschlossenen Scheidungsfolgenvergleiches verpflichtete sich der Ehemann, eine zusätzliche Sekretärinnenausbildung der Ehefrau zu bezahlen.

---

489 Zur Beweislast s. Rn. 456 ff.
490 BGH, FamRZ 2006, 1006 m. Anm. Born = ZFE 2006, 351.

Der BGH hat in den Entscheidungsgründen ausgeführt, das Einkommensgefälle beruhe darauf, dass der Ehemann vor der Ehe eine besonders qualifizierte Berufsausbildung absolviert hat, die das Qualifikationsniveau der Ehefrau deutlich übertrifft. Die Ehefrau sei durch die Ehe nicht gehindert worden, ihr Qualifikationsniveau zu steigern.

Es liegt keine ehebedingte Einkommensdivergenz vor, die einer Befristung entgegenstünde.

Etwas anderes ergibt sich jedoch dann, wenn ein Partner **Einschränkungen in seiner beruflichen Entwicklung** aus Rücksichtnahme auf den anderen Partner vorgenommen hat.

451

Beispiel:

Bei der Doppelverdienerehe bekommt der Ehemann ein attraktives berufliches Angebot in einer anderen Stadt mit einem höheren Einkommen. Die Eheleute ziehen um, die berufliche Entwicklung der Frau verläuft dadurch anders, als zuvor geplant war. Dabei sind folgende Varianten denkbar:

a)   sie bleibt auf Dauer ohne Berufstätigkeit am neuen Ort,

b)   sie bekommt eine schlechter bezahlte Stelle am neuen Ort,

c)   sie bleibt zeitweise ohne Berufstätigkeit am neuen Ort oder

d)   sie bekommt eine gleich bezahlte Stelle, verliert aber vorher vorhandene Karrierechancen.

*Hier treten in allen Fällen bei der Ehefrau während der Ehe **berufliche Nachteile** ein, die sich aber nicht zwingend auf die Zeit nach der Scheidung auswirken.*

*Geht es beim konkreten Unterhaltsanspruch darum, ehebedingte Nachteile auszugleichen, ist genau zu prüfen, welche **nach der Scheidung fortwirkenden Nachteile** im konkreten Fall entstanden sind. Denn Ziel der Begrenzungsregelungen muss sein, den Unterhaltsanspruch zu reduzieren auf den **Ausgleich dieser ehebedingten Nachteile**.*

Soweit sich die Nachteile lediglich zeitweise während der Ehe ausgewirkt haben, aber keine – unterhaltsrechtlich relevanten – Folgewirkungen über den Zeitpunkt der Scheidung hinaus nach sich ziehen, besteht i.d.R. kein Grund, von einer Begrenzung in der Höhe oder einer Befristung des Unterhalts abzusehen.

Beispielvariante a) – Erwerbslosigkeit auf Dauer:

Bekommt die Ehefrau am neuen Wohnsitz keine Stelle und besteht diese Situation auch nach der Scheidung weiter, ist ein nach der Scheidung fortwirkender Nachteil zu bejahen.

Allerdings ist hier darauf abzustellen, welcher Zeitraum ggf. erforderlich ist, um wieder eine Anstellung zu erhalten. Die Tatsache, dass sie während der Ehe trotz ausreichender Anstrengungen keine solche Anstellung gefunden hat, dürfte aber eine starke Indizwirkung entfalten, dass auch weiterhin eine Anstellung nicht ohne Weiteres gefunden werden kann.

Beispielvariante b) – Schlechter bezahlte Beschäftigung:

Bekommt die Ehefrau eine schlechter bezahlte Stelle am neuen Wohnsitz und besteht diese Situation auch nach der Scheidung weiter, ist ebenfalls ein nach der Scheidung fortwirkender Nachteil zu bejahen, der durch den ehebedingten Umstand des Umzuges ausgelöst worden ist.

Viefhues   171

Aber auch hier ist ggf. darauf abzustellen, welche Zeit sie benötigen wird, um wieder in eine gleich bezahlte Position zu gelangen.

Beispielvariante c) – Zeitweise Erwerbslosigkeit:

Ist die Ehefrau aufgrund des Umzuges nur vorübergehend erwerbslos und hat sie bis zur Scheidung wieder eine Erwerbstätigkeit auf dem früheren Einkommensniveau erlangt, liegt aus unterhaltsrechtlicher Sicht kein nach der Scheidung fortwirkender Nachteil vor. Denn auch ohne die zeitweise Erwerbslosigkeit wäre ihre aktuelle Einkommenssituation gleich.

Die zeitweise Erwerbslosigkeit führt zwar zu verminderten Rentenansprüchen; diese sind aber über den Versorgungsausgleich auszugleichen und unterhaltsrechtlich irrelevant. Soweit sie weniger Vermögen aufbauen konnte, ist dies über den Zugewinn auszugleichen.[491]

Beispielvariante d) – Verlust der Karrierechancen:

Unmittelbare Nachteile durch eine Einkommensreduzierung treten nicht ein, aber die Ehefrau verliert vorher vorhandene Karrierechancen und damit auch die Möglichkeit, nach der Ehe ein höheres Einkommen zu erzielen. Ob dies allerdings in der Praxis ausreicht, eine Befristung zu verhindern, ist zweifelhaft.[492] *Die Nachweisbarkeit der an der alten Arbeitsstelle vorhandenen Karrierechancen dürfte in der Praxis besondere Schwierigkeiten bereiten. Zudem wird der Gegner bestreiten, dass sich aus derartigen bloßen „Chancen" mit ausreichender Gewissheit auch auf eine entsprechende Karriere schließen lassen kann.*

c)   Typ: temporäre Hausfrauenehe

452   In der sozialen Wirklichkeit gibt es auch bei der Hausfrauenehe meist stärker **differenzierte Lebenssachverhalte**. Meist reduziert die Ehefrau für einige Jahre ihre früher ausgeübte Erwerbstätigkeit aus familiären Gründen oder stellt sie zeitweise ganz ein.

Dabei ist einmal festzuhalten, dass die **Dauer der Ehe** als solche hier **wenig relevant** ist. Entscheidend sein kann allenfalls die **Dauer der Nicht-Berufstätigkeit** bzw. der eingeschränkten Erwerbstätigkeit.

453   Aber auch hier muss ein **fortwirkender ehebedingter Nachteil** gegeben sein, um eine Beschränkung des Unterhalts zu blockieren. Hat die Ehefrau aber bis zur Scheidung wieder eine Erwerbstätigkeit auf dem früheren Einkommensniveau erlangt, ist aus unterhaltsrechtlicher Sicht kein nach der Scheidung fortwirkender Nachteil gegeben. Denn auch ohne die zeitweise Erwerbslosigkeit wäre ihre Einkommenssituation gleich.[493]

---

491   Dazu s.o. Rn. 352.

492   Speziell zu den – verneinten – Auswirkungen von kinderbedingten Berufsunterbrechungen im öffentlichen Dienst vgl. OLG Koblenz, FuR 2007, 44, 46.

493   S.o. Rn. 451.

Beispiel:

In der kinderlosen Ehe hat die Ehefrau als Kassiererin im Supermarkt gearbeitet. Während der Ehe gibt sie diese Tätigkeit für einige Jahre auf und führt aufgrund eines gemeinsamen Entschlusses der Ehegatten den Haushalt. Danach gelingt es ihr wieder, im gleichen Supermarkt eine Stelle als Kassiererin zu bekommen.

Hier erleidet die Ehefrau keine ehebedingten Nachteile. Ihre berufliche Situation ist jetzt die gleiche wie vor der Berufspause. Die berufliche Unterbrechung hatte keinerlei Auswirkungen auf ihr aktuelles oder zukünftiges Einkommen.

Allenfalls dann, wenn die Aufgabe von beruflichen Entwicklungsmöglichkeiten oder der Verzicht auf Beförderungschancen nachgewiesen werden können,[494] ist ein fortwirkender Nachteil zu bejahen.[495] **454**

d) Typ: temporäre Hausfrauenehe mit Kindesbetreuung

Beispiel:[496] **455**

Die Ehefrau hat während der Ehe ein oder mehrere gemeinschaftliche Kinder betreut. In der sozialen Wirklichkeit sind folgende Varianten denkbar:

a) sie hat ihre Berufstätigkeit auf Dauer aufgegeben,

b) sie hat ihre Berufstätigkeit für einige Jahre unterbrochen und hat danach nur eine Stelle mit niedrigerem Einkommen bekommen oder

c) sie hat ihre Berufstätigkeit für einige Jahre unterbrochen, ist danach aber mit gleichem Einkommen wieder erwerbstätig geworden.

*Die **Dauer der Ehe** ist in allen Fallvarianten unerheblich. Abgestellt werden kann allein auf die **Zeit und Intensität der Kindesbetreuung**, die dadurch entstandenen **Unterbrechungen des Berufslebens** und die sich daraus ergebenden ganz **konkreten Beeinträchtigungen für die Berufstätigkeit in der Zukunft**.*

*Soweit die Ehefrau noch aktiv eheliche Kinder betreut und keine ausreichende Erwerbsobliegenheit besteht, kommt § 1570 BGB als Anspruchsgrundlage in Betracht. Auch bei einem Anspruch aus § 1570 BGB sind **ehebedingte Nachteile** erforderlich, um eine Beschränkung des Unterhalts zu verhindern. Denn auch der Unterhaltsanspruch wegen der Betreuung der Kinder gem. § 1570 BGB knüpft an ehebedingte Nachteile an.*[497]

Wurden lediglich in der Vergangenheit Kinder betreut und wird jetzt der Unterhalt auf eine andere Anspruchsgrundlage gestützt, steht die frühere Kinderbetreuung einer Beschränkung oder Befristung grds. nicht entgegen.[498]

---

494 Dazu s.o. Rn. 318 ff.; zur Beweislast s. Rn. 456 ff.
495 Dazu s.o. Rn. 325 f.
496 S.o. dazu auch Rn. 452 ff.
497 S.o. Rn. 331 f.
498 S.o. Rn. 451.

Beispielvariante a) – Erwerbslosigkeit auf Dauer:

*Hat die Ehefrau aufgrund der Kinderbetreuung ihre Stelle **endgültig** aufgegeben, ist ein nach der Scheidung fortwirkender Nachteil zu bejahen.*

Zu prüfen bleib aber, ob ihr zugemutet werden kann, wieder eine Erwerbstätigkeit aufzunehmen und welcher Zeitraum ggf. hierfür erforderlich ist. In diesem Zusammenhang kann die Dauer der Erwerbslosigkeit Bedeutung erlangen. Denn in der heutigen Berufswelt hat bei gleicher beruflicher Qualifikation ein Bewerber geringere Chancen oder zumindest einen „geringeren Marktwert", der längere Zeit seinen Beruf nicht ausgeübt hat. Auch das Alter und die Gesundheit spielen eine Rolle.

Beispielvariante b) – schlechter bezahlte Beschäftigung:

Übt die Ehefrau infolge der Unterbrechung durch die Kindesbetreuung nach der Scheidung noch eine schlechter bezahlte Tätigkeit aus, ist ebenfalls ein nach der Scheidung fortwirkender Nachteil zu bejahen.

Auch hier ist ggf. darauf abzustellen, in welcher Zeit ihr zugemutet werden kann, wieder in eine gleich bezahlte Position zu gelangen.

Beispielvariante c) – zeitweise Erwerbslosigkeit:

Die Ehefrau hat wegen der Kinderbetreuung ihre Berufstätigkeit für einige Jahre unterbrochen oder reduziert, ist danach aber mit gleichem Einkommen wieder erwerbstätig geworden (temporäre Hausfrauenehe).

Diese Fälle sind in der Praxis häufig. Zu denken ist z.B. an die Lehrerin, die zeitweise ihre Stundenzahl reduziert, danach aber wieder auf ihrer früheren Position beschäftigt wird. Auch diejenigen Fälle, in denen eine Mutter nach Mutterschutz und Elternzeit wieder ins Berufsleben auf ihre alte Stelle zurückkehrt, fallen hierunter.

Da sie sich damit wieder in der gleichen Einkommenssituation befindet wie vor der Kindererziehung, liegen – aktuell betrachtet – keine fortwirkenden ehebedingten Nachteile vor. Der Ausfall an Rentenanwartschaften ist über den Versorgungsausgleich auszugleichen.[499]

Hier ist von Bedeutung, ob und auf welche Weise auf andere Nachteile – hier die Mehrbelastung während der Ehe – abgestellt werden kann.

8. Darlegungs- und Beweislast

456 Die **Darlegungs- und Beweislast** für diejenigen Tatsachen, die Grundlage für eine Beschränkung nach § 1578b BGB werden sollen, trägt der **Unterhaltsverpflichtete**.[500] Denn es handelt sich um eine unterhaltsbegrenzende Norm mit Ausnahmecharakter. Der Unterhaltspflichtige muss also das Vorliegen der **Tatbestandsvoraussetzungen** und der **Billigkeitsgesichtspunkte** darlegen, ebenso die Kriterien für die Länge der

---

499   S.o. Rn. 352, 451.

500   Borth, FamRZ 2006, 813, 816; Büttner, FamRZ 2007, 773, 774.

Übergangsfrist oder den fehlenden Zusammenhang von Erwerbslosigkeit und Gestaltung der ehelichen Lebensverhältnisse.[501]

Die **Beweisführung** wird aber dadurch **erleichtert**, dass der **Berechtigte** die Umstände 457 darzulegen und ggf. zu beweisen hat, die für seine Bedürftigkeit ursächlich sind, z.b. nach § 1573 Abs. 1 und Abs. 2 BGB der Verlust der Arbeitsstelle während der Ehezeit und das Nichtfinden einer angemessenen Erwerbstätigkeit.[502] Soweit der unterhaltspflichtige Ehegatte entsprechende Tatsachen für eine Beschränkung des Unterhaltsanspruchs hinreichend konkret dargetan hat, ist es Aufgabe des **unterhaltsberechtigten Ehegatten**, Umstände darzulegen und zu beweisen, die gegen eine Unterhaltsbegrenzung oder bspw. für eine längere „Schonfrist" sprechen.[503] Also darf sich auch der Unterhaltsberechtigte nicht einfach schweigend verhalten, will er mögliche Rechtsnachteile vermeiden. Es besteht auch keinerlei Vermutungswirkung.[504]

Im Rahmen des **Beibringungsgrundsatzes** sind also alle Umstände, die zu dieser 458 Rechtsfolge führen sollen, vom Unterhaltspflichtigen möglichst umfassend darzulegen wie z.b. neben der Dauer der Ehe die Gestaltung der Haushaltsführung, die bisherige Erwerbstätigkeit und sonstige Billigkeitsgesichtspunkte. Erfolgt kein spezieller Sachvortrag, kann das Gericht nur die Gesichtspunkte zugrunde legen, die aktenkundig sind.

Hinweis: 459

- Zwar ist es in der Praxis hilfreich, wenn die **Akten des Scheidungsverfahrens** beigezogen worden sind. Aus diesen Akten bieten z.b. die Auskünfte zum **Versorgungsausgleich** einige Erkenntnisse über die berufliche Entwicklung auch des Unterhaltsberechtigten.[505]

- Auch die Akten eines evtl. **Vorprozesses über Trennungsunterhalt** können hier wertvolle Anhaltspunkte liefern.

- Sind bereits **Verfahren über Sorge- oder Umgangsrecht** durchgeführt worden, können sich u.U. aus dem Jugendamtsberichten verwertbare Informationen über die berufliche und private Situation zum damaligen Zeitpunkt ergeben.

---

501 So zu § 1573 Abs. 5 BGB; BGH, FamRZ 1990, 857; BGH, FamRZ 1991, 670; OLG Bamberg, FamRZ 1998, 25; a.A. OLG Naumburg, FF 2002, 67 m. abl. Anm. Büttner, FF 2002, 68.

502 Büte, FPR 2005, 316, 319 m.w.N.

503 Dose, FamRZ 2007, 1289, 1296; Büttner, FamRZ 2007, 773, 774; vgl. BGH, FamRZ 1990, 857 ff.; Weinreich/Klein, KKFamR, § 1578 BGB Rn. 246; MünchKomm-BGB (Maurer), § 1573 Rn. 54.

504 S.o. Rn. 358.

505 Vgl. OLG Karlsruhe, FamRZ 1989, 511.

- Allerdings muss sich der Anwalt des Unterhaltspflichtigen ausdrücklich auf diese Umstände beziehen, denn es erfolgt **keine automatische Verwertung von Erkenntnissen aus einem Parallelverfahren**. Verlassen darf sich der Anwalt auch nicht darauf, dass der Richter von Amts wegen sein Wissen aus Parallelprozessen in das konkrete Verfahren einführt. Denn bei Streitigkeiten um Unterhalt und Zugewinn handelt es sich um ZPO-Verfahren, bei denen die Parteimaxime und der Beibringungsgrundsatz gelten. Danach ist es den Parteien überlassen, die Tatsachen zu beschaffen und auf korrekte Weise durch schriftlichen Vortrag (§ 129 ZPO) oder Vortrag in der mündlichen Verhandlung (§ 137 Abs. 2 ZPO) in das Verfahren einzubringen.[506]

9. Weitere verfahrensrechtliche Hinweise

a) Rechtsvernichtende Einwendung

460 Die Vorschrift beinhaltet eine **rechtsvernichtende Einwendung**, keine Einrede. Im Prozess muss also nicht ausdrücklich die Befristung geltend gemacht werden. Vielmehr hat das Gericht diese Einwendung **von Amts wegen zu beachten**.

461 Im Prozess bedarf es auch keines ausdrücklichen Antrags, da eine zeitliche Begrenzung als Minus **im Klagabweisungsantrag enthalten** ist.[507]

462 **Hinweis:**

Die verfahrensrechtlichen Besonderheiten bergen für den beratenden Anwalt enorme Risiken![508]

- Gerade bei einer von Amts wegen zu beachtenden Einwendung ist der erforderliche **Sachvortrag** unverzichtbar. Denn ohne entsprechende Sachverhaltsangaben wird das Gericht keine Veranlassung sehen, die Frage der Befristung aufzugreifen.

- Der Prozessbevollmächtigte des Unterhaltspflichtigen ist im Hinblick auf einen möglichen Regress zudem gut beraten, durch einen entsprechenden **Hilfsantrag** im Prozess dem Problem der Befristung die nötige Aufmerksamkeit zu verschaffen.

---

506 Instruktiv zu den sich daraus ergebenden Risiken AG Tempelhof-Kreuzberg, ZFE 2005, 102.
507 OLG München, FamRZ 1997, 295; Büte, FPR 2005, 316, 319; Eschenbruch/Klinkhammer, Der Unterhaltsprozess, Rn. 1421 m.w.N.
508 Dazu s.u. Rn. 463 ff.

> • Teilweise wird sogar eine **Hilfsfeststellungsklage** als zulässig (und erforderlich) angesehen.[509]

b)   Geltendmachung im Erstprozess, keine Abänderungsklage

Die verfahrensrechtliche Brisanz der Regelungen besteht darin, dass die Frage einer **Befristung** regelmäßig **bereits im ersten Unterhaltsprozess** entschieden werden muss.[510] Der spätere Weg über § 323 ZPO ist ebenso wenig möglich, wie die Erhebung einer Vollstreckungsgegenklage.[511]

463

> **Hinweis:**
>
> • Wird diese Chance also im Erstverfahren verpasst, kann die zeitliche Begrenzung des Unterhalts aus Gründen der Billigkeit folglich nicht später in einer Abänderungsklage nach § 323 ZPO durchgesetzt werden.[512]
>
> • Die Möglichkeit einer Befristung oder Begrenzung ist damit **endgültig verloren.**
>
> • An diesen verfahrensrechtlichen Zusammenhängen hat sich durch die gesetzliche Neuregelung nichts geändert.

464

Dabei kommt es nicht darauf an, ob die Gründe schon Gegenstand der richterlichen Beurteilung im Erstprozess geworden sind, das Gericht also tatsächlich etwas zu dieser Frage im Urteil ausgeführt hat.[513] Entscheidend ist, dass diese **Prognose schon damals hätte getroffen werden können.**

465

> **Hinweis:**
>
> **Darin liegt eine Fehlerquelle mit erheblicher Regeressgefahr für den Anwalt des Unterhaltspflichtigen!**
>
> • Hier droht in einschlägigen Fällen dem zahlungspflichtigen Mandanten der endgültige **Verlust von Rechten**, wenn nicht im Erstprozess bereits entsprechender Sachvortrag in das Verfahren eingebracht wird.
>
> • **Fehler** können hier **in mehrfacher Hinsicht** gemacht werden:
>
> – Der **Mandant** muss über diese Zusammenhänge **informiert** und nach entsprechenden Einzelheiten **befragt werden.**

466

---

509 OLG Düsseldorf, FamRZ 1992, 951 zum bisherigen § 1573 Abs. 5 BGB.

510 BGH, FamRZ 2004, 1357, 1360; BGH, FamRZ 2001, 905; BGH, FamRZ 1986, 886 zum bisherigen § 1573 Abs. 5 BGB.

511 BGH, FamRZ 2001, 905 zu §§ 1573 Abs. 5, 1578 Abs. 1 Satz 2 BGB.

512 BGH, FamRZ 2001, 905; BGH, FamRZ 2001, 1364; BGH, FamRZ 1986, 886.

513 BGH, FamRZ 2001, 905, 906; Eschenbruch/Klinkhammer, Der Unterhaltsprozess, Rn. 1423.

> – Diese Sachverhaltsangaben müssen im Unterhaltsprozess **vorgetragen** werden mit dem deutlichen Hinweis auf eine **angestrebte Begrenzung** des Unterhalts.
>
> – Für den Prozessbevollmächtigten ist es zur Vermeidung von Regressen dringend geboten, die Beratung des Mandanten über die rechtlichen Zusammenhänge und die Bitte um ausreichende Sachverhaltsinformationen ausreichend zu **dokumentieren**.[514]

c) Gerichtliche Prognoseentscheidung

467 Die Schwierigkeit in der praktischen Anwendung der Befristungsregelungen liegt nun darin, dass

- eine **Prognoseentscheidung für die Zukunft** aufgrund der jetzigen Tatsachenlage getroffen werden muss, die naturgemäß mit Unsicherheiten verbunden ist

- und dass es bei Prognoseentscheidungen im Hinblick auf die **Präklusionswirkung** nach § 323 ZPO zu einer **Beschränkung des zukünftigen Rechtsschutzes** kommt.

468 Im konkreten Fall ist hinsichtlich der Befristung die **Prognose** zu treffen, **wie lange der Unterhaltsberechtigte** unter Berücksichtigung aller oben aufgeführten entscheidungsrelevanten Kriterien benötigt, um die in der Ehe eingetretene **wirtschaftliche Verflechtung rückabzuwickeln**, seine **wirtschaftliche Selbstständigkeit** wieder zu erreichen und wann die **entstandenen ehebedingten Nachteile ausgeglichen** sein werden.

In der Praxis geht es dabei regelmäßig um eine Vorhersage einer zukünftigen Entwicklung, die nur auf mehr oder weniger sichere Indizien gestützt werden kann. Soweit die **betreffenden Gründe** jedoch bereits **zuverlässig vorherzusehen** sind, ist die Entscheidung aufgrund einer Prognose zu treffen, mit der Folge einer entsprechenden späteren Präklusionswirkung nach § 323 ZPO.[515]

469 In aller Regel ist daher über die Beschränkung schon bei erstmaliger Festsetzung des nachehelichen Unterhalts zu befinden, da **die zu bewertenden Umstände bereits in diesem Zeitpunkt bekannt sein werden**,[516] insbes.

- Dauer der Ehe,
- Dauer der Kindererziehung,[517]

---

514 Zur Bedeutung der Dokumentation bei der anwaltlichen Beratung vgl. Viefhues, Fehlerquellen im familiengerichtlichen Verfahren, Rn. 11, 22 f. m.w.N.

515 jurisPK/BGB (Hollinger), § 1573 Rn. 103.

516 OLG Düsseldorf, FamRZ 1992, 951; ausführlich Heumann, FamRZ 2007, 178, 180 m.w.N.

517 Wendl/Staudigl (Pauling), Das Unterhaltsrecht in der familienrichterlichen Praxis, § 4 Rn. 595a.

- die Art der Haushaltsführung,
- die Erwerbstätigkeit vor und während der Ehe,
- die berufliche Vorbildung.

Praxistipp: 470

- Es ist deshalb rechtlich **nicht möglich, den Fristablauf erst einmal abzuwarten,** um dann später dem Unterhaltsanspruch die inzwischen eingetretene Begrenzung aus Gründen der Billigkeit entgegenzusetzen. Denn soweit die betreffenden **Gründe** schon zuvor eingetreten oder **zuverlässig vorauszusehen** waren, liegt **keine nachträgliche Abänderung** i.S.d. § 323 ZPO vor.

- Allerdings ist die Dauer der Kindererziehung im Lichte der Erwerbsobliegenheit des § 1570 BGB zu sehen. Daher kann bei **gegenwärtiger Kindesbetreuung** eine Zukunftsprognose nicht mehr allein aufgrund des Alters des Kindes anhand des Phasenmodells getroffen werden. Maßgeblich ist die konkrete Betreuungssituation in der Zukunft. Da diese von zahlreichen Faktoren abhängt, die i.d.R. nicht ausreichend genau vorhersehbar sind, bietet sich in diesen Fällen die Möglichkeit, eine Entscheidung über die Anordnung einer Befristung durch Verweigerung der Prognose zu vermeiden und gleichzeitig die Präklusion zu vermeiden.[518]

aa)   Entscheidungsmöglichkeiten im Erstprozess

(1)   Ausdrückliche Verweigerung der Prognose

Das Gericht kann in seiner Entscheidung **eine Prognose ausdrücklich verweigern.** 471
Dazu einige **Formulierungsbeispiele** aus der Rechtsprechung:

*„Über eine zeitliche Befristung des Unterhaltsanspruchs war z.Zt. wegen der mangelnden Überschaubarkeit der tatsächlichen Verhältnisse **nicht zu entscheiden.** Die Entscheidung darüber, ob eine Befristung des Unterhalts in Betracht kommt, erfordert eine umfassende Billigkeitsabwägung, in der die tatsächlichen Verhältnisse, insbes. auch die Unterhaltspflichten gegenüber den Kindern und deren Betreuungssituation, überschaubar und längerfristig geklärt sein müssen, was hier noch nicht der Fall ist."[519]*

*„Damit **liegen gegenwärtig die Voraussetzungen** einer Anspruchsbeschränkung – auch unter Berücksichtigung der Grundsätze der neuen Rechtsprechung des BGH (FamRZ 2006, 1006) – **nicht vor."[520]***

„Zwar setzt die Billigkeitsentscheidung nach § 1573 Abs. 5 BGB über eine Befristung des Aufstockungsunterhalts ab einem bestimmten Zeitpunkt nicht voraus, dass dieser Zeitpunkt bereits erreicht ist. Wenn sämtliche relevanten Umstände eingetreten oder zuverlässig voraus-

---

518   S. dazu 471 ff., 494 ff.
519   KG, FPR 2002, 301.
520   OLG Hamm, FuR 2007, 177, 180.

sehbar sind, ist die Befristung vielmehr schon im Ausgangsverfahren auszusprechen und nicht einem späteren Abänderungsverfahren zu überlassen (Senatsurt. v. 17.05.2000 – XII ZR 88/98, FamRZ 2000, 1499, 1501 und v. 05.07.2000 – XII ZR 104/98, FamRZ 2001, 905, 906). **Zuverlässig voraussehbar sind solche relevanten Umstände aber nur, wenn sie – etwa wie das Alter der Kinder – vom bloßen Zeitablauf abhängen.** *Konnte im Zeitpunkt der abzuändernden Entscheidung hingegen noch nicht abschließend beurteilt werden, ob das Einkommen aus einer neu aufgenommenen Vollzeittätigkeit die ehebedingten Nachteile vollständig und nachhaltig ausgleicht (vgl. insoweit Senatsurt. v. 25.10.2006 – XII ZR 190/03, FamRZ 2007, 200, 204), waren die Voraussetzungen einer Befristung nach § 1573 Abs. 5 BGB noch nicht erfüllt, was eine Präklusion mit solchen Umständen ausschließt.*"[521]

472   So hat das OLG Hamm im zweiten Beispiel entschieden, dass eine **Unterhaltsbegrenzung noch nicht in Betracht kommt.** Dies beruht darauf, dass die Ehefrau im konkreten Fall überobligatorisch tätig ist und ihre Arbeitsstelle jederzeit aufgeben könnte, ohne gegen ihre Erwerbsobliegenheit zu verstoßen. In einem solchen Fall wäre völlig ungewiss, ob sie später wieder eine solche Stelle erlangen kann, die sie z.Zt. inne hat. Daher lassen sich die ehebedingten Nachteile gegenwärtig noch nicht abschließend beurteilen, sodass eine Unterhaltsbegrenzung vorerst ausscheidet. Sollte sie später bei entsprechendem Alter der Kinder gleiche Einkünfte erzielen und im Umfange ihrer Erwerbsobliegenheit tätig sein, stellt sich die Frage der Unterhaltsbegrenzung erneut. Insoweit später ist eine **Abänderungsklage möglich.**[522] Abänderungsgrund ist die Änderung der Erwerbseinkünfte von ungesicherten zu gesicherten aufgrund der Betreuungssituation des Kindes.

473   Dies gilt in Zukunft auch für die Frage der zukünftigen Kindesbetreuung. Zwar hat der BGH in seiner vorstehend aufgeführten Entscheidung das Alter der Kinder als einen der wenigen fest vorhersehbaren Umstände angesehen. Das ist hinsichtlich des Alters zutreffend und bewirkte nach dem Altersphasenmodell auch eine entsprechend genaue Vorhersehbarkeit der Erwerbsobliegenheit des kinderbetreuenden Elternteils. Im Lichte der verschärften Erwerbsobliegenheit des § 1570 BGB[523] kann dies aber so nicht mehr gesehen werden. Daher kann eine Prognose für die zukünftige **Kindesbetreuung** nicht mehr allein aufgrund des Alters des Kindes getroffen werden. Maßgeblich ist stattdessen allein die konkrete Betreuungssituation in der Zukunft. Da diese von zahlreichen Faktoren abhängt, die i.d.R. nicht ausreichend genau vorhersehbar sind, bietet sich in diesen Fällen die Möglichkeit, eine Entscheidung über die Anordnung einer Befristung durch Verweigerung der Prognose zu vermeiden und gleichzeitig die Präklusion zu vermeiden.[524]

---

521   BGH, FamRZ 2007, 793, m. Anm. Büttner, Revisionsentscheidung zu OLG Hamm, FamRZ 2005, 1177 = ZFE 2005, 170.

522   OLG Hamm, FuR 2007, 177, m . Anm. Soyka, FuR 2007 , 180, 181.

523   Dazu s.o. Rn. 91 ff.

524   S. dazu Rn. 494 ff.

Konsequenz für Folgeverfahren: 474

Ist also in der Erstentscheidung die Frage der Befristung ausdrücklich nicht entschieden, sondern offengelassen worden, ist keine Präklusion eingetreten. Vielmehr besteht in diesen Fällen die Möglichkeit einer neuen Entscheidung auf der Basis des dann feststellbaren objektiven, aktuellen Sachverhalts ohne Bindung an die Festlegungen im Vorprozess. § 323 ZPO steht also nicht entgegen.

> **Praxistipp:**
>
> In der Praxis muss aber damit gerechnet werden, dass der Unterhaltsberechtigte, der einen bestehenden (unbefristeten) Titel gegen den Unterhaltspflichtigen verteidigen will, der seinerseits eine (erstmalige) Befristung durchsetzen will, vorbringen wird, im Erstverfahren sei die Situation doch schon vorhersehbar gewesen; der Gegner hätte daher seinerzeit ins Rechtsmittel gehen müssen, und deshalb sei der Befristungseinwand dennoch präkludiert.

(2)   Prognose wird getroffen

„Die **Voraussetzungen einer zeitlichen Befristung** des Unterhaltsanspruchs **liegen**   475
nicht vor, denn [...]“

„Dieser Unterhaltsanspruch **ist auf fünf Jahre zu befristen**, weil [...]“

Damit ist über die Befristung entschieden.

Eine spätere **Abänderungsklage** kann nur unter den Einschränkungen des § 323 ZPO   476
durchgesetzt werden. In der Praxis muss dann sowohl die damalige gerichtliche Entscheidung als auch der zugrunde liegende Sachvortrag genau untersucht werden. Zu differenzieren ist, wie das Gericht seine damalige Entscheidung begründet hat, auf welche Tatsachen es ggf. die Entscheidung über die Befristung gestützt hat und auf welche Gründe der Unterhaltspflichtige jetzt die Befristung stützen will.

Dann ist eine Art „**Abänderungsbilanz**“ zu erstellen, in der die ursprünglich der Ent-   477
scheidung zugrunde liegenden Tatsachen aufgelistet und jeweils den veränderten Tatsachen gegenüber gestellt werden müssen.

Dabei ist auch die Bedeutung der Tatsachen herauszuarbeiten, die der Erstentscheidung zugrunde gelegen haben:

- Wurden damals die (bereits vorliegenden) Tatsachen, die für eine Befristung sprechen, überhaupt nicht vorgetragen, so scheidet eine Abänderungsklage aus.
- Wurde zur Befristung vorgetragen, diese vom Gericht aber in der Entscheidung behandelt und abgelehnt, weil das Gericht keine Grundlage für eine sichere Bewertung

sah, ist die Abänderungsklage möglich, denn jetzt sind die Fakten vorhanden oder die Prognose ist zumindest besser zu treffen.[525]

- Hat das Gericht aufgrund der damals bekannten Tatsachen inhaltlich über die Befristung entschieden, ist eine auf diese (gleichen) Tatsachen gestützte Abänderungsklage i.d.R. nicht möglich.

- Werden jetzt neue Tatsachen vorgebracht, kommt es darauf an, ob diese schon damals hätten vorgebracht werden können. Hätte sich damals schon eine sichere Prognose auf diese Umstände stützen lassen, scheidet eine Abänderungsklage aus.

478   So ist eine **spätere Berücksichtigung der Befristung im Abänderungsverfahren bejaht** worden:

- wenn im Zeitpunkt des Abänderungsverfahrens neue Umstände erstmals die Befristung rechtfertigen,[526] wie z.B. der Wechsel der Kinderbetreuung.[527]

- wenn ausnahmsweise die Situation im Erstverfahren nicht vollständig überblickt werden konnte und sich die Umstände der Begrenzung erst nachträglich konkretisiert haben.[528]

479   Aber auch die ursprünglich getroffene Prognose kann vielfachen Änderungen unterworfen sein. Dabei gilt der Grundsatz, dass **eingetretene Tatsachen eine frühere (anderweitige) Prognose überlagern**. Eine Abänderungsklage ist also möglich, wenn sich die damalige Prognose als unrichtig herausgestellt hat.

480   **Hinweis:**

- Das ist gedanklich scharf zu trennen von der **Unrichtigkeit damaliger Tatsachen**. In diesen Fällen liegt keine nachträgliche Veränderung vor.

- Die zulässige Abänderung beschränkt sich auf die veränderten Umstände. Diejenigen Verhältnisse, die bereits im ersten Titel berücksichtigt worden sind und sich nicht geändert haben, bleiben davon unberührt.[529] Dies gilt selbst dann, wenn sich diese Tatsachen nachträglich als unrichtig herausgestellt haben.[530]

---

525   OLG Düsseldorf, FamRZ 1996, 1416; Eschenbruch/Klinkhammer, Der Unterhaltsprozess, Rn. 1423.

526   Brudermüller, FF 2004, 101, 107.

527   Büte, FPR 2005, 316, 319.

528   OLG Hamm, FamRZ 1994, 1392; Rotax (Viefhues), Praxis des Familienrechts, Teil 6 Rn. 311.

529   Vgl. Soyka, Die Abänderungsklage im Unterhaltsrecht, Rn. 111; Gottwald, FamRZ 2000, 1502.

530   Scholz/Stein (Roessink), Praxishandbuch Familienrecht, Teil O Rn. 410; OLG Köln, FamRZ 1987, 846; Schwab (Borth), Handbuch des Scheidungsrechts, I, Rn. 1039.

Viefhues

> Denn die Abänderungsklage kann nicht dazu benutzt werden, nachträglich erkannte Fehler des ursprünglichen Urteils zu beseitigen.[531]
>
> - Im Ursprungsurteil falsch festgestellte Tatsachen lassen sich also über die Abänderungsklage nicht aus der Welt schaffen.

Weitere Beispiele, in denen eine **spätere Berücksichtigung der Befristung im Abänderungsverfahren bejaht** worden ist: 481

- wenn das Gericht seine Erstentscheidung auf eine Prognose zukünftiger Entwicklungen stützt und sich diese Prognose (nicht die Tatsachen) als falsch herausgestellt hat,[532]
- wenn sich die Kriterien der Angemessenheitsbeurteilung ändern.[533]

Einige Fallbeispiele: 482

Beispiel 1:

Prognose: „Die Ehefrau wird keine angemessene Arbeit finden, daher keine Befristung."

Veränderte Situation: nach drei Jahren findet sie Arbeit.

Lösungsvorschlag:

Veränderung der Tatsachen (Arbeitsstelle) überlagert die frühere Prognoseentscheidung, die sich als falsch herausgestellt hat.[534] Eine Abänderungsklage ist folglich zulässig.

Beispiel 2:

Prognose: „Die Ehefrau wird keine angemessene Arbeit finden, daher keine Befristung."

Veränderte Situation: aufgrund einer bei der ersten Entscheidung nicht vorhergesehenen Entwicklung steigen ihre Chancen. Es hat sich z.B. eine Firma in der Region niedergelassen, die Arbeitskräfte genau dem Berufsbild der Ehefrau sucht.

Lösungsvorschlag:

Neue Prognose aufgrund neuer Tatsachensituation; eine Abänderungsklage ist möglich.

---

531 Luthin (Bearbeiter), Handbuch des Unterhaltsrechts, Rn. 7286.

532 Scholz/Stein (Kleffmann), Praxishandbuch Familienrecht, Teil H Rn. 147, zugunsten des Unterhaltspflichtigen OLG Düsseldorf, FamRZ 1996, 1416, 1417; zugunsten der Unterhaltsberechtigten Kalthoener/Büttner/Niepmann, Die Rechtsprechung zur Höhe des Unterhalts, Rn. 1050.

533 Eschenbruch/Klinkhammer, Der Unterhaltsprozess, Rn. 1423; beim Vergleich OLG Hamm, FamRZ 1994, 1392.

534 Scholz/Stein (Kleffmann), Praxishandbuch Familienrecht, Teil H Rn. 147, zugunsten des Unterhaltspflichtigen OLG Düsseldorf, FamRZ 1996, 1416, 1417; zugunsten der Unterhaltsberechtigten Kalthoener/Büttner/Niepmann, Die Rechtsprechung zur Höhe des Unterhalts, Rn. 1050.

Beispiel 3:

Prognose: „Die Ehefrau wird im Hinblick auf die konkreten Umstände der Kindesbetreuung keine Berufstätigkeit aufnehmen können."

Veränderte Situation: Wechsel des Kindes zum anderen Elternteil oder Aufnahme in die Ganztagsschule macht Erwerbstätigkeit möglich.

Lösungsvorschlag:

Neue Prognose aufgrund neuer Tatsachensituation; eine Abänderungsklage ist möglich.

Beispiel 4:

Prognose: „Die Ehefrau kann im Hinblick auf ihre berufliche Vorbildung keine Berufstätigkeit aufnehmen."

Veränderte Situation: Eine damals nicht vorhersehbare Ausbildungsmaßnahme ermöglicht beruflichen Einstieg.

Lösungsvorschlag:

Neue Prognose aufgrund neuer Tatsachensituation; eine Abänderungsklage ist möglich.

483 Auch wenn das Gericht im Vorprozess die Unterhaltszahlungen befristet hat, stellt sich die Frage, ob der Unterhaltspflichtige und die Unterhaltsberechtigte eine nachträgliche **Änderung der Begrenzung bzw. Befristung** erreichen können.

Auch hier gilt – für beide Parteien – dass diejenigen Umstände, die zum Zeitpunkt der Erstentscheidung vorgetragen worden sind oder hätten vorgetragen werden können, wegen § 323 ZPO präkludiert sind. Dagegen können neue Umstände zur Begründung herangezogen werden.

(3) Keine Ausführungen in der Erstentscheidung

484 Verliert das Gericht in seiner Entscheidung kein Wort über die Frage der Befristung, bedeutet dies nicht, dass später uneingeschränkt die Befristung eingewandt werden kann.

Es kommt nämlich nicht darauf an, ob die Gründe schon Gegenstand der richterlichen Beurteilung im Erstprozess geworden sind, das Gericht also tatsächlich etwas zu dieser Frage in seinem Urteil ausgeführt hat.[535] Entscheidend ist, dass diese **Prognose schon damals hätte getroffen werden können.**

Damit ist alles, was im Erstprozess hätte entschieden werden können, präkludiert!

---

535 BGH, FamRZ 2001, 905, 906; Eschenbruch/Klinkhammer, Der Unterhaltsprozess, Rn. 1423.

Findet sich in der Erstentscheidung keine Feststellung zur Befristung bzw. Begren-   485
zung, muss für eine spätere Abänderungsklage der damalige Sachvortrag überprüft
werden. Dabei ist zu unterscheiden:

- Hat das Gericht im Erstprozess trotz entsprechenden Sachvortrags die Befristung
  „ignoriert", ist die Abänderung nicht möglich; der Pflichtige hätte damals Berufung
  einlegen müssen.

- Fehlt es dagegen im damaligen Prozess an ausreichendem Sachvortrag, so kommt
  es darauf an, ob damals zu diesem Thema hätte vorgetragen werden können und
  müssen.

  – Waren damals die Umstände für eine Befristung ausreichend sicher vorhersehbar,
    so hätten sie damals vorgetragen werden müssen. Es ist keine Abänderungsklage
    möglich.

  – Waren die Umstände für eine Befristung damals nicht ausreichend sicher vorher-
    sehbar, ist eine Abänderungsklage möglich.

Praxistipp:

Eine solche Prüfung ist ohne genaue Durchsicht der alten Akten – am besten der
Gerichtsakten – kaum möglich!

bb)   Vergleiche und vollstreckbare (notarielle) Urkunden

Handelt es sich bei der ersten Unterhaltsfestsetzung um einen Vergleich, gelten die   486
gleichen Grundsätze. Zwar steht hier die Zeitschranke des § 323 Abs. 3 ZPO nicht
direkt entgegen. Vergleiche und Vereinbarungen genießen jedoch **Bindungswirkung**.

Bei **Vergleichen** ist zu entscheiden, ob in den Verhältnissen, die die Parteien zur
Grundlage ihres Vertrags gemacht hatten, derart gewichtige Änderungen eingetreten
sind, dass nach den Grundsätzen über den Wegfall der Geschäftsgrundlage ein unver-
ändertes Festhalten an den vereinbarten Leistungen gegen **Treu und Glauben** (§ 242
BGB) verstoßen würde und daher dem Schuldner nicht zumutbar wäre.[536] Bei der Anpassung darf nicht nur darauf abgestellt werden, dass ein weiteres Festhalten am Vereinbarten nur für eine Partei unzumutbar erscheint; vielmehr muss das Abgehen vom
Vereinbarten auch der anderen Partei zugemutet werden können.[537] Dabei ist auch zu
berücksichtigen, dass eine Unterhaltsvereinbarung vielfach in eine Gesamtregelung
der Ehegatten eingebunden ist und nicht isoliert betrachtet werden kann.

---

536   BGH, FamRZ 1986, 790; BGH, FamRZ 1991, 543; OLG Hamm, FamRZ 1994, 1115;
      OLG Hamm, FamRZ 1994, 1392.
537   BGH, NJW 2001, 3618, 3620.

487   In den hier diskutierten Fällen ist bei **Vergleichen** keine spätere Änderung der Geschäftsgrundlage anerkannt worden, die zu einer nachträglichen Berücksichtigung der Befristung bzw. Begrenzung berechtigten würde.[538] Eine Ausnahme gilt nur dann, wenn, die Parteien ausnahmsweise vereinbart haben, diese Problematik einem späteren Abänderungsverfahren vorzubehalten.[539]

Schweigt die Vereinbarung über die Befristung, obwohl zumindest Anlass bestanden hätte, auf diese Frage einzugehen, ist Präklusion eingetreten:

Beispiel aus der Rechtsprechung:

„Die Frage nach einer Befristung oder Kürzung des Unterhaltsanspruchs gem. §§ 1573 Abs. 5, 1578 Abs. 1 Satz 2 BGB stellt sich nicht. Denn die Parteien haben sich in Kenntnis dieses Gesichtspunktes auf die unbefristete Unterhaltszahlung geeinigt. Diese Vergleichsgrundlage hat unverändert Bestand. "[540]

488   Entsprechendes gilt auch, wenn sich der Pflichtige in einer **notariellen Urkunde** unbefristet zur Zahlung von Geschiedenenunterhalt verpflichtet hat. Er kann eine Abänderungsklage nicht mit Erfolg auf § 1573 Abs. 5 BGB stützen, wenn die von ihm angeführten Maßstäbe schon im Zeitpunkt der Errichtung der Urkunde vorlagen oder ihr zukünftiger Eintritt mit Sicherheit vorhersehbar war, aber in der Urkunde keinen Niederschlag gefunden hat.[541]

cc)   Maßgebender Zeitpunkt für die Präklusionswirkung

489   Bei gerichtlichen Verfahren ist maßgebender Zeitpunkt für den Eintritt der Präklusionswirkung der **Schluss der mündlichen Verhandlung über einen Sachantrag** in der letzten Tatsacheninstanz. Im schriftlichen Verfahren gilt der in § 128 Abs. 2 Satz 2 und Abs. 3 Satz 2 ZPO normierte Zeitpunkt. Auf die Parteistellung oder Zielrichtung des Vorprozesses kommt es grds. nicht an, denn beide Parteien müssen ihren Standpunkt bereits im Ausgangsprozess zur Geltung zu bringen.[542]

490   Bei **mehreren aufeinanderfolgenden Abänderungsklagen** kommt es auf den Schluss der mündlichen Verhandlung über einen Sachantrag im letzten Abänderungsverfahren an.[543]

---

538   BGH, FamRZ 2001, 905; BGH, FamRZ 1995, 665, 666.

539   OLG Hamm, FamRZ 1994, 1392; Gerhardt, FuR 1997, 249; Büte, FPR 2005, 316, 319.

540   OLG Oldenburg, FamRZ 2006, 1842.

541   OLG Düsseldorf, OLGR Düsseldorf 1996, 221, 222; Eschenbruch/Klinkhammer, Der Unterhaltsprozess, Rn. 1423.

542   BGHZ 96, 205, 207 ff.; 136, 374, 375 m. Anm. Klein, FuR 1998, 6; FamRZ 2000, 1499; 2001, 905.

543   Ausführlich Viefhues, Fehlerquellen im familiengerichtlichen Verfahren, Rn. 1686 ff.

Bei einem **Versäumnisurteil** kann der Abänderungskläger keine Umstände einbrin-   491
gen, die er im Erstverfahren mit dem Einspruch hätte geltend machen können.[544] Umstritten ist, ob es für die wesentliche Änderung der Verhältnisse

* auf die **fiktiven** Verhältnisse[545] (die damals vorgetragenen, gem. § 331 Abs. 1 Satz 1
  ZPO als zugestanden geltenden) oder

* auf die **tatsächlichen**[546] Verhältnisse bei Erlass der Säumnisentscheidung ankommt,
  sofern der Kläger in vollem Umfange durch Versäumnisurteil obsiegt hat (s. hierzu
  § 331 Abs. 2 ZPO).

Verlangt der Unterhaltsgläubiger in einem Abänderungsverfahren höheren Unterhalt,   492
dann ist er nach Erlass eines Versäumnisurteils mit dem Vortrag weiterer Alttatsachen
nicht präkludiert: Da er im Vorprozess mit seinem Klageantrag und dem dafür erforderlichen Sachvortrag durchgedrungen ist, berührt die Berücksichtigung von Alttatsachen die Rechtskraftwirkung nicht.[547]

Liegt ein **Anerkenntnisurteil** gem. § 307 ZPO vor, ist bzgl. der Präklusion zwischen   493
Unterhaltsgläubiger und Unterhaltsschuldner zu differenzieren:

* Hat der **Unterhaltsberechtigte** in vollem Umfange obsiegt, dann kann er sich auf
  Umstände, die bereits zum Zeitpunkt des Anerkenntnisses vorgelegen haben, in
  einem Abänderungsverfahren berufen, wenn sich auch die Verhältnisse i.Ü. wesentlich geändert haben. Ebenso wie bei einem Versäumnisurteil verändert die Berücksichtigung von Alttatsachen die Rechtskraftwirkung nicht.

* Beim **Unterhaltspflichtigen** sind unverändert bestehende und fortwirkende Alttatsachen präkludiert.[548] Mit dem Vortrag veränderter Umstände ist der Unterhaltsschuldner hingegen nicht präkludiert, wenn diese seit dem Anerkenntnis eingetreten
  sind und einen Abänderungsgrund darstellen.

---

544   BGH, FamRZ 1982, 345.
545   OLG Köln, FamRZ 2002, 471; Kalthoener/Büttner, NJW 1990, 1640, 1648.
546   OLG Oldenburg, FamRZ 1990, 188; OLG Frankfurt am Main, FamRZ 1995, 735.
547   Klein, in: Arbeitsmaterialien zur 10. Jahrestagung Familienrecht des DAI, Rn. 63.
548   OLG Hamm, FamRZ 1992, 1201; a.A. OLG Bamberg, FamRZ 1986, 702 und OLG Bam-
      berg, FamRZ 2001, 556.

dd) **Mögliche Ausnahmen von der Präklusion**

(1) **Titel aus der Zeit vor Inkrafttreten des neuen Unterhaltsrechts am 01.01.2008 (Übergangsrecht)**

494 Für Titel aus der Zeit vor dem 01.01.2008 geben die Sonderregelungen des Übergangsrecht eine **einmalige Möglichkeit**, einen alten Titel unter vereinfachten Voraussetzungen abzuändern.[549]

(2) **Titel aus der Zeit nach Inkrafttreten des neuen Unterhaltsrechts am 01.01.2008**

495 Für Titel, die nach dem 01.01.2008 entstanden sind, gelten die **normalen Regeln**.

(3) **Keine Ausnahme: Abänderungsklage des Unterhaltspflichtigen aus anderen Gründen**

496 In der Praxis weit verbreitet ist der **Irrtum, dieses Problem könne „nebenbei" bei der nächsten anderweitigen Änderung des Titels mit behoben werden.**

Erhebt der Unterhaltspflichtige aus anderen Gründen – z.B. wegen der Verringerung seines Einkommens oder wegen einer Erhöhung des Eigeneinkommens der Berechtigten – eine (zulässige) Abänderungsklage, so ist damit aber nicht der Weg eröffnet, hier die Frage der Befristung zum Gegenstand der gerichtlichen Entscheidung zu machen. Denn die Abänderungsklage eröffnet keine von den Bindungen des vorhergehenden Titels freie Neufestsetzung des Unterhalts, sondern gem. § 323 Abs. 1 ZPO **nur eine entsprechende Anpassung.**

497 **Die Abänderung beschränkt sich folglich auf die veränderten Umstände.** Diejenigen Verhältnisse, die bereits im ersten Titel berücksichtigt worden sind oder hätten berücksichtigt werden können und sich nicht geändert haben, bleiben davon unberührt.[550] Dies gilt selbst dann, wenn sich diese Tatsachen nachträglich als unrichtig herausgestellt haben[551] oder im Vorprozess bereits gegeben waren, dort aber nicht berücksichtigt worden sind.[552]

---

549 Dazu Rn. 530 ff.

550 Vgl. Soyka, Die Abänderungsklage im Unterhaltsrecht, Rn. 111; Gottwald, FamRZ 2000, 1502.

551 Scholz/Stein (Roessink), Praxishandbuch Familienrecht, Teil O Rn. 410.

552 BGH, FamRZ 1982, 793.

(4)   Abänderungsklagen des Unterhaltsberechtigten

Die Präklusionswirkung gilt nicht für den Abänderungsbeklagten.[553] Damit könnte   498
sich für den Unterhaltsverpflichteten bei einem Erhöhungsverlangen des Berechtigten
die Chance bieten, die bislang vergessene Befristung nachzuholen.

> „Zwar gilt die in § 323 Abs. 2 ZPO für den Kläger eines Abänderungsverfahrens angeord-
> nete Präklusion von Abänderungsgründen nicht uneingeschränkt auch für den Beklagten
> dieses Verfahrens. Vielmehr kann der Beklagte zur Verteidigung des Ersturteils gegen das
> Abänderungsbegehren des Klägers auch solche Tatsachen in den Prozess einführen, die be-
> reits während des Erstprozesses vorgelegen haben, dort aber nicht vorgetragen wurden und
> infolgedessen unberücksichtigt geblieben sind (Senatsurt. v. 21.02.2001 – XII ZR 276/98,
> FamRZ 2001, 1364, 1365)."[554]

Dennoch muss bei einer **Klage des Berechtigten auf Erhöhung des Unterhalts** dif-   499
ferenziert werden:

- Der Pflichtige (= Beklagte) kann im Rahmen seiner **Rechtsverteidigung** zur **Abwehr des (weiter gehenden) Erhöhungsverlangens** jetzt die Befristung ins Feld
  führen.[555] Allerdings gilt dies wiederum nicht für vorgetragene und im Ersturteil
  folglich bereits bewertete Tatsachen. Denn es würde einen Eingriff in die Rechtskraft des früheren Urteils bedeuten, wenn diese Umstände jetzt neu und anders
  bewertet würden, und zwar auch zur Verteidigung der Rechtskraft des damaligen
  Urteils gegen ein Erhöhungsverlangen.[556]

- Der Pflichtige kann aber nicht im Wege der **Widerklage** darüber hinaus die ursprüngliche Festsetzung zu seinen Gunsten verändern. Denn insoweit ist er Kläger
  und die Präklusionswirkung greift.[557]

d)   Übergangsrecht

Das Übergangsrecht eröffnet nach Inkrafttreten des neuen Rechts eine **einmalige Ge-**   500
legenheit, eine Abänderung bereits bestehender Titel unter erleichterten Voraussetzungen zu erreichen (s. Rn. 570 ff.).

---

553   BGH, FamRZ 1987, 57; BGH, FamRZ 1990, 1085.

554   BGH, FamRZ 2007, 793, m. Anm. Büttner.

555   BGH, FamRZ 1987, 259, 263; BGH, NJW 2000, 3790; Brudermüller, FF 2004, 101,
      107 Fn. 100; Scholz/Stein (Kleffmann), Praxishandbuch Familienrecht, Teil H Rn. 147;
      Eschenbruch/Klinkhammer, Der Unterhaltsprozess, Rn. 5347.

556   BGH, FamRZ 2001, 1364, 1365.

557   Gottwald, FamRZ 2000, 1502.

K. „Verwirkung" des Ehegattenunterhalts (Neuregelung bei § 1579 BGB)

I. Gegenüberstellung der einschlägigen Normen

Altes Recht	Neues Recht	
§ 1361 Unterhalt bei Getrenntleben	**§ 1361 Unterhalt bei Getrennt**	501
(3) Die Vorschrift des *§ 1579 Nr. 2 bis 7 über die Herabsetzung des Unterhaltsanspruchs aus Billigkeitsgründen* ist entsprechend anzuwenden.	(3) Die Vorschrift des **§ 1579 Nr. 2 bis 8 über die Beschränkung oder Versagung des Unterhalts wegen grober Unbilligkeit** ist entsprechend anzuwenden.	
§ 1579 *Beschränkung oder Wegfall der Verpflichtung*	**§ 1579 Beschränkung oder Versagung des Unterhalts wegen grober Unbilligkeit**	
Ein Unterhaltsanspruch ist zu versagen, herabzusetzen oder zeitlich zu begrenzen, soweit die Inanspruchnahme des Verpflichteten auch unter Wahrung der Belange eines dem Berechtigten zur Pflege oder Erziehung anvertrauten gemeinschaftlichen Kindes grob unbillig wäre, weil	Ein Unterhaltsanspruch ist zu versagen, herabzusetzen oder zeitlich zu begrenzen, soweit die Inanspruchnahme des Verpflichteten auch unter Wahrung der Belange eines dem Berechtigten zur Pflege oder Erziehung anvertrauten gemeinschaftlichen Kindes grob unbillig wäre, weil	
1. die Ehe von kurzer Dauer war; *der Ehedauer steht die Zeit gleich, in welcher der Berechtigte wegen der Pflege oder Erziehung eines gemeinschaftlichen Kindes nach § 1570 Unterhalt verlangen konnte,*	1. die Ehe von kurzer Dauer war; **dabei ist die Zeit zu berücksichtigen, in welcher der Berechtigte wegen der Pflege oder Erziehung eines gemeinschaftlichen Kindes nach § 1570 Unterhalt verlangen kann,**	
	2. **der Berechtigte in einer verfestigten Lebensgemeinschaft lebt,**	
2. der Berechtigte sich eines Verbrechens oder eines schweren vorsätzlichen Vergehens gegen den Verpflichteten oder einen nahen Angehörigen des Verpflichteten schuldig gemacht hat,	3. der Berechtigte sich eines Verbrechens oder eines schweren vorsätzlichen Vergehens gegen den Verpflichteten oder einen nahen Angehörigen des Verpflichteten schuldig gemacht hat,	

3. der Berechtigte seine Bedürftigkeit mutwillig herbeigeführt hat,	4. der Berechtigte seine Bedürftigkeit mutwillig herbeigeführt hat,
4. der Berechtigte sich über schwerwiegende Vermögensinteressen des Verpflichteten mutwillig hinweggesetzt hat,	5. der Berechtigte sich über schwerwiegende Vermögensinteressen des Verpflichteten mutwillig hinweggesetzt hat,
5. der Berechtigte vor der Trennung längere Zeit hindurch seine Pflicht, zum Familienunterhalt beizutragen, gröblich verletzt hat,	6. der Berechtigte vor der Trennung längere Zeit hindurch seine Pflicht, zum Familienunterhalt beizutragen, gröblich verletzt hat,
6. dem Berechtigten ein offensichtlich schwerwiegendes, eindeutig bei ihm liegendes Fehlverhalten gegen den Verpflichteten zur Last fällt oder	7. dem Berechtigten ein offensichtlich schwerwiegendes, eindeutig bei ihm liegendes Fehlverhalten gegen den Verpflichteten zur Last fällt oder
7. ein anderer Grund vorliegt, der ebenso schwer wiegt wie die in den Nummern 1 bis 6 aufgeführten Gründe.	8. ein anderer Grund vorliegt, der ebenso schwer wiegt wie die in den Nummern 1 bis 7 aufgeführten Gründe.

II. Überblick

502　Voraussetzung der Anwendbarkeit des § 1579 BGB ist die **grobe Unbilligkeit**,[558] die sich

- aus einem vorwerfbaren Fehlverhalten des Unterhaltsberechtigten (§ 1579 Nr. 3 bis Nr. 7, Nr. 8 BGB) oder
- aus einer objektiven Unzumutbarkeit der Unterhaltsleistung für den Unterhaltspflichtigen (§ 1579 Nr. 1, 2, 8 BGB)

ergeben kann.

503　**Rechtsfolge** kann sein,

- die **Beschränkung** des Unterhaltsanspruchs nach
  - **Höhe**,
  - **zeitlicher Dauer** der Leistung oder
  - einer **Kombination** aus Höhe und Dauer oder
- seine **vollständige Versagung**.

558　Dazu ausführlich: Büttner, FamRZ 2007, 773, 777.

III. Inhalt der Neuregelung

Durch die Neuregelung ist die Überschrift der Vorschrift geändert, der Wortlaut des § 1579 Nr. 1 BGB konkretisiert und eine zusätzliche Ziffer in das Gesetz eingefügt (§ 1579 Nr. 2 BGB) worden.   504

1. Neufassung von § 1579 Nr. 1 BGB (kurze Ehedauer)

Die Neufassung stellt klar, dass zunächst von der **tatsächlichen Ehezeit** auszugehen ist. Das ist die Zeit von der Eheschließung bis zur Rechtshängigkeit des Scheidungsantrags, nicht bis zur Rechtskraft des Scheidungsverfahrens.[559]   505

Erst dann ist eine Abwägung vorzunehmen, ob und in welchem Umfang die Zahlungspflicht für den Verpflichteten auch unter Wahrung der Belange eines vom Berechtigten betreuten gemeinschaftlichen Kindes grob unbillig ist.

Mit dieser Gesetzesänderung wird der Vorgabe des BVerfG[560] Rechnung getragen, dass es nach dem Grundsatz der Verhältnismäßigkeit möglich sein muss, auch den Unterhaltsanspruch eines geschiedenen Ehegatten, der ein gemeinsames Kind betreut, bei kurzer Ehedauer auszuschließen oder herabzusetzen. Die bisherige Gesetzesfassung hatte in der Vergangenheit Anlass zu Missverständnissen bei der Auslegung gegeben. Vielfach wurde die Zeit der Kinderbetreuung bei der Bemessung der Ehedauer bereits mitberücksichtigt, sodass eine Unbilligkeit im Fall der Kinderbetreuung schon deshalb nicht in Betracht kam.

Mit der Neuregelung wird auch verdeutlicht, dass die Kindesbelange und die Betreuung gemeinschaftlicher Kinder durch den Unterhaltsberechtigten einer Beschränkung des Unterhalts weder von vornherein noch grds. entgegenstehen, sondern dass bei der nach Bejahung einer „kurzen Ehedauer" durchzuführenden umfassenden Billigkeitsabwägung die Kindesbelange zu wahren und die Kindesbetreuung besonders zu berücksichtigen sind. Durch die Auswechslung des Wörtchens „konnte" gegen „kann" wird deutlich gemacht, dass dabei nicht nur abgelaufene Kindererziehungszeiten, sondern **auch noch in der Zukunft zu erbringende Betreuungsleistungen** zu berücksichtigen sind.   506

Eine gesetzliche Definition der „kurzen" Ehedauer wird ausdrücklich nicht vorgenommen. Nach der Rechtsprechung des BGH gilt eine nicht mehr als zwei Jahre betragende Ehedauer i.d.R. als kurz, eine Ehe von mehr als drei Jahren dagegen als nicht mehr kurz.[561] Hinter dieser zeitlichen Festlegung steht die Erfahrung, dass die wirtschaftliche Verflechtung, die wechselseitige Abhängigkeit und gemeinsame Le-   507

---

559   St. Rspr. des BGH, z.B. NJW 1981, 754; NJW 1982, 823.

560   BVerfG, FamRZ 1989, 941.

561   BGH, NJW 1999, 1630 = FamRZ 1999, 710; NJW 1981, 754, 755.

bensplanung der Eheleute in aller Regel mit der Dauer der Ehe einhergehen. Dieser Grundsatz schließt ein Abweichen wegen besonderer Umstände nicht aus und kann dazu führen, auch eine Ehe von fünf Jahren noch als kurz zu werten.[562]

Die Zeit des tatsächlichen Zusammenlebens – ggf. auch vor der Ehe – ist ohne Bedeutung.[563] Auch das Alter der Eheleute spielt keine Rolle.

Im Bereich von „Kurzzeitehen" sind Überschneidungen von § 1578b BGB mit § 1579 Nr. 1 BGB denkbar. Liegt eine kurze Ehe i.S.d. § 1579 Nr. 1 BGB vor, verengt sich der Entscheidungsspielraum des Gerichts. § 1579 Nr. 1 BGB ist daher in einschlägigen Fällen vorrangig zu prüfen.

2.   Einfügung eines neuen gesetzlichen Härtegrundes

508   Eingefügt wird in das Gesetz die Ziffer 2:

„2. der Berechtigte in einer verfestigten Lebensgemeinschaft lebt,"

Mit § 1579 Nr. 2 BGB wird der in der Praxis bedeutsamste Härtegrund, das **dauerhafte Zusammenleben des Unterhaltsberechtigten mit einem neuen Partner**, als eigenständiger Ausschlusstatbestand normiert.[564] Damit soll die Generalklausel des § 1579 Nr. 7 BGB (jetzt § 1579 Nr. 8 BGB) von diesen Fällen entlastet werden.[565]

Mit der Eingehung einer neuen Lebensgemeinschaft, die sich verfestigt hat, gibt der geschiedene Ehegatte zu erkennen, dass er sich endgültig aus der nachehelichen Solidarität gelöst hat.[566]

509   Mit dem neuen Härtegrund wird **kein vorwerfbares Fehlverhalten** des Unterhaltsberechtigten sanktioniert, sondern es wird eine **rein objektive Gegebenheit** bzw. eine Veränderung in den Lebensverhältnissen des bedürftigen Ehegatten erfasst, die eine dauerhafte Unterhaltsleistung unzumutbar erscheinen lässt.

510   Eine gesetzliche Definition der „**verfestigten Lebensgemeinschaft**" wird nicht gegeben; die Gesetzesbegründung nimmt auf die bisherige Rechtsprechung Bezug.

Die Begründung führt dazu aus, eine solche verfestigte Lebensgemeinschaft könne dann bejaht werden, wenn objektive, nach außen tretende Umstände wie etwa ein über einen längeren Zeitraum hinweg geführter gemeinsamer Haushalt, das Erschei-

---

562   Palandt (Brudermüller), BGB, § 1579 Rn. 7; Weinreich/Klein, KKFamR, § 1579 BGB Rn. 16 m.w.N; juris PK/BGB (Hollinger), § 1579 Rn. 9.

563   Palandt (Brudermüller), BGB, § 1579 Rn. 7.

564   Ausführlich Schnitzler, FamRZ 2006, 239, 240.

565   Menne, FF 2006, 175, 182.

566   Menne, ZFE 2006, 244, 245.

nungsbild in der Öffentlichkeit, größere gemeinsame Investitionen wie der Erwerb eines gemeinsamen Familienheims oder die Dauer der Verbindung den Schluss auf eine verfestigte Lebensgemeinschaft nahelegen. Dabei soll der neue Härtegrund nicht zu einer Kontrolle der Lebensführung des geschiedenen Ehegatten führen dürfen, und deswegen solle es weder auf die Leistungsfähigkeit des neuen Partners noch auf die Aufnahme von intimen Beziehungen oder darauf ankommen, ob die Partner der neuen Lebensgemeinschaft eine Ehe eingehen könnten.

Neben den eheähnlichen Verbindungen zählen zu den Fallgruppen der „verfestigten Lebensgemeinschaft"[567] auch die sozio-ökonomischen Lebensgemeinschaften (Unterhaltsgemeinschaften),[568] nicht jedoch ein solidarisches Zusammenleben von Geschwistern oder erwachsenen Kindern mit ihren Eltern.[569] Auch rein freundschaftliche Beziehungen werden davon nicht umfasst.[570]

511

Neu und für die Praxis von erheblicher Bedeutung ist, dass nach dem Willen des Gesetzgebers Kriterien wie die Leistungsfähigkeit des neuen Partners, die Aufnahme von intimen Beziehungen oder die Frage, ob die Partner der neuen Lebensgemeinschaft eine Ehe bzw. eine Lebenspartnerschaft eingehen könnten, grds. keine Rolle spielen,[571] da der neu geschaffene Härtegrund nicht zu einer Kontrolle der Lebensführung des geschiedenen Ehegatten führen darf.

512

Nach der Rechtsprechung des BGH zum bisherigen Recht konnte eine feste soziale Verbindung nur dann zum Unterhaltsausschluss führen, wenn der geschiedene Ehegatte in der neuen Gemeinschaft **sein Auskommen finden kann**.[572]

Entscheidender Umstand ist vielmehr allein, dass der geschiedene Ehegatte, der eine **neue Lebensgemeinschaft** eingegangen ist, die sich **verfestigt** hat, sich damit endgültig aus der nachehelichen Solidarität herauslöst und zu erkennen gibt, dass er diese nicht mehr benötigt. Damit wird noch einmal verdeutlicht, dass die „verfestigte Lebensgemeinschaft" als ein echter Anwendungsfall der Unbilligkeit nach § 1579 BGB zu begreifen ist und nicht lediglich als Fall der bloßen Bedarfsdeckung durch den neuen Partner i.S.v. § 1577 Abs. 1 BGB.

---

567 Kalthoener/Büttner/Niepmann, Die Rechtsprechung zur Höhe des Unterhalts, Rn. 1116; Büttner, FamRZ 2007, 773, 776.

568 Zum Begriff jurisPK/BGB (Hollinger), § 1579 Rn. 96 ff. und AnwKommentar (Hohloch), § 1579 Rn. 74; Büttner, FamRZ 2007, 773, 776.

569 Menne, ZFE 2006, 244, 245.

570 Menne, FF 2006, 175, 182.

571 Gerhardt, FuR 2005, 529, 532; Schnitzler, FamRZ 2006, 239, 242; Menne, FF 2006, 175, 182; Hauß, FamRB 2006, 180, 181.

572 BGH, FamRZ 1989, 490.

513   Dabei sind jedoch weiterhin die Belange eines gemeinschaftlichen Kindes, das von dem geschiedenen, in einer verfestigten Lebensgemeinschaft lebenden Ehegatten betreut wird, durch die **„Kinderschutzklausel"** im Einleitungssatz des § 1579 BGB zu wahren. Im Einzelfall ist zu prüfen, inwieweit der eheangemessene Unterhalt auf das zur Kindesbetreuung erforderliche Maß reduziert werden kann oder inwieweit der betreuende Elternteil – bspw. nach dem dritten Lebensjahr des Kindes – durch eine Teilzeiterwerbstätigkeit zum eigenen Unterhalt beitragen kann.[573]

514   Zwar bezweckt die Neuregelung durchaus die Entlastung des Pflichtigen bei einer neuen Verbindung des geschiedenen Partners. Kritisch kann jedoch ins Feld geführt werden, dass der Gesetzgeber die Rechtsprechung des BGH zum Zeitrahmen der „festen sozialen Verbindung" übernimmt und damit die Finanzierung der Partnersuche für einen Zeitraum von zwei Jahren dem geschiedenen unterhaltspflichtigen Ehegatten auferlegt.

515   **Praxistipp:**

- Zu beachten ist in diesem Zusammenhang, dass die **Erwerbsobliegenheiten** auch bei Betreuung von Kindern durch das neue Gesetz bereits erheblich verschärft worden sind (s.o. Rn. 331 ff.).

- In der Praxis wird sich die Frage stellen,
  - ob im Zusammenwirken mit § 1579 BGB noch deutlich strengere Anforderungen an die Erwerbsobliegenheit zu stellen sind[574] oder
  - ob weiterhin die Betreuung eines jüngeren Kindes den Unterhaltsanspruch – jedenfalls bis zur Höhe des Mindestbedarfs – gegen eine Kürzung wegen § 1579 BGB schützt.

- § 1579 BGB kann aber auch als Grundlage für eine **Befristung des Anspruchs** herangezogen werden. Hier sind die oben zu § 1578b BGB dargestellten, verfahrensrechtlichen Gesichtspunkte zu beachten!

3.   Änderung der Nummerierung

516   Die Einfügung der neuen Nr. 2 zieht die Änderung der nachfolgenden Ziffern nach sich. Inhaltliche Konsequenzen ergeben sich daraus nicht.

---

573   Büttner, FamRZ 2007, 773, 777.

574   So hat z.B. das OLG Bremen (Beschl. v. 05.01.2007 – 4 UF 75/06) entschieden, auf die – großzügigeren – Grundsätze des Altersphasenmodells könne sich der Ehegatte dann nicht berufen, wenn er sich – wie regelmäßig in Verwirkungsfällen – von der Ehe losgesagt habe. Dann könne ihm nicht mehr der – über § 1615l BGB hinausgehende – besondere Schutz des § 1570 BGB zugebilligt werden.

Die Verschiebung der Ziffernfolge hat aber zur Folge, dass in Zukunft bei der Lektüre von Entscheidungen, die vor dem Inkrafttreten der Reform ergangen sind, hinsichtlich der Bezifferung immer umgedacht werden muss. Der Gesetzgeber hat es aus systematischen Gründen abgelehnt, die neu definierte Fallgruppe ans Ende der Ziffernfolge zu stellen.

4. Änderung des § 1361 Abs. 3 BGB

Die Verweisungsnorm des § 1361 Abs. 3 BGB wird an die geänderte Nummerierung angepasst. Demzufolge kann der neue Verwirkungsgrund des § 1579 Nr. 2 BGB auch in der Trennungszeit verwirklicht werden.   517

IV. Darlegungs- und Beweislast

Der **Unterhaltspflichtige** trägt die Darlegungs- und Beweislast für Tatsachen, die für eine Begrenzung des Unterhalts sprechen. Erleichtert wird ihm die Beweisführung aber dadurch, dass der **Unterhaltsberechtigte** seinerseits Umstände vorbringen und ggf. beweisen muss, die für seine Bedürftigkeit ursächlich sind, so z.B., dass er trotz ausreichender Bemühungen keine angemessene Erwerbstätigkeit zu finden vermag. Hat der Unterhaltsschuldner Tatsachen vorgetragen, die für eine Begrenzung des Unterhalts von Bedeutung sind, ist es Sache des Unterhaltsgläubigers, Umstände vorzubringen, die im Rahmen der zu treffenden Billigkeitsentscheidung gegen eine zeitliche Begrenzung des Unterhalts bzw. für eine längere „Schonfrist" sprechen; denn nacheheliche Solidarität wird im Regelfall nicht ohne Weiteres zeitlich unbegrenzt geschuldet (§ 1569 BGB).[575]   518

---

575 OLG Naumburg, FF 2002, 67 m. Anm. Büttner.

L. Unterhaltsrückstände/Verzug

I. Gegenüberstellung der einschlägigen Normen

Altes Recht	Neues Recht	519
§ 1585b Unterhalt für die Vergangenheit	**§ 1585b Unterhalt für die Vergangenheit**	
(1) Wegen eines Sonderbedarfs (§ 1613 Abs. 2) kann der Berechtigte Unterhalt für die Vergangenheit verlangen.	(1) Wegen eines Sonderbedarfs (§ 1613 Abs. 2) kann der Berechtigte Unterhalt für die Vergangenheit verlangen	
(2) *Im Übrigen kann der Berechtigte für die Vergangenheit Erfüllung oder Schadensersatz wegen Nichterfüllung erst von der Zeit an fordern, in der der Unterhaltspflichtige in Verzug gekommen oder der Unterhaltsanspruch rechtshängig geworden ist.*	(2) **Im Übrigen kann der Berechtigte für die Vergangenheit Erfüllung oder Schadensersatz wegen Nichterfüllung nur entsprechend § 1613 Abs. 1 fordern.**	
(3) Für eine mehr als ein Jahr vor der Rechtshängigkeit liegende Zeit kann Erfüllung oder Schadensersatz wegen Nichterfüllung nur verlangt werden, wenn anzunehmen ist, dass der Verpflichtete sich der Leistung absichtlich entzogen hat.	(3) Für eine mehr als ein Jahr vor der Rechtshängigkeit liegende Zeit kann Erfüllung oder Schadensersatz wegen Nichterfüllung nur verlangt werden, wenn anzunehmen ist, dass der Verpflichtete sich der Leistung absichtlich entzogen hat.	

II. Inhalt der Änderung

Die Regelung über die Geltendmachung von Unterhaltsrückständen in § 1613 BGB war **bislang anwendbar** auf den   520

- Verwandtenunterhalt nach §§ 1601 ff. BGB,
- Unterhalt nach § 1615l BGB,
- Familienunterhalt und
- Trennungsunterhalt nach § 1361 BGB,
- **nicht aber auf den Geschiedenenunterhalt nach §§ 1569 ff. BGB.**

Die gesetzliche Neufassung beseitigt diese sachwidrige Ungleichbehandlung, sodass   521
die Regelungen des § 1613 Abs. 1 BGB jetzt **einheitlich für alle Unterhaltsansprüche** gelten.

522

> **Hinweis:**
>
> Nicht beseitigt wird die verfahrensrechtliche Ungleichbehandlung zwischen Unterhaltsberechtigtem und Unterhaltspflichtigem:
>
> • Die Vorschrift des § 1613 Abs. 1 BGB hat insbes. auch Bedeutung für die **Abänderungsklage des Unterhaltsberechtigten** (§ 323 ZPO). Ist Unterhalt durch ein Urteil tituliert, kann wegen der prozessualen Sperre des § 323 Abs. 3 Satz 1 ZPO eine Abänderung nur mit Wirkung vom Zeitpunkt der Zustellung der Abänderungsklage an verlangt werden. Für den Unterhaltsberechtigten macht hier § 323 Abs. 3 Satz 2 ZPO die rückwirkende Abänderung und damit die gerichtliche Durchsetzung eines höheren Unterhaltsanspruchs bereits ab dem Zeitpunkt möglich, zu dem die Voraussetzungen des § 1613 Abs. 1 BGB vorgelegen haben.
>
> • Eine entsprechende letztlich rückwirkende Regelung für ein **Herabsetzungsverlangen des Unterhaltspflichtigen** i.r.d einer Abänderungsklage besteht nicht.
>
> • Auch nicht behoben wird die Problematik, dass hinsichtlich des **Geschiedenenunterhalts** erst nach Rechtskraft der Scheidung wirksam im Verzug gesetzt werden kann. Denn eine Mahnung wegen nachehelichen Unterhalts, die vor dem Eintritt der Rechtskraft des Scheidungsausspruchs erfolgt, begründet keinen Verzug, weil noch kein fälliger gesetzlicher Anspruch vorliegt.[576]
>
> • **Unterhaltsrückstände für mehr als ein Jahr vor der Rechtshängigkeit** können nicht gefordert werden – die Vorschrift des § 1585b Abs. 3 BGB bleibt bestehen.

---

576   BGH, FamRZ 1992, 920 f.; OLG Hamm, NJW-RR 2001, 433.

M. Formerfordernis für Unterhaltsverein-barungen

I.   Gegenüberstellung der einschlägigen Normen   523

Altes Recht	Neues Recht
§ 1585c Vereinbarungen über den Unterhalt	**§ 1585c Vereinbarungen über den Unterhalt**
Die Ehegatten können über die Unterhaltspflicht für die Zeit nach der Scheidung Vereinbarungen treffen.	Die Ehegatten können über die Unterhaltspflicht für die Zeit nach der Scheidung Vereinbarungen treffen. **Eine Vereinbarung, die vor der Rechtskraft der Scheidung getroffen wird, bedarf der notariellen Beurkundung. § 127a findet auch auf eine Vereinbarung Anwendung, die in einem Verfahren in Ehesachen vor dem Prozessgericht protokolliert wird.**

II.   Inhalt der Änderung

Nach bisherigem Recht konnten Vereinbarungen über den nachehelichen Unterhalt auch privatschriftlich oder sogar mündlich geschlossen werden.   524

Im Hinblick auf die große Bedeutung der Absicherung des laufenden Unterhalts für den Berechtigten ist in Zukunft die **notarielle Beurkundung** Wirksamkeitserfordernis für Vereinbarungen über den nachehelichen Unterhalt. Die Beurkundung in einem gerichtlichen Vergleich erfüllt ebenfalls die gesetzlich vorgeschriebene Form (§ 127a BGB). Dies wird durch den dritten Satz deutlich gemacht, der im Rahmen der Gesetzesberatungen in die Vorschrift aufgenommen worden ist. Durch diesen Satz soll – parallel zu § 1378 Abs. 3 Satz 2 BGB beim Zugewinnausgleich und zu § 1587o Abs. 2 Satz 1, Satz 2 BGB beim Versorgungsausgleich – sichergestellt werden, dass die Eheleute auch im Wege der Protokollierung in einem Verfahren in Ehesachen durch das Prozessgericht eine formwirksame Vereinbarung über den nachehelichen Unterhalt schließen können.   525

Die Formbedürftigkeit von Vereinbarungen über Scheidungsfolgen ist bislang uneinheitlich geregelt: Im Gegensatz zu Vereinbarungen über den Versorgungsausgleich (§§ 1408 Abs. 2, 1587o Abs. 2 BGB) oder zu güterrechtlichen Vereinbarungen (§§ 1410, 1378 Abs. 3 BGB), die der notariellen Beurkundung bedürfen, konnten bis-   526 her Vereinbarungen über den nachehelichen Unterhalt auch privatschriftlich oder sogar mündlich geschlossen werden. Dies ist nicht konsequent, da die Absicherung des laufenden Unterhalts für den Berechtigten i.d.R. von weitaus existenziellerer Bedeutung ist als etwa Zugewinn und Güterrecht oder der spätere Versorgungsausgleich. In der Praxis ist zudem festzustellen, dass gelegentlich weitreichende Unterhaltsregelungen in Unkenntnis ihrer Tragweite getroffen werden, ohne dass zuvor sachkundiger Rat eingeholt worden ist.

527   Dieses Formerfordernis wird unter den Maßnahmen aufgeführt, die der **Stärkung der nachehelichen Eigenverantwortung** dienen. Allerdings werden Formerfordernisse vielfach auch dann eingeführt, wenn der Erklärende wegen der weitreichenden Risiken des Geschäftes vor unüberlegten oder übereilten Bindungen geschützt werden soll (Warnfunktion)[577] und wenn eine sachkundige Beratung und Belehrung des Erklärenden sichergestellt werden soll (Beratungsfunktion).[578] Durch das Formerfordernis wird also an sich deutlich gemacht, dass der Gesetzgeber den eigenständigen Erklärungen der Eheleute gegenüber eher misstrauisch ist und daher eine unabhängige notarielle Beratung und Protokollierung sachgerecht ist.

528   Der Formzwang gilt **nicht**

- für solche **nachehelichen Unterhaltsvereinbarungen**, die erst nach Rechtskraft des Scheidungsurteils geschlossen werden.[579]
- für den **Trennungsunterhalt** und
- den Unterhalt des nichtehelichen Elternteils nach § 1615l BGB.
- Eine entsprechende Formvorschrift für den **Kindesunterhalt** fehlt ebenfalls.

529   Es sind jedoch die materiell-rechtlichen Grenzen zu beachten. Gem. § 1614 BGB darf auf zukünftigen Unterhalt nicht verzichtet werden. Das gilt für Kindesunterhalt und für künftigen Trennungsunterhalt.

Die vom BGH entwickelten Grundsätze zur Wirksamkeitskontrolle von Eheverträgen[580] gelten auch bei Regelungen über den nachehelichen Unterhalt.[581] Auch ein erst nach der Scheidung vereinbarter Unterhaltsverzicht unterliegt der Inhaltskontrolle.[582]

---

577   Palandt (Heinrichs), BGB, § 125 Rn. 2.

578   Palandt (Heinrichs), BGB, § 125 Rn. 2c.

579   Menne, FF 2006, 175, 183; Menne, FPR 2005, 323, 327.

580   BGH, NJW 2004, 930 = FamRZ 2004, 601 = BGHZ 158, 81; BGH, NJW 2005, 2455; BGH, NJW 2005, 2386; BGH, NJW 2005, 2391; BGH, FamRZ 2005, 691; BGH, ZFE 2005, 31; BGH, NJW 2005, 139.

581   BGH, NJW 2004, 930 = FamRZ 2004, 601 = BGHZ 158, 81; BGH, NJW 2005, 2455; BGH, NJW 2005, 2386; BGH, NJW 2005, 2391; BGH, FamRZ 2005, 691; BGH, ZFE 2005, 31; BGH, NJW 2005, 139.

582   OLG München, FamRZ 2005, 215.

Zu bedenken ist aber, dass die bisherige strenge Rechtsprechung des BGH zum Unterhaltsausschluss in ehevertraglichen Regelungen möglicherweise nach Inkrafttreten des neuen Unterhaltsrechts voraussichtlich nicht in voller Schärfe aufrechterhalten werden kann. Dies ergibt sich einmal daraus, dass der vom BGH zum unverzichtbaren Kernbereich des Unterhaltsrechts gezählte Anspruch wegen Kindesbetreuung durch die verschärfte Erwerbsobliegenheit des kindesbetreuenden Elternteils in § 1570 BGB erheblich relativiert worden ist. Zum anderen kann nicht übersehen werden, dass das Gesetz jetzt in § 1587b BGB tief greifende Begrenzungs- und Befristungsmöglichkeiten für alle Unterhaltstatbestände vorsieht. Wenn aber bereits das Gesetz solche Einschränkungen erlaubt, sind die Zulässigkeitsgrenzen für entsprechende ehevertragliche Regelungen erheblich weiter zu ziehen.[583]

Verträge, die vor Inkrafttreten des neuen Gesetzes formfrei geschlossen worden sind, bleiben wirksam. Die neue Formvorschrift findet nur auf Vereinbarungen Anwendung, die nach Inkrafttreten des neuen Rechts geschlossen werden.

---

583   Vgl. Maier, FamRZ 2007, 1076, 1077; Graba, FF 2007, 252 und die Ergebnisse des AK 7 des Deutschen Familiengerichtstages 2007.

N. Übergangsrecht, § 35 EGZPO

I. Gesetzestext

§ [*35*] Gesetz betreffend die Einführung der Zivilprozessordnung   530

„Für das Gesetz zur Änderung des Unterhaltsrechts vom [*einsetzen: Ausfertigungsdatum dieses Gesetzes und Fundstelle im Bundesgesetzblatt*] gelten folgende Übergangsvorschriften:

1. Ist über den Unterhaltsanspruch vor dem [*einsetzen: Tag des Inkrafttretens dieses Gesetzes*] rechtskräftig entschieden, ein vollstreckbarer Titel errichtet oder eine Unterhaltsvereinbarung getroffen worden, sind Umstände, die vor diesem Tag entstanden und durch das Gesetz zur Änderung des Unterhaltsrechts erheblich geworden sind, nur zu berücksichtigen, soweit eine wesentliche Änderung der Unterhaltsverpflichtung eintritt und die Änderung dem anderen Teil unter Berücksichtigung seines Vertrauens in die getroffene Regelung zumutbar ist.

2. Die in Nummer 1 genannten Umstände können bei der erstmaligen Änderung eines vollstreckbaren Unterhaltstitels nach dem [*einsetzen: Tag des Inkrafttretens dieses Gesetzes*] ohne die Beschränkungen des § 323 Abs. 2 und des § 767 Abs. 2 der Zivilprozessordnung geltend gemacht werden.

3. Ist einem Kind der Unterhalt aufgrund eines vollstreckbaren Titels oder einer Unterhaltsvereinbarung als Prozentsatz des jeweiligen Regelbetrags nach der Regelbetrag-Verordnung zu leisten, gilt der Titel oder die Unterhaltsvereinbarung fort. An die Stelle des Regelbetrags tritt der Mindestunterhalt. An die Stelle des bisherigen Prozentsatzes tritt ein neuer Prozentsatz. Hierbei gilt:

   a) Sieht der Titel oder die Vereinbarung die Anrechnung des hälftigen oder eines Teils des hälftigen Kindergelds vor, ergibt sich der neue Prozentsatz, indem dem bisher zu zahlenden Unterhaltsbetrag das hälftige Kindergeld hinzugerechnet wird und der sich so ergebende Betrag ins Verhältnis zu dem bei Inkrafttreten des Gesetzes zur Änderung des Unterhaltsrechts geltenden Mindestunterhalt gesetzt wird; der zukünftig zu zahlende Unterhaltsbetrag ergibt sich, indem der neue Prozentsatz mit dem Mindestunterhalt vervielfältigt und von dem Ergebnis das hälftige Kindergeld abgezogen wird.

   b) Sieht der Titel oder die Vereinbarung die Hinzurechnung des hälftigen Kindergelds vor, ergibt sich der neue Prozentsatz, indem vom bisher zu zahlenden Unterhaltsbetrag das hälftige Kindergeld abgezogen wird und der sich so ergebende Betrag ins Verhältnis zu dem bei Inkrafttreten des Gesetzes zur Änderung des Unterhaltsrechts geltenden Mindestunterhalt gesetzt wird; der zukünftig zu zahlende Unterhaltsbetrag ergibt sich, indem der neue Prozentsatz mit dem Mindestunterhalt vervielfältigt und dem Ergebnis das hälftige Kindergeld hinzugerechnet wird.

c) Sieht der Titel oder die Vereinbarung die Anrechnung des vollen Kindergelds vor, ist Buchstabe a anzuwenden, wobei an die Stelle des hälftigen Kindergelds das volle Kindergeld tritt.

d) Sieht der Titel oder die Vereinbarung weder eine Anrechnung noch eine Hinzurechnung des Kindergelds oder eines Teils des Kindergelds vor, ist Buchstabe a anzuwenden. Der sich ergebende Prozentsatz ist auf eine Dezimalstelle zu begrenzen. Die Nummern 1 und 2 bleiben unberührt.

4. Der Mindestunterhalt minderjähriger Kinder im Sinne des § 1612a Abs. 1 des Bürgerlichen Gesetzbuchs beträgt

a) für die Zeit bis zur Vollendung des sechsten Lebensjahrs (erste Altersstufe) 279 Euro,

b) für die Zeit vom siebten bis zur Vollendung des zwölften Lebensjahrs (zweite Altersstufe) 322 Euro

c) für die Zeit vom 13. Lebensjahr an (dritte Altersstufe) 365 Euro

jeweils bis zu dem Zeitpunkt, in dem der Mindesunterhalt nach Maßgabe des § 1612a Abs. 1 des Bürgerlichen Gesetzbuchs den hier festgelegten Betrag übersteigt.

5. In einem Verfahren nach § 621 Abs. 1 Nr. 4, 5 oder Nr. 11 der Zivilprozessordnung können die in Nummer 1 genannten Umstände noch in der Revisionsinstanz vorgebracht werden. Das Revisionsgericht kann die Sache an das Berufungsgericht zurückverweisen, wenn bezüglich der neuen Tatsachen eine Beweisaufnahme erforderlich wird.

6. In den in Nummer 4 genannten Verfahren ist eine vor dem [*einsetzen: Tag des Inkrafttretens dieses Gesetzes*] geschlossene mündliche Verhandlung auf Antrag wieder zu eröffnen.

7. Unterhaltsleistungen, die vor dem [*einfügen: Tag des Inkrafttretens dieses Gesetzes*] fällig geworden sind oder den Unterhalt für Ehegatten betreffen, die nach dem bis zum 30.6.1977 geltenden Recht geschieden worden sind, bleiben unberührt."

II. Überblick

531 Da das neue Recht erhebliche Änderungen mit sich bringt, stellt sich die Frage, welche Auswirkungen die Rechtsänderung auf laufende Verfahren und auf bereits vorhandene Titel nach sich zieht.

III.   Inhalt der Übergangsvorschriften

Die neuen, durch dieses Gesetz geschaffenen unterhaltsrechtlichen Bestimmungen fin-   532
den auf alle Unterhaltsansprüche Anwendung, die ab Inkrafttreten der Neuregelung
entstehen (so die Wortwahl der Begründung).

Dies ist allerdings missverständlich; gemeint sein kann nur die **Fälligkeit** des jeweiligen Anspruchs.

Denn ein Anspruch auf Geschiedenenunterhalt entsteht – bei Vorliegen der gesetzlichen Voraussetzungen – mit der Rechtskraft der Scheidung. Der Anspruch auf Kindesunterhalt entsteht mit der Geburt des Kindes. Fällig wird der Anspruch dann in
jedem Monat neu.

Eine Beschränkung auf erst noch entstehende Ansprüche würde z.b. bedeuten, dass
vom neuen Recht erst nach Inkrafttreten geborene Kinder oder rechtskräftig geschiedene Ehen betroffen würden. Dann hätten aber die Übergangsregelungen für bereits
bestehende Alttitel keinen Sinn.

Wenn aber bereits bestehende Titel in Anlehnung an § 323 ZPO geändert werden können, bedeutet das, dass sich die Gesetzesänderung auch auf bereits bestehende Unterhaltsansprüche bezieht, soweit diese erst nach dem Inkrafttreten fällig werden. Dies
gilt aber nicht nur, wenn bereits ein rechtskräftiger Titel in der Welt ist, sondern auch,
wenn über die Unterhaltsfestsetzung in einem noch nicht abgeschlossenen Verfahren
noch entschieden werden muss.

1.   Auswirkungen auf laufende Verfahren

Die Nrn. 4 und 5 enthalten die Übergangsvorschriften für im Zeitpunkt des Inkrafttre-   533
tens dieses Gesetzes noch nicht rechtskräftig abgeschlossene, laufende Verfahren.

Eine bereits geschlossene mündliche Verhandlung ist auf Antrag wieder zu eröffnen,
um den Parteien Gelegenheit zu geben, Tatsachen, die erst durch dieses Gesetz Relevanz erlangt haben, noch vorzutragen. Das Gericht hat hierbei kein Ermessen.

2.   Auswirkungen auf bestehende Unterhaltstitel

Durch **Nr. 1** werden die Möglichkeiten, das neue Unterhaltsrecht auf bereits beste-   534
hende Unterhaltsregelungen zu erstrecken, begrenzt. Das gilt sowohl in den Fällen,
in denen es um die Anpassung einer rechtskräftigen Entscheidung oder eines anderen
vollstreckbaren Titels an die neue Rechtslage geht, als auch dann, wenn über den Unterhalt kein vollstreckbarer Schuldtitel vorliegt, weil etwa Unterhaltsberechtigter und
-verpflichteter eine nicht titulierte – ausdrückliche oder stillschweigende – Unterhaltsvereinbarung getroffen haben. In diesen Fällen kann eine Anpassung der bestehenden

Unterhaltsregelung an die neue Rechtslage nur verlangt werden, wenn eine **wesentliche Änderung der Unterhaltsverpflichtung** eintritt. Die Wesentlichkeitsschwelle ist dabei i.S.v. § 323 Abs. 1 ZPO zu verstehen.

535 Dabei ist – anders als bei § 323 ZPO – **keine Änderung der tatsächlichen Verhältnisse erforderlich**. Vielmehr genügt hier die Änderung allein der Rechtslage. Denn aufgrund der geänderten Normen werden Umstände, die bereits im Zeitpunkt der ersten Unterhaltsregelung vorlagen wie bspw. die Dauer der Ehe oder eine frühere Erwerbstätigkeit, erstmals für die Unterhaltsfrage relevant.

Hier kommt es entscheidend auf die **Zumutbarkeit** der Änderung unter Berücksichtigung des Vertrauens in den Fortbestand einer titulierten bzw. einer nicht titulierten Unterhaltsvereinbarung an. Geschützt wird das **Vertrauen** sowohl eines Unterhaltsberechtigten als auch eines Unterhaltsverpflichteten auf den Fortbestand der Regelung.

Dies kann dann der Fall sein, wenn der **Empfänger des Unterhalts** sich in seiner Lebensführung auf die Leistung eingestellt hat und jetzt etwa aufgrund seines Alters oder fehlender Möglichkeit zu beruflicher Umorientierung gar nicht mehr oder nur noch mit unverhältnismäßiger Mühe auf eine Änderung reagieren kann. Es kann für die Zumutbarkeit eine Rolle spielen, in welchem Maß sich der Unterhaltsberechtigte auf den Fortbestand der Regelung dadurch eingestellt hat, dass er im privaten oder beruflichen Bereich Entscheidungen getroffen hat, an die er gebunden ist bzw. die nicht ohne Weiteres rückgängig gemacht werden können. Zu denken ist hier z.B. an eine langfristige Beurlaubung.[584] In Betracht kommen auch Rückwirkungen der Neuregelung auf andere Unterhaltsrechtsverhältnisse, etwa wenn Kinder aufgrund ihrer verbesserten Rangposition mehr Unterhalt verlangen, die Leistungsfähigkeit des Schuldners aber erschöpft ist, weil er auch noch Unterhalt an seinen geschiedenen Ehegatten leisten muss.[585] Der Aspekt der Zumutbarkeit soll es gestatten, in solchen Fällen zu sachgerechten Lösungen im Einzelfall zu kommen.

536 Aber auch das **Verhalten des Unterhaltspflichtigen** kann eine Rolle spielen. So wird hier ein Rückgriff auf die in § 1579 BGB genannten Kriterien empfohlen.[586] Entsprechende Verhaltensweisen des Pflichtigen verstärken den Vertrauensschutz des Berechtigten.

---

584   Ehinger/Rasch, FamRB 2007, 78, 80.
585   Menne, FF 2006, 220, 227.
586   Ehinger/Rasch, FamRB 2007, 78, 80.

Praxistipp:

- Kritik an der Übergangsregelung ist insbes. bzgl. der **Rückwirkung des neuen Rechts** auf den Ehegattenunterhalt geäußert worden.[587] Beanstandet wird, dass in gesichert geglaubte Rechtspositionen speziell von Frauen eingegriffen wird.
- Diese Kritik gilt auch bzgl. der Fälle, in denen die **Ehe** bei Inkrafttreten des neuen Unterhaltsrechts möglicherweise **schon lange besteht**, ohne dass bisher der Unterhalt geregelt worden ist. Denn das neue Gesetz gilt für alle nach seinem Inkrafttreten anstehenden Entscheidungen unabhängig von der Tatsache, dass die Ehe möglicherweise viele Jahre unter den Bedingungen des alten Rechts geführt worden ist. Kritisiert wird, dass für solche Fälle das neue Recht keine Vertrauensschutzklausel vorsehe. Diskutiert wird die analoge Anwendung der Schutzmechanismen des § 35 Nr. 1 EGZPO.
- Kritisch zu betrachten ist auch die Frage der **Rechtsfolge**. Verhindert der Vertrauensschutz eine Änderung generell oder kann der Vertrauensschutz nicht auch dadurch gewährleistet werden, dass – gestützt auf die Übergangsregelung – dem Berechtigten zu seinem Schutz eine Übergangsfrist eingeräumt wird? So könnte das Schutzbedürfnis des Unterhaltsberechtigten auch durch eine gestufte Anpassung an die neue Rechtslage gewahrt werden.[588]

537

Die Zumutbarkeitsprüfung hat besonders dann große Bedeutung, wenn die Unterhaltsvereinbarung nur ein Bestandteil einer größeren, umfassenderen Regelung ist, etwa, wenn sich die Ehegatten in einer **Trennungsvereinbarung** oder einem **Scheidungsfolgenvergleich** – oder auch bereits in ihrem **Ehevertrag** – neben dem Unterhalt auch über Güterrecht, Hausrat und Wohnung sowie über den Versorgungsausgleich geeinigt haben. Denn in aller Regel besteht zwischen den einzelnen Regelungsbereichen ein innerer Zusammenhang, sodass vor einer Änderung des unterhaltsrechtlichen Teils sehr sorgfältig zu prüfen ist, welche Rückwirkungen sich dadurch auf die verbleibenden Bereiche ergeben und inwieweit durch eine Änderung die Geschäftsgrundlage der Gesamtvereinbarung berührt wird. Allerdings hat der Gesetzgeber hierfür keine gesonderte Regelung vorgesehen, sondern verweist in der Begründung darauf, dass hier die Berücksichtigung des Vertrauens – ggf. zusammen mit einer ergänzenden Vertragsauslegung – das geeignete Mittel sei, um zu einer gerechten Lösung im Einzelfall zu gelangen. Die Ansicht, die Übergangsregelung gelte generell nicht für **Gesamtvereinbarungen**,[589] ist damit nicht zutreffend.

538

Aber auch innerhalb einer reinen **Unterhaltsregelung** kann sich durch die Neuregelung der unterhaltsrechtlichen Rangordnung die Änderung in einem Unterhaltsverhält-

539

---

587 Nachweise bei Menne, FF 2006, 220, 227 f.

588 So Ehinger/Rasch, FamRB 2007, 78, 80.

589 So aber Gerhardt, FuR 2005, 529, 537; a.A. Borth, FamRZ 2006, 813, 821; vgl. auch Ehinger/Rasch, FamRB 2007, 78, 80.

nis unmittelbar auf ein anderes Unterhaltsverhältnis auswirken. Unter dem Aspekt der Zumutbarkeit ist deshalb bei der Umstellung bestehender Titel und Vereinbarungen eine „**Gesamtschau**" vorzunehmen und zu prüfen, ob und inwieweit sich eine begehrte Abänderung der Regelung auf andere Unterhaltsverhältnisse auswirkt. Dabei kann nach den Vorstellungen des Gesetzgebers von dem rechnerischen Ergebnis, wie ein bestimmter, für Unterhaltszwecke zur Verfügung stehender Betrag nach neuem Recht unter mehreren Unterhaltsberechtigten zu verteilen ist, mithilfe des Kriteriums der Zumutbarkeit maßvoll abgewichen und eine billige, den Übergangsfällen gerecht werdende Art der Aufteilung gefunden werden.

540   **Nr.** 2 der Übergangsvorschrift verdeutlicht, dass Umstände, die erst durch das neue Recht erheblich geworden sind, in das Verfahren eingeführt werden können: Soweit die Anpassung im Wege einer Abänderungsklage (§ 323 ZPO) oder – soweit dies statthaft ist – im Wege einer Vollstreckungsgegenklage (§ 767 ZPO) erfolgt, sollen die **Präklusionsvorschriften** der jeweiligen Rechtsbehelfe (§ 323 Abs. 2 ZPO bzw. § 767 Abs. 2 ZPO) bei der Anpassung des Unterhaltstitels an das neue Recht **nicht anwendbar sein**. Auf diese Weise können die in Nr. 1 beschriebenen Umstände bei der erstmaligen Änderung des Titels in das Verfahren eingeführt werden, ohne dass das Risiko einer Präklusion besteht.

Keine Besonderheiten gelten dagegen, wenn ein bereits an das neue Recht angepasster Titel zu einem späteren Zeitpunkt erneut geändert werden soll. In diesem Fall handelt es sich um ein reguläres Abänderungsverfahren entsprechend § 323 ZPO bzw. § 767 ZPO.

541   Diese erleichterte Abänderungsmöglichkeit nach Nr. 1 und 2 ist aber auf die **erstmalige Abänderung eines Titels beschränkt**.

542
> **Hinweis:**
> - In der anwaltlichen Praxis muss also nach Inkrafttreten des Gesetzes unverzüglich überprüft werden, ob sich aufgrund der neuen Rechtslage Änderungen zugunsten des Mandanten ergeben können und ob daher eine Änderung des bestehenden Titels – gestützt auf die Übergangsvorschriften – angestrebt werden sollte.
> - Die Übergangsregelung beseitigt aber nur die Präklusionswirkung des § 323 Abs. 2 ZPO, nicht aber die **Zeitsperre in § 323 Abs. 3 ZPO**. Bei Urteilen kann daher auch in diesem Fall eine Abänderung nur gem. § 323 Abs. 3 ZPO verlangt werden – also im Regelfall nur **ab Zustellung der Abänderungsklage**.

543   Unklar ist die Situation bei solchen Unterhaltsansprüchen, die nach bisherigem Recht schon aufgrund der Regelung des § 1573 Abs. 5 BGB hätten befristet werden können (also Ansprüche aus § 1573 Abs. 1 und Abs. 2 BGB).

Hier liegt eigentlich keine Gesetzesänderung vor, da das neue Recht inhaltlich nur den Anwendungsbereich des bisherigen § 1573 Abs. 5 BGB auf alle Unterhaltstatbestände erstreckt. Daher wird teilweise eine Präklusion bejaht.[590]

544

Folgt man dieser Ansicht, ist letztlich entscheidend, welches Datum der damalige Titel trägt. Denn vor der Änderung der BGH-Rechtsprechung zur Anrechnungs- und Differenztheorie (Surrogatsrechtsprechung) trat dieses Problem nicht auf, sodass auch kein Anlass bestand, bei einer unterhaltsrechtlichen Auseinandersetzung dazu vorzutragen.

545

Der BGH hat in diesem Zusammenhang entschieden[591], dass die **geänderte BGH-Rechtsprechung zur Anrechnungs- und Differenzmethode** durch das Urt. v. 13.06.2001[592] einen Abänderungsgrund darstellt mit der Folge, dass früher **ergangene Vollstreckungstitel** nachträglich abgeändert werden können, um eine Begrenzung oder Befristung zu erreichen. Eine Präklusion ist hier nicht eingetreten. Der Leitsatz dieser BGH-Entscheidung stellt dabei ausdrücklich auf die Änderung der BGH-Rechtsprechung zur eheprägenden Haushaltstätigkeit und Kindererziehung ab, also auf das Urteil v. 13.06.2001.[593]

546

Es gibt allerdings Anzeichen dafür, dass der BGH dies in einem weiter gehenden Sinne verstanden haben will. So hat der Bundesrichter Dose in einem Aufsatz[594] unter ausdrücklicher Bezugnahme auf diese Entscheidung ausgeführt:

547

„Soweit der frühere Unterhaltstitel aus einer Zeit vor dem 12.04.2006 (= BGH, FamRZ 2006,1006[595])stammt – als auch der BGH die gesetzlichen Möglichkeiten zur Begrenzung des nachehelichen Unterhalts bedeutend zurückhaltender anwendete und noch nicht entscheidend auf die Fortdauer ehebedingter Nachteile abstellte –, scheidet eine Präklusion regelmäßig aus.“

Demnach wäre maßgeblicher Stichtag der **12.04.2006.**

548

---

590 So Borth, FamRZ 2006, 818, 820, 821; Menne, FF 2006, 220, 227.

591 BGH, NJW 2007, 1961 m. Anm. Graba = FamRZ 2007, 793.

592 Senatsurteil BGHZ 148, 105 = FamRZ 2001, 986 XII. ZS, Urt. v. 13.06.2001 – XII ZR 343/99.

593 Senatsurteil BGHZ 148, 105 = FamRZ 2001, 986 XII. ZS, Urt. v. 13.06.2001 – XII ZR 343/99.

594 Dose, FamRZ 2007, 1289, 1296.

595 Hierbei handelt es sich um die Entscheidung, in der erstmalig der BGH inhaltlich zu § 1573 Abs. 5 BGB Stellung bezogen und die Bedeutung der fortwirkenden ehebedingten Nachteilen herausgestellt hat.

549 Die **Gegenansicht** bejaht eine Gesetzesänderung, die generell die Abänderung ermöglicht, verweist auf die Unterschiede in den gesetzlichen Vorschriften und bezeichnet eine andere Auslegung der Übergangsvorschriften sogar als schikanös.[596]

3. Umrechnung dynamischer Unterhaltstitel, § 35 Ziff. 3 EGZPO

550 Die Übergangsvorschrift des § 35 EGZPO sieht in Ziff. 3 Vorschriften vor, die es ermöglichen, bestehende dynamische Unterhaltstitel **auf das neue Unterhaltsrecht umzustellen,** ohne dass sich dabei der tatsächlich vom Unterhaltspflichtigen zu zahlende Unterhaltsbetrag ändert.

551 **Bezugsgröße** bei der dynamischen Titulierung des Kindesunterhalts ist nach geltendem Recht der Regelbetrag. Da dieser nunmehr entfällt und gem. § 1612a BGB durch den Mindestunterhalt ersetzt wird, muss der bestehende dynamische Unterhaltstitel entsprechend umgestellt und der bisherige Prozentsatz angepasst werden. Dabei sind unterschiedliche Umrechnungsvorgaben zu berücksichtigen, je nach dem, welche Anrechnungsmodalität bzgl. des Kindesgelds in dem bestehenden Unterhaltstitel festgeschrieben ist.

a) Erste Alternative, § 35 Nr. 3 a) EGZPO

552 Der vorhandene Titel ordnet die Anrechnung des hälftigen oder eines Teils des hälftigen Kindesgelds an.

553 **Wortlaut des Unterhaltstitels:**

> Der Beklagte wird verurteilt, an den Kläger einen monatlich im Voraus zu zahlenden Kindesunterhalt i.H.v. 121 % des Regelbetrags des § 1 der Regelbetrag-VO der zweiten Altersstufe (zurzeit 297,00 €) abzgl. der Hälfte des Kindesgelds für ein erstes Kind (zurzeit 154,00 €), soweit dieses zusammen mit dem Unterhalt 135 % des Regelbetrags des § 1 der Regelbetrag-VO übersteigt, zu zahlen.

Daraus resultiert folgende tatsächliche Zahlungsverpflichtung:

121 % des Regelbetrags	*297,00 €*
135 % des Regelbetrags	*331,00 €*
Differenz	*34,00 €*
Anrechenbares Kindesgeld *(77,00 € ./. 34,00 €) =*	*43,00 €*
tatsächlicher Zahlbetrag *(297,00 € ./. 43,00 €) =*	***254,00 €***

---

596 Heumann, FamRZ 2007, 178, 184.

Umrechnung gem. § 35 Nr. 3 a) EGZPO

Bisher zu zahlender Unterhaltsbetrag	*254,00 €*
zzgl. hälftiges Kindergeld	*+ 77,00 €*
Summe	*331,00 €*
Mindestunterhalt gem. § 1612a Abs. 1 Nr. 2 BGB i.V.m. § 35 Nr. 4 EGZPO	*322,00 €*
Verhältnis 331,00 € zu 322,00 € =	*102,8 %*

Zu zahlender Unterhalt nach angepasstem neuen Recht:

102,8 % des Mindestunterhalts gem. § 1612a Abs. 1 Nr. 2 BGB i.V.m. § 35 Nr. 4 EGZPO abzgl. hälftigen Kindergelds für ein erstes Kind

322,00 € x 102,8 % ./. 77,00 € =	***254,00 €***

b) Zweite Alternative, § 35 Nr. 3 b) EGZPO

Der vorhandene Unterhaltstitel ordnet die Hinzurechnung des hälftigen Kindergelds an: 554

Wortlaut des Unterhaltstitels: 555

> Der Beklagte wird verurteilt, an den Kläger einen monatlich im Voraus zu zahlenden Kindesunterhalt i.H.v. 142 % des Regelbetrags des § 1 der Regelbetrag-VO der zweiten Altersstufe (zurzeit 351,00 €) zzgl. der Hälfte des Kindergelds für ein erstes Kind (zurzeit 154,00 €) zu zahlen.

Daraus resultiert folgende tatsächliche Zahlungsverpflichtung:

142 % des Regelbedarfs	*348,00 €*
Hinzu zu rechnendes Kindergeld	*+ 77,00 €*
Zahlbetrag	***425,00 €***

Umrechnung gem. § 35 Nr. 3 b) EGZPO

Bisher zu zahlender Unterhaltsbetrag	*425,00 €*
abzgl. hälftiges Kindergeld	*./. 77,00 €*
Differenz	*348,00 €*
Mindestunterhalt gem. § 1612a Abs. 1 Nr. 2 BGB i.V.m. § 35 Nr. 4 EGZPO	*322,00 €*
Verhältnis 348,00 € zu 322,00 € =	*108,1 %*

Zu zahlender Unterhalt nach angepasstem neuen Recht:

108,1 % des Mindestunterhalts gem. § 1612a Abs. 1 Nr. 2 BGB i.V.m. § 35 Nr. 4 EGZPO zzgl. hälftiges Kindergelds für ein erstes Kind

322,00 € x 108,1 % + 77,00 € =	***425,00 €***

556 Mit dieser Umrechnungsmodalität werden die Konstellationen gem. dem bisherigen § 1612b Abs. 2 BGB erfasst, in denen beide Elternteile zum Barunterhalt verpflichtet sind. In diesem Fall erhöht sich der Unterhaltsanspruch gegen den Elternteil, der das Kindergeld bezieht, um den hälftigen Betrag des auf das Kind entfallenden Kindergelds.

557 Dieser Unterhaltsfall wird nunmehr durch § 1612b Abs. 1 Nr. 2 BGB erfasst. Danach ist das Kindergeld in voller Höhe bereits auf den Bedarf des Kindes anzurechnen, so-dass das Kindergeld den barunterhaltspflichtigen Eltern nicht jeweils hälftig, sondern entsprechend ihrer Haftungsanteile zukommt. Diese Systemänderung im Rahmen des neuen Unterhaltsrechts kann allerdings nicht mit der bloßen Umrechnungsanordnung nachvollzogen werden. Die daraus resultierende Verschiebung der Unterhaltsbelastung unter den Elternteilen kann nur durch eine Abänderungsklage unter Beachtung der dafür maßgeblichen Übergangsvorschriften des § 35 EGZPO erreicht werden.

c) **Dritte Alternative**

558 Der vorliegende Unterhaltstitel sieht die Anrechnung des vollen Kindergelds vor:

559 **Wortlaut des Unterhaltstitels:**

> Der Beklagte wird verurteilt, an den Kläger einen monatlich im Voraus zu zahlen-den Kindesunterhalt i.h.v. 142 % des Regelbetrags des § 1 der Regelbetrag-VO der zweiten Altersstufe (zurzeit 351,00 €) abzgl. des Kindergelds für ein erstes Kind (zurzeit 154,00 €) zu zahlen.

Daraus resultiert folgende tatsächliche Zahlungsverpflichtung:

142 % des Regelbedarfs	*348,00 €*
anzurechnendes Kindergeld	*./. 154,00 €*
Zahlbetrag	***194,00 €***
Umrechnung gem. § 35 Nr. 3 c EGZPO	
Bisher zu zahlender Unterhaltsbetrag	*194,00 €*
Zzgl. Kindergeld	*+ 154,00 €*
Summe	*348,00 €*
Mindestunterhalt gem. § 1612a Abs. 1 Nr. 2 BGB i.V.m. § 35 Nr. 4 EGZPO	*322,00 €*
Verhältnis 348,00 € zu 322,00 € =	*108,1 %*
Zu zahlender Unterhalt nach angepasstem neuen Recht:	
115,4 % des Mindestunterhalts gem. § 1612a Abs. 1 Nr. 2 BGB i.V.m. § 35 Nr. 4 EGZPO abzgl. Kindergeld für ein erstes Kind	
322,00 € x 108,1 % ./. 154,00 € =	***194,00 €***

Erfasst sind hiermit die Unterhaltsfälle gem. dem bisherigen § 1612b Abs. 3 BGB, in denen der barunterhaltspflichtige Elternteil Anspruch auf Zahlung des Kindergelds hat, dieses aber nicht an ihn ausgezahlt wird. Ist in einem solchen Fall der andere Elternteil nicht kindergeldberechtigt, können sich durch die neue Anrechnungsregelung des § 1612b BGB Änderungen ergeben, da das Kindergeld auch dann auf den Bedarf anzurechnen ist, wenn nur einer der Elternteile kindergeldberechtigt ist. Um die dadurch bedingte Änderung in der Höhe der Unterhaltszahlung zu erreichen, reicht ebenfalls nicht die bloße Umstellung des Titels; auch hier ist die Erhebung einer Abänderungsklage unter Beachtung der Übergangsvorschriften notwendig.

560

d) Vierte Alternative

Der vorhandene Titel berücksichtigt das Kindergeld nicht.   **561**

Wortlaut des Unterhaltstitels: **562**

> Der Beklagte wird verurteilt, an den Kläger 128 % des Regelbetrags des § 1 der Regelbetrag-VO der zweiten Altersstufe zu zahlen.

Daraus resultiert folgende tatsächliche Zahlungsverpflichtung:

100 % des Regelbetrags	*369,00 €*
Umrechnung gem. § 35 Nr. 3 d) EGZPO	
Bisher zu zahlender Unterhaltsbetrag	*369,00 €*
Zzgl. hälftiges Kindergeld	*+ 77,00 €*
Summe	*446,00 €*
Mindestunterhalt gem. § 1612a Abs. 1 Nr. 2 BGB i.V.m. § 35 Nr. 4 EGZPO	*365,00 €*
Verhältnis 446,00 € zu 365,00 € =	*122,2 %*
Zu zahlender Unterhalt nach angepasstem neuen Recht	
106,6 % des Mindestunterhalts gem. § 1612a Abs. 1 Nr. 2 BGB i.V.m. § 35 Nr. 4 EGZPO abzgl. hälftigen Kindergelds für ein erstes Kind:	
365,00 € x 122,2 % ./. 77,00 € =	***369,00 €***

Erfasst werden Unterhaltsfälle, in denen gem. dem bisherigen § 1612b Abs. 5 BGB die Anrechnung des Kindergelds vollkommen unterbleibt. Hier reicht die bloße Umrechnung aus, um auch die Berücksichtigung des Kindergelds gem. § 1612b BGB einzubeziehen. Denn auch in diesen Fällen kann künftig das gesamte hälftige Kindergeld berücksichtigt werden, da es ja bereits auf den Bedarf anzurechnen ist.

563

Durch diese **gesetzliche Umrechnungsregelung** ist gewährleistet, dass vorhandene dynamische Unterhaltstitel auch nach Inkrafttreten der Unterhaltsrechtsnovelle ihre Gültigkeit nicht verlieren. Aus diesen kann ohne Weiteres weiterhin vollstreckt wer-

564

den, wobei die erforderliche Umrechnung nach § 35 Nr. 3 EGZPO unmittelbar durch das Vollstreckungsorgan vollzogen werden kann.

4. Übergangsregelung zur Festsetzung des Mindestunterhalts minderjähriger Kinder i.S.d. § 1612a Abs. 1 BGB

565   Aufgrund der Bestimmungen des Mindestunterhalts minderjähriger Kinder gem. § 1612a Abs. 1 BGB entsprechend dem steuerlichen Existenzminimum und nach Aufhebung des Kindergeldanrechnungsverbots gemäß der bislang gültigen Regelung im § 1612b Abs. 5 BGB reicht der zu zahlende Mindestunterhalt nach der neuen gesetzlichen Regelung nicht aus, um den zurzeit abzudeckenden Betrag i.H.v. 135 % des Regelbetrags nach § 1 der Regelbetrag-VO sicherzustellen. Mit der jetzt nachträglich eingeführten Übergangsregelung wird erreicht, dass das heutige Unterhaltsniveau durch die neue gesetzliche Regelung nicht unterschritten wird.[597] Das wird dadurch erreicht, dass die heute geltenden Regelbeträge gem. § 1 der Regelbetrag-VO mit der Übergangsregelung als Mindestunterhalt solange festgeschrieben werden, bis der aufgrund des steuerlichen Existenzminimums zu bestimmende Mindestunterhalt diese Beträge übersteigen wird. Nach Anrechnung des hälftigen Kindergelds gem. § 1612b BGB auf den Mindestunterhalt ergibt sich dann ein Zahlbetrag, der dem Regelbetrag des § 1 der Regelbetrag-VO entspricht.

566   Der Mindestunterhalt berechnet sich demnach wie folgt:

• Mindestunterhalt erste Altersstufe	279,00 €
abzgl. ½ Kindergeld	77,00 €
Zahlbetrag	202,00 €
• Mindestunterhalt zweite Altersstufe	322,00 €
abzgl. ½ Kindergeld	77,00 €
Zahlbetrag	245,00 €
• Mindestunterhalt dritte Altersstufe	365,00 €
abzgl. ½ Kindergeld	77,00 €
Zahlbetrag	288,00 €.

---

597   S. Rn. 74 f.

O. Kostenrecht

§ 42 GKG ist einschlägig zur Bestimmung des Streitwerts im Unterhaltsprozess. Da   567
die Unterhaltstitulierung in dynamischer Form und unter Berücksichtigung der künftigen Altersstufen erfolgen kann, bestimmt § 42 GKG, dass bei Unterhaltsansprüchen nach den §§ 1612a bis 1612c BGB zur Berechnung des Jahreswerts der monatliche Unterhalt zu Grunde zu legen ist, der nach dem Regelbetrag und der Altersstufe zum Zeitpunkt der Klageeinreichung Gültigkeit hat. Auch hier erfolgt im § 42 GKG lediglich eine **redaktionelle Änderung**, da nach Wegfall der Regelbetrag-VO nunmehr der Mindestunterhalt unter Berücksichtigung der aktuellen Altersstufe bei Klageeinreichung zu berücksichtigen ist. Die gleiche Umstellung erfolgt im § 24 KostO, der im Rahmen der Festsetzung des Geschäftswerts bei einer notariellen Beurkundung Gleiches anordnet.

P. Lebenspartnerschaftsgesetz

I. Gegenüberstellung der einschlägigen Normen

Altes Recht	Neues Recht
§ 5 Verpflichtung zum Lebenspartnerschaftsunterhalt	**§ 5 Verpflichtung zum Lebenspartnerschaftsunterhalt**
Die Lebenspartner sind einander verpflichtet, durch ihre Arbeit und mit ihrem Vermögen die partnerschaftliche Lebensgemeinschaft angemessen zu unterhalten. *§ 1360 Satz 2 und die §§ 1360a und 1360b des Bürgerlichen Gesetzbuchs sowie § 16 Abs. 2 gelten entsprechend.*	Die Lebenspartner sind einander verpflichtet, durch ihre Arbeit und mit ihrem Vermögen die partnerschaftliche Lebensgemeinschaft angemessen zu unterhalten. **§ 1360 Satz 2, die §§ 1360a, 1360b und 1609 des Bürgerlichen Gesetzbuchs gelten entsprechend.**
§ 12 Unterhalt bei Getrenntleben	**§ 12 Unterhalt bei Getrenntleben**
Leben die Lebenspartner getrennt, so kann ein Lebenspartner von dem anderen den nach den Lebensverhältnissen und den Erwerbs- und Vermögensverhältnissen der Lebenspartner angemessenen Unterhalt verlangen. *§ 1361 des Bürgerlichen Gesetzbuchs und § 16 Abs. 2 gelten entsprechend.*	Leben die Lebenspartner getrennt, so kann ein Lebenspartner von dem anderen den nach den Lebensverhältnissen und den Erwerbs- und Vermögensverhältnissen der Lebenspartner angemessenen Unterhalt verlangen. **Die §§ 1361 und 1609 des Bürgerlichen Gesetzbuchs gelten entsprechend.**
§ 16 Nachpartnerschaftlicher Unterhalt	**§ 16 Nachpartnerschaftlicher Unterhalt**
(1) Kann ein Lebenspartner nach der Aufhebung der Lebenspartnerschaft nicht selbst für seinen Unterhalt sorgen, so hat er gegen den anderen Lebenspartner einen Anspruch auf Unterhalt entsprechend den §§ 1570 bis 1581 und 1583 bis 1586b des Bürgerlichen Gesetzbuchs.	**Nach der Aufhebung der Lebenspartnerschaft obliegt es jedem Lebenspartner, selbst für seinen Unterhalt zu sorgen. Ist er dazu außerstande, hat er gegen den anderen Lebenspartner einen Anspruch auf Unterhalt nur entsprechend den §§ 1570 bis 1586b und 1609 des Bürgerlichen Gesetzbuchs.**

(2) Bei der Ermittlung des Unterhalts des früheren Lebenspartners geht dieser im Falle des § 1581 des Bürgerlichen Gesetzbuchs einem neuen Lebenspartner und den übrigen Verwandten im Sinne des § 1609 Abs. 2 des Bürgerlichen Gesetzbuchs vor; alle anderen gesetzlich Unterhaltsberechtigten gehen dem früheren Lebenspartner vor.	

II. Überblick

569 Die unterhaltsrechtliche Rangfolge nach dem Lebenspartnerschaftsgesetz wird an die nach dem neuen Unterhaltsrecht angeglichen und damit die unterhaltsrechtliche Rangordnung bei Lebenspartnern derjenigen zwischen Ehegatten gleichgestellt. Der Wortlaut des § 16 LPartG wird an den der Neufassung des § 1569 BGB angeglichen.

Q. Taktische Überlegungen nach Inkrafttreten des neuen Rechts

Aufgrund der Übergangsvorschriften[598] besteht nach Inkrafttreten der Rechtsände-   570
rungen eine **einmalige Möglichkeit zur Abänderung**.

Es sollten grds. alle Unterhaltstitel im Hinblick auf die nachfolgenden Faktoren einer
Überprüfung unterzogen werden.

Diese Prüfung sollte so schnell wie möglich nach dem Inkrafttreten des Gesetzes erfolgen. Ergibt sich aufgrund der neuen Rechtslage für den Mandanten eine Verbesserung, kann aus prozessualen Gründen Eile geboten sein, gegen ein bestehendes Urteil
vorzugehen:

- Wird der **Unterhaltspflichtige** vertreten, für den sich nach der neuen Rechtslage
  eine Verbesserung ergibt, ist die Zeitsperre des § 323 Abs. 3 ZPO zu beachten.[599] Die
  Rechte des Unterhaltspflichtigen können daher nur durch eine **Abänderungsklage**
  gewahrt werden.[600]

- Wird der **Unterhaltsberechtigte** vertreten, reicht dagegen ein den Voraussetzungen
  des § 1613 BGB genügendes Erhöhungsverlangen, um die Rechte zu wahren.[601] Dies
  gilt nach Inkrafttreten des neuen Rechts auch für den Geschiedenenunterhalt.[602]

I. Beratung des Unterhaltspflichtigen

1. Bestehender Titel über Ehegattenunterhalt

Wenn **keine Kinder vorhanden** sind, ist bei der Beratung des Unterhaltspflichtigen   571
der bisherige Unterhaltstitel im Hinblick auf folgende Gesichtspunkte zu überprüfen:

- Ist im Unterhaltstitel eine **Erwerbsobliegenheit** verneint worden?

- Entspricht die damals zugrunde gelegte **Erwerbsobliegenheit** des unterhaltsberechtigten Ehegatten noch den strengeren Regeln des neuen Rechts?

- Entspricht die **unbefristete und uneingeschränkte Titulierung** des Unterhalts den
  neuen Vorschriften über die Befristung und Begrenzung des Unterhaltsanspruchs?

---

598   S.o. Rn. 530 ff.
599   S.a. unter Rn. 542.
600   S.a. unter Rn. 207, 223, 463 ff.
601   S.a. unter Rn. 498 f.
602   S.a. unter Rn. 521 f.

- Unterhält der unterhaltsberechtigte Ehegatte eine **neue Partnerschaft**, die nur deshalb nicht zu einem Ausschluss des Unterhaltsanspruchs führen konnte, weil der Partner wirtschaftlich nicht leistungsfähig ist?

- Ist der Anspruch des unterhaltsberechtigten Ehegatten so festgesetzt worden, weil ein **unterhaltsrechtlicher Vorrang** gegenüber einem anderen Ehegatten berücksichtigt worden ist?

- Ist der **Selbstbehalt** gegenüber dem Ehegatten mit dem gleichen (niedrigen) Betrag wie beim Kindesunterhalt angesetzt worden?[603]

572   Sind **minderjährige Kinder vorhanden**, ist zu beachten:

- Sind die Kinder älter als drei Jahre, ist die Frage der **Erwerbsobliegenheit** nach den strengeren Regeln des neuen Rechts neu zu überprüfen. Das bisherige Stufenmodell hat ausgedient. Die konkrete Betreuungsmöglichkeit ist maßgeblich.

- Auch bei Betreuung minderjähriger Kinder ist eine **Befristung und Begrenzung** des Unterhaltsanspruchs nicht gänzlich ausgeschlossen.

- Auch bei **neuer Partnerschaft** des unterhaltsberechtigten Ehegatten sind im Rahmen der Kinderschutzklausel des § 1579 BGB n.F. die strengeren Regeln der Erwerbsobliegenheit zu beachten.

- Die **Rangverhältnisse** gegenüber einem anderen Ehegatten können sich geändert haben.

- Ist **Selbstbehalt** gegenüber dem Ehegatten mit dem gleichen (niedrigen) Betrag wie beim Kindesunterhalt angesetzt worden, ist dies zu korrigieren.[604]

2.   Bestehender Titel über Kindesunterhalt

573   Aus dem Blickwinkel des Unterhaltspflichtigen sind folgende Aspekte von Bedeutung:

- Ist beim **minderjährigen Kind** das Kindergeld nicht hälftig auf den Barbedarf des Kindes angerechnet worden?

- Ist beim **volljährigen Kind** das Kindergeld nicht voll auf den Unterhaltsbedarf des Kindes angerechnet worden?

---

603   Dieser Gesichtspunkt ist keine Folge der Unterhaltsreform, sondern ergibt sich aus dem Urteil des BGH, FamRZ 2006, 683 = NJW 2006, 1654 = ZFE 2006, 271, sollte aber bei zukünftigen Abänderungen immer mit berücksichtigt werden.

604   S. Fn. 603.

II.   Beratung des Unterhaltsberechtigten

Der neue, Kinder erziehende unterhaltsberechtigte **Ehegatte** kann Abänderung verlan-   574
gen, wenn er aufgrund des Vorrangs des ersten Gatten keinen oder nur einen verminderten Unterhalt erhält.

Kinder können Abänderung verlangen, wenn weniger als der gesetzliche Mindestun-   575
terhalt tituliert ist:

1. Altersstufe (null bis fünf Jahre) = 265,00 € abzgl. 77,00 € Kindergeldanteil =
   188,00 €

2. Altersstufe (sechs bis elf Jahre) = 304,00 € abzgl. 77,00 € Kindergeldanteil =
   227,00 €

3. Altersstufe (ab zwölf Jahre) = 356,00 € abzgl. 77,00 € Kindergeldanteil =
   279,00 €

Ist der Unterhaltspflichtige auch zur Zahlung von Ehegattenunterhalt verpflichtet, kann
sich wegen des Vorrangs des Kindesunterhalts eine Erhöhung des Kindesunterhalts ergeben. Dies ist i.d.R. der Fall, wenn in der vorhergehenden Unterhaltsfestsetzung eine
Mangelfallberechnung vorgenommen worden ist.

Anhang

A.   Synopse Altes Recht – Neues Recht[605]

In der nachfolgenden Synopse werden das alte und das neue Unterhaltsrecht, insbeson-   **576**
dere die Änderungen des BGB und des LPartG gegenübergestellt. Hervorhebungen im
Fettdruck symbolisieren hierbei eine neue Einfügung, während kursiv gesetzte Passa-
gen den Wegfall dieser Passage verdeutlichen.

I.   BGB

Altes Recht	Neues Recht	**577**
§ 1361 Unterhalt bei Getrenntleben	**§ 1361 Unterhalt bei Getrenntleben**	
(1) Leben die Ehegatten getrennt, so kann ein Ehegatte von dem anderen den nach den Lebensverhältnissen und den Erwerbs- und Vermögensverhält-nissen der Ehegatten angemessenen Unterhalt verlangen; für Aufwendungen infolge eines Körper- oder Gesund-heitsschadens gilt § 1610a. Ist zwischen den getrennt lebenden Ehegatten ein Scheidungsverfahren rechtshängig, so gehören zum Unterhalt vom Eintritt der Rechtshängigkeit an auch die Kosten ei-ner angemessenen Versicherung für den Fall des Alters sowie der verminderte Erwerbsfähigkeit.	(1) Leben die Ehegatten getrennt, so kann ein Ehegatte von dem anderen den nach den Lebensverhältnissen und den Erwerbs- und Vermögensverhält-nissen der Ehegatten angemessenen Unterhalt verlangen; für Aufwendungen infolge eines Körper- oder Gesund-heitsschadens gilt § 1610a. Ist zwischen den getrennt lebenden Ehegatten ein Scheidungsverfahren rechtshängig, so gehören zum Unterhalt vom Eintritt der Rechtshängigkeit an auch die Kosten ei-ner angemessenen Versicherung für den Fall des Alters sowie der verminderte Erwerbsfähigkeit.	

---

605   Entwurf eines Gesetzes zur Änderung des Unterhaltsrechts der Bundesregierung, auf
der Grundlage der BT-Drucks. 16/1830 v. 15.06.2006 sowie der BT-Drucks. 16/6980 v.
07.11.2007.

(2) Der nicht erwerbstätige Ehegatte kann nur dann darauf verwiesen werden, seinen Unterhalt durch eine Erwerbstätigkeit selbst zu verdienen, wenn dies von ihm nach seinen persönlichen Verhältnissen, insbesondere wegen einer früheren Erwerbstätigkeit unter Berücksichtigung der Dauer der Ehe, und nach den wirtschaftlichen Verhältnissen beider Ehegatten erwartet werden kann.	(2) Der nicht erwerbstätige Ehegatte kann nur dann darauf verwiesen werden, seinen Unterhalt durch eine Erwerbstätigkeit selbst zu verdienen, wenn dies von ihm nach seinen persönlichen Verhältnissen, insbesondere wegen einer früheren Erwerbstätigkeit unter Berücksichtigung der Dauer der Ehe, und nach den wirtschaftlichen Verhältnissen beider Ehegatten erwartet werden kann.
(3) Die Vorschrift des *§ 1579 Nr. 2 bis 7 über die Herabsetzung des Unterhaltsanspruchs aus Billigkeitsgründen* ist entsprechend anzuwenden.	(3) Die Vorschrift des **§ 1579 Nr. 2 bis 8 über die Beschränkung oder Versagung des Unterhalts wegen grober Unbilligkeit** ist entsprechend anzuwenden.
(4) Der laufende Unterhalt ist durch Zahlung einer Geldrente zu gewähren. Die Rente ist monatlich im Voraus zu zahlen. Der Verpflichtete schuldet den vollen Monatsbetrag auch dann, wenn der Berechtigte im Laufe des Monats stirbt. § 1360a Abs. 3, 4 und die §§ 1360b, 1605 sind entsprechend anzuwenden.	(4) Der laufende Unterhalt ist durch Zahlung einer Geldrente zu gewähren. Die Rente ist monatlich im Voraus zu zahlen. Der Verpflichtete schuldet den vollen Monatsbetrag auch dann, wenn der Berechtigte im Laufe des Monats stirbt. § 1360a Abs. 3, 4 und die §§ 1360b, 1605 sind entsprechend anzuwenden.
§ 1569 *Abschließende Regelung* *Kann ein Ehegatte nach der Scheidung nicht selbst für seinen Unterhalt sorgen, so hat er gegen den anderen Ehegatten einen Anspruch auf Unterhalt nach den folgenden Vorschriften.*	**§ 1569 Grundsatz der Eigenverantwortung** **Nach der Scheidung obliegt es jedem Ehegatten, selbst für seinen Unterhalt zu sorgen. Ist er dazu außerstande, hat er gegen den anderen Ehegatten einen Anspruch auf Unterhalt nur nach den folgenden Vorschriften.**

§ 1570 Unterhalt wegen Betreuung eines Kindes

Ein geschiedener Ehegatte kann von dem anderen Unterhalt verlangen, solange und soweit von ihm wegen der Pflege oder Erziehung eines gemeinschaftlichen Kindes eine Erwerbstätigkeit nicht erwartet werden kann.

§ 1570 Unterhalt wegen Betreuung eines Kindes

(1) Ein geschiedener Ehegatte kann von dem anderen wegen der Pflege oder Erziehung eines gemeinschaftlichen Kindes für mindestens drei Jahre nach der Geburt Unterhalt verlangen. Die Dauer des Unterhaltsanspruchs verlängert sich, solange und soweit dies der Billigkeit entspricht. Dabei sind die Belange des Kindes und die bestehenden Möglichkeiten der Kinderbetreuung zu berücksichtigen.

(2) Die Dauer des Unterhaltanspruchs verlängert sich darüber hinaus, wenn dies unter Berücksichtigung der Gestaltung von Kinderbetreuung und Erwerbstätigkeit in der Ehe sowie der Dauer der Ehe der Billigkeit entspricht.

§ 1573 Unterhalt wegen Erwerbslosigkeit und Aufstockungsunterhalt

(1) Soweit ein geschiedener Ehegatte keinen Unterhaltsanspruch nach den §§ 1570 bis 1572 hat, kann er gleichwohl Unterhalt verlangen, solange und soweit er nach der Scheidung keine angemessene Erwerbstätigkeit zu finden vermag.

§ 1573 Unterhalt wegen Erwerbslosigkeit und Aufstockungsunterhalt

(1) Soweit ein geschiedener Ehegatte keinen Unterhaltsanspruch nach den §§ 1570 bis 1572 hat, kann er gleichwohl Unterhalt verlangen, solange und soweit er nach der Scheidung keine angemessene Erwerbstätigkeit zu finden vermag.

(2) Reichen die Einkünfte aus einer angemessenen Erwerbstätigkeit zum vollen Unterhalt (§ 1578) nicht aus, kann er, soweit er nicht bereits einen Unterhaltsanspruch nach den §§ 1570 bis 1572 hat, den Unterschiedsbetrag zwischen den Einkünften und dem vollen Unterhalt verlangen.

(2) Reichen die Einkünfte aus einer angemessenen Erwerbstätigkeit zum vollen Unterhalt (§ 1578) nicht aus, kann er, soweit er nicht bereits einen Unterhaltsanspruch nach den §§ 1570 bis 1572 hat, den Unterschiedsbetrag zwischen den Einkünften und dem vollen Unterhalt verlangen.

(3) Absätze 1 und 2 gelten entsprechend, wenn Unterhalt nach den §§ 1570 bis 1572, 1575 zu gewähren war, die Voraussetzungen dieser Vorschriften aber entfallen sind.	(3) Absätze 1 und 2 gelten entsprechend, wenn Unterhalt nach den §§ 1570 bis 1572, 1575 zu gewähren war, die Voraussetzungen dieser Vorschriften aber entfallen sind.
(4) Der geschiedene Ehegatte kann auch dann Unterhalt verlangen, wenn die Einkünfte aus einer angemessenen Erwerbstätigkeit wegfallen, weil es ihm trotz seiner Bemühungen nicht gelungen war, den Unterhalt durch die Erwerbstätigkeit nach der Scheidung nachhaltig zu sichern. War es ihm gelungen, den Unterhalt teilweise nachhaltig zu sichern, so kann er den Unterschiedsbetrag zwischen dem nachhaltig gesicherten und dem vollen Unterhalt verlangen.	(4) Der geschiedene Ehegatte kann auch dann Unterhalt verlangen, wenn die Einkünfte aus einer angemessenen Erwerbstätigkeit wegfallen, weil es ihm trotz seiner Bemühungen nicht gelungen war, den Unterhalt durch die Erwerbstätigkeit nach der Scheidung nachhaltig zu sichern. War es ihm gelungen, den Unterhalt teilweise nachhaltig zu sichern, so kann er den Unterschiedsbetrag zwischen dem nachhaltig gesicherten und dem vollen Unterhalt verlangen.
(5) Die Unterhaltsansprüche nach Absatz 1 bis 4 können zeitlich begrenzt werden, soweit insbesondere unter Berücksichtigung der Dauer der Ehe sowie der Gestaltung von Haushaltsführung und Erwerbstätigkeit ein zeitlich unbegrenzter Unterhaltsanspruch unbillig wäre; dies gilt in der Regel nicht, wenn der Unterhaltsberechtigte nicht nur vorübergehend ein gemeinschaftliches Kind allein oder überwiegend betreut hat oder betreut. Die Zeit der Kindesbetreuung steht der Ehedauer gleich.	
§ 1574 Angemessene Erwerbstätigkeit	**§ 1574 Angemessene Erwerbstätigkeit**
(1) *Der geschiedene Ehegatte braucht nur eine ihm angemessene Erwerbstätigkeit auszuüben.*	(1) **Dem geschiedenen Ehegatten obliegt es, eine angemessene Erwerbstätigkeit auszuüben.**

(2) *Angemessen ist eine Erwerbstätigkeit, die der Ausbildung, den
Fähigkeiten, dem Lebensalter und
dem Gesundheitszustand des geschiedenen Ehegatten sowie den ehelichen
Lebensverhältnissen entspricht; bei den
ehelichen Lebensverhältnissen sind die
Dauer der Ehe und die Dauer der Pflege oder Erziehung eines gemeinschaftlichen Kindes zu berücksichtigen.*

(2) **Angemessen ist eine Erwerbstätigkeit, die der Ausbildung, den
Fähigkeiten, einer früheren Erwerbstätigkeit, dem Lebensalter und dem
Gesundheitszustand des geschiedenen
Ehegatten entspricht, soweit eine
solche Tätigkeit nicht nach den ehelichen Lebensverhältnissen unbillig
wäre. Bei den ehelichen Lebensverhältnissen sind insbesondere die Dauer der Ehe sowie die Dauer der Pflege
oder Erziehung eines gemeinschaftlichen Kindes zu berücksichtigen.**

(3) Soweit es zur Aufnahme einer
angemessenen Erwerbstätigkeit erforderlich ist, obliegt es dem geschiedenen
Ehegatten, sich ausbilden, fortbilden
oder umschulen zu lassen, wenn ein
erfolgreicher Abschluss der Ausbildung
zu erwarten ist.

(3) Soweit es zur Aufnahme einer
angemessenen Erwerbstätigkeit erforderlich ist, obliegt es dem geschiedenen
Ehegatten, sich ausbilden, fortbilden
oder umschulen zu lassen, wenn ein
erfolgreicher Abschluss der Ausbildung
zu erwarten ist.

§ 1577 Bedürftigkeit

§ 1577 Bedürftigkeit

(1) Der geschiedene Ehegatte kann
den Unterhalt nach den §§ 1570 bis
1573, 1575 und 1576 nicht verlangen,
solange und soweit er sich aus seinen
Einkünften und seinem Vermögen selbst
unterhalten kann.

(1) Der geschiedene Ehegatte kann
den Unterhalt nach den §§ 1570 bis
1573, 1575 und 1576 nicht verlangen,
solange und soweit er sich aus seinen
Einkünften und seinem Vermögen selbst
unterhalten kann.

(2) Einkünfte sind nicht anzurechnen,
soweit der Verpflichtete nicht den vollen
Unterhalt *(§ 1578)* leistet. Einkünfte,
die den vollen Unterhalt übersteigen,
sind insoweit anzurechnen, als dies
unter Berücksichtigung der beiderseitigen wirtschaftlichen Verhältnisse der
Billigkeit entspricht.

(2) Einkünfte sind nicht anzurechnen,
soweit der Verpflichtete nicht den vollen
Unterhalt **(§§ 1578 und 1578b)** leistet.
Einkünfte, die den vollen Unterhalt
übersteigen, sind insoweit anzurechnen,
als dies unter Berücksichtigung der beiderseitigen wirtschaftlichen Verhältnisse
der Billigkeit entspricht.

(3) Den Stamm des Vermögens braucht der Berechtigte nicht zu verwerten, soweit die Verwertung unwirtschaftlich oder unter Berücksichtigung der beiderseitigen wirtschaftlichen Verhältnisse unbillig wäre.

(4) War zum Zeitpunkt der Ehescheidung zu erwarten, dass der Unterhalt des Berechtigten aus seinem Vermögen nachhaltig gesichert sein würde, fällt das Vermögen aber später weg, so besteht kein Anspruch auf Unterhalt. Dies gilt nicht, wenn im Zeitpunkt des Vermögenswegfalls von dem Ehegatten wegen der Pflege oder Erziehung eines gemeinschaftlichen Kindes eine Erwerbstätigkeit nicht erwartet werden kann.

§ 1578 Maß des Unterhalts

(1) *Das Maß des Unterhalts bestimmt sich nach den ehelichen Lebensverhältnissen. Die Bemessung des Unterhaltsanspruchs nach den ehelichen Lebensverhältnissen kann zeitlich begrenzt und danach auf den angemessenen Lebensbedarf abgestellt werden, soweit insbesondere unter Berücksichtigung der Dauer der Ehe sowie der Gestaltung von Haushaltsführung und Erwerbstätigkeit eine zeitlich unbegrenzte Bemessung nach Satz 1 unbillig wäre; dies gilt in der Regel nicht, wenn der Unterhaltsberechtigte nicht nur vorübergehend ein gemeinschaftliches Kind allein oder überwiegend betreut hat oder betreut. Die Zeit der Kindesbetreuung steht der Ehedauer gleich. Der Unterhalt umfasst den gesamten Lebensbedarf.*

---

(3) Den Stamm des Vermögens braucht der Berechtigte nicht zu verwerten, soweit die Verwertung unwirtschaftlich oder unter Berücksichtigung der beiderseitigen wirtschaftlichen Verhältnisse unbillig wäre.

(4) War zum Zeitpunkt der Ehescheidung zu erwarten, dass der Unterhalt des Berechtigten aus seinem Vermögen nachhaltig gesichert sein würde, fällt das Vermögen aber später weg, so besteht kein Anspruch auf Unterhalt. Dies gilt nicht, wenn im Zeitpunkt des Vermögenswegfalls von dem Ehegatten wegen der Pflege oder Erziehung eines gemeinschaftlichen Kindes eine Erwerbstätigkeit nicht erwartet werden kann.

§ 1578 Maß des Unterhalts

(1) **Das Maß des Unterhalts bestimmt sich nach den ehelichen Lebensverhältnissen. Der Unterhalt umfasst den gesamten Lebensbedarf.**

(2) Zum Lebensbedarf gehören auch die Kosten einer angemessenen Versicherung für den Fall der Krankheit und der Pflegebedürftigkeit sowie die Kosten einer Schul- oder Berufsausbildung, einer Fortbildung oder einer Umschulung nach den §§ 1574, 1575.

(3) Hat der geschiedene Ehegatte einen Unterhaltsanspruch nach den §§ 1570 bis 1573 oder § 1576, so gehören zum Lebensbedarf auch die Kosten einer angemessenen Versicherung für den Fall des Alters sowie der verminderte Erwerbsfähigkeit.

§ 1578b Herabsetzung und zeitliche Begrenzung des Unterhalts wegen Unbilligkeit

(1) Der Unterhaltsanspruch des geschiedenen Ehegatten ist auf den angemessenen Lebensbedarf herabzusetzen, wenn eine an den ehelichen Lebensverhältnissen orientierte Bemessung des Unterhaltsanspruchs auch unter Wahrung der Belange eines dem Berechtigten zur Pflege oder Erziehung anvertrauten gemeinschaftlichen Kindes unbillig wäre. Dabei ist insbesondere zu berücksichtigen, inwieweit durch die Ehe Nachteile im Hinblick auf die Möglichkeit eingetreten sind, für den eigenen Unterhalt zu sorgen. Solche Nachteile können sich vor allem aus der Dauer der Pflege oder Erziehung eines gemeinschaftlichen Kindes, aus der Gestaltung von Haushaltsführung und Erwerbstätigkeit während der Ehe sowie aus der Dauer der Ehe ergeben.

	(2) Der Unterhaltsanspruch des geschiedenen Ehegatten ist zeitlich zu begrenzen, wenn ein zeitlich unbegrenzter Unterhaltsanspruch auch unter Wahrung der Belange eines dem Berechtigten zur Pflege oder Erziehung anvertrauten gemeinschaftlichen Kindes unbillig wäre. Absatz 1 Satz 2 und 3 gilt entsprechend.
	(3) Herabsetzung und zeitliche Begrenzung des Unterhaltsanspruchs können miteinander verbunden werden.
§ 1579 *Beschränkung oder Wegfall der Verpflichtung* Ein Unterhaltsanspruch ist zu versagen, herabzusetzen oder zeitlich zu begrenzen, soweit die Inanspruchnahme des Verpflichteten auch unter Wahrung der Belange eines dem Berechtigten zur Pflege oder Erziehung anvertrauten gemeinschaftlichen Kindes grob unbillig wäre, weil	**§ 1579** Beschränkung oder Versagung des Unterhalts wegen grober Unbilligkeit Ein Unterhaltsanspruch ist zu versagen, herabzusetzen oder zeitlich zu begrenzen, soweit die Inanspruchnahme des Verpflichteten auch unter Wahrung der Belange eines dem Berechtigten zur Pflege oder Erziehung anvertrauten gemeinschaftlichen Kindes grob unbillig wäre, weil
1. die Ehe von kurzer Dauer war; *der Ehedauer steht die Zeit gleich, in welcher der Berechtigte wegen der Pflege oder Erziehung eines gemeinschaftlichen Kindes nach § 1570 Unterhalt verlangen konnte,*	1. die Ehe von kurzer Dauer war; **dabei ist die Zeit zu berücksichtigen, in welcher der Berechtigte wegen der Pflege oder Erziehung eines gemeinschaftlichen Kindes nach § 1570 Unterhalt verlangen kann,**
	2. **der Berechtigte in einer verfestigten Lebensgemeinschaft lebt,**
2. der Berechtigte sich eines Verbrechens oder eines schweren vorsätzlichen Vergehens gegen den Verpflichteten oder einen nahen Angehörigen des Verpflichteten schuldig gemacht hat,	3. der Berechtigte sich eines Verbrechens oder eines schweren vorsätzlichen Vergehens gegen den Verpflichteten oder einen nahen Angehörigen des Verpflichteten schuldig gemacht hat,

3. der Berechtigte seine Bedürftigkeit mutwillig herbeigeführt hat,	4. der Berechtigte seine Bedürftigkeit mutwillig herbeigeführt hat,
4. der Berechtigte sich über schwerwiegende Vermögensinteressen des Verpflichteten mutwillig hinweggesetzt hat,	5. der Berechtigte sich über schwerwiegende Vermögensinteressen des Verpflichteten mutwillig hinweggesetzt hat,
5. der Berechtigte vor der Trennung längere Zeit hindurch seine Pflicht, zum Familienunterhalt beizutragen, gröblich verletzt hat,	6. der Berechtigte vor der Trennung längere Zeit hindurch seine Pflicht, zum Familienunterhalt beizutragen, gröblich verletzt hat,
6. dem Berechtigten ein offensichtlich schwerwiegendes, eindeutig bei ihm liegendes Fehlverhalten gegen den Verpflichteten zur Last fällt oder	7. dem Berechtigten ein offensichtlich schwerwiegendes, eindeutig bei ihm liegendes Fehlverhalten gegen den Verpflichteten zur Last fällt oder
7. ein anderer Grund vorliegt, der ebenso schwer wiegt wie die in den Nummern 1 bis 6 aufgeführten Gründe.	8. ein anderer Grund vorliegt, der ebenso schwer wiegt wie die in den Nummern 1 bis 7 aufgeführten Gründe.

§ 1582 *Rangverhältnisse mehrerer Unterhaltsbedürftiger*

(1) Bei Ermittlung des Unterhalts des geschiedenen Ehegatten geht im Falle des § 1581 der geschiedene Ehegatte einem neuen Ehegatten vor, wenn dieser nicht bei entsprechender Anwendung der §§ 1569 bis 1574, § 1576 und des § 1577 Abs. 1 unterhaltsberechtigt wäre. Hätte der neue Ehegatte nach diesen Vorschriften einen Unterhaltsanspruch, geht ihm der geschiedene Ehegatte gleichwohl vor, wenn er nach § 1570 oder nach § 1576 unterhaltsberechtigt ist oder die Ehe mit dem geschiedenen Ehegatten von langer Dauer war. Der Ehedauer steht die Zeit gleich, in der ein Ehegatte wegen der Pflege oder Erziehung eines gemeinschaftlichen Kindes nach § 1570 unterhaltsberechtigt war.

§ 1582 Rang des geschiedenen Ehegatten bei mehreren Unterhaltsberechtigten

Sind mehrere Unterhaltsberechtigte vorhanden, richtet sich der Rang des geschiedenen Ehegatten nach § 1609.

(2) § 1609 bleibt im Übrigen unberührt.

§ 1585b Unterhalt für die Vergangenheit	**§ 1585b Unterhalt für die Vergangenheit**
(1) Wegen eines Sonderbedarfs (§ 1613 Abs. 2) kann der Berechtigte Unterhalt für die Vergangenheit verlangen.	(1) Wegen eines Sonderbedarfs (§ 1613 Abs. 2) kann der Berechtigte Unterhalt für die Vergangenheit verlangen
(2) *Im Übrigen kann der Berechtigte für die Vergangenheit Erfüllung oder Schadensersatz wegen Nichterfüllung erst von der Zeit an fordern, in der der Unterhaltspflichtige in Verzug gekommen oder der Unterhaltsanspruch rechtshängig geworden ist.*	(2) **Im Übrigen kann der Berechtigte für die Vergangenheit Erfüllung oder Schadensersatz wegen Nichterfüllung nur entsprechend § 1613 Abs. 1 fordern.**
(3) Für eine mehr als ein Jahr vor der Rechtshängigkeit liegende Zeit kann Erfüllung oder Schadensersatz wegen Nichterfüllung nur verlangt werden, wenn anzunehmen ist, dass der Verpflichtete sich der Leistung absichtlich entzogen hat.	(3) Für eine mehr als ein Jahr vor der Rechtshängigkeit liegende Zeit kann Erfüllung oder Schadensersatz wegen Nichterfüllung nur verlangt werden, wenn anzunehmen ist, dass der Verpflichtete sich der Leistung absichtlich entzogen hat.
§ 1585c Vereinbarungen über den Unterhalt	**§ 1585c Vereinbarungen über den Unterhalt**
Die Ehegatten können über die Unterhaltspflicht für die Zeit nach der Scheidung Vereinbarungen treffen.	Die Ehegatten können über die Unterhaltspflicht für die Zeit nach der Scheidung Vereinbarungen treffen. **Eine Vereinbarung, die vor der Rechtskraft der Scheidung getroffen wird, bedarf der notariellen Beurkundung. § 127a findet auch auf eine Vereinbarung Anwendung, die in einem Verfahren in Ehesachen vor dem Prozessgericht protokolliert wird.**

§ 1586a Wiederaufleben des Unterhaltsanspruchs

(1) Geht ein geschiedener Ehegatte eine neue Ehe oder Lebenspartnerschaft ein und wird die Ehe oder Lebenspartnerschaft wieder aufgelöst, so kann er von dem früheren Ehegatten Unterhalt nach § 1570 verlangen, wenn er ein Kind aus der früheren Ehe oder Lebenspartnerschaft zu pflegen oder zu erziehen hat. *Ist die Pflege oder Erziehung beendet, so kann er Unterhalt nach den §§ 1571 bis 1573, 1575 verlangen.*

(2) Der Ehegatte der später aufgelösten Ehe haftet vor dem Ehegatten der früher aufgelösten Ehe. Satz 1 findet auf Lebenspartnerschaften entsprechende Anwendung.

§ 1604 Einfluss des Güterstands

Besteht zwischen Ehegatten Gütergemeinschaft, so bestimmt sich die Unterhaltspflicht des Mannes oder der Frau Verwandten gegenüber so, wie wenn das Gesamtgut dem unterhaltspflichtigen Ehegatten gehörte. Sind bedürftige Verwandte beider Ehegatten vorhanden, so ist der Unterhalt aus dem Gesamtgut so zu gewähren, wie wenn die Bedürftigen zu beiden Ehegatten in dem Verwandtschaftsverhältnis ständen, auf dem die Unterhaltspflicht des verpflichteten Ehegatten beruht.

§ 1586a Wiederaufleben des Unterhaltsanspruchs

(1) Geht ein geschiedener Ehegatte eine neue Ehe oder Lebenspartnerschaft ein und wird die Ehe oder Lebenspartnerschaft wieder aufgelöst, so kann er von dem früheren Ehegatten Unterhalt nach § 1570 verlangen, wenn er ein Kind aus der früheren Ehe oder Lebenspartnerschaft zu pflegen oder zu erziehen hat.

(2) Der Ehegatte der später aufgelösten Ehe haftet vor dem Ehegatten der früher aufgelösten Ehe. Satz 1 findet auf Lebenspartnerschaften entsprechende Anwendung.

§ 1604 Einfluss des Güterstands

Lebt der Unterhaltspflichtige in Gütergemeinschaft, bestimmt sich seine Unterhaltspflicht Verwandten gegenüber so, als ob das Gesamtgut ihm gehörte. Haben beide in Gütergemeinschaft lebende Personen bedürftige Verwandte, ist der Unterhalt aus dem Gesamtgut so zu gewähren, als ob die Bedürftigen zu beiden Unterhaltspflichtigen in dem Verwandtschaftsverhältnis stünden, auf dem die Unterhaltspflicht des Verpflichteten beruht.

§ 1609 *Rangverhältnisse mehrerer Bedürftiger*

(1) Sind mehrere Bedürftige vorhanden und ist der Unterhaltspflichtige außerstande, allen Unterhalt zu gewähren, so gehen die Kinder im Sinne des § 1603 Abs. 2 den anderen Kindern, die Kinder den übrigen Abkömmlingen, die Abkömmlinge den Verwandten der aufsteigenden Linie und unter den Verwandten der aufsteigenden Linie die näheren den entfernteren vor.

§ 1609 **Rangfolge mehrerer Unterhaltsberechtigter**

Sind mehrere Unterhaltsberechtigte vorhanden und ist der Unterhaltspflichtige außerstande, allen Unterhalt zu gewähren, gilt folgende Rangfolge:

1. **minderjährige unverheiratete Kinder und Kinder im Sinne des § 1603 Abs. 2 Satz 2,**

2. **Elternteile, die wegen der Betreuung eines Kindes unterhaltsberechtigt sind oder im Fall einer Scheidung wären, sowie Ehegatten und geschiedene Ehegatten bei einer Ehe von langer Dauer; bei der Feststellung einer Ehe von langer Dauer sind auch Nachteile im Sinne des § 1578b Abs. 1 Satz 2 und 3 zu berücksichtigen,**

3. **Ehegatten und geschiedene Ehegatten, die nicht unter Nummer 2 fallen,**

4. **Kinder, die nicht unter Nummer 1 fallen,**

5. **Enkelkinder und weitere Abkömmlinge,**

6. **Eltern,**

7. **weitere Verwandte der aufsteigenden Linie; unter ihnen gehen die Näheren den Entfernteren vor.**

(2) Der Ehegatte steht den Kindern im Sinne des § 1603 Abs. 2 gleich; er geht anderen Kindern und den übrigen Verwandten vor. Ist die Ehe geschieden oder aufgehoben, so geht der unterhaltsberechtigte Ehegatte den anderen Kindern im Sinne des Satzes 1 sowie den übrigen Verwandten des Unterhaltspflichtigen vor.

§ 1612 Art der Unterhaltsgewährung	§ 1612 Art der Unterhaltsgewährung
(1) Der Unterhalt ist durch Entrichtung einer Geldrente zu gewähren. Der Verpflichtete kann verlangen, dass ihm die Gewährung des Unterhalts in anderer Art gestattet wird, wenn besondere Gründe es rechtfertigen.	(1) Der Unterhalt ist durch Entrichtung einer Geldrente zu gewähren. Der Verpflichtete kann verlangen, dass ihm die Gewährung des Unterhalts in anderer Art gestattet wird, wenn besondere Gründe es rechtfertigen.
(2) Haben Eltern einem unverheirateten Kind Unterhalt zu gewähren, so können sie bestimmen, in welcher Art und für welche Zeit im Voraus der Unterhalt gewährt werden soll, wobei auf die Belange des Kindes die gebotene Rücksicht zu nehmen ist. Aus besonderen Gründen kann das Familiengericht auf Antrag des Kindes die Bestimmung der Eltern ändern. Ist das Kind minderjährig, so kann ein Elternteil, dem die Sorge für die Person des Kindes nicht zusteht, eine Bestimmung nur für die Zeit treffen, in der das Kind in seinen Haushalt aufgenommen ist.	**(2) Haben Eltern einem unverheirateten Kind Unterhalt zu gewähren, können sie bestimmen, in welcher Art und für welche Zeit im Voraus der Unterhalt gewährt werden soll, sofern auf die Belange des Kindes die gebotene Rücksicht genommen wird. Ist das Kind minderjährig, kann ein Elternteil, dem die Sorge für die Person des Kindes nicht zusteht, eine Bestimmung nur für die Zeit treffen, in der das Kind in seinen Haushalt aufgenommen ist.**
(3) Eine Geldrente ist monatlich im Voraus zu zahlen. Der Verpflichtete schuldet den vollen Monatsbetrag auch dann, wenn der Berechtigte im Laufe des Monats stirbt.	(3) Eine Geldrente ist monatlich im Voraus zu zahlen. Der Verpflichtete schuldet den vollen Monatsbetrag auch dann, wenn der Berechtigte im Laufe des Monats stirbt.

§ 1612a *Art der Unterhaltsgewährung bei minderjährigen Kindern*	§ 1612a Mindestunterhalt minderjähriger Kinder
(1) *Ein minderjähriges Kind kann von einem Elternteil, mit dem es nicht in einem Haushalt lebt, den Unterhalt als Vomhundertsatz des jeweiligen Regelbetrags nach der Regelbetrag-Verordnung verlangen.*	(1) **Ein minderjähriges Kind kann von einem Elternteil, mit dem es nicht in einem Haushalt lebt, den Unterhalt als Prozentsatz des jeweiligen Mindestunterhalts verlangen. Der Mindestunterhalt richtet sich nach dem doppelten Freibetrag für das sächliche Existenzminimum eines Kindes (Kinderfreibetrag) nach § 32 Abs. 6 Satz 1 des Einkommensteuergesetzes. Er beträgt monatlich entsprechend dem Alter des Kindes** 1. **für die Zeit bis zur Vollendung des sechsten Lebensjahrs (erste Altersstufe) 87 Prozent,** 2. **für die Zeit vom siebten bis zur Vollendung des zwölften Lebensjahrs (zweite Altersstufe) 100 Prozent, und** 3. **für die Zeit vom 13. Lebensjahr an (dritte Altersstufe) 117 Prozent eines Zwölftels des doppelten Kinderfreibetrags.**
(2) Der *Vomhundertsatz* ist auf eine Dezimalstelle zu begrenzen; jede weitere sich ergebende Dezimalstelle wird nicht berücksichtigt. Der sich bei der Berechnung des Unterhalts ergebende Betrag ist auf volle Euro aufzurunden.	(2) Der **Prozentsatz** ist auf eine Dezimalstelle zu begrenzen; jede weitere sich ergebende Dezimalstelle wird nicht berücksichtigt. Der sich bei der Berechnung des Unterhalts ergebende Betrag ist auf volle Euro aufzurunden.

(3) Die Regelbeträge werden in der Regelbetrag-Verordnung nach dem Alter des Kindes für die Zeit bis zur Vollendung des sechsten Lebensjahrs (erste Altersstufe), die Zeit vom siebten bis zur Vollendung des zwölften Lebensjahrs (zweite Altersstufe) und für die Zeit vom 13. Lebensjahr an (dritte Altersstufe) festgesetzt. Der Regelbetrag einer höheren Altersstufe ist ab dem Beginn des Monats maßgebend, in dem das Kind das betreffende Lebensjahr vollendet.	(3) **Der Unterhalt einer höheren Altersstufe ist ab dem Beginn des Monats maßgebend, in dem das Kind das betreffende Lebensjahr vollendet.**
(4) Die Regelbeträge ändern sich entsprechend der Entwicklung des durchschnittlich verfügbaren Arbeitsentgelts erstmals zum 1. Juli 1999 und danach zum 1. Juli jeden zweiten Jahres. Die neuen Regelbeträge ergeben sich, indem die zuletzt geltenden Regelbeträge mit den Faktoren aus den jeweils zwei der Veränderung vorausgegangenen Kalenderjahren für die Entwicklung *1. der Bruttolohn- und -gehaltssumme je durchschnittlich beschäftigten Arbeitnehmer und* *2. der Belastung bei Arbeitsentgelten vervielfältigt werden; das Ergebnis ist auf volle Euro aufzurunden. Das Bundesministerium der Justiz hat die Regelbetrag-Verordnung durch Rechtsverordnung, die nicht der Zustimmung des Bundesrates bedarf, rechtzeitig anzupassen.*	

(5) Die Faktoren im Sinne von Absatz 4 Satz 2 werden ermittelt, indem jeweils der für das Kalenderjahr, für das die Entwicklung festzustellen ist, maßgebende Wert durch den entsprechenden Wert für das diesem vorausgegangene Kalenderjahr geteilt wird. Der Berechnung sind

1. *für das der Veränderung vorausgegangene Kalenderjahr die dem Statistischen Bundesamt zu Beginn des folgenden Kalenderjahrs vorliegenden Daten der Volkswirtschaftlichen Gesamtrechnung,*

2. *für das Kalenderjahr, in dem die jeweils letzte Veränderung vorgenommen wurde, die vom Statistischen Bundesamt endgültig festgestellten Daten der Volkswirtschaftlichen Gesamtrechnung, sowie*

3. *im Übrigen die der Bestimmung der bisherigen Regelbeträge zugrunde gelegten Daten der Volkswirtschaftlichen Gesamtrechnung zugrunde zu legen; sie ist auf zwei Dezimalstellen durchzuführen.*

§ 1612b *Anrechnung von Kindergeld*	§ 1612b Deckung des Barbedarfs durch Kindergeld
(1) *Das auf das Kind entfallende Kindergeld ist zur Hälfte anzurechnen, wenn an den barunterhaltspflichtigen Elternteil Kindergeld nicht ausgezahlt wird, weil ein anderer vorrangig berechtigt ist.*	(1) Das auf das Kind entfallende Kindergeld ist zur Deckung seines Barbedarfs zu verwenden: 1. zur Hälfte, wenn ein Elternteil seine Unterhaltspflicht durch Betreuung des Kindes erfüllt (§ 1606 Abs. 3 Satz 2); 2. in allen anderen Fällen in voller Höhe. In diesem Umfang mindert es den Barbedarf des Kindes.
(2) *Sind beide Elternteile zum Barunterhalt verpflichtet, so erhöht sich der Unterhaltsanspruch gegen den das Kindergeld beziehenden Elternteil um die Hälfte des auf das Kind entfallenden Kindergelds.*	(2) Ist das Kindergeld wegen der Berücksichtigung eines nicht gemeinschaftlichen Kindes erhöht, ist es im Umfang der Erhöhung nicht bedarfsmindernd zu berücksichtigen.
(3) *Hat nur der barunterhaltspflichtige Elternteil Anspruch auf Kindergeld, wird es aber nicht an ihn ausgezahlt, ist es in voller Höhe anzurechnen.*	
(4) *Ist das Kindergeld wegen Berücksichtigung eines nicht gemeinschaftlichen Kindes erhöht, ist es im Umfang der Erhöhung nicht anzurechnen.*	
(5) *Eine Anrechnung des Kindergelds unterbleibt, soweit der Unterhaltspflichtige außerstande ist, Unterhalt in Höhe von 135 Prozent des Regelbetrags nach der Regelbetrag-Verordnung zu leisten.*	

§ 1615l Unterhaltsanspruch von Mutter und Vater aus Anlass der Geburt	§ 1615l Unterhaltsanspruch von Mutter und Vater aus Anlass der Geburt
(1) Der Vater hat der Mutter für die Dauer von sechs Wochen vor und acht Wochen nach der Geburt des Kindes Unterhalt zu gewähren. Dies gilt auch hinsichtlich der Kosten, die infolge der Schwangerschaft oder der Entbindung außerhalb dieses Zeitraums entstehen.	(1) Der Vater hat der Mutter für die Dauer von sechs Wochen vor und acht Wochen nach der Geburt des Kindes Unterhalt zu gewähren. Dies gilt auch hinsichtlich der Kosten, die infolge der Schwangerschaft oder der Entbindung außerhalb dieses Zeitraums entstehen.
(2) Soweit die Mutter einer Erwerbstätigkeit nicht nachgeht, weil sie infolge der Schwangerschaft oder einer durch die Schwangerschaft oder die Entbindung verursachten Krankheit dazu außerstande ist, ist der Vater verpflichtet, ihr über die in Absatz 1 Satz 1 bezeichnete Zeit hinaus Unterhalt zu gewähren. Das Gleiche gilt, soweit von der Mutter wegen der Pflege oder Erziehung des Kindes eine Erwerbstätigkeit nicht erwartet werden kann. Die Unterhaltspflicht beginnt frühestens vier Monate vor der Geburt; *sie endet drei Jahre nach der Geburt, sofern es nicht insbesondere unter Berücksichtigung der Belange des Kindes grob unbillig wäre, einen Unterhaltsanspruch nach Ablauf dieser Frist zu versagen.*	(2) Soweit die Mutter einer Erwerbstätigkeit nicht nachgeht, weil sie infolge der Schwangerschaft oder einer durch die Schwangerschaft oder die Entbindung verursachten Krankheit dazu außerstande ist, ist der Vater verpflichtet, ihr über die in Absatz 1 Satz 1 bezeichnete Zeit hinaus Unterhalt zu gewähren. Das Gleiche gilt, soweit von der Mutter wegen der Pflege oder Erziehung des Kindes eine Erwerbstätigkeit nicht erwartet werden kann. Die Unterhaltspflicht beginnt frühestens vier Monate vor der Geburt **und besteht für mindestens drei Jahre nach der Geburt. Sie verlängert sich, solange und soweit dies der Billigkeit entspricht. Dabei sind insbesondere die Belange des Kindes und die bestehenden Möglichkeiten der Kinderbetreuung zu berücksichtigen.**

(3) Die Vorschriften über die Unterhaltspflicht zwischen Verwandten sind entsprechend anzuwenden. Die Verpflichtung des Vaters geht der Verpflichtung der Verwandten der Mutter vor. *Die Ehefrau und minderjährige unverheiratete Kinder des Vaters gehen bei Anwendung des § 1609 der Mutter vor; die Mutter geht den übrigen Verwandten des Vaters vor.* § 1613 Abs. 2 gilt entsprechend. Der Anspruch erlischt nicht mit dem Tod des Vaters.	(3) Die Vorschriften über die Unterhaltspflicht zwischen Verwandten sind entsprechend anzuwenden. Die Verpflichtung des Vaters geht der Verpflichtung der Verwandten der Mutter vor. § 1613 Abs. 2 gilt entsprechend. Der Anspruch erlischt nicht mit dem Tod des Vaters.
(4) Wenn der Vater das Kind betreut, steht ihm der Anspruch nach Absatz 2 Satz 2 gegen die Mutter zu. In diesem Falle gilt Absatz 3 entsprechend.	(4) Wenn der Vater das Kind betreut, steht ihm der Anspruch nach Absatz 2 Satz 2 gegen die Mutter zu. In diesem Falle gilt Absatz 3 entsprechend.

II. LPartG

578

Altes Recht	Neues Recht
§ 5 Verpflichtung zum Lebenspartnerschaftsunterhalt	**§ 5 Verpflichtung zum Lebenspartnerschaftsunterhalt**
Die Lebenspartner sind einander verpflichtet, durch ihre Arbeit und mit ihrem Vermögen die partnerschaftliche Lebensgemeinschaft angemessen zu unterhalten. *§ 1360 Satz 2 und die §§ 1360a und 1360b des Bürgerlichen Gesetzbuchs sowie § 16 Abs. 2 gelten entsprechend.*	Die Lebenspartner sind einander verpflichtet, durch ihre Arbeit und mit ihrem Vermögen die partnerschaftliche Lebensgemeinschaft angemessen zu unterhalten. **§ 1360 Satz 2, die §§ 1360a, 1360b und 1609 des Bürgerlichen Gesetzbuchs gelten entsprechend.**
§ 12 Unterhalt bei Getrenntleben	**§ 12 Unterhalt bei Getrenntleben**
Leben die Lebenspartner getrennt, so kann ein Lebenspartner von dem anderen den nach den Lebensverhältnissen und den Erwerbs- und Vermögensverhältnissen der Lebenspartner angemessenen Unterhalt verlangen. *§ 1361 des Bürgerlichen Gesetzbuchs und § 16 Abs. 2 gelten entsprechend.*	Leben die Lebenspartner getrennt, so kann ein Lebenspartner von dem anderen den nach den Lebensverhältnissen und den Erwerbs- und Vermögensverhältnissen der Lebenspartner angemessenen Unterhalt verlangen. **Die §§ 1361 und 1609 des Bürgerlichen Gesetzbuchs gelten entsprechend.**

§ 16 Nachpartnerschaftlicher Unterhalt	**§ 16 Nachpartnerschaftlicher Unterhalt**
(1) Kann ein Lebenspartner nach der Aufhebung der Lebenspartnerschaft nicht selbst für seinen Unterhalt sorgen, so hat er gegen den anderen Lebenspartner einen Anspruch auf Unterhalt entsprechend den §§ 1570 bis 1581 und 1583 bis 1586b des Bürgerlichen Gesetzbuchs.	**Nach der Aufhebung der Lebenspartnerschaft obliegt es jedem Lebenspartner, selbst für seinen Unterhalt zu sorgen. Ist er dazu außerstande, hat er gegen den anderen Lebenspartner einen Anspruch auf Unterhalt nur entsprechend den §§ 1570 bis 1586b und 1609 des Bürgerlichen Gesetzbuchs.**
(2) Bei der Ermittlung des Unterhalts des früheren Lebenspartners geht dieser im Falle des § 1581 des Bürgerlichen Gesetzbuchs einem neuen Lebenspartner und den übrigen Verwandten im Sinne des § 1609 Abs. 2 des Bürgerlichen Gesetzbuchs vor; alle anderen gesetzlich Unterhaltsberechtigten gehen dem früheren Lebenspartner vor.	

III.   Übergangsvorschrift

Altes Recht	Neues Recht	579
	§ *[35]* **Gesetz betreffend die Einführung der Zivilprozessordnung**	

Für das Gesetz zur Änderung des Unterhaltsrechts vom *[einsetzen: Ausfertigungsdatum dieses Gesetzes und Fundstelle im Bundesgesetzblatt]* **gelten folgende Übergangsvorschriften:**

1. Ist über den Unterhaltsanspruch vor dem *[einsetzen: Tag des Inkrafttretens dieses Gesetzes]* rechtskräftig entschieden, ein vollstreckbarer Titel errichtet oder eine Unterhaltsvereinbarung getroffen worden, sind Umstände, die vor diesem Tag entstanden und durch das Gesetz zur Änderung des Unterhaltsrechts erheblich geworden sind, nur zu berücksichtigen, soweit eine wesentliche Änderung der Unterhaltsverpflichtung eintritt und die Änderung dem anderen Teil unter Berücksichtigung seines Vertrauens in die getroffene Regelung zumutbar ist.

2. Die in Nummer 1 genannten Umstände können bei der erstmaligen Änderung eines vollstreckbaren Unterhaltstitels nach dem *[einsetzen: Tag des Inkrafttretens dieses Gesetzes]* ohne die Beschränkungen des § 323 Abs. 2 und des § 767 Abs. 2 der Zivilprozessordnung geltend gemacht werden.

3. Ist einem Kind der Unterhalt aufgrund eines vollstreckbaren Titels oder einer Unterhaltsvereinbarung als Prozentsatz des jeweiligen Regelbetrags nach der Regelbetrag-Verordnung zu leisten, gilt der Titel oder die Unterhaltsvereinbarung fort. An die Stelle des Regelbetrags tritt der Mindestunterhalt. An die Stelle des bisherigen Prozentsatzes tritt ein neuer Prozentsatz. Hierbei gilt:

a) Sieht der Titel oder die Vereinbarung die Anrechnung des hälftigen oder eines Teils des hälftigen Kindergelds vor, ergibt sich der neue Prozentsatz, indem dem bisher zu zahlenden Unterhaltsbetrag das hälftige Kindergeld hinzugerechnet wird und der sich so ergebende Betrag ins Verhältnis zu dem bei Inkrafttreten des Gesetzes zur Änderung des Unterhaltsrechts geltenden Mindestunterhalt gesetzt wird; der zukünftig zu zahlende Unterhaltsbetrag ergibt sich, indem der neue Prozentsatz mit dem Mindestunterhalt vervielfältigt und von dem Ergebnis das hälftige Kindergeld abgezogen wird.

b) Sieht der Titel oder die Vereinbarung die Hinzurechnung des hälftigen Kindergelds vor, ergibt sich der neue Prozentsatz, indem vom bisher zu zahlenden Unterhaltsbetrag das hälftige Kindergeld abgezogen wird und der sich so ergebende Betrag ins Verhältnis zu dem bei Inkrafttreten des Gesetzes zur Änderung des Unterhaltsrechts geltenden Mindestunterhalt gesetzt wird; der zukünftig zu zahlende Unterhaltsbetrag ergibt sich, indem der neue Prozentsatz mit dem Mindestunterhalt vervielfältigt und dem Ergebnis das hälftige Kindergeld hinzugerechnet wird.

c) Sieht der Titel oder die Vereinbarung die Anrechnung des vollen Kindergelds vor, ist Buchstabe a anzuwenden, wobei an die Stelle des hälftigen Kindergelds das volle Kindergeld tritt.

d) Sieht der Titel oder die Vereinbarung weder eine Anrechnung noch eine Hinzurechnung des Kindergelds oder eines Teils des Kindergelds vor, ist Buchstabe a anzuwenden.

Der sich ergebende Prozentsatz ist auf eine Dezimalstelle zu begrenzen. Die Nummern 1 und 2 bleiben unberührt.

4. Der Mindestunterhalt minderjähriger Kinder im Sinne des § 1612a Abs. 1 des Bürgerlichen Gesetzbuchs beträgt

   a) für die Zeit bis zur Vollendung des sechsten Lebensjahrs (erste Altersstufe) 279 Euro,

   b) für die Zeit vom siebten bis zur Vollendung des zwölften Lebensjahrs (zweite Altersstufe) 322 Euro,

   c) für die Zeit vom 13. Lebensjahr an (dritte Altersstufe) 365 Euro

   jeweils bis zu dem Zeitpunkt, in dem der Mindestunterhalt nach Maßgabe des § 1612a Abs. 1 des Bürgerlichen Gesetzbuchs den hier festgelegten Betrag übersteigt.

5. In einem Verfahren nach § 621 Abs. 1 Nr. 4, 5 oder Nr. 11 der Zivilprozessordnung können die in Nummer 1 genannten Umstände noch in der Revisionsinstanz vorgebracht werden. Das Revisionsgericht kann die Sache an das Berufungsgericht zurückverweisen, wenn bezüglich der neuen Tatsachen eine Beweisaufnahme erforderlich wird.

6. In den in Nummer 5 genannten Verfahren ist eine vor dem [*einsetzen: Tag des Inkrafttretens dieses Gesetzes*] geschlossene mündliche Verhandlung auf Antrag wieder zu eröffnen.

7. Unterhaltsleistungen, die vor dem [*einfügen: Tag des Inkrafttretens dieses Gesetzes*] fällig geworden sind oder den Unterhalt für Ehegatten betreffen, die nach dem bis zum 30. Juni 1977 geltenden Recht geschieden worden sind, bleiben unberührt.

B.   BT-Drucks. 16/6980

Deutscher Bundestag   Drucksache 16/**6980**   580
16. Wahlperiode   07.11.2007

Beschlussempfehlung und Bericht
des Rechtsausschusses (6. Ausschuss)

a) zu dem Gesetzentwurf der Bundesregierung
- Drucksache 16/1830 -

Entwurf eines Gesetzes zur Änderung des Unterhaltsrechts

b) zu dem Antrag der Abgeordneten Sabine Leutheusser-Schnarrenberger, Sibylle
Laurischk, Jens Ackermann, weiterer Abgeordneter und der Fraktion der FDP
- Drucksache 16/891 -

**Unterhaltsrecht ohne weiteres Zögern sozial und verantwortungsbewusst den
gesellschaftlichen Rahmenbedingungen anpassen**

A. Problem

Die bisher geltenden Regelungen des Unterhaltsrechts sollen veränderten
gesellschaftlichen Verhältnissen angepasst werden.

Zu Buchstabe a

Der Gesetzentwurf auf Drucksache 16/1830 verfolgt drei Ziele: Stärkung des Kindeswohls
durch die Einräumung des ersten Rangs für die Unterhaltsansprüche der Kinder und des
zweiten Rangs für alle kinderbetreuenden Elternteile, Betonung des Grundsatzes der
Eigenverantwortung geschiedener Ehegatten für den eigenen Unterhalt und
Vereinfachung des Unterhaltsrechts. Die gesetzliche Definition des Mindestunterhalts soll

2

zur Harmonisierung von Unterhalts-, Steuer- und Sozialrecht und zur Vereinfachung der Rechtsanwendung führen. Durch Übergangsvorschriften sollen die Unterhaltsregelungen für Ehen, die nach altem Recht geschlossen worden sind, behutsam angepasst werden.

Zu Buchstabe b

Die Antragsteller fordern eine Änderung der Rangverhältnisse hinsichtlich der Unterhaltsansprüche, eine Befristung nachehelicher Unterhaltsansprüche sowie die Begrenzung der Unterhaltsansprüche der Eltern gegen ihre Kinder. Zur Vereinfachung der Unterhaltsverfahren schlagen die Antragsteller freiwillige Vereinbarungen vor.

B. Lösung

Annahme des Gesetzentwurfs auf Drucksache 16/1830 in der Fassung der Beschlussempfehlung, die dem Beschluss des Bundesverfassungsgerichts vom 28. Februar 2007 Rechnung trägt. Die Dauer des Betreuungsunterhalts, der im Interesse des Kindswohls gewährt wird, wird für geschiedene und nichtverheiratete Mütter und Väter gleich ausgestaltet. Eine zusätzliche Verlängerung des Betreuungsunterhalts ist vorgesehen, wenn dies im Einzelfall aus Gründen der nachehelichen Solidarität gerechtfertigt ist. In § 1609 Nr. 2, 2. HS BGB-E wird der Begriff der „Ehe von langer Dauer" erläutert.

Zu Buchstabe a

Annahme des Gesetzentwurfs auf Drucksache 16/1830 in geänderter Fassung mit den Stimmen der Fraktionen CDU/CSU, SPD, FDP und BÜNDNIS 90/DIE GRÜNEN gegen die Stimmen der Fraktion DIE LINKE.

Zu Buchstabe b

Ablehnung des Antrags auf Drucksache 16/891 mit den Stimmen der Fraktion CDU/ CSU, SPD, DIE LINKE. und BÜNDNIS 90/DE GRÜNEN gegen die Stimmen der Fraktion der FDP

C. Alternativen

Keine

3

D. Kosten

Wurden im Ausschuss nicht erörtert.

4

Beschlussempfehlung

Der Bundestag wolle beschließen,

a) den Gesetzentwurf auf Drucksache 16/1830 mit folgenden Maßgaben, im Übrigen unverändert anzunehmen:

1. Artikel 1 (Änderung des Bürgerlichen Gesetzbuchs) wird wie folgt geändert:

    a)   Nummer 4 wird wie folgt gefasst:

        ‚4.   § 1570 wird wie folgt gefasst:

„§ 1570
Unterhalt wegen Betreuung eines Kindes

(1) Ein geschiedener Ehegatte kann von dem anderen wegen der Pflege oder Erziehung eines gemeinschaftlichen Kindes für mindestens drei Jahre nach der Geburt Unterhalt verlangen. Die Dauer des Unterhaltsanspruchs verlängert sich, solange und soweit dies der Billigkeit entspricht. Dabei sind die Belange des Kindes und die bestehenden Möglichkeiten der Kinderbetreuung zu berücksichtigen.

(2) Die Dauer des Unterhaltsanspruchs verlängert sich darüber hinaus, wenn dies unter Berücksichtigung der Gestaltung von Kinderbetreuung und Erwerbstätigkeit in der Ehe sowie der Dauer der Ehe der Billigkeit entspricht.‘"

    b)   In Nummer 13 werden die Wörter „folgender Satz" durch die Wörter „die folgenden Sätze" ersetzt und folgender Satz angefügt:

       „§ 127a findet auch auf eine Vereinbarung Anwendung, die in einem Verfahren in Ehesachen vor dem Prozessgericht protokolliert wird."

    c)   Nummer 16 wird wie folgt gefasst:

5

‚16. § 1609 wird wie folgt gefasst:

„§ 1609

Rangfolge mehrerer Unterhaltsberechtigter

Sind mehrere Unterhaltsberechtigte vorhanden und ist der Unterhaltspflichtige außerstande, allen Unterhalt zu gewähren, gilt folgende Rangfolge:

1. minderjährige unverheiratete Kinder und Kinder im Sinne des § 1603 Abs. 2 Satz 2,

2. Elternteile, die wegen der Betreuung eines Kindes unterhaltsberechtigt sind oder im Fall einer Scheidung wären, sowie Ehegatten und geschiedene Ehegatten bei einer Ehe von langer Dauer; bei der Feststellung einer Ehe von langer Dauer sind auch Nachteile im Sinne des § 1578b Abs. 1 Satz 2 und 3 zu berücksichtigen,

3. Ehegatten und geschiedene Ehegatten, die nicht unter Nummer 2 fallen,

4. Kinder, die nicht unter Nummer 1 fallen,

5. Enkelkinder und weitere Abkömmlinge,

6. Eltern,

7. weitere Verwandte der aufsteigenden Linie; unter ihnen gehen die Näheren den Entfernteren vor."'

d) In Nummer 18 Buchstabe c wird in Absatz 3 das Wort „Mindestunterhalt" durch das Wort „Unterhalt" ersetzt.

e) Nummer 20 wird wie folgt gefasst:

‚20. § 1615l wird wie folgt geändert:

a) Absatz 2 Satz 3 wird durch folgende Sätze ersetzt:

„Die Unterhaltspflicht beginnt frühestens vier Monate vor der Geburt und besteht für mindestens drei Jahre nach der Geburt. Sie verlängert sich, solange und soweit dies der Billigkeit entspricht. Dabei sind insbesondere die Belange des Kindes und die bestehenden Möglichkeiten der Kinderbetreuung zu berücksichtigen."

6

b)   Absatz 3 Satz 3 wird aufgehoben.'

2. Artikel 3 (Änderung sonstiger Vorschriften) wird wie folgt geändert:

a) Absatz 2 (Anfügung von § [35] EGZPO) wird wie folgt geändert:

(aa)   Nach § [35] Nummer 3 wird folgende Nummer 4 eingefügt:

„4.   Der Mindestunterhalt minderjähriger Kinder im Sinne des § 1612a Abs. 1 des Bürgerlichen Gesetzbuchs beträgt

a) für die Zeit bis zur Vollendung des sechsten Lebensjahrs (erste Altersstufe) 279 Euro,

b) für die Zeit vom siebten bis zur Vollendung des zwölften Lebensjahrs (zweite Altersstufe) 322 Euro,

c) für die Zeit vom 13. Lebensjahr an (dritte Altersstufe) 365 Euro

jeweils bis zu dem Zeitpunkt, in dem der Mindestunterhalt nach Maßgabe des § 1612a Abs. 1 des Bürgerlichen Gesetzbuchs den hier festgelegten Betrag übersteigt."

(bb)   Die bisherigen Nummern 4 bis 6 werden die Nummern 5 bis 7.

b) In Absatz 3 Nr. 1 (Änderung von § 645 der Zivilprozessordnung) werden die Wörter „nach Berücksichtigung" durch die Wörter „vor Berücksichtigung" ersetzt.

3. In Artikel 4 (Inkrafttreten, Außerkrafttreten) wird die Angabe „1. April 2007" durch die Angabe „1. Januar 2008" ersetzt.

b) den Antrag auf Drucksache 16/891 abzulehnen.

7

Berlin, den 7. November 2007

Der Rechtsausschuss

Andreas Schmidt (Mülheim)	**Ute Granold**	**Christine Lambrecht**
Vorsitzender	Berichterstatterin	Berichterstatterin

Joachim Stünker	**Sabine Leutheusser-Schnarrenberger**	**Jörn Wunderlich**
Berichterstatter	Berichterstatterin	Berichterstatter

Irmingard Schewe-Gerigk
Berichterstatterin

8

Bericht der Abgeordneten Ute Granold, Christine Lambrecht, Joachim Stünker, Sabine Leutheusser-Schnarrenberger, Jörn Wunderlich und Irmingard Schewe-Gerigk

I. Überweisung

Der Deutsche Bundestag hat den Gesetzentwurf auf Drucksache 16/1830 in seiner 43. Sitzung am 29. Juni 2006 in erster Lesung beraten und zur federführenden Beratung dem Rechtsausschuss und zur Mitberatung dem Finanzausschuss und dem Ausschuss für Familie, Senioren, Frauen und Jugend überwiesen. Den Antrag auf Drucksache 16/891 hat er in seiner 25. Sitzung am 16. März 2006 denselben Ausschüssen überwiesen.

II. Stellungnahme der mitberatenden Ausschüsse

Der **Finanzausschuss** hat die Vorlagen in seiner 61. Sitzung am 23. Mai 2007 beraten. Er hat mit den Stimmen der Fraktionen der CDU/CSU und SPD gegen die Stimmen der Fraktionen FDP, DIE LINKE. und BÜNDNIS 90/DIE GRÜNEN beschlossen zu empfehlen, den Gesetzentwurf auf Drucksache 16/1830 anzunehmen.

Ferner hat er mit den Stimmen der Fraktion der FDP gegen die Stimmen der Fraktionen CDU/CSU, SPD, DIE LINKE. und BÜNDNIS 90/DIE GRÜNEN beschlossen zu empfehlen, den Antrag auf Drucksache 16/891 abzulehnen.

Der **Ausschuss für Familie, Senioren, Frauen und Jugend** hat die Vorlagen in seiner 43. Sitzung am 7. November 2007 beraten. Er hat mit den Stimmen der Fraktionen SPD, FDP, BÜNDNIS 90/DIE GRÜNEN und drei Mitgliedern der Fraktion der CDU/CSU gegen die Stimmen der Fraktion DIE LINKE. bei Stimmenthaltung von fünf Mitgliedern der Fraktion der CDU/CSU beschlossen zu empfehlen, den Gesetzentwurf auf Drucksache 16/1830 in der aus der Beschlussempfehlung ersichtlichen Fassung anzunehmen. Der Änderungsantrag der Koalitionsfraktionen auf Ausschussdrucksache 16(6)170 wurde mit den Stimmen der Fraktionen SPD, FDP, BÜNDNIS 90/DIE GRÜNEN sowie von drei

9

Mitgliedern der Fraktion der CDU/CSU bei Stimmenthaltung von 5 Mitgliedern der Fraktion der CDU/CSU sowie der Fraktion DIE LINKE. angenommen.

Darüber hinaus hat er mit den Stimmen der Fraktionen CDU/CSU, SPD, DIE LINKE. und BÜNDNIS 90/DIE GRÜNEN beschlossen zu empfehlen, den Antrag auf Drucksache 16/891 abzulehnen.

III. Beratung im Rechtsausschuss

Der **Rechtsausschuss** hat den Gesetzentwurf auf Drucksache 16/1830 in seiner 22. Sitzung am 28. Juni 2006 und den Antrag auf Drucksache 16/891 in seiner 25. Sitzung am 27. September 2006 beraten und beschlossen, eine öffentliche Anhörung hierzu durchzuführen, die am 16. Oktober 2006 (28. Sitzung) stattfand. An der Anhörung haben folgende Sachverständige teilgenommen:

Prof. Dr. Marianne Breithaupt	Fachhochschule Landshut
Margret Diwell	Rechtsanwältin und Fachanwältin für Familienrecht, Berlin
Dr. Frank Klinkhammer	Richter am OLG Düsseldorf
Dr. Thomas Meysen	Fachlicher Leiter des Deutschen Instituts für Jugendhilfe und Familienrecht e.V., Heidelberg
Jutta Puls	Richterin am OLG Hamburg a.D., Vorsitzende der Unterhaltskommission des Deutschen Familiengerichtstages, Hamburg
Ingeborg Rakete-Dombek	Rechtsanwältin und Notarin, Vorsitzende der Arbeitsgemeinschaft Familienrecht des Deutschen Anwaltsvereins e. V., Berlin
Klaus Schnitzler	Rechtsanwalt und Fachanwalt für Familienrecht, Euskirchen
Prof. Dr. Dr. h.c. Dieter Schwab	Universität Regensburg

257

10

Prof. Siegfried Willutzki   Direktor des AG Brühl a.D., Ehrenvorsitzender des
Deutschen Familiengerichtstages, Köln

Hinsichtlich des Ergebnisses der Anhörung wird auf das Protokoll der 28. Sitzung des
Rechtsausschusses vom 16. Oktober 2006 mit den anliegenden Stellungnahmen der
Sachverständigen verwiesen.

Auf Antrag der Fraktion der FDP hat der Rechtsausschuss zu dem Antrag auf der
Drucksache 16/891 einen Bericht nach § 62 Abs. 2 der Geschäftsordnung erstattet
(Drucksache 16/4860). Zu diesem Bericht fand in der 91. Sitzung des Plenums des
Deutschen Bundestages am 29. März 2007 eine Aussprache statt.

Dem Rechtsausschuss lagen bei der Beratung des Gesetzentwurfs und des Antrags
eine Vielzahl von Petitionen vor.

Der Rechtsausschuss hat die Vorlagen in seiner 64. Sitzung am 23. Mai 2007 und
abschließend in seiner 78. Sitzung am 7. November 2007 beraten und mit den Stimmen
der Fraktionen CDU/CSU, SPD, FDP und BÜNDNIS 90/DIE GRÜNEN gegen die Stimmen
der Fraktion DIE LINKE. beschlossen zu empfehlen, den Gesetzentwurf auf Drucksache
16/1830 in der aus der Beschlussempfehlung ersichtlichen Fassung anzunehmen.
Außerdem hat er mit den Stimmen der Fraktionen CDU/CSU, SPD, DIE LINKE. und
BÜNDNIS 90/DIE GRÜNEN gegen die Stimmen der Fraktion der FDP beschlossen zu
empfehlen, den Antrag auf Drucksache 16/891 abzulehnen.

Die **Fraktion der CDU/CSU** erklärte, die Regierungskoalition habe nach intensiven
Beratungen eine Regelung im Bereich des Unterhalts gefunden, die allen Interessen
gerecht werde. Die Privilegierung der Ehe bleibe unangetastet. Bereits der Gesetzentwurf
habe den Unterhaltsansprüchen Geschiedener nach langer Ehedauer den 2. Rang nach
den Kindern eingeräumt, so dass in den sog. Mangelfällen ihr Anspruch durchsetzbar
bleibe. Der Aspekt der nachehelichen Solidarität sei im geänderten § 1570 Abs. 2 BGB-E
verankert. Sie freue sich, dass in Umsetzung des Beschlusses des
Bundesverfassungsgerichts vom 28. Februar 2007 der Anspruch nichtehelicher Mütter auf
Betreuungsunterhalt verlängert werde, auch wenn bei einigen Abgeordneten ihrer Fraktion
eine weitere Schwächung der Ehe befürchtet werde. Es müsse allerdings evaluiert

11

werden, wie sich die jetzige Änderung der Rangfolge und der Dauer des Betreuungsunterhalts auf das Haushaltseinkommen der zu betreuenden Kinder auswirke. Gegebenenfalls seien hier flankierende steuerliche Maßnahmen notwendig.

Eine Harmonisierung im Steuer- und Sozialrecht, insbesondere im SGB II, stehe ebenso aus wie eine Überarbeitung des Unterhaltsvorschussgesetzes. Die Koalition habe aber zunächst den Bereich des Unterhaltsrechts abschließend regeln wollen. Die Übergangsregelungen verminderten Härten bei der Anwendung des neuen Rechts und vermieden die gleichzeitige Geltung unterschiedlichen Rechts. Eine Prozessflut sei nicht zu erwarten.

Sie bedankte sich ausdrücklich für die konstruktive Mitarbeit der Fraktion der FDP; deren wesentlichen Änderungswünsche fänden sich im vorliegenden Gesetzentwurf wieder. Den Änderungsantrag der Fraktion BÜNDNIS 90/DIE GRÜNEN halte sie für evident verfassungswidrig, wie die Bundesregierung auch ausgeführt habe. Die von der Fraktion DIE LINKE. vorgeschlagenen Änderungen seien systemwidrig, da im Steuerrecht Aufwendungen für die Ausbildung der Kinder absetzbar seien, so dass die genannten Zahlen nicht ohne weiteres übernommen werden könnten.

Die **Fraktion der SPD** begrüßte die Einigung im Bereich des Unterhaltsrechts, die ihren familienpolitischen Vorstellungen entspreche. Den Änderungsantrag der Fraktion BÜNDNIS 90/DIE GRÜNEN lehne sie ab, weil durch diese Änderung gerade nicht mehr alle Kinder in den ersten Rang der Unterhaltsberechtigten aufrücken könnten. Dies sei aber einer der wesentlichen Fortschritte der vorliegenden Reform. Bei der Anwendung der Stichtagsregelung würden die Kinder unverheirateter Eltern benachteiligt werden.

Auch die **Fraktion der FDP** befürwortete die nun erzielte Einigung im Unterhaltsrecht, wenn sie auch bemängele, dass sie über das Ergebnis zunächst aus der Presse erfahren habe. Der Gesetzentwurf setze den genannten Beschluss des Bundesverfassungsgerichts bei der Gleichbehandlung von geschiedenen und nichtverheirateten Eltern um, und habe auch im Bereich der nachehelichen Solidarität eine angemessene Regelung gefunden. Viele der in ihrem Antrag auf Drucksache 16/891 gestellten Forderungen seien somit erfüllt. Sie bat die Bundesregierung um eine Stellungnahme zu dem von der Fraktion BÜNDNIS 90/DIE GRÜNEN gestellten

12

Änderungsantrag.

Die **Bundesregierung** erläuterte, dass sie den Änderungsantrag der Fraktion BÜNDNIS 90/DIE GRÜNEN für verfassungsrechtlich nicht haltbar erachte, weil dadurch die Ehefrauen aus zweiter Ehe im Betreuungsunterhalt schlechter gestellt würden als nicht verheiratete Mütter. Die gleichzeitige Geltung zweier verschiedener Unterhaltsrechte auf unabsehbare Zeit solle vermieden werde. Die Übergangsregelung im Gesetzentwurf der Bundesregierung vermindere Härten für bereits geschiedene Unterhaltsberechtigte. Zum einen sei eine Klage auf Änderung des Unterhalts nur zulässig, soweit sich die Unterhaltsforderung um mindestens 10 % verändere. Zum anderen müsse das Gericht die Zumutbarkeit einer entsprechenden Änderung – sowohl hinsichtlich des Umfangs der Unterhaltspflicht als auch hinsichtlich des Rangs – prüfen. Durch die Änderungen im Unterhaltsrecht entstehe sicherlich höherer anwaltlicher Beratungsbedarf der Betroffenen, eine Klageflut befürchte sie aber nicht.

Die **Fraktion DIE LINKE.** begrüßte ebenfalls grundsätzlich die Einigung. Hierdurch sei ihr ursprünglich gestellter Entschließungsantrag inhaltlich überholt, da wesentliche Punkte in das Gesetz übernommen sind, so dass sie ihn nicht mehr zur Abstimmung stelle. Auch die Übergangsregelungen im Gesetzentwurf würden den Anliegen der Betroffenen gerecht. Sie kritisierte, dass der Unterhaltsanspruch der Mutter und des Vaters aus Anlass der Geburt (§1615 I BGB) nicht genauso wie in dem neuen § 1570 Abs. 1 Satz 2 und 3 BGB geregelt sei. Im Ergebnis erfolge bei den nichtverheirateten Müttern gemäß § 1615 Absatz 2 Satz 2 BGB eine Zumutbarkeitsprüfung. Die steuerlichen Auswirkungen der Unterhaltsreform bei Mangelfällen müssten genau verfolgt werden, damit nicht letztlich der Staat der Gewinner und die Unterhaltsberechtigten die Verlierer der Unterhaltsreform seien. Außerdem sollte die Höhe des Mindestunterhalts für Kinder unter sechs Jahren gemäß § 1612 a BGB über dem steuerlichen Existenzminimum liegen, um auch diesen Kindern ein Leben über der Armutsgrenze zu ermöglichen.

Die Fraktion DIE LINKE. stellte daher folgenden Änderungsantrag:

Der Bundestag wolle beschließen:

Artikel 1 Nr.18 Buchstabe a) wird wie folgt geändert:

   1. § 1612a Absatz 1 Satz 2 wird wie folgt gefasst:

13

"Der Mindestunterhalt richtet sich nach dem um 20 Prozent erhöhten Betrag, der sich aus dem doppelten Freibetrag für das sächliche Existenzminimum des Kindes (Kinderfreibetrag) und dem doppelten Freibetrag für Erziehung und Ausbildung nach § 32 Abs.6 Satz 1 des Einkommenssteuergesetzes zusammensetzt."

2. In § 1612 a Abs.1 Satz 3 wird wie folgt geändert:

a) in Nr. 1 wird die Zahl „87" durch die Zahl „100" ersetzt.
b) in Nr. 2 wird die Zahl „100" durch die Zahl „113" ersetzt.
c) in Nr. 3 wird die Zahl „117" durch die Zahl „130" ersetzt.
d) „des doppelten Kinderfreibetrages" wird ersetzt durch „des in Satz 2 benannten Betrages".

3. Folgender Satz 4 wird in § 1612a Absatz 1 angefügt:
„Deckt dieser Mindestunterhalt nicht den um 20 Prozent erhöhten notwendigen Lebensunterhalt nach SGB XII, ist er in dieser Höhe festzusetzen."

Begründung:

1. Der Gesetzentwurf will das Unterhaltsrecht vereinfachen, indem bei der Berechnung des Mindestunterhalts vom Einkommensteuerfreibetrag für Kinder ausgegangen werden soll. Dabei setzt er jedoch den Betrag viel zu niedrig an.

Der Betrag im Einkommensteuerrecht setzt sich gemäß § 32 Absatz 6 Satz1 EStG derzeit aus 1824 Euro Mindestgrundbedarf als sächliches Existenzminimum und 1080 Euro für Mindestbetreuungs-, -erziehungs- und -ausbildungsbedarf pro Jahr und Elternteil zusammen. Damit sind im Monat insgesamt 180 Euro mehr als monatlicher Gesamtfreibetrag für Kinder im Steuerrecht gewährleistet als in dem im Gesetz vorgesehenen Mindestunterhalt nach dem § 1612a BGB. Es gibt keinen Grund, den Mindestbedarf im Unterhaltsrecht an einem gänzlich anders zusammengesetzten Gesamtbedarf zu orientieren. Von dem genannten Gesamtbetrag wird allerdings der Mindestbetreuungsbedarf abgezogen. Dieser Bedarf entspricht der Hälfte des Gesamtbetrages von 1080 Euro (vgl. Sachverständigenstellungnahme Prof. Breithaupt, S. 3).
Der Betrag des Mindesterziehungs- und –ausbildungsbedarfs (derzeit 540 Euro) wird zusätzlich zum Mindestgrundbedarf (derzeit 1824 Euro) als Bezugsgröße festgesetzt. Es wird jeweils der doppelte Betrag angesetzt, weil das Steuerrecht die Beträge - um sie für jeden einkommensteuerpflichtigen Elternteil auszuweisen- halbiert.

Der Mindestunterhalt darf sich darüber hinaus nicht eins zu eins an dem steuerrechtlichen Betrag orientieren, sondern muss um 20 Prozent erhöht werden. Denn das Steuerrecht bestimmt in seinen Freibeträgen, in welchem Umfang der Staat nicht auf das Einkommen der Bürgerinnen und Bürger zugreifen darf. Demgegenüber wird in § 1612a BGB derjenige Betrag konkretisiert, den ein Elternteil zu dem Unterhalt des Kindes beitragen muss. Dieser Mindestbedarf entspricht im Gegensatz zum Freibetrag gegenüber den Steuerforderungen des Staates nicht dem Existenzminimum. Vielmehr muss für diesen Beitrag entscheidend sein, wie viel Geld zur Verfügung stehen muss, damit ein Kind gut aufwachsen kann. Kinder sollen von ihren Eltern nicht nur in Höhe des Existenzminimums unterstützt werden, also am Rande zur Armut leben müssen. Eine Harmonisierung der ganz andere Lebenssachverhalte regelnden Vorschriften (Verhältnis Staat- Eltern

14

einerseits und Verhältnis Eltern-Kind andererseits) ist nicht anzustreben. Aus Berechnungsvereinfachungsgründen ist es noch hinnehmbar, an die im Einkommenssteuergesetz genannten Beträge anzuknüpfen, da diese- ihre Richtigkeit unterstellt- das Existenzminimum sicherstellen sollen. Da der Gesetzentwurf diesen Weg wählt, wird hinsichtlich der ausreichenden Höhe an diesen Bezugsgrößen des EStG angeknüpft. Der Prozentsatz ergibt sich nach den Ausführungen der Sachverständigen Breithaupt (Sachverständigenstellungnahme S. 4) als Vergleich zwischen Steuerfreibetrag und im Privatrecht herangezogenen Pfändungsfreibeträgen.

Insgesamt ergäbe sich nach geltender Rechtslage ein Betrag von jährlich 5673,60 Euro bzw. 472,80 Euro monatlich als Bezugsgröße.

2. Die Prozentsätze werden jeweils, beginnend in der ersten Altersstufe bei 100 Prozent, wie im Gesetzentwurf vorgesehen, um 13 Prozent für die zweite Altersstufe und um nochmalig 17 Prozent für die dritte Altersstufe angehoben. Der Mindestunterhalt muss bereits in der ersten Altersstufe 100 Prozent des steuerlichen sächlichen Existenzminimums, (Kinderfreibetrag) und dem zusätzlichen Mindesterziehungs- und – ausbildungsbedarf, betragen. Daraus ergeben sich nach derzeitigen Freibeträgen in § 32 Abs.6 Satz 1 EStG folgende Mindestunterhaltsbeträge: 472, 80 Euro für die erste Altersstufe, 534,26 Euro für die zweite Altersstufe und 614,64 Euro für die dritte Altersstufe.

3. Falls der Regelmindestunterhalt nicht ausreichend hoch ist, weil eventuell bestimmte Erkrankungen oder besondere Begabungen oder sonst irgendein begründeter Mehrbedarf besteht, soll der Mindestregelunterhalt am Einzelfall orientiert festgelegt werden können. Dabei ist auch in dieser Ausnahmekonstellation zu beachten, dass die SGB XII-Vorschriften an dem Existenzminimum orientiert sind, was kein tauglicher Maßstab für die Unterhaltsverpflichtung eines Elternteils ist. Ausgehend von diesem Betrag wird ein um 20 Prozent erhöhter Mindestunterhalt festgelegt.

Der Rechtsausschuss lehnte den Änderungsantrag mit den Stimmen der Fraktionen CDU/CSU, SPD, FDP und BÜNDNIS 90/DIE GRÜNEN gegen die Stimmen der Fraktion DIE LINKE. ab.

Die **Fraktion BÜNDNIS 90/DIE GRÜNEN** zeigte sich erfreut über die nach längeren Verhandlungen erzielte Einigung im Bereich des Unterhaltsrechts. Richtig und überfällig sei die Stellung aller Kinder in den ersten Rang der Unterhaltsberechtigten. Die nunmehrige Gleichstellung von Elternteilen hinsichtlich der Betreuung ehelicher und nichtehelicher Kinder entspreche einem Vorschlag ihrer Fraktion, den sie auch in einem ersten, nun aber zurückgezogenen Änderungsantrag formuliert habe. Jedoch halte die Fraktion aus Gründen des Vertrauensschutzes eine Stichtagsregelung für notwendig, da lange Jahre verheiratete Ehepartner sich nicht mehr auf die geänderten Voraussetzungen im Unterhaltsrecht einstellen können. Dies führe zu einer Benachteiligung insbesondere

15

älterer Ehefrauen.

Die Fraktion BÜNDNIS 90/DIE GRÜNEN stellte daher folgenden Änderungsantrag:

Der Bundestag wolle beschließen:

In Artikel 3 wird folgender Absatz 7 angefügt:

(7) In Artikel 229 des Einführungsgesetzes zum Bürgerlichen Gesetzbuche in der Fassung der Bekanntmachung vom 21.September 1994 (BGBl. I S. 2494; 1997 I S. 1061), das zuletzt durch .... geändert worden ist, wird folgender § 16 angefügt:

„§ 16 Übergangsvorschrift zum Gesetz zur Änderung des Unterhaltsrechts vom ... [einsetzen: Datum des Inkrafttretens]. Soweit Unterhaltsansprüche aus vor dem 1.1. 2003 geschlossenen Ehen betroffen wären, sind die durch das Gesetz zur Änderung des Unterhaltsrechts vom ... [einsetzen: Datum des Inkrafttretens] geänderten Vorschriften in der bis dahin geltenden Fassung anzuwenden. Dies gilt nicht im Verhältnis zu Ansprüchen aus § 1615l BGB.

Begründung:
Mit der vorgesehenen Ergänzung der Übergangsregelung soll dem Schutz von „Altehen" Rechnung getragen werden. Bei der Umstellung auf das neue Recht muss ausreichender Vertrauensschutz gewährleistet sein.

Nach dem Regierungsentwurf soll Vertrauensschutz – soweit nicht Ehen betroffen sind, die nach dem bis zum 30. Juni 1977 geltenden Recht geschieden worden sind – gemäß § 35 Nr.1 EGZPO – neu (Art. 3 Abs. 2 des Entwurfs) zwar insofern gewährt werden, als eine Änderung der Unterhaltsberechtigung durch die neue Rechtslage unter Berücksichtigung des Vertrauens in die getroffene Unterhaltsregelung nur bis zur Grenze der Zumutbarkeit hingenommen werden muss. Die Vertrauensschutzklausel gilt allerdings nur für Fälle, in denen zur Zeit des Inkrafttretens des Gesetzes eine rechtskräftige Entscheidung ergangen, ein vollstreckbarer Titel errichtet oder eine Unterhaltsvereinbarung getroffen war. Diese – überdies weiten Auslegungsspielraum lassende – Zumutbarkeitsregelung reicht aber nicht aus, um unbillige Ergebnisse und unnötigen Rechtsstreit hinreichend auszuschließen.

Daher soll ein Teil der Altehen generell von den Neuregelungen ausgenommen werden, bei denen der Gesetzgeber davon ausgehen kann, dass mit hoher Wahrscheinlichkeit überdurchschnittlich viele Menschen – überwiegend Frauen - angehören werden, bei denen das neue Recht zu erheblichen Änderungen in der bisherigen Unterhaltsberechtigung führen würde, auf die sie sich aufgrund der Fortwirkung einer früheren Rollenaufteilung hinsichtlich Haushaltsführung und Kindererziehung nur besonders schwer einstellen könnten.

Gleichwohl soll die Übergangsregelung nicht alle vor Inkrafttreten des Gesetzes geschlossenen Ehen umfassen. Dies würde die positiven Wirkungen des in seiner Gesamtkonzeption zu begrüßenden Gesetzentwurfs zu sehr beschränken und hinauszögern. Die Übergangsregelung war daher maßvoll zu begrenzen. Sie betrifft Unterhaltsansprüche aus Ehen, die bis 5 Jahre vor Inkrafttreten des Gesetzes

16

geschlossen wurden. Für die übrigen Betroffenen bleibt es bei dem im Regierungsentwurf bereits vorgesehenen Korrektiv der Zumutbarkeit.

Darüber hinaus gilt die Übergangsregelung nicht, soweit konkurrierende Ansprüche einer nichtverheirateten Mutter bzw. eines nicht verheirateten Vaters wegen Kinderbetreuung aus § 1615l BGB bestehen. Insoweit kann es keinen Vertrauensschutz geben, weil das Bundesverfassungsgericht eine Ungleichbehandlung von Ansprüchen nichtverheirateter und geschiedener Elternteile wegen Kinderbetreuung für verfassungswidrig erklärt hat (BVerfG,1 BvL 9/04 vom 28.2.2007).

Durch die Übergangsregelung wird auch der Mehraufwand für Gerichte und Jugendämter durch Abänderungsverfahren begrenzt, da eine geringe Anzahl von Unterhaltstiteln angepasst werden muss.

Der Rechtsausschuss lehnte den Änderungsantrag mit den Stimmen der Fraktionen der CDU/CSU, SPD und FDP gegen die Stimmen der Fraktion BÜNDNIS 90/DIE GRÜNEN bei Enthaltung der Stimmen der Fraktion DIE LINKE. ab.

IV. Zur Begründung der Beschlussempfehlung

Im Folgenden werden lediglich die vom Rechtsausschuss beschlossenen Änderungen gegenüber der ursprünglichen Fassung des Gesetzentwurfs erläutert. Soweit der Ausschuss den Gesetzentwurf unverändert angenommen hat, wird auf die jeweilige Begründung auf Drucksache 16/1830, S. 12 ff. verwiesen. Die vom Ausschuss empfohlenen Änderungen des Gesetzentwurfes werden wie folgt begründet:

Zu Nummer 1 Buchstabe a (Änderung von Artikel 1 Nr. 4 - § 1570 BGB)

Die Änderung trägt der Entscheidung des Bundesverfassungsgerichts vom 28. Februar 2007 Rechnung (Az. 1 BvL 9/04; u.a. FamRZ 2007, 965 = NJW 2007, 1735). In ihr wurde die Verfassungswidrigkeit der derzeit noch unterschiedlichen Dauer von Unterhaltsansprüchen für die Betreuung ehelicher und nichtehelicher Kinder festgestellt. Die Dauer des Unterhaltsanspruchs wegen der Betreuung des Kindes richtet sich künftig nach denselben Grundsätzen und ist gleich lang ausgestaltet.

Darüber hinaus sieht der neu eingefügte Absatz 2 eine besondere Verlängerungsmöglichkeit vor. Diese besteht unabhängig vom Wohl des Kindes, das bei der Bestimmung der Dauer des Unterhaltsanspruchs wegen der Betreuung eines Kindes

17

nach Absatz 1 maßgeblich ist. Sie rechtfertigt sich vielmehr aus der nachehelichen Solidarität. Entscheidend dafür sind die tatsächliche Gestaltung der Kinderbetreuung und der Erwerbstätigkeit durch die Ehegatten sowie die Dauer der Ehe, die im Einzelfall eine Verlängerung rechtfertigen können. Mit diesem Anspruch, der sich gleich einem Annexanspruch an den Betreuungsunterhalt gemäß Absatz 1 anschließen kann, wird der besondere Schutz der Ehe zum Ausdruck gebracht, wie ihn auch das Bundesverfassungsgericht in seinem Beschluss vom 28. Februar 2007 anerkennt (BVerfG, FamRZ 2007, 965 [970 Rn. 58]).

Mit § 1570 Abs. 1 in seiner neuen Fassung wird der Betreuungsunterhaltsanspruch geschiedener Ehegatten neu strukturiert. Der betreuende Elternteil hat künftig Anspruch auf einen zeitlichen „Basisunterhalt"; dieser Anspruch wird über eine Dauer von mindestens drei Jahren nach der Geburt des Kindes gewährt (§ 1570 Abs. 1 Satz 1). In den ersten drei Lebensjahren des Kindes hat der geschiedene Ehegatte – ebenso wie der nicht verheiratete Elternteil – im Falle der Bedürftigkeit stets einen Anspruch auf Betreuungsunterhalt. Die betreuende Mutter oder der betreuende Vater können sich also auch dann, wenn eine Versorgung durch Dritte möglich wäre, frei dafür entscheiden, das Kind selbst zu betreuen. Die Drei-Jahres-Frist ist im Regelfall mit dem Kindeswohl vereinbar (vgl. Puls, FamRZ 1998, 865 [870f.]; BVerfG, FamRZ 2007, 965 [972f. Rn. 73, 77]). Mit ihr wird, genauso wie dies bereits beim geltenden § 1615l Abs. 2 Satz 3 BGB der Fall ist, an zahlreiche sozialstaatliche Leistungen und Regelungen angeknüpft, insbesondere also an den Anspruch des Kindes auf einen Kindergartenplatz (§ 24 Abs. 1 Achtes Buch Sozialgesetzbuch – Kinder- und Jugendhilfe).

Der zeitliche „Basisunterhalt" ist aber nach § 1570 Abs. 1 Sätze 2 und 3 zu verlängern, soweit und solange dies der Billigkeit entspricht. Maßstab für eine Verlängerung sind in erster Linie kindbezogene Gründe. Dies wird dadurch zum Ausdruck gebracht, dass in Satz 3 ausdrücklich die Belange des Kindes genannt werden. Die „Belange des Kindes" sind immer dann berührt, wenn das Kind in besonderem Maße betreuungsbedürftig ist. Insoweit ist eine Orientierung an der bisherigen Rechtsprechung zu den „kindbezogenen Belangen" bei § 1615l Abs. 2 Satz 2 BGB möglich (vgl. AnwK-BGB Familienrecht/Schilling [2005], § 1615l Rn. 11f.)

18

Damit findet der Gedanke, dass die zu berücksichtigenden Möglichkeiten der Kinderbetreuung mit dem Kindeswohl vereinbar sein müssen (vgl. Bundestagsdrucksache 16/1830, S. 17), nunmehr auch Eingang in den Wortlaut der neuen Bestimmung. Auf diese Weise wird ausdrücklich klargestellt, dass der betreuende Elternteil sich nur dann auf eine Fremdbetreuungsmöglichkeit verweisen lassen muss, wenn dies mit den Kindesbelangen vereinbar ist. Damit wird die „Leitidee" der gesamten Vorschrift noch klarer gemacht, nach der der Betreuungsunterhalt vor allen Dingen im Interesse des Kindes gewährt wird. Die Belange des Kindes können beispielsweise dann einer Fremdbetreuung entgegenstehen, wenn das Kind unter der Trennung besonders leidet und daher der persönlichen Betreuung durch einen Elternteil bedarf.

Die im Einzelfall zu bestimmende Billigkeit richtet sich im Übrigen auch nach dem allgemeinen und in § 1569 BGB künftig für den nachehelichen Unterhalt ausdrücklich verankerten Prinzip der Eigenverantwortung des Unterhaltsbedürftigen. Ihm werden allerdings durch die Umstände Grenzen gesetzt, die den jeweiligen Unterhaltstatbestand tragen. In besonderer Weise gilt dies dort, wo es um das Kindeswohl geht. Soweit es das Kindeswohl erfordert, hat das Prinzip der Eigenverantwortung zurückzustehen. Mit der Feststellung, dass die Verlängerung des Unterhalts der Billigkeit entspricht, steht also zugleich fest, dass eine Erwerbstätigkeit nicht erwartet werden kann. Einer besonderen Erwähnung dieses bisher in § 1570 BGB enthaltenen Prüfungsmaßstabs bedarf es daher nicht mehr. Eine materielle Änderung ist damit nicht verbunden.

Das Gesetz enthält keine ausdrückliche Vorgabe zu der Frage, in welchem Umfang der betreuende Elternteil bei einer bestehenden Betreuungsmöglichkeit auf eine eigene Erwerbstätigkeit und damit auf seine Eigenverantwortung (§§ 1569, 1574 Abs. 1 BGB-Entwurf) verwiesen werden kann. Mit den Worten „soweit und solange" wird jedoch deutlich gemacht, dass es auch hier auf die Verhältnisse des Einzelfalls ankommt. In dem Maße, in dem eine kindgerechte Betreuungsmöglichkeit besteht, kann von dem betreuenden Elternteil eine Erwerbstätigkeit erwartet werden. Ist also zunächst nur eine Teilzeittätigkeit möglich, ist daneben – je nach Bedürftigkeit – auch weiterhin Betreuungsunterhalt zu zahlen. Die Neuregelung verlangt also keineswegs einen abrupten, übergangslosen Wechsel von der elterlichen Betreuung zu Vollzeiterwerbstätigkeit. Im Interesse des Kindeswohls wird vielmehr auch künftig ein

19

gestufter, an den Kriterien von § 1570 Abs. 1 BGB-Entwurf orientierter Übergang möglich sein.

Die mit § 1570 Abs. 2 geschaffene Möglichkeit, die Dauer des Unterhaltsanspruchs darüber hinaus zu verlängern, berücksichtigt die bei geschiedenen Eltern im Einzelfall aus Gründen der nachehelichen Solidarität gerechtfertigte weitere Verlängerung des Unterhaltsanspruchs. Damit wird eine Erwägung des Bundesverfassungsgerichts in seinem Beschluss vom 28. Februar 2007 aufgegriffen (Az. 1 BvL 9/04; u.a. FamRZ 2007, 965 = NJW 2007, 1735 [Rn. 58]). Das Bundesverfassungsgericht führt aus, es sei dem Gesetzgeber unbenommen, einen geschiedenen Elternteil „wegen des Schutzes, den die eheliche Verbindung durch Art. 6 Abs. 1 GG erfährt, (...) unterhaltsrechtlich besser zu stellen als einen unverheirateten Elternteil, was sich mittelbar auch auf die Lebenssituation der mit diesen Elternteilen zusammenlebenden Kindern auswirken kann (...)".

Jenseits des Betreuungsunterhalts, der im Interesse des Kindeswohls wegen seiner Betreuung geschuldet wird, sieht § 1570 Abs. 2 entsprechend eine Möglichkeit vor, den Betreuungsunterhalt im Einzelfall zusätzlich aus Gründen zu verlängern, die ihre Rechtfertigung allein in der Ehe finden. Maßgeblich ist dabei das in der Ehe gewachsene Vertrauen in die vereinbarte und praktizierte Rollenverteilung und die gemeinsame Ausgestaltung der Kinderbetreuung. Die konkreten ehelichen Lebensverhältnisse und die nachwirkende eheliche Solidarität finden hier ihren Niederschlag und können eine Verlängerung des Betreuungsunterhaltsanspruchs über § 1570 Abs. 1 hinaus rechtfertigen. So kann etwa einem geschiedenen Ehegatten, der im Interesse der Kindererziehung seine Erwerbstätigkeit dauerhaft aufgegeben oder zurückgestellt hat, ein längerer Anspruch auf Betreuungsunterhalt eingeräumt werden als einem Ehegatten, der von vornherein alsbald wieder in den Beruf zurückkehren wollte. Entsprechend handelt es sich bei dem Anspruch nach § 1570 Abs. 2 nicht um einen selbständigen Unterhaltstatbestand, sondern um eine ehespezifische Ausprägung des Betreuungsunterhaltsanspruchs und ist damit eine Art „Annexanspruch" zum Anspruch nach § 1570 Abs. 1. Die Regelungstechnik lehnt sich im Übrigen an diejenige des § 1578b BGB-Entwurf an (vgl. Bundestagsdrucksache 16/1830, S. 19): Ist die ehebedingte „Billigkeit" einer Verlängerung festgestellt, verlängert sich der Unterhaltsanspruch ohne weiteres.

20

Zu Nummer 1 Buchstabe b (Änderung von Artikel 1 Nr. 13 - § 1585c BGB)

Mit der Änderung wird ein weiterer, dritter Satz angefügt, so dass die neue Vorschrift insgesamt drei Sätze umfasst.

Durch die Anfügung des dritten Satzes soll – parallel zu § 1378 Abs. 3 Satz 2 BGB beim Zugewinnausgleich und zu § 1587o Abs. 2 Satz 1, 2 BGB beim Versorgungsausgleich – sichergestellt werden, dass außer einem Prozessvergleich von den Parteien auch eine formwirksame Vereinbarung über den nachehelichen Unterhalt in einem Verfahren in Ehesachen im Wege der Protokollierung durch das Prozessgericht abgeschlossen werden kann. Damit soll Rechtssicherheit geschaffen werden für den in der forensischen Praxis nicht seltenen Fall, in dem die Ehegatten in einer Ehesache das Gericht um Protokollierung einer zuvor getroffenen Einigung, beispielsweise eines Unterhaltsverzichts, ersuchen, ohne dass eine Unterhaltssache anhängig ist oder dass Streit oder Ungewissheit über den Unterhalt durch gegenseitiges Nachgeben ausgeräumt wird.

Klarstellend ist darauf hinzuweisen, dass die mit dem neuen § 1585c Satz 2 BGB erfolgende Einführung eines Formerfordernisses die Wirksamkeit bestehender Vereinbarungen über den nachehelichen Unterhalt, die von den Ehegatten in der Vergangenheit formfrei geschlossen werden konnten, unberührt lässt. Vor dem Inkrafttreten dieses Gesetzes formfrei geschlossene Unterhaltsvereinbarungen werden nicht ungültig. Die neue Formvorschrift findet vielmehr nur auf Rechtsgeschäfte Anwendung, die nach Inkrafttreten der Vorschrift vollendet werden.

Zu Nummer 1 Buchstabe c (Änderung von Artikel 1 Nr. 16 - § 1609 BGB)

Mit der Einfügung eines weiteren Halbsatzes in § 1609 Satz 2 Nummer 2 wird der Begriff der „Ehe von langer Dauer" näher erläutert. Damit wird einem in der Anhörung des Rechtsausschusses am 16. Oktober 2006 geäußerten Wunsch Rechnung getragen und nicht nur in der Einzelbegründung (vgl. Bundestagsdrucksache 16/1830, S. 24), sondern auch im Wortlaut der Bestimmung klargestellt, dass für die Auslegung des Begriffs nicht

21

nur auf die absolute zeitliche Dauer der Ehe abzustellen ist. Vielmehr sind weitere Gesichtspunkte wertend heranzuziehen, namentlich die in § 1578b Abs. 1 BGB-Entwurf aufgeführten Kriterien. Die Gewährung des Unterhaltsvorrangs wegen langer Ehedauer beruht insbesondere auf dem Gedanken, das Vertrauen desjenigen Ehegatten zu schützen, der sich unter Verzicht auf die eigene berufliche Entwicklung in der Ehe überwiegend der Pflege und Erziehung der gemeinsamen Kinder oder der Führung des Haushalts dauerhaft gewidmet hat. Ehegatten, die sich für ein solches „traditionelles" Ehemodell entschieden haben, wird damit mehr Schutz vermittelt. Es wird deutlich, dass aus der Eheführung resultierende Nachteile, für den eigenen Unterhalt nicht ausreichend sorgen zu können, sich über das Merkmal der Dauer der Ehe auf die unterhaltsrechtliche Rangordnung auswirken können. Insgesamt wird damit der Vertrauensschutz noch einmal unterstrichen.

Darüber hinaus wird durch die Einfügung der Worte „und geschiedener Ehegatten" in § 1609 Satz 2 Nummer 2 des Entwurfs klargestellt, dass nicht nur der Unterhaltsanspruch in einer bestehenden Ehe von langer Dauer, sondern auch der Unterhaltsanspruch nach einer Ehe von langer Dauer im zweiten Rang steht.

Im zweiten Rang werden danach berücksichtigt: Elternteile, die wegen der Betreuung eines Kindes unterhaltsberechtigt sind. Das sind geschiedene Eltern nach § 1570 BGB und nicht verheiratete Eltern nach § 1615l BGB. Des Weiteren sind dies verheiratete Elternteile die, unterstellt sie wären geschieden, wegen der Betreuung eines Kindes unterhaltsberechtigt wären. Schließlich finden sich im zweiten Rang alle Unterhaltsansprüche Verheirateter und Geschiedener, wenn die dem Anspruch zugrunde liegende Ehe als eine Ehe von langer Dauer anzusehen ist.

Zu Nummer 1 Buchstabe d (Änderung von Artikel 1 Nr. 18c - § 1612a Abs. 3 BGB)

Es handelt sich um eine Änderung mit lediglich klarstellendem Charakter: Ein Kind, das im Verlauf eines Monats das Lebensjahr einer höheren Altersstufe vollendet, kann ab Beginn des betreffenden Monats nicht nur den Mindestunterhalt, sondern seinen vollen Unterhalt nach der höheren Altersstufe verlangen.

22

Zu Nummer 1 Buchstabe e (Änderung von Artikel 1 Nr. 20 - § 1615l BGB)

Die Änderung trägt – wie in § 1570 Abs. 1 – der Entscheidung des Bundesverfassungsgerichts vom 28. Februar 2007 Rechnung (Az. 1 BvL 9/04; u.a. FamRZ 2007, 965 = NJW 2007, 1735). Die Dauer des Anspruchs wegen der Betreuung des Kindes richtet sich beim nichtehelichen Kind künftig nach denselben Grundsätzen wie beim ehelichen Kind und ist gleich lang ausgestaltet.

Für die ersten drei Lebensjahre des Kindes wird klargestellt, dass der nicht verheiratete Elternteil – ebenso wie der geschiedene – im Falle der Bedürftigkeit stets einen Unterhaltsanspruch hat. Ausnahmslos wird in dieser Zeit unterhaltsrechtlich keinem Elternteil eine Erwerbstätigkeit zugemutet (§ 1615l Abs. 2 Satz 3).

Für die Zeit nach Vollendung des dritten Lebensjahres wird der Unterhaltsanspruch des nicht verheirateten Elternteils nach Billigkeit verlängert (§ 1615l Abs. 2 Satz 4). Bei der Billigkeitsentscheidung kommt den Belangen des Kindes – wie im Rahmen des nachehelichen Betreuungsunterhalts – entscheidende Bedeutung zu, in deren Licht auch die bestehenden Möglichkeiten der Kinderbetreuung zu berücksichtigen sind. Wesentlich ist, dem nichtehelichen Kind Lebensverhältnisse zu sichern, die seine Entwicklung fördern und dem Gleichstellungsauftrag aus Artikel 6 Abs. 5 GG Rechnung tragen.

Neben den kindbezogenen Gründen können im Einzelfall zusätzlich auch andere Gründe, namentlich elternbezogene Gründe, berücksichtigt werden. Das wird durch das Wort „insbesondere" klargestellt. Die in der Rechtspraxis bewährte Differenzierung nach kind- und elternbezogenen Umständen (vgl. AnwK-BGB Familienrecht/Schilling [2005], § 1615l Rn. 12f.) kann damit fortgeführt und im Lichte des Beschlusses des Bundesverfassungsgerichts vom 28. Februar 2007 (Az. 1 BvL 9/04; u.a. FamRZ 2007, 965 = NJW 2007, 1735) weiter entwickelt werden. Gewichtige elternbezogene Gründe für einen längeren Unterhaltsanspruch liegen beispielsweise vor, wenn die Eltern in einer dauerhaften Lebensgemeinschaft mit einem gemeinsamen Kinderwunsch gelebt und sich hierauf eingestellt haben (vgl. BGHZ 168, 245 = FamRZ 2006, 1362). So ist es etwa von Bedeutung, wenn ein Elternteil zum Zweck der Kindesbetreuung einvernehmlich seine Erwerbstätigkeit aufgegeben hat, oder wenn ein Elternteil mehrere gemeinsame Kinder

23

betreut. Auch die Dauer der Lebensgemeinschaft kann ein Gradmesser für gegenseitiges Vertrauen und Füreinander-Einstehen-Wollen sein.

Zu Nummer 2 Buchstabe a (Einfügung einer neuen Nummer in § [35] EGZPO)

Mit der Einfügung einer neuen, weiteren Nummer in die Übergangsvorschrift soll ein schonender Übergang vom bisherigen System der Regelbeträge nach der Regelbetrag-Verordnung zu der neuen Bezugsgröße des Mindestunterhalts nach § 1612a BGB-Entwurf ermöglicht werden. Die neue Bestimmung stellt sicher, dass die für die konkrete Unterhaltsberechnung maßgebliche Bezugsgröße und damit das heute geltende Unterhaltsniveau in keinem Fall absinken. Zugleich sichert die neue Übergangsregelung, dass die gewünschte Harmonisierung mit dem Steuerrecht erreicht wird.

Zu diesem Zweck werden die heute geltenden Regelbeträge nach § 1 der Regelbetrag-Verordnung vom 6. April 1998 (BGBl. I S. 666, 668) in das System der künftigen Unterhaltsberechnung übertragen und als Mindestunterhalt solange festgeschrieben, bis der jeweilige Mindestunterhalt nach § 1612a BGB-Entwurf diesen Betrag übersteigt. Mit der Anknüpfung an die Regelbeträge nach § 1 Regelbetrag-Verordnung wird daran festgehalten, dass die bisherige Differenzierung in der Unterhaltshöhe zwischen Ost- und Westdeutschland (vgl. Bundestagsdrucksache 16/1830, S. 14) aufgegeben wird. Entsprechend erhöht sich die in Ostdeutschland maßgebliche Bezugsgröße. Die in den einzelnen Altersstufen festgeschriebenen Beträge ergeben sich aus § 1 der Fünften Verordnung zur Änderung der Regelbetrag-Verordnung vom 5. Juni 2007 (BGBl. I S. 1044), erhöht um das hälftige Kindergeld (77 Euro). Mit der Hinzurechnung des hälftigen Kindergeldes wird der Neuregelung der Kindergeldverrechnung in § 1612b Abs. 1 Nr. 1 BGB-Entwurf Rechnung getragen.

Zu Nummer 2 Buchstabe b (Änderung von Artikel 3 Abs. 3 Nr. 1 - § 645 Abs. 1 ZPO)

24

Es handelt sich um die Korrektur eines Redaktionsversehens. Das 1,2fache des Mindestunterhalts, der höchstmögliche im vereinfachten Verfahren geltend zu machende Unterhaltsbetrag, errechnet sich vor Berücksichtigung der Leistungen nach den §§ 1612b und 1612c BGB.

Zu Nummer 3 (Änderung von Artikel 4 - Inkrafttreten, Außerkrafttreten)

Ein Inkrafttreten der Unterhaltsrechtsreform zum Jahresbeginn ermöglicht einen Gleichlauf des „Unterhaltsjahres" mit dem „Steuer-" und dem Kalenderjahr.

25

Berlin, den 7. November 2007

Ute Granold   **Christine Lambrecht**   **Joachim Stünker**

Berichterstatterin   Berichterstatterin   Berichterstatter

Sabine Leutheusser-   **Jörn Wunderlich**   **Irmingard Schewe-Gerigk**
Schnarrenberger
Berichterstatterin   Berichterstatter   Berichterstatterin

C. Regierungsentwurf

Deutscher Bundestag
16. Wahlperiode

Drucksache 16/1830   581

15. 06. 2006

Gesetzentwurf

der Bundesregierung

Entwurf eines Gesetzes zur Änderung des Unterhaltsrechts

A. Problem und Ziel

Das Unterhaltsrecht soll an die geänderten gesellschaftlichen Verhältnisse und den eingetretenen Wertewandel angepasst werden: Die heutigen gesellschaftlichen Verhältnisse sind gekennzeichnet durch steigende Scheidungszahlen, die vermehrte Gründung von „Zweitfamilien" mit Kindern nach Scheidung einer ersten Ehe und eine zunehmende Zahl von Kindern, deren Eltern in einer nichtehelichen Lebensgemeinschaft leben oder die alleinerziehend sind. Auch die geänderte Rollenverteilung innerhalb der Ehe, bei der immer häufiger beide Partner – auch mit Kindern – berufstätig bleiben oder nach einer erziehungsbedingten Unterbrechung ihre Erwerbstätigkeit wieder aufnehmen, erfordern Anpassungen im Unterhaltsrecht. Der Entwurf verfolgt vor diesem Hintergrund drei Ziele: Die Stärkung des Kindeswohls, die Betonung des Grundsatzes der Eigenverantwortung nach der Ehe und die Vereinfachung des Unterhaltsrechts.

B. Lösung

Um diese Ziele zu erreichen, sieht der Entwurf Folgendes vor:

– Die Stärkung des Kindeswohls wird vor allem durch eine Änderung der unterhaltsrechtlichen Rangfolge erreicht. Den Unterhaltsansprüchen von minderjährigen unverheirateten Kindern und von volljährigen unverheirateten Kindern, die noch nicht das 21. Lebensjahr vollendet haben, im Haushalt der Eltern oder eines Elternteils leben und sich noch in der allgemeinen Schulausbildung befinden, wird Vorrang vor allen anderen Unterhaltsansprüchen eingeräumt. Damit soll auch die Zahl minderjähriger Sozialhilfeempfänger reduziert werden. Gleichfalls unter dem Aspekt des Kindeswohls stehen alle diejenigen Personen im zweiten Rang gleichberechtigt nebeneinander, die ein Kind betreuen und deshalb unterhaltsbedürftig sind. Um den Schutz der Ehe zu gewährleisten, befindet sich der Ehegatte auch mit seinen sonstigen Unterhaltsansprüchen im zweiten Rang, wenn die Ehe von langer Dauer ist oder war.

– Der Stärkung des Kindeswohls dient auch die Ausweitung des Anspruchs eines nichtverheirateten Elternteils auf Betreuungsunterhalt. Die hohen Anforderungen, um über das Ende des dritten Lebensjahrs des Kindes hinaus Betreuungsunterhalt geltend machen zu können, werden abgesenkt.

– Der Mindestunterhalt minderjähriger Kinder wird in Anlehnung an den steuerlichen Freibetrag für das sächliche Existenzminimum eines Kindes (Kinderfreibetrag) gesetzlich definiert. Dies führt zu mehr Normenklarheit

273

und zu einer weitgehenden Harmonisierung von Unterhalts-, Steuer- und Sozialrecht bei der Bestimmung des Mindestbedarfs von Kindern.

– Die Eigenverantwortung geschiedener Ehegatten für den eigenen Unterhalt wird gestärkt durch die Neufassung des Grundsatzes der Eigenverantwortung, die Ausgestaltung der Erwerbstätigkeit als Obliegenheit und die Schaffung einer neuen, alle Unterhaltstatbestände erfassenden Möglichkeit, Unterhaltsansprüche in Bezug auf die Höhe oder den Unterhaltszeitraum zu beschränken. Zugleich werden die Anforderungen an die Wiederaufnahme einer Erwerbstätigkeit nach der Scheidung verschärft. Bei den Änderungen werden die Belange der Kinder, die noch der Betreuung bedürfen, berücksichtigt.

– Das Unterhaltsrecht wird vereinfacht durch die gesetzliche Definition des Mindestunterhalts minderjähriger Kinder, die Neuregelung der Kindergeldverrechnung, die Aufhebung der Regelbetrag-Verordnung, die Konzentration der Vorschriften zur Begrenzung des nachehelichen Unterhalts auf eine Norm, eine klare Regelung der unterhaltsrechtlichen Rangfolge sowie durch eine ausdrückliche Regelung, dass nachehelicher Unterhalt beschränkt oder versagt werden kann, wenn der Berechtigte mit einem neuen Partner in einer verfestigten Lebensgemeinschaft lebt. Diese Vereinfachung führt zu einer Entlastung von Familiengerichten und Jugendbehörden (Unterhaltsbeiständen) insbesondere bei der Mangelfallberechnung.

– Die Übergangsvorschriften gewährleisten in Altfällen eine behutsame, dem Einzelfall gerecht werdende Anpassung an das neue Recht.

C. Alternativen

Keine

D. Finanzielle Auswirkungen auf die öffentlichen Haushalte

1. Haushaltsausgaben ohne Vollzugsaufwand

Die Auswirkungen auf die öffentlichen Haushalte lassen sich nicht quantifizieren. Im Bereich der Justizhaushalte der Länder ist eine Kosteneinsparung zu erwarten, da durch die Vereinfachung des Unterhaltsrechts mit einer deutlichen Entlastung der Familiengerichte zu rechnen ist. Die Auswirkungen der Reform auf staatliche Sozialleistungen werden sich voraussichtlich gegenseitig neutralisieren: Mit der Einführung des Vorrangs von Kindesunterhaltsansprüchen vor allen anderen Unterhaltsansprüchen und durch die Definition des Mindestunterhalts wird der Bedarf minderjähriger Kinder in wesentlich mehr Fällen als heute durch Unterhaltsleistungen gedeckt werden können, so dass diese Kinder keine ergänzenden staatlichen Leistungen mehr benötigen. Die entsprechende Haushaltsentlastung wird voraussichtlich aber wieder kompensiert durch einen höheren Bedarf an staatlichen Sozialleistungen für die in den zweiten Rang verwiesenen kinderbetreuenden Elternteile.

2. Vollzugsaufwand

Keiner

E. Sonstige Kosten

In Bezug auf den nachehelichen Unterhalt wird es beim Unterhaltspflichtigen mit der Stärkung der nachehelichen Eigenverantwortung und den erweiterten Möglichkeiten, nacheheliche Unterhaltsansprüche herabzusetzen oder zeitlich zu begrenzen, im Einzelfall zu einer Entlastung kommen. Beim Kindesunterhalt kann es – entsprechend den individuellen Gegebenheiten – zu leichten Verschiebungen kommen. Grund hierfür sind die Anpassung des Mindestunterhalts an den bundeseinheitlich geltenden steuerlichen Freibetrag für das sächliche Existenzminimum eines Kindes und der Verzicht auf die bisherige Differenzierung danach, ob das unterhaltsberechtigte Kind in Ost- oder in Westdeutschland lebt.

Auswirkungen auf das Preisniveau und auf Einzelpreise sowie Kosten für die Wirtschaft sind nicht ersichtlich.

Deutscher Bundestag – 16. Wahlperiode   – 5 –   **Drucksache 16/1830**

BUNDESREPUBLIK DEUTSCHLAND
DIE BUNDESKANZLERIN

Berlin, /5. Juni 2006

An den
Präsidenten des
Deutschen Bundestages
Herrn Dr. Norbert Lammert
Platz der Republik 1
11011 Berlin

Sehr geehrter Herr Präsident,

hiermit übersende ich den von der Bundesregierung beschlossenen

    Entwurf eines Gesetzes zur Änderung des Unterhaltsrechts

mit Begründung und Vorblatt (Anlage 1).

Ich bitte, die Beschlussfassung des Deutschen Bundestages herbeizuführen.

Federführend ist das Bundesministerium der Justiz.

Der Bundesrat hat in seiner 822. Sitzung am 19. Mai 2006 gemäß Artikel 76 Absatz 2 des Grundgesetzes beschlossen, zu dem Gesetzentwurf wie aus Anlage 2 ersichtlich Stellung zu nehmen.

Die Auffassung der Bundesregierung zu der Stellungnahme des Bundesrates ist in der als Anlage 3 beigefügten Gegenäußerung dargelegt.

Mit freundlichen Grüßen

Anlage 1

Entwurf eines Gesetzes zur Änderung des Unterhaltsrechts

Der Bundestag hat das folgende Gesetz beschlossen:

Artikel 1
Änderung des Bürgerlichen Gesetzbuchs

Das Bürgerliche Gesetzbuch in der Fassung der Bekanntmachung vom 2. Januar 2002 (BGBl. I S. 42, 2909, 2003 I S. 738), zuletzt geändert durch …, wird wie folgt geändert:

1. Die Inhaltsübersicht wird wie folgt geändert:

   a) Die Angabe zu § 1569 wird wie folgt gefasst:

   „§ 1569
   Grundsatz der Eigenverantwortung".

   b) Nach der Angabe zu § 1578a wird folgende Angabe eingefügt:

   „§ 1578b
   Herabsetzung und zeitliche Begrenzung des Unterhalts wegen Unbilligkeit".

   c) Die Angabe zu § 1579 wird wie folgt gefasst:

   „§ 1579
   Beschränkung oder Versagung des Unterhalts wegen grober Unbilligkeit".

   d) Die Angabe zu § 1582 wird wie folgt gefasst:

   „§ 1582
   Rang des geschiedenen Ehegatten bei mehreren Unterhaltsberechtigten".

   e) Die Angabe zu § 1609 wird wie folgt gefasst:

   „§ 1609
   Rangfolge mehrerer Unterhaltsberechtigter".

   f) Die Angabe zu § 1612a wird wie folgt gefasst:

   „§ 1612a
   Mindestunterhalt minderjähriger Kinder".

   g) Die Angabe zu § 1612b wird wie folgt gefasst:

   „§ 1612b
   Deckung des Barbedarfs durch Kindergeld".

2. In § 1361 Abs. 3 werden die Wörter „§ 1579 Nr. 2 bis 7 über die Herabsetzung des Unterhaltsanspruchs aus Billigkeitsgründen" durch die Wörter „§ 1579 Nr. 2 bis 8 über die Beschränkung oder Versagung des Unterhalts wegen grober Unbilligkeit" ersetzt.

3. § 1569 wird wie folgt gefasst:

   „§ 1569
   Grundsatz der Eigenverantwortung

   Nach der Scheidung obliegt es jedem Ehegatten, selbst für seinen Unterhalt zu sorgen. Ist er dazu außerstande, hat er gegen den anderen Ehegatten einen Anspruch auf Unterhalt nur nach den folgenden Vorschriften."

4. Dem § 1570 wird folgender Satz angefügt:

   „Dabei sind auch die bestehenden Möglichkeiten der Kinderbetreuung zu berücksichtigen."

5. § 1573 Abs. 5 wird aufgehoben.

6. § 1574 Abs. 1 und 2 wird wie folgt gefasst:

   „(1) Dem geschiedenen Ehegatten obliegt es, eine angemessene Erwerbstätigkeit auszuüben.

   (2) Angemessen ist eine Erwerbstätigkeit, die der Ausbildung, den Fähigkeiten, einer früheren Erwerbstätigkeit, dem Lebensalter und dem Gesundheitszustand des geschiedenen Ehegatten entspricht, soweit eine solche Tätigkeit nicht nach den ehelichen Lebensverhältnissen unbillig wäre. Bei den ehelichen Lebensverhältnissen sind insbesondere die Dauer der Ehe sowie die Dauer der Pflege oder Erziehung eines gemeinschaftlichen Kindes zu berücksichtigen."

7. In § 1577 Abs. 2 Satz 1 wird die Angabe „(§ 1578)" durch die Angabe „(§§ 1578 und 1578b)" ersetzt.

8. § 1578 Abs. 1 wird wie folgt gefasst:

   „(1) Das Maß des Unterhalts bestimmt sich nach den ehelichen Lebensverhältnissen. Der Unterhalt umfasst den gesamten Lebensbedarf."

9. Nach § 1578a wird folgender § 1578b eingefügt:

   „§ 1578b
   Herabsetzung und zeitliche Begrenzung des Unterhalts wegen Unbilligkeit

   (1) Der Unterhaltsanspruch des geschiedenen Ehegatten ist auf den angemessenen Lebensbedarf herabzusetzen, wenn eine an den ehelichen Lebensverhältnissen orientierte Bemessung des Unterhaltsanspruchs auch unter Wahrung der Belange eines dem Berechtigten zur Pflege oder Erziehung anvertrauten gemeinschaftlichen Kindes unbillig wäre. Dabei ist insbesondere zu berücksichtigen, inwieweit durch die Ehe Nachteile im Hinblick auf die Möglichkeit eingetreten sind, für den eigenen Unterhalt zu sorgen. Solche Nachteile können sich vor allem aus der Dauer der Pflege oder Erziehung eines gemeinschaftlichen Kindes, aus der Gestaltung von Haushaltsführung und Erwerbstätigkeit während der Ehe sowie aus der Dauer der Ehe ergeben.

   (2) Der Unterhaltsanspruch des geschiedenen Ehegatten ist zeitlich zu begrenzen, wenn ein zeitlich unbegrenzter Unterhaltsanspruch auch unter Wahrung der Belange eines dem Berechtigten zur Pflege oder Erziehung anvertrauten gemeinschaftlichen Kindes unbillig wäre. Absatz 1 Satz 2 und 3 gilt entsprechend.

   (3) Herabsetzung und zeitliche Begrenzung des Unterhaltsanspruchs können miteinander verbunden werden."

10. § 1579 wird wie folgt geändert:

a) Die Überschrift wird wie folgt gefasst:

„§ 1579
Beschränkung oder Versagung des Unterhalts
wegen grober Unbilligkeit".

b) Nummer 1 zweiter Halbsatz wird wie folgt gefasst:

„dabei ist die Zeit zu berücksichtigen, in welcher der Berechtigte wegen der Pflege oder Erziehung eines gemeinschaftlichen Kindes nach § 1570 Unterhalt verlangen kann,".

c) Nach Nummer 1 wird folgende Nummer 2 eingefügt:

„2. der Berechtigte in einer verfestigten Lebensgemeinschaft lebt,".

d) Die bisherigen Nummern 2 bis 7 werden die Nummern 3 bis 8.

e) In der Nummer 8 wird die Angabe „6" durch die Angabe „7" ersetzt.

11. § 1582 wird wie folgt gefasst:

„§ 1582
Rang des geschiedenen Ehegatten bei mehreren
Unterhaltsberechtigten

Sind mehrere Unterhaltsberechtigte vorhanden, richtet sich der Rang des geschiedenen Ehegatten nach § 1609."

12. § 1585b Abs. 2 wird wie folgt gefasst:

„(2) Im Übrigen kann der Berechtigte für die Vergangenheit Erfüllung oder Schadensersatz wegen Nichterfüllung nur entsprechend § 1613 Abs. 1 fordern."

13. Dem § 1585c wird folgender Satz angefügt:

„Eine Vereinbarung, die vor der Rechtskraft der Scheidung getroffen wird, bedarf der notariellen Beurkundung."

14. § 1586a Abs. 1 Satz 2 wird aufgehoben.

15. § 1604 wird wie folgt gefasst:

„§ 1604
Einfluss des Güterstands

Lebt der Unterhaltspflichtige in Gütergemeinschaft, bestimmt sich seine Unterhaltspflicht Verwandten gegenüber so, als ob das Gesamtgut ihm gehörte. Haben beide in Gütergemeinschaft lebende Personen bedürftige Verwandte, ist der Unterhalt aus dem Gesamtgut so zu gewähren, als ob die Bedürftigen zu beiden Unterhaltspflichtigen in dem Verwandtschaftsverhältnis stünden, auf dem die Unterhaltspflicht des Verpflichteten beruht."

16. § 1609 wird wie folgt gefasst:

„§ 1609
Rangfolge mehrerer Unterhaltsberechtigter

Sind mehrere Unterhaltsberechtigte vorhanden und ist der Unterhaltspflichtige außerstande, allen Unterhalt zu gewähren, gilt folgende Rangfolge:

1. minderjährige unverheiratete Kinder und Kinder im Sinne des § 1603 Abs. 2 Satz 2,

2. Elternteile, die wegen der Betreuung eines Kindes unterhaltsberechtigt sind oder im Fall einer Scheidung wären, sowie Ehegatten bei einer Ehe von langer Dauer,

3. Ehegatten, die nicht unter Nummer 2 fallen,

4. Kinder, die nicht unter Nummer 1 fallen,

5. Enkelkinder und weitere Abkömmlinge,

6. Eltern,

7. weitere Verwandte der aufsteigenden Linie; unter ihnen gehen die Näheren den Entfernteren vor."

17. § 1612 Abs. 2 wird wie folgt gefasst:

„(2) Haben Eltern einem unverheirateten Kind Unterhalt zu gewähren, können sie bestimmen, in welcher Art und für welche Zeit im Voraus der Unterhalt gewährt werden soll, sofern auf die Belange des Kindes die gebotene Rücksicht genommen wird. Ist das Kind minderjährig, kann ein Elternteil, dem die Sorge für die Person des Kindes nicht zusteht, eine Bestimmung nur für die Zeit treffen, in der das Kind in seinen Haushalt aufgenommen ist."

18. § 1612a wird wie folgt geändert:

a) Die Überschrift und Absatz 1 werden wie folgt gefasst:

„§ 1612a
Mindestunterhalt minderjähriger Kinder

(1) Ein minderjähriges Kind kann von einem Elternteil, mit dem es nicht in einem Haushalt lebt, den Unterhalt als Prozentsatz des jeweiligen Mindestunterhalts verlangen. Der Mindestunterhalt richtet sich nach dem doppelten Freibetrag für das sächliche Existenzminimum eines Kindes (Kinderfreibetrag) nach § 32 Abs. 6 Satz 1 des Einkommensteuergesetzes). Er beträgt monatlich entsprechend dem Alter des Kindes

1. für die Zeit bis zur Vollendung des sechsten Lebensjahrs (erste Altersstufe) 87 Prozent,

2. für die Zeit vom siebten bis zur Vollendung des zwölften Lebensjahrs (zweite Altersstufe) 100 Prozent und

3. für die Zeit vom 13. Lebensjahr an (dritte Altersstufe) 117 Prozent

eines Zwölftels des doppelten Kinderfreibetrags."

b) In Absatz 2 Satz 1 wird das Wort „Vomhundertsatz" durch das Wort „Prozentsatz" ersetzt.

c) Absatz 3 wird wie folgt gefasst:

„(3) Der Mindestunterhalt einer höheren Altersstufe ist ab dem Beginn des Monats maßgebend, in dem das Kind das betreffende Lebensjahr vollendet."

d) Die Absätze 4 und 5 werden aufgehoben.

19. § 1612b wird wie folgt gefasst:

„**§ 1612b**
Deckung des Barbedarfs durch Kindergeld

(1) Das auf das Kind entfallende Kindergeld ist zur Deckung seines Barbedarfs zu verwenden:

1. zur Hälfte, wenn ein Elternteil seine Unterhaltspflicht durch Betreuung des Kindes erfüllt (§ 1606 Abs. 3 Satz 2);

2. in allen anderen Fällen in voller Höhe.

In diesem Umfang mindert es den Barbedarf des Kindes.

(2) Ist das Kindergeld wegen der Berücksichtigung eines nicht gemeinschaftlichen Kindes erhöht, ist es im Umfang der Erhöhung nicht bedarfsmindernd zu berücksichtigen."

20. § 1615l wird wie folgt geändert:

a) In Absatz 2 Satz 3 wird das Wort „grob" gestrichen.

b) Absatz 3 Satz 3 wird aufgehoben.

Artikel 2
Änderung des Lebenspartnerschaftsgesetzes

Das Lebenspartnerschaftsgesetz vom 16. Februar 2001 (BGBl. I S. 266), zuletzt geändert durch ..., wird wie folgt geändert:

1. § 5 Satz 2 wird wie folgt gefasst:

„§ 1360 Satz 2, die §§ 1360a, 1360b und 1609 des Bürgerlichen Gesetzbuchs gelten entsprechend."

2. § 12 Satz 2 wird wie folgt gefasst:

„Die §§ 1361 und 1609 des Bürgerlichen Gesetzbuchs gelten entsprechend."

3. § 16 wird wie folgt gefasst:

„**§ 16**
Nachpartnerschaftlicher Unterhalt

Nach der Aufhebung der Lebenspartnerschaft obliegt es jedem Lebenspartner, selbst für seinen Unterhalt zu sorgen. Ist er dazu außerstande, hat er gegen den anderen Lebenspartner einen Anspruch auf Unterhalt nur entsprechend den §§ 1570 bis 1586b und 1609 des Bürgerlichen Gesetzbuchs."

Artikel 3
Änderung sonstiger Vorschriften

(1) In Nummer 7 Abs. 4 Satz 2 der Anlage 2 (zu § 2 Abs. 1) der Auslandskostenverordnung vom 20. Dezember 2001 (BGBl. I S. 4161, 2002 I S. 750), wird das Wort „Regelbetrag" durch die Wörter „Mindestunterhalt nach § 1612a Abs. 1 des Bürgerlichen Gesetzbuchs" ersetzt.

(2) Nach § 34 des Gesetzes, betreffend die Einführung der Zivilprozessordnung in der im Bundesgesetzblatt Teil III, Gliederungsnummer 310-2, veröffentlichten bereinigten Fassung, das zuletzt durch ... geändert worden ist, wird folgender § 35 angefügt:

„**§ 35**]

Für das Gesetz zur Änderung des Unterhaltsrechts vom ... [einsetzen: Ausfertigungsdatum dieses Gesetzes und Fundstelle im Bundesgesetzblatt] gelten folgende Übergangsvorschriften:

1. Ist über den Unterhaltsanspruch vor dem ... [einsetzen: Tag des Inkrafttretens dieses Gesetzes] rechtskräftig entschieden, ein vollstreckbarer Titel errichtet oder eine Unterhaltsvereinbarung getroffen worden, sind Umstände, die vor diesem Tag entstanden und durch das Gesetz zur Änderung des Unterhaltsrechts erheblich geworden sind, nur zu berücksichtigen, soweit eine wesentliche Änderung der Unterhaltsverpflichtung eintritt und die Änderung dem anderen Teil unter Berücksichtigung seines Vertrauens in die getroffene Regelung zumutbar ist.

2. Die in Nummer 1 genannten Umstände können bei der erstmaligen Änderung eines vollstreckbaren Unterhaltstitels nach dem ... [einsetzen: Tag des Inkrafttretens dieses Gesetzes] ohne die Beschränkungen des § 323 Abs. 2 und § 767 Abs. 2 der Zivilprozessordnung geltend gemacht werden.

3. Ist einem Kind der Unterhalt auf Grund eines vollstreckbaren Titels oder einer Unterhaltsvereinbarung als Prozentsatz des jeweiligen Regelbetrags nach der Regelbetrag-Verordnung zu leisten, gilt der Titel oder die Unterhaltsvereinbarung fort. An die Stelle des Regelbetrags tritt der Mindestunterhalt. An die Stelle des bisherigen Prozentsatzes tritt ein neuer Prozentsatz. Hierbei gilt:

a) Sieht der Titel oder die Vereinbarung die Anrechnung des hälftigen oder eines Teils des hälftigen Kindergelds vor, ergibt sich der neue Prozentsatz, indem dem bisher zu zahlenden Unterhaltsbetrag das hälftige Kindergeld hinzugerechnet wird und der sich so ergebende Betrag ins Verhältnis zu dem bei Inkrafttreten des Gesetzes zur Änderung des Unterhaltsrechts geltenden Mindestunterhalt gesetzt wird; der zukünftig zu zahlende Unterhaltsbetrag ergibt sich, indem der neue Prozentsatz mit dem Mindestunterhalt vervielfältigt und von dem Ergebnis das hälftige Kindergeld abgezogen wird.

b) Sieht der Titel oder die Vereinbarung die Hinzurechnung des hälftigen Kindergelds vor, ergibt sich der neue Prozentsatz, indem vom bisher zu zahlenden Unterhaltsbetrag das hälftige Kindergeld abgezogen wird und der sich so ergebende Betrag ins Verhältnis zu dem bei Inkrafttreten des Gesetzes zur Änderung des Unterhaltsrechts geltenden Mindestunterhalt gesetzt wird; der zukünftig zu zahlende Unterhaltsbetrag ergibt sich, indem der neue Prozentsatz mit dem Mindestunterhalt vervielfältigt und dem Ergebnis das hälftige Kindergeld hinzugerechnet wird.

c) Sieht der Titel oder die Vereinbarung die Anrechnung des vollen Kindergelds vor, ist Buchstabe a anzuwenden, wobei an die Stelle des hälftigen Kindergelds das volle Kindergeld tritt.

d) Sieht der Titel oder die Vereinbarung weder eine Anrechnung noch eine Hinzurechnung des Kindergelds oder eines Teils des Kindergelds vor, ist Buchstabe a anzuwenden.

Der sich ergebende Prozentsatz ist auf eine Dezimalstelle zu begrenzen. Die Nummern 1 und 2 bleiben unberührt.

4. In einem Verfahren nach § 621 Abs. 1 Nr. 4, 5 oder 11 der Zivilprozessordnung können die in Nummer 1 genannten Umstände noch in der Revisionsinstanz vorgebracht werden. Das Revisionsgericht kann die Sache an das Berufungsgericht zurückverweisen, wenn bezüglich der neuen Tatsachen eine Beweisaufnahme erforderlich wird.

5. In den in Nummer 4 genannten Verfahren ist eine vor dem ... [einsetzen: Tag des Inkrafttretens dieses Gesetzes] geschlossene mündliche Verhandlung auf Antrag wieder zu eröffnen.

6. Unterhaltsleistungen, die vor dem ... [einfügen: Tag des Inkrafttretens dieses Gesetzes] fällig geworden sind oder den Unterhalt für Ehegatten betreffen, die nach dem bis zum 30. Juni 1977 geltenden Recht geschieden worden sind, bleiben unberührt."

(3) Die Zivilprozessordnung in der Fassung der Bekanntmachung vom 5. Dezember 2005 (BGBl. I S. 3202), die zuletzt durch ... geändert worden ist, wird wie folgt geändert:

1. § 645 Abs. 1 wird wie folgt gefasst:

„(1) Auf Antrag wird der Unterhalt eines minderjährigen Kindes, das mit dem in Anspruch genommenen Elternteil nicht in einem Haushalt lebt, im vereinfachten Verfahren festgesetzt, soweit der Unterhalt nach Berücksichtigung der Leistungen nach den §§ 1612b oder 1612c des Bürgerlichen Gesetzbuchs das 1,2fache des Mindestunterhalts nach § 1612a Abs. 1 des Bürgerlichen Gesetzbuchs nicht übersteigt."

2. § 646 Abs. 1 Nr. 7 wird wie folgt gefasst:

„7. die Angaben über Kindergeld und andere zu berücksichtigende Leistungen (§§ 1612b oder 1612c des Bürgerlichen Gesetzbuchs);".

3. § 647 Abs. 1 Satz 2 Nr. 1 wird wie folgt gefasst:

„1. von wann an und in welcher Höhe der Unterhalt festgesetzt werden kann; hierbei sind zu bezeichnen:

a) die Zeiträume nach dem Alter des Kindes, für das die Festsetzung des Unterhalts nach dem Mindestunterhalt der ersten, zweiten und dritten Altersstufe in Betracht kommt;

b) im Fall des § 1612a des Bürgerlichen Gesetzbuchs auch der Prozentsatz des jeweiligen Mindestunterhalts;

c) die nach den §§ 1612b oder 1612c des Bürgerlichen Gesetzbuchs zu berücksichtigenden Leistungen;".

4. § 648 Abs. 1 Satz 1 Nr. 3 wird wie folgt geändert:

a) Buchstabe a wird wie folgt gefasst:

„a) die nach dem Alter des Kindes zu bestimmenden Zeiträume, für die der Unterhalt nach dem Mindestunterhalt der ersten, zweiten und dritten Altersstufe festgesetzt werden soll, oder der anzuwenden.

gegebene Mindestunterhalt nicht richtig berechnet sind;".

b) In Buchstabe c wird das Wort „angerechnet" durch die Wörter „berücksichtigt worden" ersetzt.

5. § 653 Abs. 1 Satz 1 wird wie folgt gefasst:

„(1) Wird auf Klage des Kindes die Vaterschaft festgestellt, hat das Gericht auf Antrag den Beklagten zugleich zu verurteilen, dem Kind Unterhalt in Höhe des Mindestunterhalts und gemäß den Altersstufen nach § 1612a Abs. 1 des Bürgerlichen Gesetzbuchs und unter Berücksichtigung der Leistungen nach den §§ 1612b oder 1612c des Bürgerlichen Gesetzbuchs zu zahlen."

6. § 655 wird wie folgt geändert:

a) Absatz 1 wird wie folgt gefasst:

„(1) Auf wiederkehrende Unterhaltsleistungen gerichtete Vollstreckungstitel, in denen nach den §§ 1612b oder 1612c des Bürgerlichen Gesetzbuchs zu berücksichtigende Leistungen festgelegt sind, können auf Antrag im vereinfachten Verfahren durch Beschluss abgeändert werden, wenn sich ein für die Berechnung dieses Betrags maßgebender Umstand ändert."

b) Absatz 3 Satz 1 wird wie folgt gefasst:

„Der Antragsgegner kann nur Einwendungen gegen die Zulässigkeit des vereinfachten Verfahrens, gegen den Zeitpunkt der Abänderung oder gegen die Berechnung der nach den §§ 1612b oder 1612c des Bürgerlichen Gesetzbuchs zu berücksichtigenden Leistungen geltend machen."

7. In § 790 Abs. 1 werden die Wörter „Vomhundertsatz des jeweiligen Regelbetrags nach der Regelbetrag-Verordnung" durch die Wörter „Prozentsatz des Mindestunterhalts" ersetzt.

8. § 850d Abs. 2 wird wie folgt gefasst:

„(2) Mehrere nach Absatz 1 Berechtigte sind mit ihren Ansprüchen in der Reihenfolge nach § 1609 des Bürgerlichen Gesetzbuchs und § 16 des Lebenspartnerschaftsgesetzes zu berücksichtigen, wobei mehrere gleich nahe Berechtigte untereinander den gleichen Rang haben."

(4) § 42 Abs. 1 Satz 2 des Gerichtskostengesetzes vom 5. Mai 2004 (BGBl. I S. 718), das zuletzt durch ... geändert worden ist, wird wie folgt gefasst:

„Bei Unterhaltsansprüchen nach den §§ 1612a bis 1612c des Bürgerlichen Gesetzbuchs ist dem Wert nach Satz 1 der Monatsbetrag des zum Zeitpunkt der Einreichung der Klage oder des Antrags geltenden Mindestunterhalts nach der zu diesem Zeitpunkt maßgebenden Altersstufe zugrunde zu legen."

(5) § 24 Abs. 4 Satz 2 der Kostenordnung in der im Bundesgesetzblatt Teil III, Gliederungsnummer 361-1, veröffentlichten bereinigten Fassung, die zuletzt durch ... geändert worden ist, wird wie folgt gefasst:

„Dem Wert nach Satz 1 ist der Monatsbetrag des zum Zeitpunkt der Beurkundung geltenden Mindestunterhalts nach der zu diesem Zeitpunkt maßgebenden Altersstufe zugrunde zu legen."

(6) Artikel 229 § 2 des Einführungsgesetzes zum Bürgerlichen Gesetzbuche in der Fassung der Bekanntmachung vom 21. September 1994 (BGBl. I S. 2494, 1997 I S. 1061), das zuletzt durch ... geändert worden ist, wird wie folgt geändert:

1. Die Absatzbezeichnung „(1)" wird gestrichen.

2. Absatz 2 wird aufgehoben.

Artikel 4

Inkrafttreten, Außerkrafttreten

Dieses Gesetz tritt am 1. April 2007 in Kraft; gleichzeitig treten das Kindesunterhaltsgesetz vom 6. April 1998 (BGBl. I S. 666), zuletzt geändert durch ..., und die Regelbetrag-Verordnung vom 6. April 1998 (BGBl. I S. 666, 668), zuletzt geändert durch die Verordnung vom ..., außer Kraft.

Begründung

A. Allgemeiner Teil

I. Notwendigkeit einer Reform des Unterhaltsrechts

Das Unterhaltsrecht regelt die Übernahme von Verantwortung innerhalb der Familie und den Umfang finanzieller Solidarität unter Verwandten, zwischen Ehegatten in bestehenden und geschiedenen Ehen sowie zwischen Eltern eines außerhalb einer bestehenden Ehe geborenen Kindes und nicht zuletzt zwischen Lebenspartnern im Sinne des Lebenspartnerschaftsgesetzes. Damit ist das Unterhaltsrecht in besonderer Weise auf die Akzeptanz der Bürgerinnen und Bürger angewiesen. Um diese Akzeptanz auf Dauer zu bewahren, muss es zeitnah auf gesellschaftliche Veränderungen und gewandelte Wertvorstellungen reagieren.

Die Realität von Ehe und Familie hat sich in den vergangenen Jahren wesentlich geändert: Die Zahl der Scheidungen steigt mit jedem Jahr. Größtenteils handelt es sich dabei um Ehen von relativ kurzer Dauer. Fünfzig Prozent der geschiedenen Ehen sind kinderlos. Auch die Rollenverteilung in der Ehe ändert sich zunehmend. Immer häufiger bleiben beide Partner – auch mit Kindern – berufstätig oder nehmen ihre Erwerbstätigkeit nach einer erziehungsbedingten Unterbrechung wieder auf. Neue Familienstrukturen bilden sich heraus: Immer mehr Kinder leben in nichtehelichen Lebensgemeinschaften oder bei einem alleinerziehenden Elternteil. Etwa ein Drittel der über zwei Millionen nicht verheiratet zusammenlebenden Paare haben Kinder. Da immer häufiger kurze Ehen geschieden werden, kommt es nach der Scheidung vermehrt zur Gründung einer „Zweitfamilie" mit Kindern (vgl. zu den statistischen Daten: Engstler/Menning, Die Familie im Spiegel der amtlichen Statistik – Lebensformen, Familienstrukturen, wirtschaftliche Situation der Familien und familiendemographische Entwicklung in Deutschland [2003]; vgl. zu den wirtschaftlichen Folgen von Trennung und Scheidung: Andreß/Borgloh/Güllner/Wilking, Wenn aus Liebe rote Zahlen werden – Über die wirtschaftlichen Folgen von Trennung und Scheidung [2003]; Bundesministerium für Familie, Senioren, Frauen und Jugend [Hrsg.], Unterhaltszahlungen für minderjährige Kinder in Deutschland [2002]; Metz, Rechtsethische Prinzipien des nachehelichen Unterhalts [2005]; Proksch, Rechtstatsächliche Untersuchung zur Reform der Kindschaftsrechts [2002], 172 ff.).

Gerade wenn mehrere bedürftige Ehegatten aus erster und zweiter Ehe sowie minderjährige Kinder vorhanden sind, reicht das Einkommen des Unterhaltspflichtigen häufig nicht aus, um alle Unterhaltsbedürftigen ausreichend zu versorgen. Die Berechnung von Unterhaltsansprüchen in solchen Mangelfällen ist äußerst kompliziert und führt vielfach zu nicht angemessenen Ergebnissen. Zurückzuführen ist dies zum einen auf die nur noch Fachleuten verständliche Regelung der Mindestbedarfs (§ 1612b des Bürgerlichen Gesetzbuchs – BGB) und zum anderen auf die geltende Rangfolge (§§ 1582, 1609 BGB). Diese ist unter mehreren Gesichtspunkten unbefriedigend und wird zunehmend als nicht mehr gerecht empfunden. In den genannten – in der Praxis häufig auftretenden – Konstellationen erhalten die unterhaltsberechtigten Kinder und geschiedenen Ehegat-

ten zusätzlich zu den Unterhaltszahlungen ergänzende Sozialleistungen. Dies ist einer der Gründe dafür, dass Ende 2003 1,08 Millionen Kinder und Jugendliche unter 18 Jahren auf Sozialhilfe angewiesen waren; 38 Prozent aller Empfänger von Sozialhilfe waren damit minderjährig (vgl. Statistisches Bundesamt, Statistik der Sozialhilfe: Kinder in der Sozialhilfe 2003 [2004]). Ein weiteres Problem der geltenden Rangfolge besteht in der weitgehenden Privilegierung des ersten Ehegatten, die auch unter dem Aspekt des Kindeswohls nicht mehr zu rechtfertigen ist.

Mit den gesellschaftlichen Veränderungen einher geht ein Wertewandel: Der schon heute im Gesetz verankerte Grundsatz der Eigenverantwortung nach der Ehe stößt auf eine immer größere Akzeptanz. Dies korrespondiert mit der empirischen Erkenntnis, wonach ein Hauptmotiv für die Scheidung gerade bei Frauen der Wunsch nach größerer Unabhängigkeit ist (vgl. Andreß/Borgloh/Güllner/Wilking, Wenn aus Liebe rote Zahlen werden – Über die wirtschaftlichen Folgen von Trennung und Scheidung [2003], 203, 290 ff.). Konsens besteht auch darüber, dass die Kinder als das „schwächste Glied in der Kette" eines besonderen Schutzes bedürfen, da sie anders als Erwachsene nicht selbst für ihren Unterhalt sorgen können. In anderen Bereichen des Familienrechts steht das Kindeswohl deshalb zunehmend im Vordergrund von Neuregelungen. Gerade unter dem Aspekt des Kindeswohls wird auch die Schutzbedürftigkeit nicht verheirateter Mütter und Väter anders beurteilt als früher. In der Praxis handelt es sich dabei allerdings überwiegend um nicht verheiratete Mütter. Im Jahr 2000 waren von 1,77 Millionen Alleinerziehenden in Deutschland 85,5 Prozent alleinerziehende Mütter und 14,5 Prozent alleinerziehende Väter (vgl. Engstler/Menning, Die Familie im Spiegel der amtlichen Statistik – Lebensformen, Familienstrukturen, wirtschaftliche Situation der Familien und familiendemographische Entwicklung in Deutschland [2003], 40).

Diese Veränderungen erfordern eine Anpassung des Unterhaltsrechts. Entsprechende Reformüberlegungen sind in den vergangenen Jahren von mehreren Seiten angestellt worden. Der Deutsche Bundestag hat in einer Entschließung vom 6. Juli 2000 (Bundestagsdrucksache 14/3781, 3) anlässlich der Neuregelung der Anrechnung des Kindergelds (§ 1612b BGB) durch das Gesetz zur Ächtung der Gewalt in der Erziehung vom 2. November 2000 (BGBl. I S. 1479) vor allem in Bezug auf den Mindestbedarf von Kindern eine Vereinfachung des Unterhaltsrechts, eine bessere Abstimmung mit dem Steuer- und Sozialrecht und eine Änderung der unterhaltsrechtlichen Rangverhältnisse angeregt. Auch das Bundesverfassungsgericht hat in seiner Entscheidung zu § 1612b Abs. 5 BGB unter dem Aspekt des Rechtsstaatsprinzips nach Artikel 20 Abs. 3 des Grundgesetzes (GG) mehr Normenklarheit bei der Bestimmung des Existenzminimums von Kindern gefordert (BVerfGE 108, 52 ff.). Eine entsprechende gesetzliche Klarstellung der Mindestunterhalts wurde bereits im Jahr 2002 vom Deutschen Juristentag und 2003 vom Deutschen Familiengerichtstag vorgeschlagen (vgl. Martiny, Empfiehlt es sich, die rechtliche Ordnung finanzieller Solidarität zwischen Verwandten in den Bereichen des Unterhaltsrechts, des Pflichtteilsrechts, des Sozial-

C. Regierungsentwurf

hilferechts und des Sozialversicherungsrechts neu zu gestalten? 64. Deutscher Juristentag 2002, Gutachten A 30, A 117; AK 1 des 15. DFGT 2003, Brühler Schriften zum Familienrecht Bd. 13 [2004], 75). Beide Institutionen haben sich außerdem mit großer Mehrheit für eine Neuregelung der unterhaltsrechtlichen Rangfolge ausgesprochen. In der Literatur schließlich wird seit einigen Jahren der Grundsatz der Eigenverantwortung nach der Ehe stärker betont und die Möglichkeiten einer Beschränkung nachehelicher Unterhaltsansprüche thematisiert. Die Rechtsprechung war hier bislang sehr zurückhaltend. Erst in der jüngsten Zeit ist eine Tendenz zur vorsichtigen Anwendung der bereits bestehenden gesetzlichen Instrumente zur zeitlichen Begrenzung und Herabsetzung von nachehelichen Unterhaltsansprüchen zu verzeichnen.

II. Ziele der Reform

Das Unterhaltsrecht beschränkt sich in weiten Teilen auf konkretisierungsbedürftige Grundaussagen und Generalklauseln. Der Gesetzgeber gibt den Gerichten damit bewusst einen relativ breiten Spielraum, um dem konkreten Einzelfall nach Billigkeits- und Zumutbarkeitsgesichtspunkten gerecht zu werden. Die Gerichte orientieren sich dabei an Leitlinien der Oberlandesgerichte, die zur Rechtsvereinheitlichung und zum Rechtsfrieden ganz erheblich beitragen. Diese Grundkonzeption hat sich in der Vergangenheit bewährt und soll beibehalten werden.

Die gesellschaftlichen Veränderungen verlangen aber in einigen wesentlichen Punkten eine Anpassung des Rechts und eine Änderung der Maßstäbe, anhand derer die Gerichte den Einzelfall zu entscheiden haben. Der Entwurf lässt sich dabei vor allem von drei Zielen leiten: der Förderung des Kindeswohls, der Stärkung der Eigenverantwortung nach der Ehe und der Vereinfachung des Unterhaltsrechts. Eine Änderung der Rangfolge soll zu mehr Verteilungsgerechtigkeit im Mangelfall führen und zugleich die Zahl minderjähriger Sozialhilfeempfänger reduzieren. Dem Kindeswohl dient auch die Besserstellung der Mütter und Väter, die ein außerhalb einer bestehenden Ehe geborenes Kind betreuen. Die gesetzliche Definition des Mindestunterhalts von Kindern schließlich entspricht dem Gebot der Normenklarheit aus Artikel 20 Abs. 3 GG und erhöht die Akzeptanz von Unterhaltszahlungen an bedürftige Kinder. Die Ausweitung der Möglichkeit, nacheheliche Unterhaltsansprüche zeitlich oder der Höhe nach zu begrenzen, soll die Chancen für einen Neuanfang nach einer gescheiterten Ehe erhöhen und die Zweitfamilien entlasten.

III. Wesentliche Änderungen

1. Förderung des Kindeswohls

Die Förderung des Wohls der Kinder steht im Vordergrund der Reform. Ihr dient die Änderung der Rangfolge im Mangelfall, die Verbesserung der Rechtsstellung kinderbetreuender, nicht miteinander verheirateter Eltern und die gesetzliche Definition des Mindestunterhalts von Kindern.

a) Geänderte Rangfolge

§ 1609 des Entwurfs regelt die Rangfolge übersichtlich in einer zentralen Norm und ersetzt damit das bisherige komplizierte Zusammenspiel der §§ 1582 und 1609 BGB. Durch

die Änderung der Rangfolge wird zugleich die Verteilungsgerechtigkeit erhöht. Künftig soll der Kindesunterhalt Vorrang vor allen anderen Unterhaltsansprüchen haben. Da Kinder keine Möglichkeit haben, selbst für ihren Unterhalt zu sorgen, ist ihnen am wenigsten zuzumuten, die vorhandenen Mittel mit anderen zu teilen und auf ergänzende Sozialhilfe angewiesen zu sein. Erwachsene können dagegen grundsätzlich selbst für ihren Unterhalt sorgen, so dass ihre Unterhaltsansprüche erst nachrangig befriedigt werden müssen. Aber nicht jeder erwachsene Unterhaltsberechtigte ist in gleicher Weise schutzbedürftig. Vorrang müssen hier im Interesse des Kindeswohls alle kinderbetreuenden Elternteile haben unabhängig davon, ob sie verheiratet sind oder waren, gemeinsam oder allein ein Kind erziehen. Diese Personengruppe soll sich deshalb künftig im zweiten Rang befinden. Damit werden erster und zweiter Ehegatte, soweit sie Kinder zu betreuen haben, sowie nicht verheiratete Elternteile gleich behandelt. Ebenso schutzwürdig wie diejenigen, die gegen den Unterhaltsverpflichteten einen Anspruch auf Betreuungsunterhalt haben, sind Ehegatten bei langer Ehedauer, in der ein hinweg Vertrauen in die eheliche Solidarität gewachsen ist. Dieses Vertrauen wirkt auch nach der Scheidung fort und bedarf eines besonderen Schutzes. Auch diese Ansprüche sollen sich deshalb künftig im zweiten Rang befinden. Der geschiedene Ehegatte, der eine verhältnismäßig kurz verheiratet war und keine Kinder betreut, kann von dem auf Unterhalt in Anspruch genommenen Ehegatten weniger Solidarität erwarten. Seine Unterhaltsansprüche werden daher künftig drittrangig befriedigt. Mit der Änderung des Lebenspartnerschaftsgesetzes durch zur Überarbeitung des Lebenspartnerschaftsrechts vom 15. Dezember 2004 (BGBl. I S. 3396) werden Lebenspartner Ehegatten gleichgestellt; diese gesetzgeberische Wertung wird in der Neuregelung der unterhaltsrechtlichen Rangfolge nachvollzogen. Im Übrigen bleibt die Rangfolge unverändert. Die neue Rangfolge trägt damit vor allem dem Kindeswohl Rechnung, aber auch der sich aus Artikel 6 GG gerade bei langen Ehen ergebenden nachehelichen Solidarität.

b) Besserstellung kinderbetreuender, nicht miteinander verheirateter Eltern

Der Elternteil, der ein außerhalb einer bestehenden Ehe geborenes Kind betreut – in der Praxis ist das mehrheitlich die Mutter –, erhält heute nach der Geburt des Kindes bis zu drei Jahre lang Betreuungsunterhalt. Danach wird von alleinerziehenden Müttern und Vätern wieder eine Erwerbstätigkeit erwartet, soweit dies nicht „grob unbillig" ist (§ 1615l BGB). Der Gesetzgeber knüpft damit an den Rechtsanspruch auf einen Kindergartenplatz für dreijährige Kinder an. Der geschiedene Ehegatte, der ein Kind betreut – auch hier zumeist die Mutter –, muss dagegen nach ständiger Rechtsprechung frühestens dann wieder erwerbstätig werden, wenn das Kind etwa acht Jahre alt ist.

Die unterschiedliche Behandlung geschiedener und nicht verheirateter Elternteile ist grundsätzlich gerechtfertigt und mit Artikel 3 sowie Artikel 6 GG vereinbar. Der Betreuungsunterhalt der geschiedenen Mutter oder des geschiedenen Vaters beruht auf der fortwirkenden nachehelichen Solidarität und der notwendigen Betreuung des Kindes. Der Betreuungsunterhaltsanspruch eines nicht verheirateten Elternteils findet seine Rechtfertigung dagegen vor allem in

283

der notwendigen Betreuung des gemeinsamen Kindes. Unter dem Aspekt des Kindeswohls klafft die „Schere" zwischen geschiedenen und nicht verheirateten Elternteilen aber zu weit auseinander. Mit dem Entwurf soll diese „Schere" von beiden Seiten weiter geschlossen werden. Dies wird durch eine Absenkung der Billigkeitsschwelle des § 1615l BGB erreicht. Zusammen mit der geänderten Rangfolge führt dies zu einer deutlichen Besserstellung nicht verheirateter Mütter und Väter. Auf Seiten geschiedener Elternteile führt die Stärkung des Grundsatzes der Eigenverantwortung zu einer Angleichung.

c) Gesetzliche Definition des Mindestunterhalts minderjähriger Kinder und vereinfachte Kindergeldverrechnung

Der Entwurf führt eine gesetzliche Definition des Mindestunterhalts minderjähriger Kinder und eine vereinfachte Kindergeldverrechnung ein. Damit erfüllt er den Auftrag des Bundesverfassungsgerichts, im Bereich des Kindesunterhalts mehr Normenklarheit zu schaffen (BVerfG 108, 52 ff.).

Durch die gesetzliche Definition des Mindestunterhalts unter Bezugnahme auf den steuerrechtlichen Kinderfreibetrag wird eine Harmonisierung des Unterhaltsrechts mit dem Steuer- und Sozialrecht erreicht. Die im Unterhaltsrecht bewährten drei Altersgruppen werden beibehalten. Der Mindestunterhalt entspricht damit im Wesentlichen dem steuerrechtlichen Existenzminimum eines Kindes, das an die Berechnung des steuerfrei zu stellenden sächlichen Existenzminimums im Existenzminimumbericht der Bundesregierung anknüpft. Die Angleichung beruht auf der Feststellung, dass der Mindestbedarf von Kindern eine absolute Größe ist, die im Unterhaltsrecht grundsätzlich nicht anders bestimmt werden kann als im Steuer- und Sozialrecht. Mit der Anlehnung an den steuerlichen Kinderfreibetrag werden die Festsetzung von Regelbeträgen nach der bisherigen Regelbetrag-Verordnung und die Differenzierung der Höhe des Kindesunterhalts danach, ob das Kind in West- oder Ostdeutschland lebt, entbehrlich. Die Regelbetrag-Verordnung wird aufgehoben.

Die neue Regelung der Kindergeldverrechnung in § 1612b BGB des Entwurfs weist das Kindergeld unterhaltsrechtlich dem Kind zu. Sie greift wesentliche Aussagen der jüngsten Rechtsprechung des Bundesgerichtshofes (vgl. BGH, FamRZ 2006, 99 ff.) auf und ersetzt das bisher komplizierte Normgefüge durch eine einfache und transparente Regelung.

Mit der gesetzlichen Definition des Mindestunterhalts und der Vereinfachung der Kindergeldverrechnung wird eine klare und verständliche Regelung geschaffen, die die Akzeptanz bei der Zahlung des Mindestunterhalts an Kinder weiter fördern wird.

2. Stärkung der Eigenverantwortung nach der Ehe

Das Unterhaltsrecht gibt kein bestimmtes Ehebild vor. Die Ehegatten sind in der Ausgestaltung der Ehe frei und durch Artikel 6 GG umfassend geschützt. Aus Artikel 6 GG ergibt sich aber auch eine fortwirkende nacheheliche Solidarität, die im Falle der Bedürftigkeit des einen Ehegatten für bestimmte Tatbestände eine Unterhaltsverpflichtung des ande-

ren Ehegatten auch nach der Scheidung zur Folge haben kann. Dies gilt insbesondere dann, wenn die Bedürftigkeit ehebedingt ist. Auf diesem Prinzip der fortwirkenden Verantwortung basieren die Unterhaltstatbestände des § 1570 ff. BGB. Artikel 6 GG gebietet aber keineswegs eine uneingeschränkte nacheheliche Solidarität, sondern gibt dem Gesetzgeber insoweit einen Gestaltungsspielraum, innerhalb dessen er gesellschaftlichen Veränderungen und gewandelten Wertvorstellungen Rechnung tragen kann und aus Gründen der Akzeptanz auch muss. Schon bislang galt der Grundsatz der Eigenverantwortung nach der Ehe, so dass nach der Systematik ein nachehelicher Unterhaltsanspruch nicht die Regel, sondern die Ausnahme ist. Seit dem Unterhaltsänderungsgesetz vom 20. Februar 1986 (BGBl. I S. 301) besteht – unter engen Voraussetzungen – außerdem die Möglichkeit, nacheheliche Unterhaltsansprüche der Dauer oder der Höhe nach zu begrenzen (vgl. § 1573 Abs. 5, § 1578 Abs. 1 BGB). Diese Beschränkungsmöglichkeiten sind von der Rechtsprechung jedoch kaum genutzt worden. Hinzu kommt, dass die Rechtsprechung unter Bezug auf die „ehelichen Lebensverhältnisse" relativ hohe Anforderungen an die Wiederaufnahme einer Erwerbstätigkeit nach der Scheidung stellt. Die damit verbundene weitgehende Privilegierung des unterhaltsberechtigten Ehegatten kann den Neuanfang in einer zweiten Ehe erschweren, wenn die finanziellen Belastungen zu hoch sind. Gerade, wenn die erste Ehe nur kurz gedauert hat, wird dies häufig als ungerecht empfunden. Der Entwurf stärkt deshalb den Grundsatz der nachehelichen Eigenverantwortung durch eine neue amtliche Überschrift zu § 1569 BGB und bezeichnet diesen Grundsatz und der Erwerbstätigkeit als Obliegenheit. Er schafft außerdem eine neue, für alle Unterhaltstatbestände geltende Beschränkungsmöglichkeit in Form einer Billigkeitsregelung, die insbesondere darauf abstellt, ob „ehebedingte Nachteile" vorliegen. Je geringer solche Nachteile sind, desto eher kommt eine Beschränkung in Betracht. Der Entwurf unterstreicht den Grundsatz der Eigenverantwortung nach der Ehe schließlich durch erhöhte Anforderungen an die Wiederaufnahme einer Erwerbstätigkeit.

3. Vereinfachung des Unterhaltsrechts und Justizentlastung

Der Entwurf vereinfacht das Unterhaltsrecht in wesentlichen und in der Praxis bedeutsamen Punkten durch die gesetzliche Definition des Mindestunterhalts minderjähriger Kinder, den Wegfall der bislang alle zwei Jahre anzupassenden Regelbetrag-Verordnung, eine vereinfachte Regelung für die Behandlung des Kindergelds, eine klare und verständliche Regelung der unterhaltsrechtlichen Rangfolge, die Konzentration der bislang verstreuten Begrenzungsregelungen auf eine Norm sowie die explizite Regelung des praktisch relevanten Fallgruppe der Beschränkung oder Versagung des Unterhalts, wenn der Berechtigte in einer verfestigten Lebensgemeinschaft mit einem neuen Partner lebt. Insbesondere die Änderung der Rangfolge und die Definition des Mindestunterhalts von Kindern wird außerdem zu einer Entlastung der Justiz sowie der Jugendämter in ihrer Eigenschaft als Unterhaltsbeistand (§ 1712 Abs. 1 Nr. 2 BGB) führen; sie werden in weitem Umfang von den heutigen hochkomplizierten und für die Betroffenen kaum nachvollziehbaren Mangelfallberechnungen befreit.

4. Reichweite der Reform

Der Entwurf ändert das Unterhaltsrecht punktuell und soweit dies erforderlich ist. Eine sorgfältige Prüfung war angezeigt bei der Frage, inwieweit das Unterhaltsrecht mit dem Steuer- und Sozialrecht harmonisiert werden kann, um Wertungswidersprüche zwischen diesen Rechtsgebieten zu vermeiden. Eine vollständige deckungsgleiche Ausgestaltung dieser Rechtsgebiete hätte die bestehenden sachlichen Unterschiede nicht berücksichtigt und wäre der jeweils eigenen Rationalität der betroffenen Rechtsgebiete nicht gerecht geworden. Die familiäre Solidarität zwischen Privatpersonen kann nicht mit dem gleichen Maß gemessen werden wie die Rechte, Pflichten und Obliegenheiten des Einzelnen gegenüber der Solidargemeinschaft aller Staatsbürger. Im Einzelfall kann eine Angleichung in der Sache aber durchaus geboten sein. In der praktisch bedeutsamsten Frage der Bestimmung des sächlichen Existenzminimums von Kindern sieht der Entwurf deshalb eine Harmonisierung vor.

In der Reformdiskussion der letzten Jahre wurde auch eine Beschränkung des Elternunterhalts angeregt, um unterhaltspflichtige Kinder nicht übermäßig zu belasten (vgl. beispielsweise Schwenzer, Empfiehlt es sich, das Kindschaftsrecht neu zu regeln? 59. Deutscher Juristentag 1992, Gutachten A 43 f.; Martiny, Empfiehlt es sich, die rechtliche Ordnung finanzieller Solidarität zwischen Verwandten in den Bereichen des Unterhaltsrechts, des Pflichtteilsrechts, des Sozialhilferechts und des Sozialversicherungsrechts neu zu gestalten? 64. Deutscher Juristentag 2002, Gutachten A 49 ff.). Die praktische Relevanz von Unterhaltszahlungen für pflegebedürftige ältere Menschen wird in Zukunft schon aufgrund des demografischen Wandels zunehmen. Ein unterhaltsrechtlicher Regelungsbedarf folgt daraus zurzeit aber nicht. Die neuere höchstrichterliche Rechtsprechung zum Elternunterhalt, die vom Bundesverfassungsgericht erst jüngst bestätigt worden ist (vgl. BVerfG, FamRZ 2005, 1051 ff.), hat bereits vernünftige und gut handhabbare Maßstäbe entwickelt, anhand derer die Belastung von Kindern mit Elternunterhaltszahlungen im Einzelfall angemessen begrenzt werden kann (vgl. beispielsweise BGH, FamRZ 1992, 795; BGHZ 152, 217; BGHZ 154, 247; BGH, FamRZ 2004, 792). Im Übrigen entlastet bereits die Einführung einer Grundsicherung im Alter und bei Erwerbsminderung (jetzt § 41 ff. Zwölftes Buch Sozialgesetzbuch – Sozialhilfe) die Kinder ganz maßgeblich.

IV. Gesetzgebungszuständigkeit

Die Gesetzgebungszuständigkeit des Bundes folgt aus Artikel 74 Abs. 1 Nr. 1 GG. Eine bundeseinheitliche Regelung ist im Sinne von Artikel 72 Abs. 2 GG zur Wahrung der Rechtseinheit erforderlich, da andernfalls eine Rechtszersplitterung zu befürchten wäre, die im Interesse sowohl des Bundes als auch der Länder nicht hinzunehmen wäre. So würden von Bundesland zu Bundesland unterschiedliche Regelungen zur Rangfolge oder zur Begrenzung von Unterhaltsansprüchen zu erheblichen Rechtsunsicherheiten führen und damit die unterhaltsrechtliche Beurteilung eines länderübergreifenden Falls in einer für die Betroffenen unzumutbaren Weise behindern. Dies wird bei der Änderung der Rangfolge besonders deutlich: Bestünden hier unterschiedliche landesrechtliche Regelungen, wäre eine allen Beteiligten gerecht werdende Lösung länderübergreifender Mangelfälle praktisch unmöglich. Hinzu kommt, dass unterschiedliche Regelungen im Bereich des Unterhaltsrechts die Freizügigkeit innerhalb des Staatsgebiets entscheidend beeinträchtigen könnten (BVerfG, NJW 2005, 493 ff.). Unterhaltszahlungen sind für den Berechtigten meist von erheblicher, bisweilen von existenzieller Bedeutung. Ein Umzug in ein anderes Bundesland müsste von vielen daher von dort geltenden Unterhaltsrecht abhängig gemacht werden. Ähnliches gilt für den Verpflichteten. Er könnte durch einen Umzug möglicherweise die Situation der Unterhaltsberechtigten verändern. Ein solcher Rechtszustand wäre untragbar und könnte nur durch ein entsprechend gestaltetes interlokales Privatrecht vermieden werden, also durch ein kompliziertes System von Verweisungen zwischen den verschiedenen Landesrechten. Dies aber ergäbe eine Rechtszersplitterung, die durch die Gesetzgebungskompetenz des Artikels 74 Abs. 1 Nr. 1 GG gerade vermieden werden soll. Im Übrigen sind die im Entwurf vorgesehenen Neuregelungen integraler Bestandteil des im Bürgerlichen Gesetzbuch geregelten Unterhaltsrechts und sollten schon deshalb nicht Gegenstand landesrechtlicher Teilregelungen sein.

V. Finanzielle Auswirkungen

1. Auswirkungen auf die Höhe der Unterhaltszahlungen

Die Stärkung des Grundsatzes der Eigenverantwortung nach der Ehe und die erweiterten Möglichkeiten zur zeitlichen Begrenzung und Herabsetzung von nachehelichen Unterhaltsansprüchen werden im Einzelfall zu einer maßvollen finanziellen Entlastung des unterhaltspflichtigen Ehegatten führen. Soweit nach der Scheidung eine zweite Familie gegründet wird, wird dieser auch wegen der geänderten Rangfolge künftig mehr Einkommen zur Verfügung stehen.

Die gesetzliche Definition des Mindestunterhalts von minderjährigen Kindern wird zu allenfalls geringfügigen Verschiebungen bei der Höhe des Kindesunterhalts führen. Diese ergeben sich vor allem aus der Anpassung der Unterhaltshöhe an den Freibetrag für das sächliche Existenzminimum eines Kindes. Die bisherige Regelung hat sich davon zunehmend entfernt. Ein weiterer Grund für Verschiebungen ist der Wegfall der Regelbeträge, die bisher in Ost- und Westdeutschland unterschiedlich hoch sind. Die dieser Unterscheidung zugrunde liegenden Bestimmungen, Artikel 5 § 1 des Kindesunterhaltsgesetzes und die Regelbetrag-Verordnung, entfallen; sie werden wegen der künftigen Bezugnahme auf das steuerrechtliche Kinderfreibetrag durch einen bundeseinheitlichen Mindestunterhalt ersetzt.

2. Auswirkungen auf die öffentlichen Haushalte

Die Auswirkungen auf die öffentlichen Haushalte lassen sich kaum abschätzen. Im Ergebnis wird es aber nicht zu einer Mehrbelastung kommen. Für die Landeshaushalte wird es eher zu einer Entlastung kommen. Durch die Änderung der gesetzlichen Definition des Mindestunterhalts von Kindern werden die bislang äußerst komplizierten und zeitaufwändigen Mangelfallberechnungen vielfach entbehrlich werden. Dadurch kommt es zu einer er-

Anhang

heblichen Entlastung der Familiengerichte, die sich positiv auf die Landeshaushalte auswirken wird.

Die Änderung der unterhaltsrechtlichen Rangfolge in Mangelfällen und die gesetzliche Definition des Mindestunterhalts von Kindern werden weiter dazu führen, dass der Bedarf minderjähriger Kinder in wesentlich mehr Fällen als heute durch Unterhaltszahlungen gedeckt wird. Für diese Kinder müssen ergänzende staatliche Leistungen wie Sozialhilfe nach dem Zwölften Buch Sozialgesetzbuch – Sozialhilfe – bzw. Sozialgeld nach dem Zweiten Buch Sozialgesetzbuch – Grundsicherung für Arbeitsuchende – oder Leistungen nach dem Unterhaltsvorschussgesetz künftig nicht mehr oder in geringerem Umfang in Anspruch genommen werden. Die damit verbundene Entlastung der öffentlichen Haushalte wird jedoch dadurch kompensiert, dass die in den zweiten Rang verwiesenen kinderbetreuenden Elternteile vermehrt auf (ergänzende) staatliche Sozialleistungen (Sozialhilfe oder Arbeitslosengeld II, Sozialgeld) angewiesen sein werden. Beide Effekte gleichen sich voraussichtlich aus und bleiben im Ergebnis kostenneutral.

VI. Auswirkungen von gleichstellungspolitischer Bedeutung

Die Grundsätze des „Gender Mainstreaming" wurden beachtet. Männer und Frauen können sowohl in der Rolle des Unterhaltspflichtigen als auch in der Rolle des Unterhaltsberechtigten sein. Das Unterhaltsrecht muss daher beiden Konstellationen gleichermaßen Rechnung tragen. Es kann allerdings insoweit zu geschlechterdifferenzierten Auswirkungen kommen, als sowohl bei verheirateten als auch bei nicht verheirateten Paaren immer noch mehr Frauen als Männer die Kinderbetreuung übernehmen und deshalb unterhaltsbedürftig werden. Dem trägt der Entwurf insbesondere durch die neue Rangfolge und die Ausweitung des Betreuungsunterhaltsanspruchs nicht verheirateter Elternteile Rechnung. Soweit der Vater die Betreuung übernimmt, profitiert er von den neuen Regelungen in gleicher Weise wie die Mutter. Entsprechendes gilt für die weiteren Änderungen des Entwurfs.

B. Besonderer Teil

Zu Artikel 1 (Änderung des Bürgerlichen Gesetzbuchs)

Zu Nummer 1 (Änderung der Inhaltsübersicht)

Die Inhaltsübersicht wird entsprechend der Neuregelung angepasst.

Zu Nummer 2 (Änderung von § 1361 BGB)

Es handelt sich um eine durch die Einfügung einer neuen Nummer in § 1579 BGB bedingte Folgeänderung. Gleichzeitig wird die Formulierung von Absatz 3 an die amtliche Überschrift von § 1579 des Entwurfs angepasst.

Für eine entsprechende Anwendung von § 1578b des Entwurfs besteht, solange die Ehe noch Bestand hat, keine Notwendigkeit.

Zu Nummer 3 (Neufassung von § 1569 BGB)

§ 1569 des Entwurfs stärkt den Grundsatz der Eigenverantwortung durch eine geänderte Überschrift und einen neu gefassten Normtext.

Zu Satz 1

Satz 1 stellt den Grundsatz der Eigenverantwortung anders als bisher in den Vordergrund und stärkt ihn in mehrfacher Hinsicht. Zum einen durch eine prägnantere Fassung der amtlichen Überschrift und zum anderen durch die Klarstellung in Satz 1, dass den geschiedenen Ehegatten die Obliegenheit trifft, nach der Scheidung selbst für sein wirtschaftliches Fortkommen zu sorgen. Mit dieser stärkeren Betonung der eigenen Verantwortung des geschiedenen Ehegatten für seinen Unterhalt soll das Prinzip der nachehelichen Solidarität in einer nach heutigen Wertvorstellungen akzeptablen und interessengerechten Weise ausgestaltet werden.

Zu Satz 2

In Satz 2 wird der Grundsatz der Eigenverantwortung eingeschränkt durch das Prinzip der nachwirkenden Mitverantwortung des wirtschaftlich stärkeren Ehegatten für den anderen. Ist ein Ehegatte nicht in der Lage, selbst für seinen Unterhalt zu sorgen, gebietet es die nacheheliche Solidarität, den in den einzelnen Unterhaltstatbeständen konkretisierten Bedürfnislagen gerecht zu werden und vor allem den notwendigen Ausgleich für ehebedingte Nachteile zu leisten. Mit der Formulierung in Satz 2, dass der unterhaltfordernde Teil „außerstande ... ist", wird an die Obliegenheit des geschiedenen Ehegatten, für sich selbst zu sorgen, angeknüpft und gleichzeitig Bezug genommen auf die Bedürftigkeit des Unterhaltsberechtigten, einem allgemeinen Merkmal jedes Unterhaltsanspruchs. Die Einfügung des Wortes „nur" in Satz 2 soll einmal mehr verdeutlichen, dass ein Unterhaltsanspruch gemessen am Grundsatz der Eigenverantwortung die Ausnahme, aber nicht die Regel ist, und daher nur in Betracht kommt, wenn einer der Unterhaltstatbestände der §§ 1570 ff. BGB vorliegt.

§ 1569 des Entwurfs stellt – wie schon bisher – keine selbstständige Anspruchsgrundlage dar. Durch die Neufassung der amtlichen Überschrift und des Normtextes sowie insbesondere die Ausgestaltung als Obliegenheit erhält der Grundsatz der Eigenverantwortung aber eine neue Rechtsqualität und ist in weit stärkerem Maße als bisher als Auslegungsgrundsatz für die einzelnen Unterhaltstatbestände heranzuziehen.

Bei der Auslegung von § 1570 BGB, des Anspruchs auf Betreuungsunterhalt, wird dies etwa dazu führen, dass das bisherige, von der Rechtsprechung entwickelte „Altersphasenmodell", ab welchem Alter des Kindes dem betreuenden Elternteil eine Erwerbstätigkeit zumutbar ist (vgl. Palandt-Brudermüller, BGB [65. Aufl. 2006], § 1570 Rn. 9 ff.), neu zu überdenken und zu korrigieren ist. Künftig wird verstärkt darauf abgestellt werden müssen, inwieweit aufgrund des konkreten Einzelfalls und der Betreuungssituation vor Ort von dem betreuenden Elternteil eine (Teil-)Erwerbstätigkeit neben der Kinderbetreuung erwartet werden kann. Dies wird durch die Änderung von § 1570 BGB unterstrichen. Damit greift der Entwurf aktuelle Tendenzen in der jünge-

286

ren Rechtsprechung auf, die Altersgrenzen des Betreuungs-unterhalts zu überprüfen (vgl. OLG Karlsruhe, NJW 2004, 523 [524]), und reagiert auf die diesbezügliche Kritik der Literatur (vgl. Luthin, FPR 2004, 567 [570]; AnwKomm-Schürmann, BGB [2005], § 1577 Rn. 60 f.; Palandt-Brudermüller, BGB [65. Aufl. 2006], § 1570 Rn. 12; Reinken, FPR 2005, 502 [503] sowie bereits Puls, FamRZ 1998, 865 [870]). Auch die übrigen Unterhaltstatbestände sind im Licht des neu gefassten § 1569 des Entwurfs ggf. enger aus-zulegen.

Besondere Bedeutung erlangt der Grundsatz der Eigenver-antwortung auch bei der Auslegung des § 1578b des Ent-wurfs: Das Prinzip der Eigenverantwortung führt dazu, dass im konkreten Fall ein Unterhaltsanspruch – unter Wahrung der Belange eines gemeinschaftlichen, vom Berechtigten betreuten Kindes – umso eher beschränkt werden kann, je geringer die ehebedingten, auf der Aufgabenverteilung während der Ehe beruhenden Nachteile sind, die beim unterhaltsberechtigten Ehegatten infolge der Scheidung ein-treten.

Zu Nummer 4 (Änderung von § 1570 BGB)

Mit der Änderung wird an die Vorschrift ein weiterer Satz angefügt. Die Änderung ist vor dem Hintergrund des gesell-schaftlichen Wandels zu sehen. Die Möglichkeiten der Fremdbetreuung von Kindern haben – ungeachtet regionaler Unterschiede und einzelner, bestehender Angebotslücken – insgesamt stark zugenommen; die Ausübung insbesondere einer Teilzeittätigkeit neben der Kindererziehung ist heute vielfach Realität. Diese Entwicklung ist bei der Beurteilung der Frage, inwieweit dem geschiedenen Elternteil neben der Betreuung eines Kindes eine Erwerbstätigkeit zumutbar ist, angemessen zu berücksichtigen. Anstelle der bisherigen, häufig sehr schematisierenden Betrachtungsweise anhand des tradierten „Altersphasenmodells" ist stärker auf den konkreten Einzelfall und tatsächlich bestehende, verläss-liche Möglichkeiten der Kinderbetreuung abzustellen. Be-deutung erlangt dies weniger bei Kleinkindern, zumal das Sozialrecht hier Wertentscheidungen trifft, die es zu beachten gilt (vgl. § 11 Abs. 4 Satz 2 bis 4 des Zwölften Buches Sozialgesetzbuch – Sozialhilfe –; § 10 Abs. 1 Nr. 3 des Zweiten Buches Sozialgesetzbuch – Grundsicherung für Arbeitsuchende). Eine Berücksichtigung ist aber grundsätz-lich bei den über dreijährigen Kindern geboten.

Bei der konkreten Anwendung der Norm ist darauf Bedacht zu nehmen, dass nur „bestehende" Möglichkeiten der Kin-derbetreuung Berücksichtigung finden sollen. Die Möglich-keit einer Fremdbetreuung muss tatsächlich existieren, zu-mutbar und verlässlich sein und dem Kindeswohl im Einklang stehen. Die Kosten der Kinderbetreuung sind bei der Unterhaltsberechnung angemessen zu berücksichtigen.

Zu Nummer 5 (Aufhebung von § 1573 Abs. 5 BGB)

§ 1573 Abs. 5 BGB wird aufgehoben, weil mit § 1578b des Entwurfs eine allgemeine Regelung zur Herabsetzung und zeitlichen Begrenzung des nachehelichen Unterhalts-anspruchs geschaffen wird, die auch die zeitliche Begren-zung des Unterhalts wegen Erwerbslosigkeit und des Auf-stockungsunterhalts ermöglicht.

Zu Nummer 6 (Neufassung von § 1574 BGB)

§ 1574 Abs. 1 und 2 wird im Licht der stärkeren Betonung des Grundsatzes der Eigenverantwortung neu gefasst. Da-durch werden die Anforderungen an die (Wieder-)Auf-nahme einer Erwerbstätigkeit nach der Scheidung erhöht. Absatz 3 bleibt unverändert.

Zu Absatz 1

In Absatz 1 wird in Anlehnung an die Neuformulierung von § 1569 des Entwurfs klargestellt, dass den geschiedenen Ehegatten eine Erwerbsobliegenheit trifft. Wie schon bis-lang gibt Absatz 1 dabei den Maßstab für die Art der Erwerbstätigkeit vor; vom geschiedenen Ehegatten wird eine angemessene Erwerbstätigkeit erwartet.

Zu Absatz 2

Absatz 2 führt die Merkmale auf, anhand derer sich die An-gemessenheit der Erwerbstätigkeit beurteilt und die in ihrer Gesamtheit zu würdigen sind. Wie bisher wird auf die Aus-bildung, die Fähigkeiten, das Lebensalter und den Gesund-heitszustand des geschiedenen Ehegatten abgestellt. Neu aufgenommen wurde das Merkmal der früheren Erwerbs-tätigkeit. Die Erwerbstätigkeit in einem früher ausgeübten Beruf ist grundsätzlich immer angemessen. Davon geht auch der Bundesgerichtshof in seiner aktuellen Rechtspre-chung aus. Dem bedürftigen Ehegatten ist es danach ver-wehrt, Unterhalt auf der Basis seiner höheren Berufsqualifi-kation zu fordern, wenn er im Verlauf der Ehe über einen mehrjährigen Zeitraum eine geringer qualifizierte Tätigkeit ausgeübt hat (vgl. BGH, FamRZ 2005, 23 [25]).

Bislang waren die ehelichen Lebensverhältnisse ein weite-res, gleichberechtigtes Merkmal zur Prüfung der Angemes-senheit einer Erwerbstätigkeit. Dies hat in der Rechtspre-chung häufig dazu geführt, dass dem unterhaltsbedürftigen Ehegatten aufgrund eines während der Ehe bestehenden höheren Lebensstandards nicht zugemutet wurde, in einen früher ausgeübten Beruf zurückzukehren. In der Neu-fassung des § 1574 des Entwurfs ist die Frage, ob die ehe-lichen Lebensverhältnisse den Kreis der in Betracht kom-menden Erwerbstätigkeiten einengen können, erst in einer zweiten Stufe, als Korrektiv im Rahmen einer Billigkeitsabwägung zu prüfen. § 1574 Abs. 2 Satz 1 Halb-satz 2 des Entwurfs ist als Einschränkung ausgestaltet („… so-weit …"); es ist am Unterhaltsberechtigten, darzulegen und ggf. auch zu beweisen, dass eine an sich erreichbare Er-werbstätigkeit für ihn aufgrund der ehelichen Lebensver-hältnisse unzumutbar ist. Damit wird dem Vertrauen, das beim Berechtigten aufgrund einer nachhaltigen gemeinsa-men Ehegestaltung entstanden ist, Rechnung getragen und ein unangemessener sozialer Abstieg verhindert. Dem Rich-ter wird genügend Raum gewährt, um dem konkreten Ein-zelfall gerecht zu werden. Ein aufgrund des Eingreifens die-ser Bestimmung eventuell geminderter Lebensstandard des geschiedenen Ehegatten muss nicht Anlass dafür geben, dass ein Aufstockungsunterhaltsanspruch (§ 1573 Abs. 2 BGB) begründet wird. Vielmehr ist der durch eine Begren-zung des Unterhaltsanspruchs nach dem neuen § 1578b des Entwurfs in angemessener Weise zu begegnen.

§ 1574 Abs. 2 Satz 2 des Entwurfs enthält keine Definition der ehelichen Lebensverhältnisse, sondern übernimmt die bereits in der bisherigen Fassung von § 1574 Abs. 2 Halbsatz 2 BGB genannten Umstände, die bei der Bewertung besonders zu berücksichtigen sind.

Zu Nummer 7 (Änderung von § 1577 Abs. 2 BGB)

Durch die Änderung wird der Klammerzusatz in § 1577 Abs. 2 BGB ergänzt. Mit dem Hinweis auch auf § 1578b des Entwurfs wird klargestellt, dass der „volle Unterhalt" im Sinne der Bestimmung nicht nur der Unterhalt nach Maßgabe der ehelichen Lebensverhältnisse (§ 1578 Abs. 1 des Entwurfs), sondern ggf. auch der aus Billigkeitsgründen herabgesetzte Unterhalt nach § 1578b des Entwurfs sein kann.

Zu Nummer 8 (Änderung von § 1578 BGB)

§ 1578 Abs. 1 Satz 1 und 4 BGB bestimmen unverändert, dass sich das Maß des Unterhalts nach den ehelichen Lebensverhältnissen bestimmt und der Unterhalt den gesamten Lebensbedarf umfasst. § 1578 Abs. 1 Satz 2 und 3 BGB wird gestrichen, weil die Herabsetzung und zeitliche Begrenzung von Unterhaltsansprüchen in der neu geschaffenen Vorschrift des § 1578b des Entwurfs geregelt wird.

Zu Nummer 9 (Einfügung von § 1578b BGB)

Mit § 1578b des Entwurfs wird eine grundsätzlich für alle Unterhaltstatbestände geltende Billigkeitsregelung eingefügt, die nach Maßgabe der in der Regelung aufgeführten Billigkeitskriterien eine Herabsetzung oder zeitliche Begrenzung von Unterhaltsansprüchen ermöglicht.

Damit wird der vom Gesetzgeber mit dem Unterhaltsänderungsgesetz vom 20. Februar 1986 (BGBl. I S. 301) eingeschlagene Weg fortgesetzt. Das 1. EheRG (Erstes Gesetz zur Reform des Ehe- und Familienrechts vom 14. Juni 1976, BGBl. I S. 1421) ließ in der bis zum 1. April 1986 geltenden Fassung kaum Raum für Billigkeitsabwägung. Die Möglichkeit einer zeitlichen Begrenzung bestand nicht. Von Beginn an ist dies unter Hinweis darauf kritisiert worden, dass einschneidende wirtschaftliche Folgen einer Trennung und Scheidung, wie sie insbesondere durch die Auferlegung einer grundsätzlich lebenslangen Unterhaltspflicht entstehen, nicht völlig losgelöst von Billigkeitsgesichtspunkten geregelt werden können (vgl. Willutzki, Brühler Schriften zum Familienrecht, Bd. 3, [1984], 15 [16 ff.] m. w. N.). Diese Kritik hat der Gesetzgeber mit dem Unterhaltsänderungsgesetz aufgegriffen und durch die Einfügung von § 1573 Abs. 5 BGB erstmals die Möglichkeit geschaffen, den Unterhalt wegen Erwerbslosigkeit und den Aufstockungsunterhalt aufgrund von Billigkeitserwägungen zeitlich zu begrenzen. Gleichzeitig wurde durch § 1578 Abs. 1 Satz 2 und 3 BGB ermöglicht, bei allen Unterhaltstatbeständen das Maß des Unterhalts auf den angemessenen Lebensbedarf herabzusetzen. Das Gesetz verfolgte hiermit ausdrücklich das Ziel, die Eigenverantwortung zu fördern und der Einzelfallgerechtigkeit mehr Raum zu geben (vgl. Bundestagsdrucksache 10/2888, 11 f.; s. auch Brudermüller, FamRZ 1998, 649 [650]).

Von diesen Möglichkeiten hat die Rechtsprechung in den folgenden Jahren jedoch kaum Gebrauch gemacht. Dies wurde in der Literatur schon seit längerem kritisiert (vgl. Schwab, FamRZ 1997, 521 [524]; Gerhardt, FamRZ 2000,

134 [136]; Brudermüller, a. a. O.; Wendl/Staudigl-Pauling, Das Unterhaltsrecht in der familienrichterlichen Praxis [6. Aufl. 2004], § 4 Rn. 591). In jüngster Zeit hat die Kritik vor allem vor dem Hintergrund der Abkehr des Bundesgerichtshofes von der so genannten Anrechnungsmethode und Hinwendung zur so genannten Differenzmethode mit der Entscheidung vom 13. Juni 2001 (BGHZ 148, 105 ff.) deutlich zugenommen (vgl. Scholz, FamRZ 2003, 265 [271]; Brudermüller, FF 2004, 101 ff.; Grandel, FF 2004, 237 ff.; Schwarz, NJW-Spezial 2004, 295 ff., 2005, 7 ff.; Anw-Komm-Fränken, BGB [2005], § 1573 Rn. 32). In der neueren Rechtsprechung (vgl. etwa OLG Hamm, NJW-RR 2003, 1084; OLG München, FuR 2003, 326) ist eine Tendenz zu einer vermehrten Beschränkung von Unterhaltsansprüchen festzustellen.

Daran knüpft der Entwurf mit dem neu eingefügten § 1578b an. Die Neuregelung verfolgt das Ziel, die Beschränkung von Unterhaltsansprüchen anhand objektiver Billigkeitsmaßstäbe und hier insbesondere anhand des Maßstabs der „ehebedingten Nachteile" zu erleichtern. Ihr liegen folgende grundsätzliche Erwägungen zugrunde:

Die Leistungen der Ehegatten, die sie aufgrund ihrer vereinbarten Arbeitsteilung in der Ehe (Berufstätigkeit, Haushaltsarbeit, Kindererziehung) erbringen, sind gleichwertig, so dass sie grundsätzlich Anspruch auf „gleiche Teilhabe am gemeinsam erwirtschafteten" haben. Dieser Teilhabeanspruch bestimmt in besonderer Weise auch die unterhaltsrechtliche Beziehung der Ehegatten (vgl. BVerfGE 105, 1), bedeutet aber nicht von vornherein eine „Lebensstandardgarantie" im Sinne einer zeitlich unbegrenzten und in der Höhe nicht abänderbaren Teilhabe nach der Scheidung. Grund für die nachehelichen Unterhaltsansprüche ist die sich aus Artikel 6 GG ergebende fortwirkende Solidarität. Diese fortwirkende Verantwortung für den bedürftigen Partner erfordert vor allem einen Ausgleich der Nachteile, die dadurch entstehen, dass der Unterhaltsberechtigte wegen der Aufgabenverteilung in der Ehe, insbesondere der Kinderbetreuung, nach der Scheidung nicht oder nicht ausreichend für seinen eigenen Unterhalt sorgen kann. Diese Erwägung liegt insbesondere den Unterhaltstatbeständen des § 1570 BGB (Betreuungsunterhalt), § 1573 BGB (Unterhalt wegen Erwerbslosigkeit und Aufstockungsunterhalt) und § 1575 BGB (Ausbildungsunterhalt) zugrunde. „Ehebedingte Nachteile", die auf der Aufgabenverteilung in der Ehe beruhen, steigen wegen der zunehmenden persönlichen und sozialen Verflechtung typischerweise mit der Dauer der Ehe, so dass im Einzelfall eine lebenslange Unterhaltspflicht gerechtfertigt sein kann. Je geringer aber diese Nachteile sind, desto eher ist im Licht des Grundsatzes der Eigenverantwortung unter Billigkeitsgesichtspunkten eine Beschränkung des Unterhaltsanspruchs geboten, wobei in besonderer Weise auf die Wahrung der Belange eines vom Berechtigten betreuten gemeinschaftlichen Kindes zu achten ist.

Die nach der Ehe fortwirkende Verantwortung erschöpft sich allerdings nicht im Ausgleich ehebedingter Nachteile. Beispielsweise bestehen die Unterhaltsansprüche wegen Alters, Krankheit oder Arbeitslosigkeit (§§ 1571, 1572, 1573 Abs. 1 BGB) auch dann, wenn Krankheit oder Arbeitslosigkeit ganz unabhängig von der Ehe und ihrer Ausgestaltung durch die Ehegatten eintreten. Gleiches gilt für den Aufstockungsunterhalt (§ 1573 Abs. 2 BGB). Auch in diesen Fällen kann eine uneingeschränkte Fortwirkung der nachehelichen Solidarität unter Billigkeitsgesichtspunkten unangemessen sein. Im Spannungsverhältnis zwischen der fortwirkenden Verantwortung und dem Grundsatz der Eigenverantwortung muss auch hier in jedem Einzelfall eine angemessene und für beide Seiten gerechte Lösung gefunden werden, bei der die Dauer der Ehe von besonderer Bedeutung sein wird.

Die gesetzlichen Unterhaltstatbestände des § 1570 ff. BGB unterscheiden im Einzelnen nicht danach, aus welchem Grund es gerechtfertigt ist, dem einen Ehegatten zugunsten des anderen eine Unterhaltslast aufzuerlegen. Sie sind zwar im Licht des Grundsatzes der Eigenverantwortung nach der Ehe auszulegen, bieten aber keinen hinreichend konkreten Anknüpfungspunkt für Billigkeitserwägungen der dargestellten Art. Es bedarf deshalb einer grundsätzlich für alle Unterhaltstatbestände geltenden Billigkeitsregelung, wie sie in § 1578b des Entwurfs vorgesehen ist.

§ 1578b des Entwurfs regelt sowohl die Herabsetzung (Absatz 1) als auch die zeitliche Begrenzung (Absatz 2) und stellt zugleich klar, dass auch eine Kombination von Herabsetzung und zeitlicher Begrenzung möglich ist (Absatz 3). § 1578b des Entwurfs ist bewusst nicht als allgemeine Generalklausel ausgestaltet, sondern gibt den Gerichten in den Absätzen 1 und 2, der wiederum auf Absatz 1 verweist, klare gesetzliche Vorgaben für die vorzunehmenden Billigkeitserwägungen.

Zu Absatz 1

Zu Satz 1

Der Unterhaltsanspruch ist danach zeitlich zu begrenzen oder herabzusetzen, wenn ein zeitlich unbeschränkter oder nach den ehelichen Lebensverhältnissen bemessener Unterhaltsanspruch unbillig wäre. Bei der in Absatz 1 Satz 1 geregelten Herabsetzung sieht das Gesetz ausdrücklich – wie bisher in § 1578 Abs. 1 Satz 2 BGB – einen Ersatzmaßstab in Höhe des angemessenen Lebensbedarfs vor (vgl. Palandt-Brudermüller, BGB [65. Aufl. 2006], § 1578 Rn. 80). Sowohl bei der Herabsetzung als auch bei der zeitlichen Begrenzung ist außerdem zu berücksichtigen, dass die Belange eines vom Berechtigten betreuten gemeinschaftlichen Kindes gewahrt bleiben (so genannte Kinderschutzklausel). Schon aus diesem Grund kommt eine über die immanente Begrenzung des § 1570 BGB hinausgehende Beschränkung des Anspruchs auf Betreuungsunterhalt nur in seltenen Ausnahmefällen in Betracht (siehe dazu oben, Begründung zu § 1569 des Entwurfs). In jedem Fall schützt die Kinderschutzklausel davor, dass der Betreuungsunterhalt so weit abgesenkt wird, dass zwischen dem Lebensstandard des kinderbetreuenden Ehegatten und demjenigen der Kinder, die ungeschmälert Kindesunterhalt erhalten, ein erheblicher Niveauunterschied besteht. Insoweit sind bei § 1578b des Entwurfs andere Wertungen erforderlich als im Rahmen des sehr viel strengeren § 1579 BGB.

Zu den Sätzen 2 und 3

Weitere Vorgaben für die Billigkeitserwägungen enthält Absatz 1 Satz 2. Er konkretisiert den auch in der Praxis bedeutsamsten Maßstab für die Feststellung der Unbilligkeit.

Ob und in welchem Umfang Unterhaltsansprüche beschränkt werden können, hängt danach wesentlich davon ab, ob und in welchem Ausmaß durch die Ehe Nachteile im Hinblick auf die Möglichkeit eingetreten sind, für den eigenen Unterhalt zu sorgen. Hinsichtlich der Verknüpfung „durch die Ehe" genügt es, dass der Nachteil, nicht für den eigenen Unterhalt sorgen zu können, ganz überwiegend bzw. im Wesentlichen auf die vereinbarte Aufgabenteilung während der Eheführung zurückzuführen ist. Die wichtigsten Umstände, aus denen sich solche Nachteile ergeben können, benennt Absatz 1 Satz 3. Steht die Unbilligkeit fest, besteht kein Ermessensspielraum; der Unterhaltsanspruch muss hinsichtlich Höhe und/oder Dauer begrenzt werden.

Die ausdrückliche Erwähnung des Billigkeitsmaßstabs der „ehebedingten Nachteile" und die Konkretisierung der Umstände, die zu einem solchen Nachteil führen können (Dauer der Kinderbetreuung, Arbeitsteilung während der Ehe, Dauer der Ehe) machen deutlich, dass es im Rahmen von § 1578b des Entwurfs – anders als in den meisten Fällen von § 1579 BGB – nicht um ein Fehlverhalten oder Verschulden des unterhaltsberechtigten Ehegatten geht, sondern allein um die wertende Würdigung objektiver Umstände wie beispielsweise der Dauer der Kindererziehung oder der Dauer der Ehe. Die Dauer der Ehe führt für sich genommen nicht zwangsläufig zu einem Nachteil, ist aber gleichwohl von Bedeutung, da sich der (berufliche) Nachteil, der sich nach der Scheidung für den Ehegatten ergibt, der sich ganz der Kindererziehung oder der Hausarbeit gewidmet hat, in aller Regel mit zunehmender Dauer der Ehe erhöht. Die ausdrückliche Erwähnung der Dauer der Pflege oder Erziehung eines Kindes in Absatz 1 Satz 3 – gemeint ist hier die voraussichtliche Gesamtdauer – schließlich verdeutlicht einmal mehr, dass eine über die ohnehin bestehende immanente Beschränkung hinausgehende Begrenzung des Anspruchs auf Betreuungsunterhalt nur ausnahmsweise in Betracht kommen wird.

§ 1578b des Entwurfs erfasst auch die Fälle, in denen es nicht um die Kompensation „ehebedingter Nachteile", sondern allein um das Ausmaß der darüber hinausgehenden nachehelichen Solidarität geht. Zu denken ist etwa an den Fall der Erkrankung eines Ehegatten, die ganz unabhängig von der Ehe eingetreten ist. Billigkeitsmaßstab für die Herabsetzung oder zeitliche Begrenzung des Unterhalts ist hier allein die fortwirkende Solidarität im Licht des Grundsatzes der Eigenverantwortung, wobei in § 1578b Abs. 1 Satz 3 des Entwurfs genannten Umstände auch Bedeutung für das Ausmaß einer fortwirkenden Verantwortung haben. Dies gilt insbesondere für die Dauer der Ehe. Die gleichen Grundsätze gelten auch für den Fall, in dem etwa eine Erwerbstätigkeit allein an der bestehenden Arbeitsmarktlage scheitert und damit nicht auf eine „ehebedingten Nachteil" zurückzuführen ist. Ob und in welchem Ausmaß der Unterhaltsanspruch wegen Erwerbslosigkeit gemäß § 1573 BGB in Höhe und/oder Dauer beschränkt werden kann, wird auch hier ganz wesentlich von der Dauer der Ehe abhängen.

§ 1578b des Entwurfs ist wie § 1579 BGB als Billigkeitsvorschrift konzipiert. Dennoch grenzen sich beide Vorschriften klar voneinander ab: § 1579 BGB knüpft an bestimmte, eingegrenzte Fallkonstellationen an und erfasst dabei neben Fällen, in denen die Unterhaltsleistung aus objektiven Gründen unzumutbar ist (§ 1579 Nr. 1, 2 und 8 des

Entwurfs), vor allem Fälle, in denen dem Unterhaltsberechtigten ein Fehlverhalten gegen die eheliche Solidarität vorgeworfen werden muss (§ 1579 Nr. 3 bis 8 des Entwurfs). Dagegen erfordert § 1578b des Entwurfs eine Billigkeitsabwägung anhand bestimmter, vom Gesetzgeber vorgegebener Kriterien. Bei diesen Kriterien handelt es sich allein um objektive Umstände, denen kein Unwerturteil oder eine subjektive Vorwerfbarkeit anhaftet. Im Rahmen der Abwägung des § 1578b des Entwurfs findet also nicht etwa eine Aufarbeitung ehelicher Fehlverhaltens statt. Verstöße gegen die eheliche Solidarität wirken weiterhin allein nach § 1579 BGB auf den nachehelichen Unterhalt ein. Die Rechtsfolgen des § 1579 BGB sind dementsprechend weiterreichend, da der Unterhaltsanspruch völlig versagt werden kann, während § 1578b des Entwurfs nur eine Herabsetzung oder eine zeitliche Beschränkung vorsieht.

Die Darlegungs- und Beweislast für diejenigen Tatsachen, die für eine Anwendung von § 1578b des Entwurfs sprechen, trägt allgemeinen Grundsätzen zufolge der Unterhaltsverpflichtete, da es sich um eine unterhaltsbegrenzende Norm mit Ausnahmecharakter handelt. Soweit die unterhaltsverpflichtete Partei entsprechende Tatsachen dargetan hat, ist es am Unterhaltsberechtigten, Umstände darzulegen und zu beweisen, die gegen eine Unterhaltsbegrenzung oder beispielsweise für eine längere „Schonfrist" sprechen (vgl. BGH, FamRZ 1990, 857 ff.; MünchKomm-Maurer, BGB [4. Aufl. 2000], § 1573 Rn. 54).

Zu Nummer 10 (Änderung von § 1579 BGB)

Es wird zum einen die Überschrift der Vorschrift geändert. Zum anderen wird § 1579 Nr. 1 BGB neu gefasst, ein neuer Härtegrund durch § 1579 Nr. 2 BGB des Entwurfs eingeführt und die Nummerierung geändert.

Neufassung der Überschrift

Durch die Neufassung der amtlichen Überschrift wird die Zielrichtung der Bestimmung besser verdeutlicht. Sie bringt die Rechtsfolge, nämlich die Beschränkung des Unterhaltsanspruchs (nach Höhe, zeitlicher Dauer der Leistung oder einer Kombination aus Höhe und Dauer) und seine vollständige Versagung zum Ausdruck und nennt zugleich die entscheidende Voraussetzung hierfür, die grobe Unbilligkeit. Diese kann sich aus einem vorwerfbaren Fehlverhalten des Unterhaltsberechtigten (§ 1579 Nr. 3 bis 7, Nr. 8 des Entwurfs) oder aus einem objektiven Unzumutbarkeit der Unterhaltsleistung für den Unterhaltspflichtigen (§ 1579 Nr. 1, 2, 8 des Entwurfs) ergeben.

Die Überschrift dient gleichzeitig der besseren Abgrenzung der Bestimmung zu § 1578b des Entwurfs. Fälle von ehelichem Fehlverhalten werden von § 1578b des Entwurfs nicht erfasst; dies auch nicht dem Gesichtspunkt der „Einzelfallgerechtigkeit". Für diese Fälle verbleibt es bei den speziellen Tatbeständen von § 1579 BGB, der insoweit eine abschließende Regelung enthält.

Trotz der in § 1578b Abs. 3 des Entwurfs ausdrücklich erwähnten Möglichkeit, Herabsetzung und zeitliche Begrenzung des Unterhaltsanspruchs miteinander zu kombinieren, erschien eine entsprechende Klarstellung bei § 1579 BGB entbehrlich, da eine abgestufte Unterhaltsbegrenzung von einer zeitlich begrenzten Herabsetzung bis zur vollständigen

Versagung als Rechtsfolge des § 1579 BGB allgemein anerkannt ist (vgl. Wendl/Staudigl-Gerhardt, Das Unterhaltsrecht in der familienrichterlichen Praxis [6. Aufl. 2004], § 4 Rn. 602). Hieran soll nichts geändert werden.

Neufassung von Nummer 1

§ 1579 Nr. 1 BGB wird sprachlich klarer gefasst: Nach der Rechtsprechung des Bundesverfassungsgerichts (vgl. BVerfGE 80, 286) ist bei der Auslegung von § 1579 Nr. 1 BGB in seiner bisherigen Fassung zur Vermeidung verfassungswidriger Ergebnisse zunächst von der tatsächlichen Ehezeit auszugehen. Erst im Anschluss erfolgt eine Abwägung, inwieweit die Inanspruchnahme des Verpflichteten auch unter Wahrung der Belange eines vom Berechtigten betreuten gemeinschaftlichen Kindes grob unbillig ist. Die Betreuungszeit ist also entgegen dem bisherigen Wortlaut von Nummer 1 nicht der Ehedauer hinzuzurechnen, sondern wird erst im Rahmen der Abwägung relevant, da andernfalls eine „kurze Ehedauer" in Kinderbetreuungsfällen kaum mehr denkbar wäre und der Härtegrund der „Kurzzeitehe" leer liefe.

Mit der Änderung wird der Wortlaut der Vorschrift an die Rechtsprechung des Bundesverfassungsgerichts, die in der Praxis allgemein anerkannt ist, angeglichen. Die neue Formulierung soll klarer zum Ausdruck bringen, dass die Kindesbelange und die Betreuung gemeinschaftlicher Kinder durch den Unterhaltsberechtigten einer Beschränkung des Unterhalts weder von vornherein noch grundsätzlich entgegenstehen, sondern dass bei der nach Bejahung einer „kurzen Ehedauer" durchzuführenden umfassenden Billigkeitsabwägung die Kindesbelange zu wahren und die Kindesbetreuung besonders zu berücksichtigen sind. Durch die Ersetzung des Wortes „konnte" durch das Wort „kann" wird deutlich, dass es bei der Abwägung nicht nur um bereits abgelaufene, sondern auch um künftige Betreuungszeiten geht.

Der Entwurf verzichtet auf Vorgaben, bis zu welcher Dauer eine Ehe als „kurz" anzusehen ist. Die Bestimmung dieses Zeitraums kann nicht abstrakt und für alle Ehen gleich erfolgen. Es handelt sich hierbei vielmehr stets um einen an der konkreten Lebenssituation der Ehegatten orientierten Akt wertender Erkenntnis. Der zeitliche Bereich ist durch die Rechtsprechung bereits so weit konkretisiert, dass eine gesetzliche Festlegung nicht erforderlich erscheint.

Im Bereich von „Kurzzeitehen" sind Überschneidungen von § 1578b des Entwurfs mit § 1579 Nr. 1 BGB denkbar: Einerseits kann eine unbeschränkte Unterhaltsverpflichtung bei kurzer Ehedauer nach § 1579 Nr. 1 BGB grob unbillig sein. Andererseits wirkt sich eine kurze Ehe häufig nicht negativ auf die Möglichkeit des geschiedenen Ehegatten aus, selbst für seinen Unterhalt zu sorgen. Deshalb kommt auch eine Anwendung von § 1578b des Entwurfs in Betracht. Hat die Ehe nur wenige Jahre gedauert, ist zuerst § 1579 Nr. 1 BGB zu prüfen. Während die Dauer der Ehe bei der Prüfung von § 1578b des Entwurfs nicht aufgegriffen wird, weil eine kurze Ehe darauf hindeutet, dass die Ehegatten durch die Ehe keine Nachteile haben hinnehmen müssen, ist bei § 1579 Nr. 1 BGB gerade der Dauer das entscheidende Tatbestandsmerkmal. Liegt eine kurze Ehe im Sinne des § 1579 Nr. 1 BGB vor, verengt sich der Entscheidungsspielraum des Gerichts. Die Versagung, Herabsetzung oder zeitliche Begrenzung des Unterhaltsanspruchs hängt dann nur noch von der in § 1579 Halbsatz 1 BGB vorgesehenen Billigkeitsprüfung ab, die vor allem der Wahrung der Belange gemeinschaftlicher Kinder dient (vgl. BVerfGE 80, 286). An diese Prüfung waren schon bislang keine allzu hohen Anforderungen zu stellen (vgl. BGH, FamRZ 1989, 483 [486]). Liegt dagegen kein Fall des § 1579 Nr. 1 BGB vor, gilt § 1587b des Entwurfs mit der Folge, dass beispielsweise bei einer vierjährigen Ehe eine Beschränkung eher in Betracht kommen kann als bei einer zehn- oder 15-jährigen Ehe.

Einfügung eines neuen Härtegrunds

Mit § 1579 Nr. 2 des Entwurfs wird der in der Praxis bedeutsamste Härtegrund, das dauerhafte Zusammenleben des Unterhaltsberechtigten mit einem neuen Partner, als eigenständiger Ausschlusstatbestand normiert. Die neue Vorschrift erfasst viele derjenigen Fälle, die von den Gerichten bislang über den bisherigen § 1579 Nr. 7 BGB gelöst wurden und die Anlass zur Herausbildung einer überaus reichen, nur schwer überschaubaren Kasuistik gegeben haben. Verbleibende, von der Neuregelung nicht erfasste Fallgruppen sind wie bisher zu lösen; die Neuregelung bringt insoweit keine Änderungen. Gleichwohl wird der bisherige § 1579 Nr. 7 BGB dadurch nicht unerheblich „entlastet" und kann seiner ursprünglichen Funktion besser gerecht werden, Auffangtatbestand für alle sonstigen, nicht benannten Fälle zu sein, in denen eine unbeschränkte Unterhaltsverpflichtung grob unbillig wäre.

Mit dem neuen Härtegrund wird kein vorwerfbares Fehlverhalten des Unterhaltsberechtigten sanktioniert, sondern es wird eine rein objektive Gegebenheit bzw. eine Veränderung in den Lebensverhältnissen des bedürftigen Ehegatten erfasst, die eine dauerhafte Unterhaltsleistung unzumutbar erscheinen lässt.

Dabei gibt das Gesetz keine Definition vor, ab wann eine verfestigte Lebensgemeinschaft anzunehmen ist. Aufgrund der Vielfalt der denkbaren Lebenssachverhalte hat allein das mit dem konkreten Fall befasste Gericht zu entscheiden, ob im Einzelfall eine verfestigte Lebensgemeinschaft vorliegt. Dies wird entsprechend der bisherigen, hierzu ergangenen Rechtsprechung (vgl. nur Schwab-Borth, Handbuch des Scheidungsrechts [5. Aufl. 2004], Rn. IV 496 ff.) insbesondere dann bejaht werden können, wenn objektive, nach außen tretende Umstände wie etwa ein über einen längeren Zeitraum hinweg geführter gemeinsamer Haushalt, das Erscheinungsbild in der Öffentlichkeit, größere gemeinsame Investitionen wie der Erwerb eines gemeinsamen Familienheims oder die Dauer der Verbindung den Schluss auf eine verfestigte Lebensgemeinschaft nahelegen. Kriterien wie die Leistungsfähigkeit des neuen Partners, die Aufnahme von intimen Beziehungen oder die Frage, ob die Partner der neuen Lebensgemeinschaft eine neue Lebenspartnerschaft eingehen könnten, spielen grundsätzlich keine Rolle, da der neu geschaffene Härtegrund nicht zu einer Kontrolle der Lebensführung des geschiedenen Ehegatten führen darf. Entscheidender Umstand ist vielmehr allein, dass der geschiedene Ehegatte, der eine neue Lebensgemeinschaft eingegangen ist, die sich verfestigt hat, sich damit endgültig aus der nachehelichen Solidarität herauslöst und zu erkennen gibt, dass er diese nicht mehr benötigt.

Dies ist auch der Grund dafür, die „verfestigte Lebensgemeinschaft" als Anwendungsfall der Unbilligkeit nach § 1579 BGB zu begreifen und nicht als Fall der bloßen Bedarfsdeckung im Sinne von § 1577 Abs. 1 BGB.

Die Belange eines gemeinschaftlichen Kindes, das von dem lebenden Ehegatten betreut wird, sind durch die „Kinderschutzklausel" im Einleitungssatz des § 1579 BGB zu wahren. Im Einzelfall ist zu prüfen, inwieweit der eheangemessene Unterhalt auf das zur Kindesbetreuung erforderliche Maß reduziert werden kann oder inwieweit der betreuende Elternteil – beispielsweise nach dem dritten Lebensjahr des Kindes – durch eine Teilzeiterwerbstätigkeit zum eigenen Unterhalt beitragen kann.

Änderung der Nummerierung

Die Einfügung des neuen Härtegrundes gemäß § 1579 Nr. 2 des Entwurfs macht es erforderlich, die Nummerierung zu ändern. Da in der Nummer 2 geschilderte Härtegrund nicht an ein Fehlverhalten, sondern an eine neue objektive Veränderung in den Lebensverhältnissen des Unterhaltsberechtigten anknüpft, war die neue Fallgruppe nicht an das Ende der Vorschrift anzufügen. Es ist vielmehr sachgerecht, den Fall im räumlichen Zusammenhang mit der „Kurzehe" nach § 1579 Nr. 1 BGB zu regeln, den anderen Härtegrund mit rein objektivem Anknüpfungspunkt.

Zu Nummer 11 (Neufassung von § 1582 BGB)

Die Änderungen betreffen die Überschrift der Vorschrift und den Text der Bestimmung.

Durch die Neufassung wird die Überschrift präziser gefasst. Gleichzeitig wird die Wortwahl an den an anderen Stellen des BGB üblichen Gebrauch angeglichen.

Die Neufassung führt zu einer deutlichen Kürzung der Vorschrift. Anstelle der bisherigen komplexen Regelung der unterhaltsrechtlichen Rangfolge, bei der es zur Klärung des unterhaltsrechtlichen Rangverhältnisses zwischen verschiedenen Unterhaltsberechtigten vielfach erforderlich war, mehrere, teilweise komplizierte Vorschriften parallel zu betrachten, tritt eine klare Gesamtkonzeption, bei der sich die Rangfolge zwischen allen Unterhaltsberechtigten aus einer einzigen, übersichtlich gefassten Vorschrift ergibt, dem neu gefassten § 1609 des Entwurfs. Sonderregelungen zur Rangfolge der Unterhaltsberechtigung in einzelnen Unterhaltsverhältnissen wie demjenigen zwischen geschiedenen Ehegatten, zwischen Vater und der Mutter des außerhalb einer bestehenden Ehe geborenen Kindes wegen des Betreuungsunterhalts oder zwischen Lebenspartnern nach dem Lebenspartnerschaftsgesetz, erübrigen sich. Mit der Neufassung genügt jeweils eine einfache Verweisung auf die zentrale Regelung der Rangfolge, die für alle Unterhaltsverhältnisse gilt.

Zu Nummer 12 (Neufassung von § 1585b Abs. 2 BGB)

§ 1585b Abs. 2 BGB wird neu gefasst: Die Regelung des nachehelichen Unterhalts für die Vergangenheit (§ 1585b Abs. 2) weicht seit dem 1. Juli 1998, dem Tag des Inkrafttretens des Kindesunterhaltsgesetzes vom 6. April 1998 (BGBl. I S. 666), von den entsprechenden Vorschriften für den Trennungsunterhalt (§ 1361 Abs. 4 Satz 4, § 1360a

Abs. 3, § 1613 Abs. 1 BGB) und für den Verwandtenunterhalt (§ 1613 Abs. 1 BGB) ab. Grund hierfür ist, dass § 1613 BGB durch das Kindesunterhaltsgesetz neu gefasst wurde. Da die Verweisung in § 1360a Abs. 3 BGB und der Text von § 1585b Abs. 2 BGB, der vor der Neufassung im Wesentlichen demjenigen in § 1613 Abs. 1 BGB a. F. entsprach, unverändert geblieben sind, kam es zu den derzeit bestehenden, allerdings geringfügigen Unterschieden bei der Behandlung des Unterhalts für die Vergangenheit.

Die unterschiedliche Fassung wird seit längerem kritisiert (vgl. Gerhardt, FuR 2005, 529 [537]; Gerhardt, FuR 1998, 97 [101]; Handbuch Fachanwalt Familienrecht-Gerhardt [5. Aufl. 2005], 6. Kap. Rn. 533). Ein Grund, die Voraussetzungen für die Geltendmachung von Unterhalt für die Vergangenheit in § 1585b Abs. 2 BGB anders zu gestalten als in § 1613 Abs. 1 BGB, ist nicht ersichtlich. Deshalb verweist § 1585b Abs. 2 BGB in der Neufassung auf § 1613 Abs. 1 BGB. Die Voraussetzungen, nach denen Unterhalt für die Vergangenheit gefordert werden kann, werden damit vereinheitlicht und das Unterhaltsrecht vereinfacht.

Zu Nummer 13 (Änderung von § 1585c BGB)

Mit der Änderung wird ein zweiter Satz angefügt. Danach bedürfen vor Rechtskraft der Ehescheidung getroffene Vereinbarungen über den nachehelichen Unterhalt der notariellen Beurkundung (bzw. der Form eines gerichtlich protokollierten Vergleichs, § 127a BGB).

Im geltenden Recht ist die Formbedürftigkeit von Vereinbarungen über Scheidungsfolgen uneinheitlich geregelt: Im Gegensatz zu Vereinbarungen über den Versorgungsausgleich (§ 1408 Abs. 2, § 1587o Abs. 2 BGB) oder zu güterrechtlichen Vereinbarungen (§§ 1410, 1378 Abs. 3 BGB), die der notariellen Beurkundung bedürfen, können Vereinbarungen über den nachehelichen Unterhalt auch privatschriftlich oder sogar mündlich geschlossen werden. Dies, obwohl die Absicherung des laufenden Unterhalts für den Berechtigten in der Regel von weitaus existentiellerer Bedeutung ist als etwa Zugewinn und Güterrecht oder der spätere Versorgungsausgleich. Die Annahme, das Wesen des Unterhalts sei jedem von sich aus verständlich, so dass es der Anordnung eines Formzwangs nicht bedürfe, erweist sich in der Praxis häufig als unzutreffend. Denn immer wieder werden weitreichende Unterhaltsregelungen in Unkenntnis ihrer Tragweite getroffen, ohne dass sachkundiger Rat eingeholt wird.

Deshalb soll künftig die notarielle Beurkundung Wirksamkeitserfordernis für Vereinbarungen über den nachehelichen Unterhalt sein. Zweck der Form ist es, durch die Mitwirkung eines Notars die fachkundige und unabhängige Beratung der vertragsschließenden Parteien sicherzustellen, um die Vertragspartner vor übereilten Erklärungen zu bewahren und ihnen die rechtliche Tragweite ihrer Vereinbarungen vor Augen zu führen.

Die Frage, welche inhaltlichen Grenzen Unterhaltsvereinbarungen gezogen sind, ist vom Bundesgerichtshof in seiner Entscheidung vom 11. Februar 2004 (BGHZ 158, 81 ff.) unter Heranziehung allgemeiner zivilrechtlicher Grundsätze treffend beantwortet worden. Ob die dort dargelegten Voraussetzungen vorliegen, ist vom Gericht jeweils anhand des konkreten Einzelfalls zu entscheiden.

Die Neuregelung führt den Formzwang nicht für jede nacheheliche Unterhaltsvereinbarung ein, sondern nur für solche, die vor Rechtskraft des Scheidungsurteils abgeschlossen werden. Eine besondere Schutzbedürftigkeit des Ehegatten, der sich in der schwächeren Verhandlungsposition befindet, wird in aller Regel nur im Zeitraum bis zur Rechtskraft des Scheidungsurteils bestehen. Auch soll eine spätere, im Verlauf des Unterhaltsverhältnisses eventuell erforderlich werdende Anpassung der Vereinbarung an geänderte Umstände nicht durch Einführung eines Formzwangs unnötig erschwert werden.

Zu Nummer 14 (Aufhebung von § 1586a Abs. 1 Satz 2 BGB)

Durch die Bestimmung werden die durch § 1586a Abs. 1 Satz 2 BGB gewährten, praktisch nur selten geltend gemachten (vgl. Johannsen/Henrich-Büttner, Eherecht [4. Aufl. 2003], § 1586a Rn. 1; Erman-Graba, BGB [11. Aufl. 2004], § 1586a Rn. 1) Betreuungsunterhaltsansprüche gegen einen früheren Ehegatten nach Scheidung einer weiteren Ehe des unterhaltsbedürftigen Ehegatten ersatzlos gestrichen. Im Gegensatz zu dem aus Gründen des Kindeswohls gebotenen Betreuungsunterhaltsanspruch gegen den früheren Ehegatten nach § 1586a Abs. 1 Satz 1 BGB fehlt es für den Anschlussunterhalt an einer inneren Rechtfertigung: Der unterhaltsbedürftige Ehegatte löst sich mit der Eingehung einer neuen Ehe endgültig von der aus der früheren, geschiedenen Ehe abgeleiteten nachehelichen Solidarität; der Grundsatz der Eigenverantwortung des geschiedenen Ehegatten steht dem Wiederaufleben von Anschlussunterhaltsansprüchen entgegen.

Zu Nummer 15 (Neufassung von § 1604 BGB)

Bei der Änderung handelt es sich lediglich um eine Anpassung des Unterhaltsrechts an das Lebenspartnerschaftsgesetz (LPartG) in der Fassung des Gesetzes zur Überarbeitung des Lebenspartnerschaftsrechts vom 15. Dezember 2004 (BGBl. I S. 3396). Die durch § 6 LPartG in der Fassung dieses Gesetzes geschaffene Möglichkeit, dass Lebenspartner durch Lebenspartnerschaftsvertrag Gütergemeinschaft vereinbaren können, wird auch im Unterhaltsrecht nachvollzogen. Der Text der Bestimmung wird dabei zugleich redaktionell überarbeitet und verständlicher gefasst.

Zu Nummer 16 (Neufassung von § 1609 BGB)

Die bisherige Bestimmung wird durch eine vollständige Neuregelung ersetzt. Die unterhaltsrechtlichen Rangverhältnisse werden zentral an einer Stelle geregelt; der Rang, der den einzelnen Unterhaltsansprüchen zukommt, ergibt sich aus einer klaren, übersichtlichen Aufreihung.

Grundgedanken der Regelung

§ 1609 BGB regelt den Fall, dass mehrere Unterhaltsberechtigte vom Pflichtigen zu unterhalten sind. Relevanz erlangt die Bestimmung nur dann, wenn der Unterhaltspflichtige nicht in ausreichendem Maß leistungsfähig ist, um die Unterhaltsansprüche der Berechtigten zu erfüllen, ohne seinen eigenen Unterhalt zu gefährden. Derartige Mangelfälle sind in der Praxis häufig, so dass gerade hier dem zu verzeichnenden Wertewandel Rechnung getragen werden muss. Die Ursache für die Entstehung von Mangellagen ist vielfach, dass nach einer Ehescheidung wieder geheiratet und eine neue Familie gegründet wird. Weiter hat der Unterhaltspflichtige durch die steuerlichen Nachteile des Getrenntlebens bzw. der Scheidung etwa in Bezug auf die Steuerklassenwahl häufig deutlich spürbare Einkommenseinbußen hinzunehmen. Allgemein bekannt ist schließlich, dass die Kosten von zwei Haushalten höher sind als diejenigen eines einzelnen Haushalts. Deshalb sieht das Gesetz einen gestaffelten Schutz der verschiedenen Unterhaltsberechtigten vor, bei dem der vorrangig Berechtigte Unterhaltsansprüche eines nachrangig Berechtigten verdrängt.

Die Neuregelung tritt an die Stelle der bisherigen, äußerst komplizierten, über mehrere Bestimmungen (§ 1582 Abs. 1, § 1609, § 1615l Abs. 3 BGB, § 16 Abs. 2 LPartG bisheriger Fassung) verteilten und nur schwer durchdringbaren Normierung des unterhaltsrechtlichen Rangs. Sie schafft eine einheitliche, übersichtliche, klare und vor allem gerechte Regelung der Rangfolge zwischen mehreren Unterhaltsberechtigten.

Kernpunkt der Neuregelung ist, dass der Unterhalt minderjähriger unverheirateter Kinder und privilegierter volljähriger Kinder (§ 1603 Abs. 2 Satz 2 BGB) künftig Vorrang vor allen anderen Unterhaltsansprüchen hat. Der absolute Vorrang des Kindesunterhalts dient der Förderung des Kindeswohls, da damit die materiellen Grundlagen für Pflege und Erziehung von Kindern gesichert werden. Der unterhaltsrechtliche Vorrang wird damit zum Komplementärstück zur gesteigerten Unterhaltsobliegenheit der Eltern gegenüber ihren minderjährigen unverheirateten und diesen gleichgestellten Kindern (§ 1603 Abs. 2 BGB).

Mit der Einräumung des Vorrangs des Kindesunterhalts wird nicht nur der Entschließung des Deutschen Bundestages vom 28. Juni 2000 (Bundestagsdrucksache 14/3781, S. 3) entsprochen; der Gesetzgeber folgt damit auch den wiederholt vorgetragenen Empfehlungen des Deutschen Familiengerichtstags (vgl. zuletzt AK 1 u. a. des 15. DFGT 2003, Brühler Schriften zum Familienrecht, Bd. 13 [2004], 75) und der unterhaltsrechtlichen Praxis (vgl. etwa Luthin, FPR 2004, 567 [572]; Scholz, FamRZ 2004, 751 [761 f.]; Peschel-Gutzeit, FPR 2002, 169 ff.; Puls, FamRZ 1998, 865 [875]).

Die innere Rechtfertigung des Vorrangs ergibt sich aus der Überlegung, dass Kinder die wirtschaftlich schwächsten Mitglieder der Gesellschaft sind und sie im Gegensatz zu anderen Unterhaltsberechtigten ihre wirtschaftliche Lage nicht aus eigener Kraft verändern können. Dagegen haben die künftig nachrangigen Unterhaltsberechtigten wenigstens potenziell die Möglichkeit, für ihren Lebensunterhalt selbst zu sorgen. Diese Überlegung deckt sich mit der empirisch belegten Erkenntnis, dass die Bereitschaft Unterhaltspflichtiger, Kindesunterhalt zu leisten, signifikant höher ist als die Zahlungswilligkeit beispielsweise in Bezug auf Ehegattenunterhalt, zumal die Notwendigkeit der Leistung von Kindesunterhalt unmittelbar einsichtig ist (vgl. Andreß/Borgloh/Güllner/Wilking, Wenn aus Liebe rote Zahlen werden – Über die wirtschaftlichen Folgen von Trennung und Scheidung [2003]; Bundesministerium für Familie, Senioren, Frauen und Jugend [Hrsg.], Unterhaltszahlungen für minderjährige Kinder in Deutschland [2002]). Der Entwurf bedeutet eine Abkehr vom „Gießkannenprinzip", zu dem es nach geltendem Recht in einem Mangelfall kommt, weil durch die verhältnismäßige Kürzung aller erstrangigen Unterhaltsansprü-

che die ausgeurteilten Unterhaltszahlbeträge vielfach so gering sind, dass davon weder die Kinder noch der gleichrangige Ehegatte leben können.

Der Gedanke des Kindeswohls rechtfertigt es weiter, die Unterhaltsansprüche von Eltern wegen der Betreuung von Kindern im Rang unmittelbar hinter denjenigen der Kinder einzustellen. Die Neuregelung differenziert dabei nicht mehr danach, ob der betreuende, unterhaltsbedürftige Elternteil mit dem anderen, unterhaltspflichtigen Elternteil verheiratet ist oder nicht. Durch den Verzicht hierauf wird einem Gerechtigkeitsdefizit des geltenden Rechts begegnet. Künftig spielt es beim Rang keine Rolle mehr, ob der Betreuungsunterhaltsanspruch aus der Ehe der Kindeseltern hergeleitet wird oder ob es sich um den Anspruch eines nicht verheirateten Elternteils gemäß § 1615l Abs. 2 Satz 2, Abs. 4 BGB handelt. Denn der Personenstand ist, soweit es lediglich um die rangmäßige Einordnung des Unterhaltsanspruchs nicht verheirateter Elternteile im Verhältnis zu anderen Unterhaltsansprüchen geht, kein taugliches Differenzierungskriterium. Sachliche Rechtfertigung für die Zuerkennung der Rangposition ist vielmehr allein die Tatsache der Kindesbetreuung. Da die Ausgangslage bei getrennt lebenden bzw. geschiedenen Berechtigten und bei nicht verheirateten Berechtigten insoweit identisch ist, es gerechtfertigt, die entsprechenden Ansprüche auf Betreuungsunterhalt rangmäßig gleich zu behandeln. Andere, zwischen ihnen bestehende Unterschiede werden hinreichend berücksichtigt durch die schwächere Ausgestaltung des Betreuungsunterhalts nach § 1615l Abs. 2 BGB.

Weiter modifiziert die Neuregelung die bisherige Privilegierung des Unterhaltsanspruchs des ersten Ehegatten gegenüber demjenigen des zweiten Ehegatten. Künftig zählt nicht mehr die zeitliche Priorität der Eheschließung, sondern allein die Schutzbedürftigkeit der Berechtigten. Besonders schutzbedürftig sind Berechtigte, die wegen der Betreuung eines Kindes unterhaltsbedürftig sind oder die wegen der langen Dauer der Ehe einen besonderen Vertrauensschutz beanspruchen können. Dagegen hat der Unterhaltsberechtigte bei einer kürzeren Ehedauer sein Leben noch nicht in derselben Weise auf die Ehe eingestellt, wie dies bei längerer Ehedauer der Fall ist.

Soweit sich sowohl der erste als auch der spätere Ehegatte auf Kindesbetreuung oder Vertrauensschutzgesichtspunkte berufen kann, besteht zwischen ihren jeweiligen Unterhaltsansprüchen – im Gegensatz zur heutigen Rechtslage – Gleichrang. Damit wird zugleich der diesbezügliche Widerspruch des geltenden Rechts aufgehoben. Denn nach § 1609 Abs. 2 Satz 1 BGB in der Auslegung, die die Bestimmung durch den Bundesgerichtshof (vgl. BGHZ 104, 158) und die ihm folgenden, einhelligen instanzgerichtlichen Rechtsprechung erfahren hat, gilt der gesetzlich normierte Gleichrang zwischen Ehegatten und Kindern dann, wenn sowohl der erste, geschiedene Ehegatte als auch der zweite Ehegatte minderjährige Kinder betreut, nur für den geschiedenen Ehegatten; die Unterhaltsansprüche des zweiten Ehegatten treten hinter denjenigen des eigenen Kindes und denen des Kindes aus der ersten Ehe zurück. Diese Privilegierung des ersten Ehegatten ist heute nicht mehr zu rechtfertigen; sie belastet ohne einleuchtenden Grund die Kinder aus der „Zweitfamilie" und wird deshalb beendet. Künftig gilt damit auch im Fall der Konkurrenz zwischen mehreren Ehegatten das Gleiche, was bereits heute bei der Konkurrenz mehrerer Kinder gilt: Bei gleichbleibendem Einkommen des Pflichtigen müssen Kinder nämlich schon jetzt eine Schmälerung des auf sie entfallenden Unterhaltsanteils hinnehmen, sobald weitere unterhaltsberechtigte Kinder hinzukommen. Für den geschiedenen Ehegatten gilt künftig Entsprechendes; auch er hat keinen „Vertrauensschutz" dahingehend, dass sich durch Wiederheirat und Gründung einer Zweitfamilie der Kreis der unterhaltsberechtigten Personen nicht vergrößert und seine Unterhaltsquote nicht gekürzt wird.

Auf der Grundlage der bisherigen Rangfolge hat die Rechtsprechung Methoden zur Berechnung von Unterhaltsansprüchen im Mangelfall entwickelt (vgl. etwa Handbuch Fachanwalt Familienrecht-Gerhardt [5. Aufl. 2005], 6. Kap. Rn. 498 ff.). Auch auf der Basis der neuen Rangordnung gilt es, in besonderem Maße auf den Rechenweg Bedacht zu nehmen, um in Mangelfällen und hier insbesondere im Verhältnis vorrangiger Kinder zu nachrangigen Unterhaltsberechtigten, etwa dem betreuenden Elternteil, oder im Verhältnis von Erst- und Zweitfamilien zu gerechten Ergebnissen zu gelangen. Die unter der Geltung des alten Rechts entwickelten Methoden können hierbei, unter Berücksichtigung der Maßgaben und Ziele der Neuregelung, entsprechend genutzt und fortentwickelt werden. Danach kann, soweit es etwa um die Verteilung des Resteinkommens zwischen Erst- und Zweitfamilie geht, besonders geprüft werden, ob nicht die Selbstbehaltssätze des Pflichtigen zu reduzieren sind, um der Erstfamilie auch im Vergleich zur Zweitfamilie ein angemessenes Auskommen zu sichern. Weiter ist auch, wie schon bisher, das rechnerische Gesamtergebnis im Wege einer „Gesamtschau" daraufhin zu überprüfen, ob im konkreten Einzelfall die Aufteilung des verfügbaren Einkommens auf die minderjährigen Kinder und den oder die unterhaltsberechtigten Ehegatten insgesamt billig und angemessen ist (vgl. BGH, FamRZ 1997, 806 [811]; BGH, FamRZ 2005, 347 [351]). Korrekturbedürftig kann eine Mangelfallberechnung insbesondere dann sein, wenn nach ihrem Gesamtergebnis die Erstfamilie (zusätzlich) auf Sozialleistungen angewiesen ist, während die nach der Scheidung gegründete zweite Familie auch unter Berücksichtigung des Selbstbehalts des Unterhaltspflichtigen und des Vorteils aus einem eventuellen Ehegattensplitting einer neuen Ehe im konkreten Vergleich ein gutes Auskommen hat.

Die Neuregelung bietet erhebliche Vorteile, da sie zu einer deutlichen Vereinfachung des Unterhaltsrechts führen wird. Die Zahl der Fälle, in denen komplizierte, zeitaufwändige und fehleranfällige Mangelfallberechnungen anzustellen sind, wird sich voraussichtlich wesentlich reduzieren. Dadurch werden die Gerichte, aber auch die Jugendämter in ihrer Funktion als Unterhaltsbeistand (§ 1712 Abs. 1 Nr. 2 BGB), entlastet. Gleichzeitig wird damit das Unterhaltsrecht für den rechtsuchenden Bürger transparenter, weil an die Stelle undurchsichtiger, mehrstufiger Mangelfallberechnungen klare und besser nachvollziehbare Entscheidungen treten werden.

Der Entwurf beachtet trotz der geänderten Rangfolge die Lebensleistung erziehender Elternteile: Ehegatten, die das traditionelle Modell der „Einverdienerehe" viele Jahre gelebt haben, werden umfassend geschützt. Denn der Unterhaltsanspruch des langjährigen Ehegatten ist rangmäßig

dem Unterhaltsanspruch eines betreuenden Elternteils gleichgestellt.

Die Änderung der Rangfolge bezieht sich nur auf die in § 1609 Nr. 1 bis 3 des Entwurfs aufgeführten Unterhaltsberechtigten. Die in § 1609 Nr. 4 bis 7 des Entwurfs geregelte weitere Rangfolge entspricht dem bisherigen Recht.

Im Einzelnen

Zu Nummer 1

§ 1609 Nr. 1 des Entwurfs umfasst alle Kinder, also sowohl leibliche als auch adoptierte (§ 1754 Abs. 1, 2 BGB), inner- oder außerhalb einer bestehenden Ehe geborene Kinder, und unterscheidet auch nicht danach, ob das unterhaltsbedürftige Kind aus der ersten oder einer weiteren Ehe des Unterhaltspflichtigen stammt. Erfasst werden minderjährige unverheiratete Kinder sowie volljährige, privilegierte Kinder (§ 1603 Abs. 2 Satz 2 BGB).

Zu Nummer 2

Elternteile im Sinne von § 1609 Nr. 2 des Entwurfs, die wegen der Betreuung eines Kindes unterhaltsberechtigt sind oder im Fall einer Scheidung wären, meint neben Elternteilen, die in einer bestehenden Ehe leben und wegen der Betreuung von Kindern Familienunterhalt beziehen, auch getrennt lebende und geschiedene Eltern. Weiter erfasst § 1609 Nr. 2 des Entwurfs auch die Ansprüche einer nicht verheirateten Mutter nach § 1615l Abs. 1 und 2 BGB bzw. des nicht verheirateten Vaters (§ 1615l Abs. 4 BGB). Mit der Einführung der Stiefkindadoption durch Lebenspartner (§ 9 Abs. 7 LPartG i. d. F. des Gesetzes zur Überarbeitung des Lebenspartnerschaftsrechts vom 15. Dezember 2004, BGBl. I S. 3396) gehören hierzu auch Unterhaltsansprüche von Lebenspartnern im Sinne des LPartG, die ein Adoptivkind betreuen. Der Familienunterhalt fällt in den zweiten Rang, soweit dadurch ein aus Anlass der Betreuung von Kindern entstandener Unterhaltsbedarf gedeckt wird.

Von § 1609 Nr. 2 des Entwurfs werden weiter die Unterhaltsansprüche von Ehegatten bei Ehen von langer Dauer erfasst. Das Gesetz verzichtet bewusst auf zeitliche Vorgaben, von welcher langen Ehedauer im Sinne von § 1609 Nr. 2, 2. Alt. des Entwurfs auszugehen ist. Die Zeitspanne kann nicht absolut und für alle Fälle gleich gefasst werden. Ihre Bestimmung ist vielmehr immer ein Akt wertender Erkenntnis, der anhand aller Umstände des Einzelfalls vom Gericht zu treffen ist. Ausgangspunkt ist dabei der Zweck der Regelung, Vertrauensschutz zu gewährleisten. Kriterien, die dabei herangezogen werden können, können neben der absoluten zeitlichen Dauer der Ehe auch das Alter der Parteien im Zeitpunkt der Scheidung sein oder ob sie in jungen Jahren oder erst im Alter geheiratet haben. Weitere wichtige Kriterien sind die Dauer der Pflege und Erziehung eines gemeinschaftlichen Kindes sowie das Ausmaß gegenseitiger wirtschaftlicher Verflechtungen und Abhängigkeiten wegen der Ausrichtung auf ein gemeinsames Lebensziel. In bestimmten Konstellationen kann es angezeigt sein, in der Art der konkurrierenden Unterhaltsverhältnisse zu berücksichtigen, etwa wenn der Anspruch der Ehefrau auf Familienunterhalt oder der Anspruch der geschiedenen, alleinerziehenden Mutter auf Anschlussunterhalt auf denjenigen der nicht verheirateten Mutter auf Betreuungsunterhalt nach § 1615l Abs. 2 BGB trifft.

Zu Nummer 3

In § 1609 Nr. 3 des Entwurfs finden sich die Ansprüche von Ehegatten bzw. geschiedenen Ehegatten, die von der vorangehenden Rangklasse nicht erfasst werden.

Zu Nummer 4

§ 1609 Nr. 4 des Entwurfs regelt den unterhaltsrechtlichen Rang von Kindern, die nicht unter § 1609 Nr. 1 des Entwurfs fallen, also denjenigen von volljährigen, nicht privilegierten Kindern. In der Sache handelt es sich zumeist um volljährige Kinder, die sich in der Berufsausbildung befinden oder ein Studium absolvieren. Die Rangfolge nach § 1609 Nr. 4 des Entwurfs entspricht derjenigen des bisherigen Rechts; der Unterhaltsanspruch bleibt gegenüber demjenigen minderjähriger Kinder, privilegierter volljähriger Kinder sowie dem eines Ehegatten und eines unverheirateten Elternteils gemäß § 1615l BGB nachrangig. Anders etwa als bei einem kinderbetreuenden Elternteil oder einem aufgrund Alters oder Krankheit unterhaltsbedürftigen Ehegatten ist es volljährigen, nicht privilegierten Kindern eher zuzumuten, für den eigenen Lebensbedarf zu sorgen. Denn sie werden regelmäßig eine Ausbildungsvergütung beziehen, oder es besteht ein Anspruch auf staatliche Ausbildungsförderung. Die Ausbildungsförderung wird dabei auch dann geleistet, wenn der Auszubildende glaubhaft macht, dass seine Eltern keinen oder einen zu geringen Unterhalt leisten und deshalb die Ausbildung unter Berücksichtigung des Einkommens eines eventuellen Ehegatten des Auszubildenden gefährdet ist (Vorausleistung von Ausbildungsförderung, § 36 BAföG).

Zu Nummer 5

Nach § 1609 Nr. 5 des Entwurfs sind Unterhaltsansprüche von Enkelkindern gleichrangig mit denen weiterer Abkömmlinge.

Zu Nummer 6

Die Unterhaltsansprüche von Eltern werden aufgrund der praktischen Bedeutung unter einer eigenen Nummer aufgeführt (§ 1609 Nr. 6 des Entwurfs) und nicht zusammen mit den Ansprüchen weiterer Verwandter der aufsteigenden Linie genannt.

Zu Nummer 7

Zwischen den Unterhaltsansprüchen von weiteren Verwandten der aufsteigenden Linie nach § 1609 Nr. 7 des Entwurfs besteht kein Gleichrang, sondern es ist – wie schon bislang (§ 1609 Abs. 1 BGB) – ausdrücklich bestimmt, dass die Ansprüche der näheren Verwandten denjenigen der entfernteren vorgehen.

Zu Nummer 17 (Änderung von § 1612 BGB)

Der Entwurf sieht eine Änderung bei § 1612 Abs. 2 Satz 1 BGB vor. Außerdem wird § 1612 Abs. 2 Satz 2 BGB aufgehoben, in dem bislang das familiengerichtliche Verfahren zur Änderung der elterlichen Unterhaltsbestimmung geregelt ist.

§ 1612 BGB regelt in Absatz 1 die Art der Unterhaltsgewährung und in Absatz 2 das Unterhaltsbestimmungsrecht der Eltern: Absatz 1 enthält die Grundregel, wonach der Unterhalt, abgesehen von der Pflege und Erziehung des minderjährigen unverheirateten Kindes seitens der Eltern (§ 1606 Abs. 3 Satz 2 BGB), durch Entrichtung einer Geldrente zu gewähren ist. In § 1612 Abs. 1 Satz 2 BGB findet sich die Ausnahme zum Geldunterhalt, das „Schuldnerprivileg", demzufolge der Schuldner verlangen kann, dass ihm die Gewährung des Unterhalts in anderer Art gestattet wird. Absatz 2 der Vorschrift enthält eine Sonderregel in Bezug auf die Unterhaltspflicht von Eltern gegenüber unverheirateten Kindern; gemäß § 1612 Abs. 2 Satz 1 BGB können sie bestimmen, in welcher Art und Weise und für welche Zeit im Voraus der Unterhalt gewährt werden soll, wobei auf die Belange des Kindes die gebotene Rücksicht zu nehmen ist.

Nach dem bisherigen § 1612 Abs. 2 Satz 2 BGB kann auf Antrag des Kindes das Familiengericht die Bestimmung der Eltern über die Unterhaltsart aus besonderen Gründen ändern. Das elterliche Unterhaltsbestimmungsrecht ist praktisch hauptsächlich gegenüber dem volljährigen Kind von Bedeutung: Die Bestimmung dient in Anbetracht längerer Ausbildungszeiten und zunehmender -kosten in erster Linie dem Schutz der Eltern vor einer wirtschaftlichen Überforderung mit hohen Barunterhaltsleistungen.

In der Gerichtspraxis haben sich bei der Anwendung der Vorschrift erhebliche Probleme ergeben, die auch durch die letzten Änderungen durch das Kindschaftsrechtsreformgesetz vom 16. Dezember 1997 (BGBl. I S. 2942) und insbesondere das Kindesunterhaltsgesetz vom 6. April 1998 (BGBl. I S. 666) nicht vollständig behoben worden sind: Nach der Rechtsprechung des Bundesgerichtshofes ist im Unterhaltsrechtsstreit das Prozessgericht an eine wirksame Bestimmung der Art der Unterhaltsgewährung gebunden, solange diese nicht gemäß dem bisherigen § 1612 Abs. 2 durch Entscheidung des (damals: Vormundschafts-, heute: Familien-)Gerichts geändert worden ist (BGH, FamRZ 1984, 37 [38]). Das gerichtliche Änderungsverfahren wird jedoch überwiegend noch als gesondertes Verfahren der freiwilligen Gerichtsbarkeit angesehen, in dem der Amtsermittlungsgrundsatz (§ 12 FGG) gilt und für das grundsätzlich der Rechtspfleger zuständig ist. Hinzu kommt, dass die örtliche Zuständigkeit des Abänderungsverfahrens eine solche nach dem Wohnsitz des Kindes, §§ 43, 36, 64 FGG) und des Unterhaltsprozesses (bei volljährigen Kindern in der Regel am Beklagtenwohnsitz) auseinanderfallen können (vgl. MünchKomm-Born, BGB [4. Aufl. 2002], § 1612 Rn. 89; Johannsen/Henrich-Graba, Eherecht [4. Aufl. 2003], § 1612 Rn. 13; Bamberger/Roth-Reinken, BGB [2003], § 1612 Rn. 15, 20; Luthin-Schumacher, Handbuch des Unterhaltsrechts [10. Aufl. 2004], Rn. 3096 ff.; AnwKomm-Saathoff, BGB [2005], § 1612 Rn. 12 f.; C. Schmidt, Das Unterhaltsbestimmungsrecht der Eltern gemäß § 1612 BGB [2003], S. 78 ff.; a. A. Wendl/Staudigl-Scholz, Das Unterhaltsrecht in der familienrichterlichen Praxis [6. Aufl. 2004], § 2 Rn. 41; Palandt-Diederichsen, BGB [65. Aufl. 2006], § 1612 Rn. 21]). Im Unterhaltsverfahren kann es daher, wenn ein Elternteil sich auf das Unterhaltsbestimmungsrecht beruft, zu Verzögerungen kommen. Die obergerichtliche Rechtsprechung ist sehr uneinheitlich. Teilweise wird angenommen, dass die Unterhaltsbestimmung vom Prozessgericht innerhalb des Unterhaltsverfahrens geändert werden könne (vgl. OLG Köln, FamRZ 2005, 116; OLG Dresden, FamRZ 2004, 209; KG, NJW 2003, 977; OLG Schleswig, FamRZ 2003, 48; OLG Frankfurt/M., FamRZ 2001, 116). Nach Auffassung anderer Obergerichte soll die Abänderung nur in einem gesonderten Verfahren erfolgen können (vgl. OLG Köln, FamRZ 2002, 51; KG, FamRZ 2000, 256; OLG Hamburg, FamRZ 2000, 246).

Der Entwurf schafft insoweit Klarheit. Mit der Aufhebung von § 1612 Abs. 2 Satz 2 BGB wird das Abänderungsverfahren als gesondertes Verfahren abgeschafft und eine einheitliche Entscheidung des Familiengerichts ermöglicht. Künftig kann das Kind, das die elterliche Unterhaltsbestimmung nicht hinnehmen will, im Unterhaltsprozess den entsprechenden Einwand geltend machen. Das bisherige gesonderte Abänderungsverfahren erübrigt sich damit. Zukünftig wird vielmehr innerhalb des Unterhaltsprozesses geklärt, ob die elterliche Unterhaltsbestimmung wirksam ist und das Gericht sie demzufolge seiner Entscheidung zugrunde zu legen hat. Ob die elterliche Unterhaltsbestimmung wirksam ist, hängt davon ab, ob dabei entsprechend § 1612 Abs. 2 Satz 1 BGB auf die Belange des Kindes die gebotene Rücksicht genommen worden ist. Eine Korrektur des Änderungsmaßstabs ist damit nicht verbunden: Die Erwägungen des bisherigen Satzes 2, also die „besonderen Gründe", bei deren Vorliegen die elterliche Bestimmung geändert werden konnte, sind künftig im Rahmen der Prüfung anzustellen, ob auf die Belange des Kindes die gebotene Rücksicht genommen wurde. Durch die Neufassung von § 1612 Abs. 2 Satz 1 BGB – das Ersetzen des Wörtchens „wobei" durch das Wort „sofern" – wird festgelegt, dass die Unterhaltsbestimmung nur wirksam ist, wenn die „gebotene Rücksicht" genommen wurde. Sofern die gebotene Rücksicht genommen wurde, ist die Bestimmung wirksam; andernfalls nicht. Kommt das Gericht zu dem Ergebnis, dass die Bestimmung nicht wirksam ist, verbleibt es bei dem Grundsatz § 1612 Abs. 1 Satz 1 BGB. Künftig ist die Überprüfung einer dem Barunterhaltsanspruch entgegenstehenden Unterhaltsbestimmung damit lediglich eine „Vorfrage", über die vom Prozessgericht im Rahmen des Unterhaltsverfahrens abschließend zu entscheiden ist.

Die neue Regelung führt zu einer erheblichen Straffung des Unterhaltsprozesses, da es nunmehr nicht mehr zu einer Verzögerung des Verfahrens kommen kann, um in einem gesonderten Verfahren eine Entscheidung zur Abänderung der Unterhaltsbestimmung einzuholen. Die Abänderung der elterlichen Unterhaltsbestimmung wird damit künftig genauso behandelt wie die Einrede des Gestattungsanspruchs des Unterhaltspflichtigen nach § 1612 Abs. 1 Satz 2 BGB; in beiden Fällen ist hierüber im Unterhaltsverfahren zu entscheiden.

Zu Nummer 18 (Neufassung von § 1612a BGB)

Der bisherige § 1612a Abs. 1 BGB wird vollständig neu gefasst und definiert nun den Mindestunterhalt minderjähriger Kinder als Bezugsgröße für den Unterhalt. Die Absätze 2 und 3 werden neu gefasst, die Absätze 4 und 5 der Bestimmung werden aufgehoben.

Grundgedanken der Regelung

Bis zu der am 1. Januar 2001 wirksam gewordenen Änderung von § 1612b Abs. 5 BGB durch das Gesetz zur Ächtung der Gewalt in der Erziehung und zur Änderung des Kindesunterhaltsrechts vom 2. November 2000 (BGBl. I S. 1479) war unsicher, ob und ggf. in welcher Höhe beim Unterhaltsanspruch des minderjährigen Kindes von Gesetzes wegen ein Mindestbedarf vorgesehen ist. Mit der Novellierung von § 1612b Abs. 5 BGB, der bestimmt, dass die Anrechnung des Kindergelds auf den Unterhalt unterbleibt, soweit der Unterhaltspflichtige außerstande ist, Unterhalt in Höhe von 135 Prozent des jeweiligen Regelbetrags nach der Regelbetrag-Verordnung (Regelbetrag-Verordnung vom 6. April 1998, BGBl. I S. 666, 668 i. d. F. der Verordnung vom 8. April 2005, BGBl. I S. 1055) zu leisten, hat sich das geändert. Seither ist der Mindestbedarf mit überwiegender Ansicht in § 1612b Abs. 5 BGB gesetzlich festgeschrieben; er beträgt 135 Prozent des jeweiligen Regelbetrags (vgl. MünchKomm-Born, BGB [4. Aufl. 2002], § 1612b Rn. 93 m. w. N.). Nach der Gesetzesbegründung war Bezugsgröße, auf die abgestellt worden war, das Existenzminimum nach dem Existenzminimumbericht der Bundesregierung (Bundestagsdrucksache 14/3781, S. 8). Die Regelung wurde in § 1612b Abs. 5 BGB eingestellt, um einen unzureichenden Barunterhalt mit Hilfe des Kindergelds auf das sächliche Existenzminimum aufzustocken: Der Barunterhaltspflichtige ist danach verpflichtet, den ihm zustehenden Kindergeldanteil solange dem Unterhalt des Kindes zuzuführen, bis Kindergeldanteil und Unterhalt das sächliche Existenzminimum des Kindes abdecken. Dahinter steht die – zutreffende – Wertung, dass das Kindergeld auch im Verhältnis der Beteiligten untereinander bis zur Sicherstellung des kindlichen Existenzminimums für das Kind zu verwenden ist. Hieran knüpft die Regelung an; der Mindestbedarf soll nunmehr ausdrücklich gesetzlich festgeschrieben werden.

Die Neuregelung lässt den Grundsatz unberührt, dass der tatsächlich geschuldete Kindesunterhalt sich nach der individuellen Leistungsfähigkeit des Barunterhaltspflichtigen bemisst (§ 1603 BGB). Eine unzureichende Leistungsfähigkeit des Unterhaltspflichtigen findet daher unverändert bereits bei der Höhe des Unterhaltsanspruchs Berücksichtigung. Über den Selbstbehalt ist stets gewährleistet, dass dem Unterhaltspflichtigen das eigene Existenzminimum verbleibt. Von daher steht der Mindestunterhalt von vornherein unter dem Vorbehalt der Leistungsfähigkeit (vgl. Luthin-Schumacher, Handbuch des Unterhaltsrechts [10. Aufl. 2004], Rn. 3153; Wendl/Staudigl-Scholz, Das Unterhaltsrecht in der familien-richterlichen Praxis [6. Aufl. 2004], § 2 Rn. 206b). Die Neuregelung ändert hieran nichts.

Die dem § 1612a Abs. 1 BGB zugrunde liegende Verflechtung von Sozial-, Steuer- und Unterhaltsrecht hat das Bundesverfassungsgericht im Beschluss vom 9. April 2003 (BVerfGE 108, 52 ff.) als nicht hinreichend verständlich kritisiert: Das Rechtsstaatsprinzip des Artikels 20 Abs. 3 GG gebiete es, dass der Gesetzgeber bei der von ihm gewählten Ausgestaltung eines Familienleistungsausgleichs Normen schaffe, die auch in ihrem Zusammenwirken dem Grundsatz der Normenklarheit entsprechen. Diesem Grundsatz werde die Regelung nur unzureichend gerecht. Der Normtext enthalte keine präzisen Vorgaben, anhand derer der Normadressat erkennen kann, wofür und in welcher Höhe ihm Sozialleistungen wieder entzogen werden. Noch schwerer wiegt, dass § 1612b Abs. 5 BGB aufgrund seiner Konstruktion keinen geeigneten Maßstab bietet, das Existenzminimum des Kindes dauerhaft zuverlässig abzubilden. Denn die Regelbeträge, an die angeknüpft wird, ändern sich entsprechend der Entwicklung des durchschnittlichen verfügbaren Arbeitsentgelts (§ 1612a Abs. 4 BGB bisheriger Fassung), und nicht nach dem existenzsichernden Bedarf eines Kindes. Diese Gefahr, die anlässlich der Novellierung von § 1612b Abs. 5 BGB bereits gesehen worden ist (vgl. Bundestagsdrucksache 14/3781, S. 8), hat sich inzwischen realisiert; der aus § 1612b Abs. 5 BGB abgeleitete Mindestbedarf übersteigt mittlerweile das steuerfrei zu stellende Existenzminimum eines Kindes nach dem Existenzminimumbericht deutlich.

Um diesen Bedenken Rechnung zu tragen, bedarf es einer völligen Neukonzeption der Vorschrift: § 1612a Abs. 1 des Entwurfs definiert den unterhaltsrechtlichen Mindest(Bar-)-bedarf eines minderjährigen Kindes. Der Gesetzgeber kommt damit einem praktischen Bedürfnis und einer wiederholt vorgetragenen Forderung insbesondere des Deutschen Familientages nach. Der Mindestunterhalt ist derjenige Barunterhaltsbetrag, auf den das minderjährige Kind grundsätzlich Anspruch hat und den der Unterhaltspflichtige grundsätzlich zu leisten verpflichtet ist.

Entscheidende Neuerung ist, dass die Bestimmung des Mindestunterhalts von der Anknüpfung an die Regelbetrag-Verordnung abgekoppelt wird. Damit wird der Kritik des Bundesverfassungsgerichts an der fehlenden Normenklarheit begegnet. Anknüpfungspunkt ist nunmehr das Steuerrecht und die dort enthaltene Bezugnahme auf den existenznotwendigen Bedarf von Kindern, der nach der Entscheidung des Bundesverfassungsgerichts vom 10. November 1998 (BVerfGE 99, 216 ff.) von der Einkommensteuer verschont bleiben muss. Dieses Existenzminimum wird von der Bundesregierung alle zwei Jahre in einem Existenzminimumbericht auf der Grundlage der durchschnittlichen sozialhilferechtlichen Regelsätze der Bundesländer und statistischer Berechnungen der durchschnittlichen Aufwendungen für Wohn- und Heizkosten in den alten Bundesländern ermittelt (zuletzt Fünfter Existenzminimumbericht der Bundesregierung, Bundestagsdrucksache 15/2462) und bildet die Orientierungsgröße für die Höhe des einkommensteuerlichen sächlichen Existenzminimums. Auf dieser Grundlage gewährt das Steuerrecht in § 32 Abs. 6 Satz 1 des Einkommensteuergesetzes (EStG) den steuerpflichtigen Eltern einen entsprechenden Kinderfreibetrag (derzeit je 1 824 Euro). Dieser Kinderfreibetrag stellt sicher, dass einkommensteuerpflichtigen Eltern der zur Sicherung der sächlichen Existenzminimums eines Kindes erforderliche Teil ihres Einkommens steuerfrei verbleibt.

Für das Unterhaltsrecht bietet die Bezugnahme auf das Steuerrecht erhebliche Vorteile. Denn der steuerrechtliche Kinderfreibetrag basiert unmittelbar auf dem Existenzminimumbericht und gilt – anders als etwa die sozialhilferechtlichen Regelsätze – bundeseinheitlich, wird die Entwicklung der tatsächlichen Verhältnisse angepasst und nennt konkrete Zahlen, so dass die Berechnung für die Unterhaltspflichtigen und die -berechtigten unmittelbar einsichtig und nachvollziehbar ist. Die Einführung einer weiteren, rein unterhaltsrechtlichen Bezugsgröße zur Bestimmung des Mindestbedarfs erübrigt sich damit; komplizierte Verweisungen und Bezugnahmen entfallen. Mit der Bezugnahme auf den einkommensteuerlichen Kinderfreibetrag wird zugleich der Entschließung des Deutschen Bundestages vom 6. Juli 2000 (Bundestagsdrucksache 14/3781) Rechnung getragen, das

Unterhaltsrecht mit dem Steuer- und Sozialrecht besser abzustimmen. Mit der Anknüpfung an das Steuerrecht und der dort verorteten Regelung des steuerlichen Existenzminimums wird der systematische Grundmangel der derzeitigen Regelung behoben.

Mit der Bezugnahme auf den Kinderfreibetrag wird die Regelbetrag-Verordnung entbehrlich. Diese wird zusammen mit der Ermächtigungsgrundlage und den weiteren Regelungen im bisherigen § 1612a Abs. 3 Satz 1, Abs. 4, 5 BGB aufgehoben.

Mit der Anknüpfung an den Kinderfreibetrag entfällt die in bestimmten Bereichen des Kindesunterhaltsrechts bislang übliche Differenzierung bei der Unterhaltshöhe danach, ob das unterhaltsbedürftige Kind in West- oder Ostdeutschland bzw. den östlichen Bezirken von Berlin lebt. Denn eine Differenzierung nach Ost-/Westwerten kennen weder die einkommensteuerrechtlichen Existenzminimumbeträge noch der Existenzminimumbericht der Bundesregierung. Die bisherige gesetzliche Grundlage für diese Unterscheidung, Artikel 5 § 1 des Kindesunterhaltsgesetzes vom 6. April 1998 (BGBl. I S. 666), wird zusammen mit der Regelbetrag-Verordnung aufgehoben. Für die Höhe des Unterhalts eines Kindes, das in den neuen Bundesländern oder den östlichen Bezirken von Berlin lebt, sind damit keine Sonderregelungen mehr zu beachten.

Im Einzelnen

Zu Absatz 1 Satz 1

§ 1612a Abs. 1 Satz 1 des Entwurfs erfüllt die gleiche Funktion wie schon bisher; der Mindestunterhalt bleibt auch weiterhin Rechengröße, die der Dynamisierung des Individualunterhalts minderjähriger Kinder ermöglicht und Anknüpfungspunkt für die Statthaftigkeit der vereinfachten Verfahrens zur Festsetzung des Unterhalts minderjähriger Kinder nach § 645 ff. der Zivilprozessordnung ist. An die Stelle des Regelbetrags nach der Regelbetrag-Verordnung tritt lediglich als neue Bezugsgröße der Mindestunterhalt.

Zu Absatz 1 Satz 2 und 3

§ 1612a Abs. 1 Satz 2, 3 des Entwurfs definiert den gesetzlichen Mindestunterhalt. Bezugspunkt hierfür ist der einkommensteuerrechtliche Kinderfreibetrag nach § 32 Abs. 6 Satz 1 EStG, der gewährleistet, dass derjenige Betrag, der zur Sicherung des existenznotwendigen Bedarfs eines minderjährigen Kindes aufzubringen ist, von der Besteuerung verschont wird. Der Kinderfreibetrag kommt steuerrechtlich jedem einzelnen einkommensteuerpflichtigen Elternteil zu. Deshalb hat der Steuergesetzgeber den Betrag, der im Existenzminimumbericht als sächliches Existenzminimum von Kindern ausgewiesen ist, halbiert; die Summe der beiden Elternteilen zugewiesene Kinderfreibeträge stellt also das volle sächliche Existenzminimum eines Kindes dar (§ 32 Abs. 6 Satz 2 EStG). Der Entwurf definiert den Mindestunterhalt daher als den doppelten Freibetrag; auf diese Weise wird der volle Betrag des sächlichen Existenzminimums nach dem Existenzminimumbericht erreicht. Da der Kinderfreibetrag im Einkommensteuerrecht als Jahresbetrag ausgewiesen ist, das Unterhaltsrecht aber auf den Monat als Bezugsgröße abstellt (§ 1612 Abs. 3 Satz 1 BGB), wird der Mindestunterhalt in § 1612a Abs. 1 Satz 3 des Entwurfs als der zwölfte

Teil des doppelten Kinderfreibetrags festgelegt. Damit wird einer einhelligen Forderung der Praxis Rechnung getragen.

§ 1612a Abs. 1 Satz 3 des Entwurfs enthält die aus der Regelbetrag-Verordnung bekannten Altersstufen, die auch der Düsseldorfer Tabelle sowie der Berliner Vortabelle zur Düsseldorfer Tabelle zugrunde liegen. Anders als im Steuerrecht, bei dem der Gesetzgeber nach der Rechtsprechung des Bundesverfassungsgerichts (vgl. BVerfGE 91, 93 [111 f.]) berechtigt ist, die Höhe des Existenzminimums von Kindern für alle Altersstufen und im ganzen Bundesgebiet einheitlich festzulegen, erscheint eine solche Pauschalierung im – stets einzelfallbezogenen – Unterhaltsrecht nicht sinnvoll. Denn es ist statistisch belegt, dass ältere Kinder höhere Kosten verursachen als jüngere Kinder (vgl. Münnich/Krebs, Ausgaben für Kinder in Deutschland – Berechnungen auf der Grundlage der Einkommens- und Verbrauchsstichprobe 1998, in: Statistisches Bundesamt [Hrsg.], Wirtschaft und Statistik 12/2002, 1080 ff.). Darüber hinaus gehen auch die Praxis und die Betroffenen ganz allgemein davon aus, dass der Unterhaltszahlbetrag mit zunehmendem Alter des Kindes steigt. Ein Abgehen von diesem bewährten Prinzip würde bei den Betroffenen auf Unverständnis stoßen, zumal ein über alle Altersstufen hinweg gleichbleibender Unterhalt insbesondere für ältere Kinder zu beträchtlichen Kürzungen führen würde. Die Differenzierung nach drei Altersstufen und die Einteilung der Altersgruppen wird daher beibehalten.

Ausgangspunkt für die Aufspreizung des Mindestunterhalts ist die zweite Altersstufe; sie knüpft direkt an den steuerlichen Bezugswert an. Die Werte in der ersten und dritten Altersstufe leiten sich hieraus ab. Die Höhe des prozentualen Ab- bzw. Aufschlags orientiert sich an der prozentualen Aufspreizung der Unterhaltsbeträge nach der bisherigen Regelbetrag-Verordnung.

Zu Absatz 2

Auch in § 1612a Abs. 2 wird, wie schon in § 1612a Abs. 1, der veraltete Ausdruck „Vomhundertsatz" durch die moderne Formulierung „Prozentsatz" ersetzt.

Zu den Absätzen 3, 4 und 5

§ 1612a Abs. 3 Satz 1, Abs. 4 und 5 BGB, die Bestimmungen für den Erlass der Regelbetrag-Verordnung und deren Anpassung, werden aufgehoben.

Mit der Neufassung von § 1612a Abs. 3 des Entwurfs bleibt die bisherige Bestimmung des § 1612a Abs. 3 Satz 2 BGB erhalten, derzufolge der für eine höhere Altersstufe geschuldete Unterhalt bereits ab dem Beginn des Monats maßgebend ist, in dem das Kind das betreffende Lebensjahr vollendet. Die Vorschrift wird lediglich sprachlich angepasst.

Zu Nummer 19 (Änderung von § 1612b BGB)

Der bisherige § 1612b BGB wird durch eine Neukonzeption der Vorschrift ersetzt. An die Stelle der bisherigen Anrechnung des Kindergelds auf den Barunterhaltsanspruch des Kindes soll künftig der bedarfsmindernde Vorwegabzug des Kindergelds treten.

Grundgedanken der Regelung

Die Behandlung des Kindergelds gehört bislang mit zu den schwierigsten Fragen aus dem Bereich des Kindesunterhaltsrechts. Einer der Gründe hierfür ist, dass das Einkommensteuergesetz und das Bundeskindergeldgesetz zwar beiden Elternteilen einen eigenen Anspruch auf Kindergeld gewähren (§ 32 Abs. 4, § 62 Abs. 1 EStG bzw. § 1 des Bundeskindergeldgesetzes [BKGG]), aber gleichzeitig festgelegt ist, dass das Kindergeld stets nur von einem Anspruchsberechtigten (im Regelfall einem Elternteil) bezogen werden kann (§ 64 EStG bzw. § 3 BKGG). Die aus Gründen der Verwaltungsvereinfachung geschaffene Konzentration der Bezugsberechtigung bei einem Anspruchsberechtigten ist sachgerecht. Schwierigkeiten in der praktischen Handhabung können sich jedoch ergeben, sobald die Eltern getrennt leben: Wenn die Unterhaltspflicht gegen das Kind von einem Elternteil durch dessen Pflege und Erziehung und vom anderen Elternteil durch die Leistung von Barunterhalt erfüllt wird oder wenn beide Elternteile barunterhaltspflichtig sind, bedarf es eines internen Ausgleichs des Kindergelds zwischen dem bezugsberechtigten und dem anderen Elternteil. Der hierfür erforderliche Ausgleichsmechanismus findet sich nicht in den einschlägigen öffentlich-rechtlichen Leistungsgesetzen. Vielmehr wird das Kindergeld zwischen den beiden Elternteilen nach Maßgabe des § 1612b BGB traditionell im Wege der Verrechnung mit dem Barunterhalt und damit unter Einbeziehung des Unterhaltsrechts ausgeglichen.

Die heutige unterhaltsrechtliche Bestimmung über die interne Verrechnung des Kindergelds, § 1612b BGB, beruht auf dem Kindesunterhaltsgesetz vom 6. April 1998 (BGBl. I S. 666). Mit dem Ziel der Rechtsvereinfachung wurden damals die nur für außerhalb einer bestehenden Ehe der Eltern geborenen Kinder geltende Vorschrift des früheren § 1615g BGB und die von der Rechtsprechung entwickelten, nur für innerhalb einer bestehenden Ehe der Eltern geborenen Kinder geltenden Grundsätze zur anteiligen Anrechnung des Kindergelds zu einer alle Fälle umfassenden Bestimmung zusammengefasst. Durch das Gesetz zur Ächtung der Gewalt in der Erziehung und zur Änderung des Kindesunterhaltsrechts vom 2. November 2000 (BGBl. I S. 1479) wurde § 1612b Abs. 5 BGB geändert und ein teilweises Anrechnungsverbot eingeführt. Seither unterbleibt eine Anrechnung von Kindergeld, soweit der Unterhaltspflichtige außerstande ist, Unterhalt in Höhe von 135 Prozent des Regelbetrags nach der Regelbetrag-Verordnung zu leisten.

Trotz dieser Reformen sind nach wie vor eine Reihe von Unsicherheiten und Zweifelsfragen im Zusammenhang mit der unterhaltsrechtlichen Behandlung des Kindergelds nur unzureichend geklärt oder stehen im Streit. Dazu gehört die Kritik des Bundesverfassungsgerichts im Beschluss vom 9. April 2003 (BVerfGE 108, 52 ff.), wonach die Kompliziertheit der Kindergeldanrechnung sowie deren schwer durchschaubare Wechselwirkung mit dem sozial- und steuerrechtlichen Bestimmungen im Hinblick auf das in Artikel 20 Abs. 3 GG wurzelnde Gebot der Normenklarheit bedenklich ist. Weiter bestehen Schwierigkeiten bei der Kindergeldanrechnung in Mangelfällen sowie bei der Kindergeldverrechnung bei volljährigen Kindern, die jüngst vom 16. Deutschen Familiengerichtstag Brühl 2005 erneut kritisiert worden sind (vgl. die Empfehlungen des Vorstandes des DFGT an die Gesetzgebung, u. a. FamRZ 2005, 1962 [1963]). Unzureichend ist schließlich auch die Harmonisierung zwischen den unterhalts- und sozialrechtlichen Wertungen: Im Sozialrecht wird das Kindergeld für minderjährige Kinder nach Maßgabe des § 11 Abs. 1 Satz 3 SGB II und des § 82 Abs. 1 Satz 2 SGB XII dem jeweiligen Kind als Einkommen zugerechnet mit der Folge, dass der individuelle Hilfebedarf entsprechend gemindert ist (vgl. Eicher/Spellbrink-Mecke, SGB II [2005], § 11 Rn. 53; vgl. auch BVerwG, NVwZ 2002, 96; BVerwGE 94, 326 [328 f.]). Im Unterhaltsrecht wird das Kindergeld dagegen nicht als Einkommen des Kindes, sondern als solches der Eltern angesehen, das sich allerdings auf die unterhaltsrechtliche Leistungsfähigkeit des Unterhaltsschuldners nicht auswirkt (vgl. Johannsen/Henrich-Graba, Eherecht [4. Aufl. 2003], § 1612b Rn. 2; Göppinger/Wax-Häußermann, Unterhaltsrecht [8. Aufl. 2003], Rn. 793; Hoppenz-Hülsmann, Familiensachen [8. Aufl. 2005], § 1612b Rn. 4). Dies, obwohl Einigkeit darüber besteht, dass das Kindergeld im wirtschaftlichen Ergebnis dem Kind zusteht und dazu bestimmt ist, dessen Existenzminimum zu sichern (vgl. § 74 Abs. 1 EStG sowie BVerfGE 108, 52 [69 ff.]; BVerfGE 45, 104 [131 ff.]; BGHZ 70, 151 [153]; BGH, FamRZ 2006, 99 [102, 103]). Schließlich gibt auch die jüngste höchstrichterliche Rechtsprechung Anlass, die geltende Regelung zu überdenken: Mit Urteil vom 26. Oktober 2005 (FamRZ 2006, 99 ff.) hat der Bundesgerichtshof eine generelle Abkehr von der bislang üblichen Anrechnung des Kindergelds bei volljährigen Kindern vollzogen und sich für eine unmittelbar bedarfsdeckende Anrechnung des Kindergelds entschieden. Eine Übertragung der Grundsätze dieser Entscheidung auf die – insoweit grundsätzlich gleich gelagerte – Situation bei minderjährigen Kindern lässt die geltende Recht indessen nicht zu.

Die Neuregelung soll diesen Missstand beseitigen. Davon ausgehend, dass das Kindergeld zwar den Eltern ausbezahlt wird, es sich dabei aber um eine zweckgebundene, der Familie für das Kind zustehende Leistung handelt, soll das jeweilige, auf das unterhaltsberechtigte Kind entfallende Kindergeld von dessen Unterhaltsbedarf vorweg abgesetzt werden. Die unterhaltsrechtliche Funktion des Kindergelds, den Bedarf des Kindes zu decken, kommt auf diese Weise klar zum Ausdruck. Gleichzeitig werden damit die zivilrechtlichen Bestimmungen in Einklang mit den sozialrechtlichen Grundentscheidungen gebracht. Der steuer- bzw. kindergeldrechtliche Grundsatz, dass es sich beim Kindergeld um eine staatliche Leistung für das Kind an die Eltern handelt (§ 62 Abs. 1 EStG, § 1 BKGG), bleibt unverändert. § 1612b des Entwurfs trifft nur eine Entscheidung darüber, wie sich das Kindergeld unter Berücksichtigung seiner Zweckbestimmung unterhaltsrechtlich auswirkt.

Die Neuregelung bietet erhebliche Vorteile und wird die unterhaltsrechtliche Behandlung des Kindergelds ganz entscheidend vereinfachen: Zunächst kann dadurch auf die komplizierte, streitträchtige Vorschrift des § 1612b Abs. 5 BGB verzichtet werden. Die Regelung, dass der barunterhaltspflichtige Elternteil seinen Kindergeldanteil im Mangelfall zur Aufstockung des Kindesunterhalts einzusetzen hat, ist künftig überflüssig. Das Kindergeld wird unmittelbar auf den Bedarf angerechnet; auf diese Weise wird der

Mindestunterhalt teilweise sichergestellt. Gleichzeitig wird damit einer Empfehlung des Vorstands des 16. Deutschen Familiengerichtstags entsprochen (vgl. die Empfehlungen des Vorstands des DFGT an die Gesetzgebung, u. a. FamRZ 2005, 1962 [1963]). Die Neuregelung führt weiterhin zu einer deutlichen Vereinfachung des Kindergeldausgleichs; viele der heute streitigen oder unklaren Fallkonstellationen werden künftig entfallen. Schließlich gestaltet die Neuregelung den Kindergeldausgleich in Fällen, in denen beide Eltern barunterhaltspflichtig sind, gerechter: Denn der Abzug des Kindergelds vom Unterhaltsbedarf zusammen mit dem anteiligen Ausgleich des verbleibenden Restbedarfs entsprechend der jeweiligen Leistungsfähigkeit des betreffenden Elternteils (§ 1606 Abs. 3 Satz 1 BGB) führt dazu, dass auch das Kindergeld zwischen den Eltern entsprechend deren Verhältnis ihrer Unterhaltsbeiträge ausgeglichen wird. Die bisherige, streng an der hälftigen Aufteilung des Kindergelds orientierte Regelung führt demgegenüber zu einer in der Rechtsprechung bisweilen kritisierten (vgl. OLG Hamburg, FamRZ 2003, 180 [183]) Benachteiligung des Elternteils, der die größere Barunterhaltslast trägt. In diesem Punkt greift die Neuregelung nicht nur Gedanken aus der jüngsten Rechtsprechung des Bundesgerichtshofs im Urteil vom 26. Oktober 2005 (FamRZ 2006, 99 [102 f.]) auf, sondern knüpft an Grundprinzipien an, die für die frühere, vor der Neufassung von § 1612b BGB geltende Rechtsprechung kennzeichnend waren (vgl. BGH, FamRZ 1981, 347 [349]; BGH, FamRZ 1997, 806 [809]; OLG Hamm, FamRZ 1997, 960) und trägt der diesbezüglichen Kritik in der Literatur Rechnung (vgl. Schürmann, FamRZ 2005, 407 [410]; Becker, FamRZ 2005, 65 [66]; Weychardt, FamRZ 1999, 828 f.; Duderstadt, FamRZ 2003, 1058 ff.; Kalthoener/Büttner/Niepmann, Die Rechtsprechung zur Höhe des Unterhalts [9. Aufl. 2004], Rn. 831). Damit wird dem volljährigen Kind das Kindergeld nicht anders behandelt als etwa Erwerbseinkünfte oder eine Ausbildungsvergütung des Kindes; auch diese werden, wie künftig das Kindergeld, bedarfsmindernd auf den Unterhaltsanspruch angerechnet (vgl. Bamberger/Roth-Reinken, BGB [2003], § 1602 Rn. 27 f. sowie Nr. 13.2 der unterhaltsrechtlichen Leitlinien der Familiensenate in Süddeutschland, der übrigen Oberlandesgerichte und des Kammergerichts).

Schließlich führt die Neuregelung zu gerechteren Ergebnissen in Fällen, in denen es um das Verhältnis vorrangiger Kinder zu nachrangigen Unterhaltsberechtigten, insbesondere zu dem unterhaltsberechtigten, betreuenden Elternteil, oder im Verhältnis von Erst- zu Zweitfamilie geht: Der bedarfsmindernde Vorwegabzug des Kindergelds beim Barunterhalt des Kindes bewirkt, dass im Mangelfall von der für eine Verteilung zur Verfügung stehenden Masse ein geringerer Anteil für den Kindesunterhalt erforderlich ist und ein entsprechend größerer Anteil für die Verteilung unter nachrangig Unterhaltsberechtigten, etwa dem betreuenden Elternteil, zur Verfügung steht. Soweit es sich bei dem nachrangig Unterhaltsberechtigten um den geschiedenen oder dauernd getrennt lebenden Ehegatten handelt, greift – aufgrund des auf diese Weise erhöhten Unterhaltszahlbetrags – die Entlastung durch die einkommensteuerlichen Sonderausgabenabzugs von tatsächlich geleistetem Ehegattenunterhalt (Realsplitting, § 10 Abs. 1 Nr. 1 EStG) in stärkerem Maß.

Anhang

Im Einzelnen

Mit der Neufassung der amtlichen Überschrift soll die geänderte Zielrichtung der Vorschrift zum Ausdruck gebracht werden. Aufgrund der Umstellung der Verrechnungsmethode wird auf das Wort „Anrechnung" verzichtet und von einer „Deckung" des Barbedarfs durch das Kindergeld gesprochen.

Zu Absatz 1

§ 1612b Abs. 1 BGB des Entwurfs hebt die Grundprinzipien des Kindergeldausgleichs hervor: Das individuelle, auf das jeweilige unterhaltsbedürftige Kind entfallende Kindergeld ist als zweckgebundene, existenzsichernde Leistung für dieses zu verwenden und mindert damit dessen individuellen Unterhaltsbedarf. Das Wort „verwenden" bringt dabei zum Ausdruck, dass das Kind Anspruch auf die Auszahlung des Kindergelds oder die Erbringung entsprechender Naturalleistungen gegenüber demjenigen hat, der das Kindergeld ausgezahlt erhält. Insoweit zeichnet die Neuregelung die Rechtsprechung des Bundesgerichtshofs im Urteil vom 26. Oktober 2005 (FamRZ 2006, 99 [102]) nach, derzufolge dem Kind ein entsprechender unterhaltsrechtlicher Anspruch auf Auskehr des Kindergelds oder Verrechnung mit erbrachten Naturalleistungen zusteht. In welchem Umfang das Kindergeld für das Kind zu verwenden ist und dessen Barbedarf mindert, wird in § 1612b Abs. 1 Satz 1 Nr. 1 und 2 des Entwurfs entsprechend der jeweiligen Fallgestaltung unterschiedlich festgelegt. Der Wortlaut der Bestimmung bringt zugleich zum Ausdruck, dass die Zuweisung des Kindergelds an das Kind familienrechtlich bindend ist. Das Außenverhältnis zwischen den Anspruchsberechtigten und der Familienkasse bleibt unberührt.

§ 1612b Abs. 1 Satz 1 Nr. 1 des Entwurfs bezieht sich auf die Situation minderjähriger, unverheirateter Kinder im Sinne von § 1606 Abs. 3 Satz 2 BGB, die von einem Elternteil betreut werden. In diesem Fall ist regelmäßig der betreuende Elternteil kindergeldbezugsberechtigt (Obhutsprinzip, § 64 Abs. 2 Satz 1 EStG, § 3 Abs. 2 Satz 1 BKGG). Seine Unterhaltspflicht gegenüber dem Kind erfüllt der betreuende Elternteil durch die Pflege und Erziehung des Kindes. Nach dem Gesetz (§ 1606 Abs. 3 Satz 2 BGB) sind Betreuungs- und Barunterhalt grundsätzlich gleichwertig. Deshalb ist es gerechtfertigt, wenn jedem Elternteil die Hälfte des Kindergelds zu Gute kommt (vgl. BGH, FamRZ 2006, 99 [101 f.] sowie bereits BGH, FamRZ 1997, 806 [809]). Für den barunterhaltspflichtigen Elternteil bedeutet dies, dass der Unterhaltsbedarf des Kindes nur um das halbe Kindergeld gemindert ist; nur in diesem Umfang hat der andere Elternteil das an ihn ausgezahlte Kindergeld für den Barunterhalt zu verwenden. Die andere Hälfte des Kindergelds unterstützt den betreuenden Elternteil bei Erbringung der Betreuungsleistung.

§ 1612b Abs. 1 Satz 1 Nr. 2 des Entwurfs erfasst die Fälle, in denen das Kind keiner Betreuung mehr bedarf (§ 1606 Abs. 3 Satz 2 BGB) bzw. die Betreuung nicht durch einen Elternteil erfolgt und deshalb nur Barunterhalt zu leisten ist. In diesem Fall ist das auf das Kind entfallende Kindergeld voll auf dessen Bedarf anzurechnen; von den Eltern ist nur noch der verbleibende Barbedarf zu decken. Daneben kann das Kind Auszahlung des vollen Kindergelds

oder entsprechende Naturalleistungen von demjenigen verlangen, der das Kindergeld ausgezahlt bekommt.

Bei einem volljährigen, noch im Haushalt lebenden Kind, für das noch ein Kindergeldanspruch besteht, sind damit die Haftungsanteile der Eltern auf der Grundlage des nach Abzug des vollen Kindergelds verbleibenden Restbedarfs zu ermitteln. Dies ist angemessen, weil kein Elternteil mehr dem Kind zum Betreuungsunterhalt verpflichtet ist.

Bei einem volljährigen, außerhalb des elterlichen Haushalts lebenden Kind gilt im Prinzip Entsprechendes; auch hier ist das Kindergeld voll auf den Unterhaltsbedarf anzurechnen. Der verbleibende Bedarf ist von den Eltern entsprechend ihrer Leistungsfähigkeit anteilig zu decken (§ 1606 Abs. 3 Satz 1 BGB). Soweit in diesem Fall das Kindergeld nicht direkt an das Kind ausbezahlt wird, hat das Kind schon nach der bisherigen Rechtsprechung des Bundesgerichtshofes (BGH, FamRZ 2006, 99 [102]) gegen den Elternteil, der das Kindergeld bezieht, einen Anspruch auf Auskehrung. Dieser Anspruch kommt im Wortlaut der Bestimmung dadurch zum Ausdruck, dass das Kindergeld zur Deckung des Barbedarfs des Kindes „zu verwenden" ist; er besteht unabhängig von der unterhaltsrechtlichen Leistungsfähigkeit des kindergeldbeziehenden Elternteils. Im Einklang mit der in der Literatur vertretenen Auffassung (vgl. Scholz, FamRZ 2006, 106 [107]) kann das Kind also auch von einem Elternteil, der leistungsunfähig ist, Zahlung des diesem zugeflossenen Kindergelds verlangen. Denn beim Kindergeld handelt es sich um eine zweckgebundene öffentliche Leistung, die unterhaltsrechtlich nicht als Einkommen der Eltern angesehen wird (vgl. Hoppenz-Hülsmann, Familiensachen [8. Aufl. 2005], § 1612b Rn. 4). Neben dem unterhaltsrechtlichen Anspruch auf Auskehrung besteht im Übrigen auch die Möglichkeit, das Kindergeld nach öffentlichem Recht abzuzweigen und direkt an das Kind auszuzahlen (§ 74 EStG).

§ 1612b Abs. 1 Satz 1 Nr. 2 des Entwurfs erfasst schließlich auch die Fälle, in denen kein Elternteil seine Unterhaltspflicht gegenüber einem minderjährigen Kind durch die Betreuung des Kindes erfüllt, etwa bei einer Fremdunterbringung des Kindes. Die Vorschrift gilt auch, wenn das Kindergeld in diesen Fällen an einen Dritten ausbezahlt wird.

Zu Absatz 2

§ 1612b Abs. 2 BGB des Entwurfs entspricht dem bisherigen § 1612b Abs. 4 ABG. Zwischen den beiden Elternteilen soll nur derjenige Kindergeldbetrag ausgeglichen werden, der für ein gemeinschaftliches Kind anfallen würde, und nicht der „Zählkindvorteil". Dieser wird vielmehr in der Regel dem bezugsberechtigten Elternteil als Einkommen verbleiben (vgl. Johannsen/Henrich-Graba, Eherecht [4. Aufl. 2003], § 1612b Rn. 9, 14).

Zu Nummer 20 (Neufassung von § 1615l BGB)

Die Neufassung von § 1615l Abs. 2 Satz 3 bezweckt die weitere Annäherung der Betreuungsunterhaltsansprüche geschiedener bzw. getrennt lebender Eltern einerseits und nicht verheirateter Eltern andererseits im Hinblick auf den Unterhaltszeitraum. Bei der Aufhebung von Absatz 3 Satz 3 handelt es sich um eine durch die Neuregelung der unterhaltsrechtlichen Rangordnung bedingte Folgeänderung.

Neufassung von Absatz 2 Satz 3

Mit der Neufassung wird die Schwelle, ab der eine Durchbrechung der zeitlichen Begrenzung des Betreuungsunterhaltsanspruchs der nicht verheirateten Mutter (und über § 1615l Abs. 4 BGB des Anspruchs des nicht verheirateten Vaters) möglich ist, abgesenkt. Künftig kann Betreuungsunterhalt über den Dreijahreszeitraum hinaus gewährt werden, sofern es insbesondere unter Berücksichtigung der Belange des Kindes unbillig wäre, einen Unterhaltsanspruch nach Ablauf dieser Frist zu versagen.

Die Neufassung setzt den vom Gesetzgeber bereits früher eingeschlagenen Weg, den Betreuungsunterhaltsanspruch der nicht verheirateten Mutter auszudehnen, konsequent fort: Der Anspruch der nicht verheirateten Mutter gegen den Vater ihres Kindes auf Zahlung von Betreuungsunterhalt wurde erstmals durch das Gesetz über die rechtliche Stellung der nichtehelichen Kinder vom 19. August 1969 (Nichtehelichengesetz; BGBl. I S. 1243) geregelt und war in der ursprünglichen Fassung auf ein Jahr nach der Entbindung befristet. Durch das Schwangeren- und Familienhilfeänderungsgesetz vom 21. August 1995 (BGBl. I S. 1050) wurde der Anspruch auf eine Dauer von drei Jahren ausgedehnt. Durch das Kindschaftsrechtsreformgesetz vom 16. Dezember 1997 (BGBl. I S. 2942) wurde schließlich die Möglichkeit geschaffen, die Dreijahresgrenze in Härtefällen zu durchbrechen. Die regelmäßige Begrenzung des Unterhaltsanspruchs auf drei Jahre nach der Geburt des Kindes gilt danach nur, sofern es nicht insbesondere unter Berücksichtigung der Belange des Kindes grob unbillig wäre, einen Unterhaltsanspruch nach Fristablauf zu versagen. Die Neufassung führt zu einer Absenkung dieser Schwelle.

An der bisherigen Begrenzung des Betreuungsunterhalts auf regelmäßig bis zu drei Jahre nach der Geburt des Kindes wird festgehalten. Die Begrenzung des Betreuungsunterhalts auf drei Jahre ist bei der gebotenen, typisierenden Betrachtung im Regelfall angemessen, weil ab dem dritten Lebensjahr des Kindes eine Fremdbetreuung regelmäßig möglich ist und tatsächlich auch erfolgt, ohne dass sich dies zum Nachteil des Kindes auswirkt. Denn an den Dreijahreszeitraum knüpfen zahlreiche sozialstaatliche Leistungen und Regelungen an. Insoweit sind etwa der Anspruch des Kindes auf einen Kindergartenplatz vom vollendeten dritten Lebensjahr (§ 24 des Achten Buches Sozialgesetzbuch – Kinder- und Jugendhilfe) zu nennen oder die Zumutbarkeit einer Erwerbstätigkeit eines Hilfebedürftigen, sowie die Betreuung des Kindes, das das dritte Lebensjahr vollendet hat, in einer Tageseinrichtung sichergestellt ist (§ 10 Abs. 1 Nr. 3 des Zweiten Buches Sozialgesetzbuch – Grundsicherung für Arbeitsuchende).

Die damit verbundene unterschiedliche Ausgestaltung des Betreuungsunterhaltsanspruchs von geschiedenen bzw. getrennt lebenden Elternteilen einerseits und nicht verheirateten Elternteilen andererseits ist gerechtfertigt und mit den Artikeln 3 und 6 GG vereinbar. Der Unterhaltsanspruch des nicht verheirateten Elternteils soll diesen während der ersten drei Lebensjahre des Kindes von der Erwerbspflicht freistellen, damit er sich in vollem Umfang der Pflege und Erziehung des Kindes widmen kann. Die demgegenüber stärkere Ausgestaltung des nachehelichen Unterhaltsanspruchs durch die grundsätzlich längere Dauer der Unterhaltspflicht ist durch den zusätzlichen Schutzzweck der nachehelichen Solidarität begründet und findet seine Rechtfertigung in der

tatsächlich und rechtlich unterschiedlichen Situation verheirateter und nicht verheirateter Eltern (vgl. BGH, FamRZ 2005, 347 [349]). Mit der Eingehung der Ehe übernehmen die Ehegatten füreinander Verantwortung und verpflichten sich zur ehelichen Lebensgemeinschaft, die prinzipiell lebenslang besteht (§ 1353 Abs. 1 BGB). Die eingegangene Bindung verpflichtet die Ehegatten auch im Fall des Scheiterns der Ehe im gesetzlich vorgegebenen Umfang zur nachehelichen Solidarität unter Einschluss von Unterhaltsleistungen insbesondere dann, wenn ein Ehegatte infolge der Aufgaben- und Rollenverteilung während der Ehe durch die Scheidung Nachteile erleidet. Eine derartig starke gegenseitige Bindung, die wechselseitig Rechte und Pflichten hervorbringt und selbst über die Beendigung der personalen Beziehung hinaus fortbesteht, gehen nicht verheiratete Eltern nicht ein. Über das Ende ihrer persönlichen Beziehung hinaus trifft sie von Rechts wegen keine wie auch immer geartete Solidarität. Bereits dieser Unterschied rechtfertigt es, die gegenseitigen Unterhaltsverpflichtungen von Ehegatten und nicht verheirateten Partnern aus Anlass der Geburt eines gemeinsamen Kindes unterschiedlich auszugestalten. Hinzu kommt die große Bandbreite der im Bereich nicht verheirateter Eltern anzutreffenden Lebensgestaltungen: Denn hier gibt es sowohl langandauernde Verbindungen als auch kurzzeitige, flüchtige Affären, aus denen ein Kind hervorgegangen ist. Eine gesetzliche Regelung dieses Bereichs muss diese Bandbreite an Lebensentwürfen widerspiegeln und ihnen gerecht werden. Auch von daher verbietet sich eine schematische Gleichbehandlung der Betreuungssituation verheirateter und nicht verheirateter Eltern.

Die Neufassung beschränkt sich deshalb darauf, die Betreuungssituation verheirateter und nicht verheirateter Eltern weiter aneinander anzunähern. Damit greift sie auch eine bereits vorhandene Tendenz in der jüngeren Rechtsprechung auf (vgl. BGH, FamRZ 2005, 354 ff. sowie etwa OLG Karlsruhe, NJW 2004, 523 f.; OLG Schleswig, FamRZ 2004, 975 ff.; OLG Düsseldorf, FamRZ 2005, 234 ff.; OLG Düsseldorf, FamRZ 2005, 1772 ff.) und folgt den Empfehlungen des Vorstands des 16. Deutschen Familiengerichtstags an die Gesetzgebung (FamRZ 2005, 1962 [1963]).

Die Frage, wann Betreuungsunterhalt über die Dreijahresgrenze hinaus gewährt werden kann, ist eine Frage der Billigkeit. Mit der Neufassung wird der Maßstab deutlich abgesenkt; es ist nun nicht mehr erforderlich, dass die Versagung von Betreuungsunterhalt dem Gerechtigkeitsempfinden in unerträglicher Weise widersprechen würde. Wann die Versagung weiteren Betreuungsunterhalts unbillig ist, kann nur von den Gerichten aufgrund einer umfassenden Abwägung unter Berücksichtigung aller Umstände des konkreten Einzelfalls bestimmt werden. In erster Linie sind kindbezogene Belange zu berücksichtigen. Durch das Wort „insbesondere" in der Gesetzesformulierung ist es aber möglich, auch elternbezogene Belange oder sonstige Umstände, die geeignet sind, eine Durchbrechung der Dreijahresgrenze zu rechtfertigen, bei der Abwägung zu berücksichtigen. Damit erhalten die Gerichte genügend Raum, um eine dem Einzelfall gerecht werdende Lösung zu finden; dies auch im Hinblick auf eine mögliche Begrenzung des Unterhaltsanspruchs der Höhe nach oder in zeitlicher Hinsicht, wenn Unterhalt über die Dreijahresgrenze hinaus zu leisten ist (vgl. OLG Düsseldorf, FamRZ 2005, 1772 [1775]).

Aus diesem Grund bedarf es auch keiner Anpassung von § 1615l Abs. 2 Satz 2 BGB an den neuen Wortlaut von § 1570 BGB. Die Elemente der Wertung, die im Rahmen von § 1570 Satz 2 des Entwurfs zu berücksichtigen sind, sind bereits heute Bestandteil der Prüfung, ob Betreuungsunterhalt über die Dreijahresgrenze hinaus gewährt wird.

Die Annäherung bei der Regelung der Betreuungssituation geschieht im Übrigen auch von der anderen Seite her: Neben der Absenkung der Billigkeitsschwelle des § 1615l Abs. 2 BGB soll über die stärkere Betonung der nachehelichen Eigenverantwortung (§ 1569 des Entwurfs), die Berücksichtigung der individuellen Möglichkeiten der Kinderbetreuung (§ 1570 Satz 2 des Entwurfs) und die erhöhten Anforderungen an die Erwerbsobliegenheit des geschiedenen Ehegatten (§ 1574 des Entwurfs) auch eine Änderung der Rechtsprechung zu § 1570 BGB und den von ihr formulierten Grenzen, ab welchem Kindesalter dem betreuenden Elternteil eine (Teil-)Erwerbstätigkeit zugemutet werden kann, bewirkt werden (siehe dazu Begründung zu den §§ 1569, 1570 des Entwurfs).

Aufhebung von Absatz 3 Satz 3

Die Regelung in § 1615l Abs. 3 Satz 3 BGB, in der bislang der Rang des Betreuungsunterhaltsanspruchs festgelegt wird, ist durch die Neufassung von § 1609 des Entwurfs entbehrlich geworden. Über die Verweisung in § 1615l Abs. 3 Satz 1 BGB ist § 1609 BGB anwendbar. Danach steht der Anspruch nach § 1615l BGB künftig im zweiten Rang. Wegen des Sachzusammenhangs gilt das sowohl für die in § 1615l Abs. 1, 2 Satz 1 BGB geregelten Ansprüche als auch für den Betreuungsunterhaltsanspruch nach § 1615l Abs. 2 Satz 2, Abs. 4 BGB.

Zu Artikel 2 (Änderung des Lebenspartnerschaftsgesetzes)

Zu den Nummern 1 bis 3 (Änderung der §§ 5, 12, 16 LPartG)

Mit den Änderungen wird die unterhaltsrechtliche Rangfolge nach dem Lebenspartnerschaftsgesetz an die nach dem neuen Unterhaltsrecht angeglichen und damit die unterhaltsrechtliche Rangordnung bei Lebenspartnern derjenigen zwischen Ehegatten gleichgestellt.

Vom Gesetz zur Überarbeitung des Lebenspartnerschaftsrechts vom 15. Dezember 2004 (BGBl. I S. 3396) wurde die Frage der Rangfolge noch ausdrücklich ausgenommen. Danach sollte es für das Rangverhältnis der Unterhaltsansprüche zunächst noch bei einer eigenständigen Regelung im Lebenspartnerschaftsgesetz verbleiben, da der Unterhaltsreform nicht vorgegriffen und aus Gründen der Rechtssicherheit und Rechtsklarheit verhindert werden sollte, dass die Betroffenen binnen kurzer Zeit mit drei verschiedenen Rechtslagen konfrontiert werden würden (Bundestagsdrucksache 15/3445, S. 14). Die bislang noch fehlende Gleichstellung der Unterhaltsansprüche von Lebenspartnern mit denjenigen von Ehegatten wird nunmehr nachgeholt.

Der Kern der Änderungen ist die Neufassung von § 16 LPartG (Nummer 3). Der Wortlaut des Satzes 1 wird an denjenigen von § 1569 des Entwurfs angeglichen. Die durch den Entwurf bewirkte Stärkung des Grundsatzes der Eigenverantwortung wird damit auf die Situation bei den Lebens-

partnern übertragen. Der Nachrang des Unterhaltsanspruchs des Lebenspartners gegenüber demjenigen von Kindern, Ehegatten und nicht verheirateten Müttern und Vätern nach § 1615l BGB, den der bisherige § 16 Abs. 2 LPartG vorsah, wird beseitigt; durch die Neufassung der Verweisung gilt für Lebenspartner künftig das eheliche Unterhaltsrecht auch in Bezug auf die Rangfolge. Damit sind die §§ 1582, 1609 des Entwurfs anwendbar. Unterhaltsansprüche von Lebenspartnern fallen danach entsprechend den individuellen Lebensverhältnissen der Berechtigten entweder unter § 1609 Nr. 2 oder 3 des Entwurfs.

Bei den weiteren Neuregelungen handelt es sich um Folgeänderungen: Die bisherigen Verweisungen beim Lebenspartnerschaftsunterhalt (§ 5 LPartG) beim Unterhalt bei Getrenntleben (§ 12 LPartG) auf die eigenständige Rangregelung des bisherigen § 16 Abs. 2 LPartG werden aufgehoben (Nummer 1, 2). An ihre Stelle treten die jeweiligen Regelungen aus dem Eherecht und damit wiederum die §§ 1582, 1609 des Entwurfs.

Zu Artikel 3 (Änderung sonstiger Vorschriften)

Die gesetzliche Definition des Mindestunterhalts in § 1612a Abs. 1 des Entwurfs und die Aufhebung der Regelbetrag-Verordnung macht Folgeänderungen in einer großen Zahl von Gesetzen und weiteren, untergesetzlichen Bestimmungen erforderlich. Hierbei handelt es sich in erster Linie um redaktionelle Änderungen und sprachliche Anpassungen, die sich heraus verständlich sind und deshalb keiner besonderen Begründung bedürfen. Nur die Änderungen, bei denen es sich um mehr als lediglich redaktionelle Änderungen handelt, werden im Folgenden erläutert:

Zu Absatz 2 (Anfügung von § [35] EGZPO)

Die Vorschrift enthält die materiell-rechtlichen und verfahrensrechtlichen Übergangsvorschriften.

Grundgedanken der Regelung

Die neuen, durch dieses Gesetz geschaffenen unterhaltsrechtlichen Bestimmungen finden auf alle Unterhaltsansprüche Anwendung, die ab Inkrafttreten der Neuregelung entstehen. Regelungsbedürftig ist daher allein die Frage, in welchem Umfang das neue Recht für Unterhaltsansprüche gilt, die bereits vor dem Inkrafttreten der Neuregelung entstanden sind. Die diesbezüglichen Bestimmungen finden sich in den Übergangsvorschriften für rechtskräftig abgeschlossene Verfahren, die in § [35] Nr. 1 bis 3 EGZPO eingestellt werden. Grundgedanke ist dabei, dass das neue Recht grundsätzlich auch für „Altfälle" gilt. Altes und neues Recht können nicht auf Dauer nebeneinander fortgelten. Im Interesse von Rechtssicherheit und Rechtseinheit ist eine schnellstmögliche und umfassende Anwendung des neuen Rechts geboten. Die Erstreckung des neuen Rechts auf bestehende Unterhaltstitel gebietet aber auch ein Gebot der Gerechtigkeit. Denn soweit das bisherige Unterhaltsrecht zu unbilligen und damit ungerechten Ergebnissen geführt hat, können diese nicht dauerhaft aufrechterhalten bleiben.

Nummer 1 enthält die zentrale Bestimmung, um bestehende Unterhaltsregelungen an das neue Recht anzupassen. Es handelt sich hierbei nicht um einen eigenen, neu geschaffenen Abänderungsrechtsbehelf. In der Sache ist eine Anpassung von bestehenden Titeln und Unterhaltsvereinbarungen danach nur möglich, wenn eine wesentliche Änderung der Unterhaltsverpflichtung eintritt und darüber hinaus die Änderung dem anderen unter besonderer Berücksichtigung seines Vertrauens in die getroffene Regelung zumutbar ist. Die Regelung dient neben dem Vertrauensschutz auch der Rechtssicherheit und dem Rechtsfrieden. Das Erfordernis einer wesentlichen Änderung bietet Gewähr dafür, dass es als Folge der Einführung neuer Unterhaltsregelungen nicht zu einer Flut von Abänderungsverfahren kommt. Die Vorschrift hat sowohl prozessualen als auch materiell-rechtlichen Charakter.

Nummer 2 sieht Modifikationen bei den Voraussetzungen von zwei Rechtsbehelfen vor, mit denen Anpassungsverlangen durchgesetzt werden können.

Nummer 3 enthält eine Regelung für bestehende, dynamisierte Unterhaltstitel und -vereinbarungen.

Die Nummern 4 und 5 enthalten die Übergangsvorschriften für im Zeitpunkt des Inkrafttretens dieses Gesetzes noch nicht rechtskräftig abgeschlossene, laufende Verfahren.

Von dem Grundsatz der Anpassung an neues Recht sieht Nummer 6 der Vorschrift zwei Ausnahmen vor.

Im Einzelnen

Zu Nummer 1

Zur Gewährleistung von Rechtssicherheit und Rechtsfrieden sowie aus Gründen des Vertrauensschutzes werden durch Nummer 1 die Möglichkeiten, das neue Recht auf bereits bestehende Unterhaltsregelungen zu erstrecken, begrenzt. Das gilt sowohl in den Fällen, in denen es um die Anpassung einer rechtskräftigen Entscheidung oder eines anderen vollstreckbaren Titels an die neue Rechtslage geht, als auch dann, wenn über den Unterhalt kein vollstreckbarer Schuldtitel vorliegt, weil etwa Unterhaltsberechtigter und -verpflichteter eine nicht titulierte – ausdrückliche oder stillschweigende – Unterhaltsvereinbarung getroffen haben.

Eine Anpassung der bestehenden Unterhaltsregelung an die neue Rechtslage kann nur verlangt werden, soweit eine wesentliche Änderung der Unterhaltsverpflichtung eintritt. Die Wesentlichkeitsschwelle ist dabei im Sinne von § 323 Abs. 1 ZPO zu verstehen: In einer Gesamtschau aller Umstände – ggf. auch von der Reform unabhängiger Umstände – ist zu prüfen, in welchem Umfang sich die für Unterhaltsverpflichtung und -bemessung maßgeblichen Verhältnisse geändert haben (vgl. Baumbach/Lauterbach-Hartmann, ZPO [63. Aufl. 2005], § 323 Rn. 37; Johannsen/Henrich-Brudermüller, Eherecht [4. Aufl. 2003], § 323 ZPO Rn. 77 ff.). Sie gilt in allen Übergangsfällen; sowohl in Bezug auf die Abänderung titulierter Unterhaltsvereinbarungen als auch bei nicht titulierten Regelungen. In Fällen, in denen die Anpassung der Vereinbarung ausschließlich entsprechend den Bestimmungen des materiellen Rechts gefordert werden kann, bewirkt die Regelung eine Konkretisierung der Maßstäbe des § 313 BGB.

Eine Änderung der tatsächlichen Verhältnisse wird dabei nicht vorausgesetzt. In Anlehnung an die einhellige Auffassung von Rechtsprechung und Literatur, derzufolge bei der Abänderungsklage nach § 323 ZPO eine Änderung der Gesetzgebung die Anpassung eines Unterhaltstitels recht-

fertigen kann, genügt auch hier die Änderung allein der Rechtslage (vgl. Zöller-Vollkommer, ZPO [25. Aufl. 2005], § 323 Rn. 32). Denn das reformierte Recht bringt es mit sich, dass Umstände, die bereits im Zeitpunkt der ersten Unterhaltsregelung vorlagen – wie beispielsweise die Dauer der Ehe oder eine frühere Erwerbstätigkeit, eine neue Bedeutung erlangen und für die Entscheidung, ob und inwieweit die Erstregelung abgeändert wird, von Belang sind.

Entscheidendes Kriterium, inwieweit eine bestehende Unterhaltsregelung aus Anlass der Neuregelung an das neue Recht anzupassen ist, ist neben der Wesentlichkeit die Zumutbarkeit einer Änderung unter Berücksichtigung des Vertrauens in den Fortbestand einer titulierten bzw. einer nicht titulierten Unterhaltsvereinbarung. Dieses Kriterium ermöglicht eine flexible, an der Einzelfallgerechtigkeit orientierte Überleitung bestehender Unterhaltsregelungen auf die neue Rechtslage.

Das Vertrauen sowohl eines Unterhaltsberechtigten als auch eines Unterhaltsverpflichteten, der sich in Anbetracht eines titulierten Unterhaltsanspruchs bzw. einer nicht titulierten – ausdrücklichen oder stillschweigenden – Unterhaltsvereinbarung auf den Fortbestand der Regelung eingestellt hat und nun mit einem Abänderungsverlangen konfrontiert wird, ist grundsätzlich schutzwürdig; es ist bei der Entscheidung über die Änderung der Unterhaltsregelung zu berücksichtigen. Das gilt insbesondere dann, wenn die Unterhaltsvereinbarung ein Bestandteil einer größeren, umfassenderen Regelung ist, etwa, wenn sich die Ehegatten anlässlich von Trennung oder Scheidung über Unterhalt, Güterrecht, Hausrat und Wohnung sowie ggf. über den Versorgungsausgleich geeinigt haben. Zwischen den einzelnen Regelungsbereichen wird häufig ein Zusammenhang bestehen, so dass vor einer Änderung des unterhaltsrechtlichen Teils sehr sorgfältig zu prüfen ist, welche Rückwirkungen sich dadurch auf der verbleibenden Bereiche ergeben und inwieweit durch eine Änderung die Geschäftsgrundlage der Gesamtvereinbarung berührt wird. Dieses Problem erfordert keine gesonderte Regelung. Die Berücksichtigung des Vertrauens ist das Mittel, um – ggf. zusammen mit einer ergänzenden Vertragsauslegung – zu einer dem Einzelfall gerecht werdenden Lösung zu gelangen.

Die Erstreckung neuen Rechts auf bestehende Unterhaltsregelungen muss dem anderen Teil zumutbar sein. Insbesondere durch die Neuregelung der unterhaltsrechtlichen Rangordnung kann sich die Änderung in einem Unterhaltsverhältnis unmittelbar auf ein anderes Unterhaltsverhältnis auswirken. Wenn beispielsweise unterhaltsberechtigte Kinder, deren Unterhaltsansprüche bislang gleichrangig neben denjenigen des Ehegatten standen, nach neuem Recht vom barunterhaltspflichtigen Elternteil höheren Unterhalt fordern, weil ihre Ansprüche nunmehr Vorrang vor denen des Ehegatten haben und ihnen deshalb ein größerer Anteil an dem unter ihnen und dem unterhaltsberechtigten Ehegatten zu verteilenden Einkommen des Pflichtigen zukommt, könnte eine Erhöhung beim Kindesunterhalt – bei unveränderter Leistungsfähigkeit des Barunterhaltspflichtigen – zu einer Kürzung oder – bei fehlender Leistungsfähigkeit des Pflichtigen – sogar zu einem völligen Wegfall der Unterhaltsansprüche des Ehegatten führen. Derartige Ergebnisse können im Hinblick auf das bestehende Vertrauen unzumutbar sein. Der Übergang von altem zu neuem Recht soll möglichst schonend erfolgen. Unter dem Aspekt der Zumutbarkeit ist deshalb bei der Umstellung bestehender Titel und Vereinbarungen eine „Gesamtschau" vorzunehmen und zu prüfen, ob und inwieweit sich eine begehrte Abänderung der Regelung auf andere Unterhaltsverhältnisse auswirkt. Der Maßstab der „Zumutbarkeit" erlaubt es, von dem rechnerischen Ergebnis, wie ein bestimmter, für Unterhaltszwecke zur Verfügung stehender Betrag nach neuem Recht unter mehreren Unterhaltsberechtigten zu verteilen ist, maßvoll abzuweichen und eine billige, den Übergangsfällen gerecht werdende Art der Aufteilung zu finden.

Zu Nummer 2

Nummer 2 der Übergangsvorschrift stellt sicher, dass Umstände, die erst durch das neue Recht erheblich geworden sind, in das Verfahren eingeführt werden können: Soweit die Anpassung im Wege einer Abänderungsklage (§ 323 ZPO) oder – soweit dies statthaft ist – im Wege einer Vollstreckungsgegenklage (§ 767 ZPO) erfolgt, sollen die Präklusionsvorschriften der jeweiligen Rechtsbehelfe (§ 323 Abs. 2 ZPO bzw. § 767 Abs. 2 ZPO) bei der Anpassung des Unterhaltstitels an das neue Recht nicht anwendbar sein. Dadurch wird es möglich, die in Nummer 1 beschriebenen Umstände bei der erstmaligen Änderung des Titels ohne Gefahr einer Präklusion in das Verfahren einführen zu können. Keine Besonderheiten gelten dagegen, wenn ein bereits an das neue Recht angepasster Titel zu einem späteren Zeitpunkt erneut geändert werden soll. In diesem Fall handelt es sich um ein reguläres Abänderungsverfahren entsprechend § 323 ZPO bzw. § 767 ZPO.

Zu Nummer 3

Nummer 3 enthält eine Sonderregelung für dynamische Unterhaltstitel und Vereinbarungen. Diese Titel und Vereinbarungen werden ohne gesondertes Verfahren, allein durch eine Umrechnung, in das neue Recht überführt. Der vom Unterhaltsschuldner zu zahlende Betrag bleibt dabei gleich, so dass sich die Mittel, die für das Kind tatsächlich zur Verfügung stehen, nicht ändern. Durch die Umrechnung wird gleichzeitig sichergestellt, dass die bisherige Dynamisierung der Titel und Vereinbarungen erhalten bleibt und die Titel und Vereinbarungen in der Zukunft an Steigerungen des Mindestunterhalts teilnehmen.

Die Unterhaltstitel und -vereinbarungen werden dazu kraft Gesetzes in der Weise auf das neue Recht umgestellt, dass lediglich der Anknüpfungspunkt für die Dynamisierung ausgetauscht wird. Für diese Umstellung bedarf es keiner rechtlichen Wertung. Weder der Titel oder die Vereinbarung noch eine auf dem Titel angebrachte Vollstreckungsklausel müssen hierzu abgeändert oder umgeschrieben werden. Die erforderliche Berechnung kann auch unmittelbar durch das Vollstreckungsorgan vorgenommen werden.

Dementsprechend bestimmt Nummer 3 Satz 1, dass dynamische Titel und Vereinbarungen ihre Gültigkeit nicht verlieren, sondern auch nach dem Inkrafttreten der Neuregelung weiter wirksam bleiben. Insbesondere kann aus bereits errichteten Titeln – soweit sie bislang vollstreckbar waren – auch weiterhin die Vollstreckung betrieben werden.

Die Sätze 2 bis 5 wandeln die bisherigen, am Regelbetrag orientierten Titel und Vereinbarungen so ab, dass sie zu-

künftig auf den Mindestunterhalt Bezug nehmen und durch diesen dynamisiert sind. Nach Satz 2 tritt dazu in den Titeln und Vereinbarungen an die Stelle des Regelbetrags der Mindestunterhalt als neue Bezugsgröße. Nach Satz 3 tritt gleichzeitig an die Stelle des bisherigen Prozentsatzes ein neuer Prozentsatz. Die Berechnung dieses neuen Prozentsatzes ist in Satz 4 und 5 geregelt. In diese Berechnung ist auch das Kindergeld einzubeziehen. In Bezug auf die Kindergeldanrechnung mussten bislang eine Vielzahl von Konstellationen unterschieden werden (vgl. § 1612b BGB a. F.); dementsprechend regelt Satz 4 Buchstabe a bis d vier verschiedene Fallgruppen:

Satz 4 Buchstabe a enthält den gesetzlichen Regelfall, in dem der Titel oder die Vereinbarung die Anrechnung des hälftigen oder eines Teils des hälftigen Kindergelds anordnet (§ 1612b Abs. 1 und 5 BGB a. F.). In allen diesen Fällen kann bei Umstellung auf den Mindestunterhalt als neuen Anknüpfungspunkt zukünftig das gesamte hälftige Kindergeld berücksichtigt werden. Um den jeweiligen Bedarfsbetrag, der nach neuem Recht durch einen Prozentsatz des Mindestunterhalts ausgedrückt wird, ist daher stets das hälftige Kindergeld abzuziehen. Um den neuen Prozentsatz zu berechnen und um sicherzustellen, dass sich der an das Kind zu zahlende Betrag durch die Umrechnung nicht verändert, ist dem derzeit zu zahlenden Betrag zunächst das hälftige Kindergeld hinzuzurechnen. Sodann ist der sich ergebende Betrag ins Verhältnis zu dem bei Inkrafttreten des Gesetzes geltenden Mindestunterhalt zu setzen. Durch die Worte „bisher zu zahlenden Unterhaltsbetrag" wird deutlich, dass der bisherige „Zahlbetrag" und nicht der „Tabellenbetrag" bei der Berechnung einzusetzen ist.

Satz 4 Buchstabe b behandelt die Fälle des bisherigen § 1612b Abs. 2 BGB, in denen das hälftige Kindergeld nicht anzurechnen, sondern hinzuzurechnen ist. Diese Fälle werden zukünftig durch § 1612b Abs. 1 Nr. 2 BGB des Entwurfs erfasst. Das neue System der bedarfsdeckenden Verrechnung führt dabei dazu, dass das Kindergeld den beiden barunterhaltspflichtigen Eltern nicht hälftig, sondern entsprechend ihren Haftungsanteilen zukommt (§ 1606 Abs. 3 Satz 1 BGB). Diese Gesetzesänderung kann im Rahmen einer bloßen Umstellung indes nicht berücksichtigt werden; hierzu ist eine Abänderungsklage erforderlich (Nummer 3 Satz 6 in Verbindung mit den Nummern 1 und 2). Für die Umrechnung nach Satz 4 Buchstabe b verbleibt es daher zunächst bei einer Hinzurechnung des hälftigen Kindergelds. Dadurch kann die Dynamisierung auch in diesen Fällen erhalten bleiben.

Satz 4 Buchstabe c behandelt die Fälle des bisherigen § 1612b Abs. 3 BGB. § 1612b Abs. 3 BGB findet Anwendung, wenn der andere Elternteil verstorben oder nicht kindergeldberechtigt ist. Im letztgenannten Fall können sich durch die Regelung des § 1612b des BGB-Entwurfs Änderungen ergeben, da das Kindergeld nach dieser Vorschrift auch dann bedarfsmindernd zu verrechnen ist, wenn das Kind nicht das hälftige Kindergeld berechtigt ist. Diese Änderung kann bei einer bloßen Umstellung des Titels aber nicht berücksichtigt werden. Es bleibt daher zunächst in allen diesen Fällen bei einer Berücksichtigung des vollen Kindergelds. Den Betroffenen steht gegebenenfalls der Weg über eine Abänderungsklage offen (Nummer 3 Satz 6 in Verbindung mit den Nummern 1 und 2).

Satz 4 Buchstabe d schließlich behandelt den Fall, dass der Titel oder die Vereinbarung weder eine Anrechnung noch eine Hinzurechnung des Kindergelds oder eines Teils des Kindergelds anordnet. Damit werden zwei Fallkonstellationen erfasst: Zum einen geht es um Fälle, in denen eine Anrechnung des Kindergelds wegen § 1612b Abs. 5 BGB vollkommen unterbleibt. Zum anderen werden Fälle geregelt, bei denen Kindergeld überhaupt nicht ausbezahlt wird. Da die genaue Ursache für eine unterbliebene Anrechnung oder Hinzurechnung des Kindergelds dem Titel bzw. der Vereinbarung nicht entnommen werden kann, behandelt die Übergangsvorschrift beide Fälle gleich und entsprechend zu den Fällen des Buchstaben a. Denn auch in diesen Fällen kann bei Umstellung auf den Mindestunterhalt als neuen Anknüpfungspunkt zukünftig das gesamte hälftige Kindergeld berücksichtigt werden. Auf diese Weise bleibt die Dynamisierung auch dieser Titel erhalten.

Nummer 3 Satz 6 bestimmt, dass mit der Umstellung nach den vorangegangenen Sätzen noch keine Aussage darüber verbunden ist, ob die bisherigen Zahlbeträge dem neuen Recht entsprechen. So kann sich etwa durch den verbesserten Rang des Kindesunterhalts (§ 1609 des BGB-Entwurfs) in Mangelfällen ein höherer Kindesunterhalt ergeben. Die Regelungen der Sätze 1 bis 5 hindern die Beteiligten nicht daran, sich auf entsprechende Veränderungen zu berufen. Diese richten sich allein nach den Bestimmungen in den Nummern 1, 2.

Zu Nummer 4

Durch Nummer 4 soll gewährleistet werden, dass Verfahren, die vor dem Bundesgerichtshof anhängig sind, auf der Grundlage des neuen Rechts sachgerecht abgewickelt werden können. Zu diesem Zweck regelt Satz 1 eine Ausnahme von dem Grundsatz, dass neue Tatsachen im Revisionsverfahren nicht berücksichtigt werden. Sind die aufgrund der Übergangsregelung neu vorgetragenen Tatsachen unstreitig, so hat das Revisionsgericht unter den Voraussetzungen von § 563 Abs. 3 ZPO eine eigene Sachentscheidung zu treffen. Wird jedoch eine Beweisaufnahme notwendig, so soll das Revisionsgericht nach Satz 2 befugt sein, die Sache an das Berufungsgericht zurückzuverweisen. Eine Zurückverweisung kommt insbesondere in Betracht, wenn aufgrund der neuen Tatsachen eine umfangreiche oder aufwändige Beweisaufnahme erforderlich wird. Das Revisionsgericht soll aber nicht zur Zurückverweisung verpflichtet sein, sondern wenigstens kleinere Beweisaufnahmen selbst durchführen können. Dies entspricht den von der Rechtsprechung entwickelten Grundsätzen zur Beweisaufnahme in der Revisionsinstanz, soweit diese ausnahmsweise berücksichtigungsfähig sind (vgl. Münch-Komm-Wenzel, ZPO Aktualisierungsband ZPO-Reform 2002 [2. Aufl. 2002], § 559 Rn. 33; Stein/Jonas-Grunsky, ZPO [21. Aufl. 1994], § 561 Rn. 35).

Zu Nummer 5

Nummer 5 sieht vor, dass in einer Unterhaltssache eine bereits geschlossene mündliche Verhandlung auf Antrag wieder zu eröffnen ist, um am Parteien Gelegenheit zu geben, Tatsachen, die erst durch dieses Gesetz Relevanz erlangt haben, noch vorzutragen. Das Ermessen des Gerichts, die mündliche Verhandlung wiederzueröffnen (§ 156 Abs. 1

ZPO), wird durch diese Bestimmung reduziert, um eine einheitliche Rechtsanwendung sicherzustellen. Aus prozessökonomischen Gründen soll gewährleistet werden, dass die neuen Tatsachen noch in derselben Instanz bzw. in demselben Verfahren vorgebracht werden können und nicht erst im Rechtsmittelverfahren oder im Wege einer Abänderungsklage.

Zu Nummer 6

Nummer 6 schließt eine Rückwirkung des neuen Rechts auf Unterhaltsleistungen aus, die vor dem Inkrafttreten dieses Gesetzes fällig geworden sind. Weiter wird durch Nummer 6 klargestellt, dass das neue Recht auch nicht in Bezug auf Unterhaltsansprüche von Ehegatten gilt, deren Ehe nach dem bis zum 30. Juni 1977 geltenden Recht geschieden wurde. Denn diese Unterhaltsansprüche richten sich gemäß Artikel 12 Nr. 3 Abs. 2 des Ersten Gesetzes zur Reform des Ehe- und Familienrechts vom 14. Juni 1976 (1. EheRG; BGBl. I S. 1421) nach dem bis zum Inkrafttreten des 1. EheRG geltenden Recht und damit nach § 58 ff. EheG.

Zu Absatz 3 (Änderung der Zivilprozessordnung)

Zu den Nummern 1 bis 6

Bei den Nummern 1 bis 6 handelt es sich um rein redaktionelle Folgeänderungen, durch die das vereinfachte Verfahren über den Unterhalt Minderjähriger sprachlich an das neue System des Mindestunterhalts nach § 1612a Abs. 1 des Entwurfs und die geänderte Kindergeldverrechnung nach § 1612b des Entwurfs angepasst wird. Mit der Umstellung auf den Mindestunterhalt ergibt sich die Notwendigkeit, die in § 645 ZPO enthaltene Begrenzung des Unterhaltsbetrags, der im vereinfachten Verfahren verlangt werden kann – bislang ist das die Einhundertfünfzig(?) fache der jeweils maßgeblichen Regelbeträge –, an das neue System anzupassen. Die gewählte Größe, das 1,2fache des Mindestunterhalts, gewährleistet, dass das vereinfachte Verfahren künftig in etwa in dem gleichen Umfang wie bisher eröffnet ist. In Bezug auf die Kindergeldverrechnung war zu berücksichtigen, dass an die Stelle der bisherigen Anrechnung des Kindergelds auf den Barunterhaltsanspruch des Kindes künftig die bedarfsmindernde Vorwegabzug des Kindergelds tritt. Die bisherige Formulierung im Gesetz, dass das Kindergeld „angerechnet" wird, passt daher nicht mehr. Sie wird durch das Verb „berücksichtigen" ersetzt, ohne dass damit eine sachliche Änderung verbunden wäre.

Zu Nummer 7

Bei Nummer 7 handelt es sich ebenfalls um eine redaktionelle Folgeänderung, mit dem der erst durch das EG-Vollstreckungstitel-Durchführungsgesetz vom 18. August 2005 (BGBl. I S. 2477) neu gefasste § 790 ZPO an das neue System angepasst wird, um künftig Unterhaltstitel, die den Kindesunterhalt als Prozentsatz des Mindestunterhalts in dynamisierter Form festsetzen, für Zwecke der Zwangsvollstreckung im Ausland konkret beziffern zu können. Bereits vorliegende dynamisierte Titel, die Kindesunterhalt noch als Prozentsatz des jeweiligen Regelbetrags nach der Regelbetrag-Verordnung festsetzen, sind nach § [35] Nr. 3 EGZPO zunächst auf den Mindestunterhalt umzustellen und können sodann konkret beziffert werden. Entsprechendes gilt, soweit eine Berücksichtigung des Kindergelds (§ 1612b BGB) in dynamisierter Form möglich ist (vgl. Bundestagsdrucksache 15/5222, S. 12; Wagner, in: Festschrift für Hans-Jürgen Sonnenberger (2004), 727 [731 f.]).

Zu Nummer 8

Bei Nummer 8 handelt es sich um eine sachlich gebotene Folgeänderung: Die in § 850d Abs. 2 ZPO enthaltene Rangfolge zwischen pfändenden Unterhaltsgläubigern wird, da die materiell-rechtliche Regelung und das Zwangsvollstreckungsrecht übereinstimmen müssen, mit der neuen, durch den Entwurf geschaffenen unterhaltsrechtlichen Rangfolge (§ 1609 BGB, § 16 LPartG) in Einklang gebracht.

Im Zwangsvollstreckungsrecht wird im Übrigen zu prüfen sein, ob und inwieweit die neue unterhaltsrechtliche Rangfolge eine Fortentwicklung von § 850c Abs. 1 ZPO erforderlich macht. Da Änderungen im Vollstreckungsrecht stets das Verhältnis zwischen Gläubiger und Schuldner sowie der Gläubiger untereinander berühren, ist an dieser Stelle eine punktuelle Änderung nicht zweckmäßig. Eventuell notwendige Anpassungen sollen vielmehr in einem eigenen Gesetz erfolgen.

Zu den Absätzen 4, 5   (Änderung von Gerichtskostengesetz und Kostenordnung)

Über die Umsetzung der erforderlichen Folgeänderung hinaus bezweckt die Änderung eine sprachliche Verbesserung von § 42 Abs. 1 Satz 2 des Gerichtskostengesetzes und § 24 Abs. 4 Satz 2 der Kostenordnung.

Zu Absatz 6   (Änderung von Artikel 229 § 2 EGBGB)

Es handelt sich um eine Folgeänderung: Der bisherige Artikel 229 § 2 Abs. 2 EGBGB betraf die Umstellung der Regelbetrag-Verordnung auf den Euro zum 1. Januar 2002. Die Vorschrift ist nicht mehr erforderlich, weil die Regelbetrag-Verordnung mittlerweile umgestellt und mit der Einführung des Mindestunterhalts entbehrlich geworden ist.

Zu Artikel 4   (Inkrafttreten, Außerkrafttreten)

Artikel 4 regelt das Inkrafttreten dieses Gesetzes sowie die Aufhebung des Kindesunterhaltsgesetzes und der Regelbetrag-Verordnung. Das Gesetz zur Änderung des Unterhaltsrechts soll zeitgleich mit der Anpassung des Unterhaltsvorschussgesetzes in Kraft treten.

Das Kindesunterhaltsgesetz (KindUG) kann, nachdem die dort angeordneten Änderungen anderer Gesetze umgesetzt worden und einzelne Bestimmungen bereits mit Wirkung zum 2. Juli 2003 außer Kraft getreten sind (vgl. Artikel 8 Abs. 2 KindUG), nunmehr vollständig aufgehoben werden: Artikel 5 § 1 KindUG wird aufgehoben, weil mit der Einführung eines einheitlichen Mindestunterhalts durch § 1612a BGB-Entwurfs die bisher im Bereich des Kindesunterhaltsrechts übliche Differenzierung bei der Unterhaltshöhe danach, ob das unterhaltsbedürftige Kind in West- oder in Ostdeutschland bzw. den östlichen Bezirken von Berlin lebt, entfällt. Mit der Aufhebung der Regelbetrag-Verordnung kann auch Artikel 8 KindUG entfallen.

Mit der Anknüpfung des gesetzlichen Mindestunterhalts nach § 1612a Abs. 1 des BGB-Entwurfs an den einkommensteuerrechtlichen Kinderfreibetrag ist die Regelbetrag-Verordnung entbehrlich.

Stellungnahme des Bundesrates

Der Bundesrat hat in seiner 822. Sitzung am 19. Mai 2006 beschlossen, zu dem Gesetzentwurf gemäß Artikel 76 Abs. 2 des Grundgesetzes wie folgt Stellung zu nehmen:

1. **Zu Artikel 1 Nr. 10 Buchstabe c, d** (§ 1579 BGB)

   In Artikel 1 Nr. 10 sind die Buchstaben c und d wie folgt zu fassen:

   ,c) Nach Nummer 6 wird folgende Nummer 7 eingefügt:

   „7. der Berechtigte in einer verfestigten Lebensgemeinschaft lebt,".

   d) Die bisherige Nummer 7 wird Nummer 8.'

   B e g r ü n d u n g

   Durch die Einfügung des neuen Härtegrundes unmittelbar vor dem Auffangtatbestand des § 1579 Nr. 7 BGB wird die im Entwurf vorgesehene Änderung der Nummerierung weit gehend vermieden, damit die bisher in der Praxis bekannten und immer wieder angewandten Verwirkungsgründe der Nummern 2 bis 6 beibehalten werden können.

   Die Begründung für die Änderung der Nummerierung von Nummer 2 (Bundesratsdrucksache 253/06, S. 36) ist nicht zwingend. Zwar knüpft die vorgesehene Nummer 2 ebenso wie Nummer 1 der Vorschrift im Unterschied zu den bisherigen Nummern 2 bis 6 nicht an ein Fehlverhalten, sondern an eine objektive Veränderung in den Lebensverhältnissen des Unterhaltsberechtigten an. Da derartige Umstände, wie auch die Begründung des Entwurfs (a. a. O., S. 33) ausführt, aber auch für die Anwendung der Generalklausel des bisherigen Nummer 7 maßgeblich sein können, ist es nicht geboten, den im Entwurf vorgesehenen neuen Härtegrund im Anschluss an Nummer 1 zu normieren.

2. **Zu Artikel 1 Nr. 13** (§ 1585c Satz 2 BGB), **Artikel 3 Abs. 2** (§ 35 EGZPO)

   Der Bundesrat bittet, im weiteren Verlauf des Gesetzgebungsverfahrens die Aufnahme einer klarstellenden Übergangsbestimmung zu prüfen, aus der deutlich hervorgeht, dass in der Vergangenheit von den Ehegatten vor Rechtskraft der Scheidung formfrei getroffene Vereinbarungen über den nachehelichen Unterhalt auch für die Zukunft Geltung behalten.

   B e g r ü n d u n g

   § 1585c Satz 2 BGB-E fordert für eine wirksame Einigung der Ehegatten über den nachehelichen Unterhalt vor Rechtskraft der Scheidung die notarielle Form. Nach bisheriger Rechtslage waren Abreden, die sich auf diesen Inhalt beschränkten, formfrei gültig.

   Das vom Entwurf vorgesehene Übergangsrecht geht im Kern dahin, dass nunmehr erheblich gewordene Umstände dann zu berücksichtigen sein sollen, wenn sie zu einer wesentlichen Änderung der Unterhaltsverpflichtung führen und die Änderung dem anderen Teil unter Berücksichtigung seines Vertrauens in die getroffene Regelung zumutbar ist.

   Diese Übergangsbestimmung könnte dahin missverstanden werden, dass die alten formlosen einvernehmlichen Regelungen zumindest für die Zukunft ihre Geltung verlieren (Formerfordernis als erheblich gewordener Umstand?). Der Gesetzgeber sollte jeglicher Rechtsunsicherheit und derartigen Auslegungsversuchen, mit denen die Praxis nach Inkrafttreten der Änderung zusätzlich konfrontiert sähe, durch eine klare Übergangsbestimmung, die die Fälle der formfrei geschlossenen Altregelung ausnimmt, von vornherein den Boden entziehen.

3. **Zu Artikel 1 Nr. 16** (§ 1609 Nr. 2 BGB)

   Der Bundesrat bittet, im weiteren Verlauf des Gesetzgebungsverfahrens die Schaffung eines Auskunftsanspruchs gegen vor- und gleichrangig Unterhaltsberechtigte zu prüfen.

   B e g r ü n d u n g

   Die rangmäßige Gleichbehandlung aller Kinder betreuenden Elternteile in § 1609 Nr. 2 BGB-E wirft die Frage auf, wie die konkurrierenden Personen betreffenden unterhaltsrechtlich relevanten Tatsachen aufzuklären und in den Prozess etwa der getrennt lebenden Mutter gegen den Unterhaltsschuldner einzuführen sind. Auch wäre es für den Unterhaltsprätendenten zur Eindämmung des eigenen Kostenrisikos nützlich, wenn er die Möglichkeit hätte, sich Kenntnis über diese Tatsachen zu verschaffen.

4. **Zu Artikel 1 Nr. 20** (§ 1615l Abs. 2 Satz 2 und 3, Abs. 3 und 4 BGB)

   Der Bundesrat bittet, im weiteren Verlauf des Gesetzgebungsverfahrens den Wortlaut des § 1615l Abs. 2 Satz 2 und 3, Abs. 3 und 4 BGB dahin gehend zu überarbeiten, dass der Betreuungsunterhaltsanspruch dem Elternteil zusteht, von dem wegen der Pflege und Erziehung des Kindes eine Erwerbstätigkeit nicht erwartet werden kann.

   B e g r ü n d u n g

   Der Wortlaut des § 1615l Abs. 1, 2 und 3 BGB spricht der Mutter eines nichtehelichen Kindes verschiedene Ansprüche gegen den Vater zu. Die den Betreuungsunterhaltsanspruch betreffenden Vorschriften des § 1615l Abs. 2 Satz 2 und Abs. 3 BGB finden auf den betreuenden Vater gemäß § 1615l Abs. 4 BGB lediglich entsprechend Anwendung.

   Wie bereits die Entwurfsbegründung aufzeigt, betrug der Anteil der alleinerziehenden Väter in der Bundesrepublik Deutschland im Jahr 2000 bereits 14,5 Prozent, mithin 256 665. Auch wenn der Anteil alleinerziehender Mütter wesentlich höher ist, kann der Anteil der Väter nicht mehr als verschwindend gering bezeichnet werden. Als Zeichen der Anerkennung der Verantwortungswahrnehmung durch die Väter in einem in unserer Gesellschaft traditionell von den Müttern wahrgenommenen Sozialbereich erscheint es geboten, seitens des Gesetzgebers die im Wortlaut des § 1615l BGB angelegte verbale Diskriminierung der erziehenden Väter zu beseitigen.

Anlage 3

Gegenäußerung der Bundesregierung

Zu Nummer 1 (Artikel 1 Nr. 10 Buchstabe c, d –
§ 1579 BGB)

Der Vorschlag, den neuen Härtegrund der „verfestigten Lebensgemeinschaft" unmittelbar vor der Generalklausel des § 1579 Nr. 7 BGB einzustellen, wurde bereits bei der Erarbeitung des Gesetzentwurfs erwogen. Für ihn spricht, die bisherige Nummerierung der Verwirkungsgründe weitgehend unverändert beibehalten zu können. Die Bundesregierung gibt jedoch der von ihr vorgeschlagenen Reihung den Vorzug, weil nur sie dem systematischen Aufbau der Norm gerecht wird.

Zu Nummer 2 (Artikel 1 Nr. 13 – § 1585c Satz 2 BGB;
Artikel 3 Abs. 2 – § 35 EGZPO)

Nach Auffassung der Bundesregierung ist es nicht nötig und auch nicht empfehlenswert, im Gesetz selbst klarzustellen, dass Vereinbarungen über den nachehelichen Unterhalt, die von Ehegatten in der Vergangenheit formfrei getroffen wurden, auch für die Zukunft Geltung behalten. Bereits aus allgemeinen Rechtsgrundsätzen ergibt sich, dass bestehende Unterhaltsvereinbarungen, die nach geltendem Recht formfrei geschlossen worden sind, durch die Einführung eines Formerfordernisses nicht ungültig werden. Wenn der Gesetzgeber nicht ausdrücklich etwas anderes bestimmt, sind gesetzliche Bestimmungen nur auf Sachverhalte anwendbar, die nach ihrem Inkrafttreten verwirklicht werden. Eine Formvorschrift ist daher grundsätzlich nur auf Rechtsgeschäfte anwendbar, deren Tatbestand nach Inkrafttreten der Vorschrift vollendet wird.

Die Notwendigkeit einer Klarstellung ergibt sich auch nicht aus der Übergangsbestimmung in § 35 Nr. 1 EGZPO des Entwurfs. Denn diese Vorschrift nimmt nur tatsächliche Umstände in Bezug, die sich auf die Höhe, die Dauer oder die sonstige Ausgestaltung des sich aus dem Gesetz ergebenden Unterhaltsanspruchs auswirken. Die Formlosigkeit einer Unterhaltsvereinbarung ist kein solcher Umstand. Sie betrifft nicht die unterhaltsrechtlichen Rechte und Pflichten, sondern die Unterhaltsvereinbarung selbst. Bei dieser Vereinbarung handelt es sich aber – anders als beim unterhaltsrechtlichen Dauerschuldverhältnis – um einen in der Vergangenheit abgeschlossenen Vorgang.

Um dem Klarstellungsinteresse des Bundesrates gleichwohl Rechnung zu tragen, wird die Bundesregierung anregen, in die Begründung von Artikel 3 Abs. 2 (§ 35 EGZPO) einen entsprechenden Hinweis aufzunehmen.

Zu Nummer 3 (Artikel 1 Nr. 16 – § 1609 Nr. 2 BGB)

Die Bundesregierung wird die Schaffung eines Auskunftsanspruchs gegen vor- und gleichrangig Unterhaltsberechtigte prüfen.

Dabei wird jedoch zu bedenken sein, dass es bereits nach derzeitiger Rechtslage verschiedene Konstellationen gibt, in denen der Unterhaltsanspruch eines Berechtigten davon abhängt, ob und inwieweit weitere vor- oder gleichrangig Berechtigte Unterhalt beanspruchen können. In diesen Fällen hängt schon bisher die Beurteilung eines Unterhaltsanspruchs von der Kenntnis der Einkommenssituation weiterer Berechtigter ab. Eine vergleichbare Situation kann sich zudem auch unter mehreren Verpflichteten ergeben. Dies gilt insbesondere dann, wenn die unterhaltsrechtlich relevanten Einkommensverhältnisse eines Berechtigten wiederum von einem Unterhaltsrechtsverhältnis zu einem Dritten – etwa des Ehepartners – abhängen. Jenseits der familienrechtlichen Auskunftsansprüche der §§ 1580 und 1605 BGB erkennt die Rechtsprechung auf der Grundlage von § 242 BGB innerhalb bestehender Unterhalts- oder Ausgleichsverhältnisse Auskunftsansprüche an (vgl. BGH, NJW 2003, 3624).

Zu Nummer 4 (Artikel 1 Nr. 20 – § 1615l BGB)

Die Bundesregierung wird im Interesse der sprachlichen Gleichbehandlung von Müttern und Vätern prüfen, § 1615l BGB so zu fassen, dass sich die bisher in § 1615l Abs. 5 BGB gesondert geregelte Erstreckung des Betreuungsunterhaltsanspruchs auf alleinerziehende Väter erübrigt.

Stichwortverzeichnis
Die Zahlen verweisen auf die Randnummern.

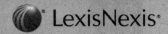